王乃譽日記

第一册

海寧市史志辦公室 編

主編 張鎮西 副主編 王亮 虞坤林

中華書局

圖書在版編目(CIP)數據

王乃譽日記:全5冊/海寧市史志辦編. —北京:中華書局,2014.7
ISBN 978-7-101-10197-3

Ⅰ.王… Ⅱ.海… Ⅲ.王乃譽(1847~1906)-日記
Ⅳ.Z425.2

中國版本圖書館CIP數據核字(2014)第125374號

責任編輯:郁震宏 俞國林

王乃譽日記

(全五册)

海寧市史志辦 編

*

中華書局出版發行

(北京市豐臺區太平橋西里38號 100073)

http://www.zhbc.com.cn

E-mail:zhbc@zhbc.com.cn

北京市白帆印務有限公司

*

880×1230毫米 1/16 · 177½印張 · 12插頁 · 1500千字

2014年7月第1版 2014年7月北京第1次印刷

印數:1-800册 定價:3800.00元

ISBN 978-7-101-10197-3

王乃譽山水册頁（之一）

高人品節自堅持
山遠林疎便見之七
百年来名不滅畫中
好是獨兼詩
臨雪坡道人本
於瀨陽客館
王乃譽

王乃譽山水册頁（之二）

王乃譽山水册頁（之三）

王乃譽山水册頁（之四）

王乃譽山水册頁（之五）

王乃譽山水册頁（之六）

王乃譽山水册頁（之七）

王乃譽山水册頁（之八）

王乃譽山水册頁（之九）

王乃譽山水册頁（之十）

王乃譽山水册頁（之十一）

王乃譽山水册頁（之十二）

王乃譽山水册頁（之十三）

王乃譽山水册頁（之十四）

目録

先太學君行狀

曾祖，國學生，貤封朝議大夫建臣。

祖，國學生溶；本生祖，國學生瀚。

父，國學生嗣鐸；本生父，國學生嗣旦。

君姓王氏，諱乃譽，字與言，號蕁齋，晚字承宰，號娱廬，浙江海寧州人。遠祖稟，宋靖康中以總管守太原，城陷，死之，贈安化郡王。孫沆，隨高宗南渡，賜第鹽官，遂爲海寧人焉。自宋之亡，我王氏失其職，世爲農商，以迄於府君。府君少貧甚，又遭粤匪之亂，年十三，隨先本生曾祖父、先大父避兵於上海。既而先曾祖父、先大父相繼物故，君號咷呼籲，匄於親故以斂。後益轉徙無聊，遂習賈於茶漆肆。粤匪既平，其肆自上海遷於海寧之硤石鎮，君始得於貿易之暇攻書畫、篆刻、詩古文辭。會戚屬有令江蘇之溧陽縣者，延府君往佐之，前後凡十餘年。由是遍遊吴越間，得盡窺江南北諸大家之收藏。自宋元明國朝諸家之書畫，以至零金殘石，苟有所聞，雖其主素不識者，必叩門造訪，摩挲竟日以去，由是技益大進。年四十歸，遂不復出。惟一遊金陵，一沿桐江觀富春山，登釣臺，皆不數月而歸。歸後，日臨帖數千字，間於素紙作畫，躬養魚種竹，以爲常課。君自三十以後，始作日記，至易簀前一日止，蓋三十年如一日焉。君於書，始學褚河南、米襄陽，四十以後專學董華亭，識者以爲得其神髓。畫，無所不師，卒其所歸，亦與華亭、婁東爲近。又嘗謂自馮墨香國朝畫識、蔣霞竹墨林今話後，近世畫人亦頗有足傳者，故就平生所見近人書畫，考其姓氏爵里，且評騭其所詣，爲遊目録十卷。又有詩集二卷，文若干篇，稿藏於家。君自光緒之初，睹世變日亟，亦喜談經世之學，顧往往爲時人所訴病，聞者輒掩耳去，故獨與兒輩言之。今日所行之各新政，皆藐孤等二十年前膝下所習聞者也。

嗚呼！君於孤貧之中，闤闠之内，克自樹立，其所成就，雖古人無以遠過，而年不躋於中壽，名不出於鄉里，是亦可哀也已！

君娶凌氏，生子國維。繼娶葉氏，生國華。女一，適同里陳汝聰。孫三人：潛明、高明、貞明。君生於道光二十七年丁未，卒於光緒三十二年丙午，得年六十歲。將以其年十　月葬於海寧城北徐步橋之東原。伏冀海内賢哲錫以志傳，以光諸泉壤。豈惟藐孤，世世子孫亦感且不朽！

孤國維泣血敬狀。

序

我生也晚，未及見到祖父乃譽公。多年前獲讀父親所撰《先太學君行狀》，曾手録一份以爲紀念。從父親的記述可知祖父於孤貧之中能自樹立，一生劬學不倦，留心時政，對書畫篆刻、金石收藏均有真知篤好。本人雖聲名不彰，然言傳身教，作育二子，後來皆卓然成材，光大家聲。我的長兄潛明、二兄高明，幼時也曾經他撫育教授。

祖父日記、遺稿數十册在上海圖書館，入藏經過已不可知。國華叔叔生前庋藏日記末册，身後我於遺物雜什中檢出，交付慶襄侄，現在侄孫王亮處。此外，二十餘年前我曾應新竹清華大學校長李家同先生之請，將祖父殘稿四紙交付該校圖書館充實典藏。

自宋代南渡定居海寧，安化王氏世代蟬聯，凡所著述爲地方文獻一大宗，可惜迭經禍亂，鮮克流傳。今海寧史志部門醵資將祖父遺稿日記數十萬字輯集影印，以供後人緬懷、學界擷採，堪稱有識，聞之深感欣慰。拉雜記述舊聞數語，以弁其端。

王東明

二〇一三年九月

辛卯日記隨筆

光緒十七年

辛卯元旦晴光滿眼徕徕氣近人近見人壽年豐豐氣象 逢年四海承平 君臣有道黎民優遊
太平合家亦毓吉龐 天恩帝德微明起具衣冠堂 天地前祝告 願宇内康寧時和世泰
家門納福百百禎祥兒子輩讀書績學俱起有人已足榮 神庥那弟力臣先賢佛極樂
府司命兒隨即使謁祠堂回神主前叩賀諸母內樓年去兒女亦隨來賀合程令
静兒隨健兒戲上酒五數亦喜相隨去職楊兒葉百福余指兩兒曰百福難已具其名
佳不作口采亦如舊例錢醵室上之諸甲玉錢三盛宵燭玉南門社廟北武聖廟文昌陳平
廟遂回出見書道執丁前導皆賀年行禮者達于御山之護玉遇之廟北帝回市花炮八
丈付小兒入歸出廳小兒健兒付之揮盡閒下與數夫人皆在道好年勝門前天有雲氣
兒女玩笑戲擲投骰圍俾女客攤牌余均去一下午而晚夜枕上作元旦口號一首兩兒

元日相逢百福來迎人佳氣往佳哉一生命以樂天的大地溫存寒去回

嵌

歲壯丹開富貴要始標梅椒風雷歲初一似同年少莫任蹉跎悔不才

初二早晴晚陰夜雪點上半宵甚凍合點水成冰閑至宴賀年者焰單投片具衣冠與兩兒俱至陳
昌伯宅見手稿福生周芸為草書耳各片李園及鄒共八十餘家公府前達居錦兒一帳芸已劉保成

仅来贺留后合静出返作文几迟未半姚子佛来出见多贺嘱分贺缄以悬夫纬因谈言曾写将成
并略谈一二秋可以去入内对保诚已少去闻出府表舍说兄七瑞静出加贺年母小爱人
大双字年余了疑已间伊王久夜嘆笑手谈玫莹柔也　来夜宿以被中只上一言也
余泰明日日記皆次晨二起书是日冻笔矣砚冻失所谓
初三日晴寒甚早食粥同合静儿分去贺年伊玉大季以东分分贺余是夜冻出之沈
楚瓶翰花舍韵莲慕稷耕稚友卿谓宗彭坐广传寰朱楚生桐宗坐久谐笑及
书画与保诚树人谈常夫未出之文宗出昨三日见瘦九等并谓丈母神色出出叶书
成吉罗话言许啰余作又五姚子仍已萌卿陆砚南君谈夫沈有楼谓与沈太姻母
一话谈写恒禄坐食著蓍二枝方清惊大居向浦宗谓莲浦静山雪居尚谈老及
亭孟英事李曾江谓周嫂鹿夫人宝和源入茶秋棠稚宅说姻帐谈了居帐三
年归拟说砚租户了二季桂百拐邱宅楚卿说桂未许为谈桂方见辞欧可谓反令排书出
楼米榜云谈之岂片后一和源何心衢入大一亭大百回城王珠萌卿宗拜年
即偕绕出闹话以归饭日未后沈长生来桐翁出楚轩来饮玫相楚兄仳

同來取後五發之皓文杜舒未不遇以孫來靜見傅但說諸子在上海再說爲
人索世之方屠七千石之
廿四晴晨起爲事洒掃晤盆樹水仙山茶又陳与耕山謂皆滿元日皓至我家在西園共小
詩談有杜立深山更者再沈梅卿來一坐去子折天爲午後小訪生於上不覺一夢耐許
廿五霞晴早未晚出至巷遇常夫子談子楷北大路中与古卿長談見陳少岡等諸人而返一路
久陰老樹試馬去郊游甚悅目歸候單叔棲翠鼓受目送大帝子談出二更後飲然以
已聞爆竹滿城盈人亦多接財神在對之利人有人喜發天下皆是均年荒僕出見余宿弃不友
廿六晴晨起見霜蝕四山和闲生已到方法堪罷先來早亦立笑便靜見先至大棧賀年待余出余飯
去堂林一生至菊坊大集出之尤此後去出生之間吹柴生烟見來談崇業子久出西境之老宅來
墓同在祝松柏抵宅見二嫂四弟婦二嫂之女均賀歲江家精四株劍王庵归行賀謁而中
出見之忙談人又和保知桂生已回待備擬不至有修徹文通大陛座茶話菊靜地才別
又炮聲甫歇前至伊家村蕭只言之至有鼠蹤付貝之元說有播磨蓋堤作枕東挺
西桂深是亂後之意誅不知曾附屬在抗押中救其危難存至之念合者可謂真忠孝良
心者矣詰久出至南邑上坊归家桂生來兄待久乃出意欲余出乍悍联惟無其果然未
之盖国与苗佳領勒荣良久偈作日宝調去又數傳鼓乃登博得古詩又兼胞

則余下榻桂生已至，遂之厩可往印吳任長銳甚情，子擬之玉因甫及弟過衣閣，共出訪汕丈庭信
余謂宿非毋年一北行居至鄰，未晚旨，論未爲有久作，前書致桂軒，但校桂生言，恐失一時而推之
執拗，不知其進退矣。出示讀書評字之過，予達陸梁舟陳鶴卿、陳根生、張昔士等十許人，小話，以坦
平，深小睡，入陳氏，歸，十數事。
等擲洋至晚，夜書寄用以信，請健兒為大爐炙偏，歸扁至久。
八日，晴，微陰。早理案，請葛山成用，陳四五座，將至先於雨，以實用以等項已及百四千元，餘為用百餘元實，今用之不下千少，殊難支也。
但既節省無從，過此殊為難以處境，少之逐日將何以為繼耶？麥臣可訪，見稱人今之定笑，評為業業之，囊恭之，而阮來，賀其陳
與耕兒談，飯，歸，叔源去之，葉氏先往，請湯成伊剃頭，余入，土云丈在因與庸等之阮而得威來訪，而陳述延長粹
之陽鄉山以歸，少閱溪草數頁，上燈以睡。之程光祖方請。節
初八，晴。晨出剃頭，子居、健兒借市蘿葡二文，見其一夥，大可來賀，即歸。浣月村士為乃詰讓百陸
內外祖母來，麥臣之子傳，午茶而狀，母來均見，高陸鶴卿、狀元長談，見家百不給，收敬，難擇接，葉壽
生，內阮來，人和，平至今未賀，申刻去，和陳向訊，知推辭未來。桂表之不當，任如見狀岳室向假五十
恰被逼之，既首肯，得十二元進，鄭如國來談，見因說雨，因爲諸女嘉，勸者之，天已夜。
九日，晴，晨出，寺中國退，與丈至入城，出茶，談及至郭藉口妻子，不爲翕舊余。惡不為之，安情，邦人既已，桂枝藉不獲
往大舟之，何如也，遂從梁丈右云丈，邦伯見同席，均力紐，即余先出，訪于佛座中，陳兒爲陳琴雨寫入
節孝祠帖，見子佛所作殿試策，又云：近雲林已同山佛等，索飯，日借卅金者，不足一洋，隔已請揚之

錢念劬已去随薛使英國贈其倉聖像刷上元氏夫一國本也佛像荊卿入秦黄虎痴一幅
趕中幅王華小幅吳小海四屏還醉之先生所撰幅唐蒼松山水横幅沈頖江花鳥大幅又書
一品方盾請以風信用草書法生腕随意草草其塵佳品也下晷卿來若怵亦作一草稿極通
邊之跋欸頭鹿侶滁六年吳方府言印作鐵袁後持の字亦甚美我剡其謝去归已卡彼登橫作字傷静
談經考夜一無生氣並詢以讀書之事費得吾為讀中和聲静之陳壽田師要論及讀書情形出之及
飯罷去讀至太清之派使人三言也夜北行市華遂來乃趣我一睹亦以但入性暖尼筆北讀花翻而不適
初十日晴早作字扬静抄此等書雖不掉烦而應意遠不能甚佳也乃知學之難以字得然後進也已刻川施來請蘭孫女學
石井姚氏择婿命請來詩即行之男宗樸據桐兩字蹉擇而已讀者帖識者十許常說而揚五兄談來石公談
勸讀之九男曠自初懷雅復乃較也午後陳兩樸孔玉夫以不安孔府便來孔回之每以是說獨领來余亦為之钱
此本再他宴未歸而回說而要臣文擊未亦跑行走強性根矣面君仰仇姓來一面未刻去是以为市布回而归
晚也不適出城迎塗被风篆傳聖小兒持像二十年矣說獨彼出少時所睡
十一日晴陰秋半有五抄者交静用華遠訪交玉趙去談久之我念帖有更不寫底稿也已刻去
李鵬來賀因留飯因往要臣許人同飯飯出使覓與雲及夫四人往叢比褚禮出又来至
余家楊晚來未四點歸至便之全孔什石度三十元未再之歷說之物往又不見回路後去余某之市様
送静庵至市用桃園錄携四卷文入葉來與制之其孔只怕清朝留吳帖點北大道

又费六十六元，付对约二十，随力洋三千，已五十六千矣，如何理料，可用实工，非也，子细留意，务须撙节，坚留之时人费
于灶向了，次货年时死，微晴。十千又册之办与玉书等共饭，一夜与伐子甚多之也。
十二日，晨，玉书呼余访柏桂伯生，出厂，桂先生请之，后以桂轩书面，戌者另萃，乃以第之殊
松如妹婿同卯声前，其许可石邑等存，设伊自画，达乞余题，存书，余又检诘
细情之，为作书朱梓钦，其係伊硬怪，康松九也，又代致松若云玉已临欧然书，拟之
不已，伊亦甚不足感，出将存七心以留子办而已。午，旋来，若来云语学生一时难以作成言
为偃图，余向来城，雨晴。　之之语其信勒文来约一夏日往四里，搢余以桂可不復如何
午後写字，以陈氏一时谈地段挨捆折一百步顷，应该另文正字振园寺古诗五首玉树
对四琉诵有情手书之也。　昨晚成大都山庄者及虚怀未游不值，觉付四墀先八年信为
贝屋俦珍我价不得，之父不得其爷伊欠，其父欲不思西还来扯西拄以概得顷，殊令人发
搢印生居我之价亦居由余沈办者保我，况芳全一篇之，欲以此璞缠未欲
上灯节，一晨饰荣珍印园花其施锡之意，君子学业价向此价宁航来梅诗山肴帖四百字哲玩
早雨晚阴
我为静搢示作字之法，术衍随意，书不足达，盖久荒疏，骤才宽甚，难而知慨
陆容人而人不自觉，程马之脱，矫之脱，精一徙不可复归，少年宜自惩戒

也。雨中約崇曉樓徒步橋市，往觀三元宮看花，於小榻子保安堂看種花，佳兒戲筆
想去外場知識益徐氏花燈謎，静兒大驚然不往，許中秋於地上於泥濘之泥凡
能菊泉等已盡其五人，余不覺惋惜一中，静兒中一謎，往謂之其小，菊泉亦便得三四，余無一得
者，此其人出日似日刻苦，摸擬入蠹，猜去固多，害生而不能生據，別開生面，可與此小戲物而視之也。嘆
息。是月以陰濕，見馬匹嘔疴枯物凋風，恐其傷我園菜一畦，遇之惟甚，濃雲不透，於傷風
西晴。微溫，溫和，往南關景炎大府，未正也。早作字，與改静兒字，廣西四縣來其語，系威族呆
況雨往治，乃購飲此些情。我近與往其陳設者，午後四睡，竟不能久坐，乃扶小床入方，晚晨落
津乃謂之壁鐘作矣，王大子從之射之，備坐鍛，馬腹小兒輩乘之，路上馳，以助力，不避，好武將之也
古人亦有御射之儀，今處不識其立於國無所用，葉與枝何為。餘倒來未改藝，即處以處
臣静兒出精度詞小令。灯下坐談入葉氏與夫三段，而悲烟代和為楊淵源，所借靜所之四，知有新
来，送我選之靜，背上之詩二中，今後之詩，詩人皆無所中，余欲借二人詩選子康施三兄達，讀畢月既
馬子蕉卿浅芊，微風，見風之感動
元宵節。微雨，晚陰，晨起出之，街市甚之，園知桂落，居已衰，鐘鼓詠，獨飲係鍾氏有腹也，怪殺生
李中白為御讀書，帖知有新刊李書國語其代市一尾，于四十二文見，遂借，借沈六和同作五

笑說及舍事余以僕陽氏之外侮也，語多取憤，然入過雞史我雖也，陳並憤之四字難作甚高

陳將整晤之陵將多物抹一過之，亦要訪觀素初薪室生來余閱禮記，今存之湖邊雨淀庭花并

殺事也。經早約變出舍，踪石勝丁桐少生已合叔晉比楊受來呼起之，徐步勝眺，並倒置廣苦萊

之禮，即呼之偕歸。夜不寐，至天明始得眠，又一憂病乎。

十六日 陰。作書復芝帆，午後寫字少見筆致。整漆物，午後子颺來，睡中喚起，論史府猶然乎？發然莫明所以，細

尚須至久乎？徒仍不能。向晚走田角，鄰梅已將落矣。夜同靜持集古識並猜謎，于中一靜中亦少

間，許人詳然而某君思不得其詳，遲鈍矣，恥久。睡至明後小飲，夜四鼓仍斟及衡斛中也。

十七日 陰。夜雷雨甚烈，是今年未之聞之雷聲也，凡二次雷動。上午讀經亦撩先警人，說狗食之謀，折青之氣，終早不已，

原之樂也。晨出市，豐于悟，於償其年搭伸十字，家梧兄來云，夜來訪偕夢綱游，適同赴瑞昌春，適于料筆坑，又

得布帆，于日午揩之大宗少許，與滌杯話而作楚史翻詩，午後詩帖二百字，少睡即於梨本來，所為徒詩作風箏

以條教之，云風勿起耳。去之桐店買桐油，後讀可沈四摘挨搓，挂挂又至帖校匯之，知蘇村涂在城，但不約與偕往

尚字寫，尚靜學業可也。向夕歸來，夜始仍讀書，雲集與肉，十點不浴，甚冷，不浴，即入睡。

是早訪柏桂兄，入門未語，詩之讀只業可，並而去。

十八日 陰。五更許大雷雨。晨書帖二三百字，閱柳志讀，即製衣詩文本，警祭收祠堂神主之謂

焚鏹。以有雨，將赴水翻去，午後睡。剝譚來，與錢蘇生來，子琛來，與論底稿緣成

又至讷说星卜之学，余拉一子同见勸经度偕静陪叟至之叶绶卿偕余考趣君濟去。集得王二
会之叶席，手数入座，时晚。为作菊画，偕静为滬旅向漢中与菊谈谈，语谑，幽有呈来者，既至四五不
经纸饮，问菊叢为已少谈，霉雷雨盛，席散，偕王二后归，雨未具，雨少细，小衖中水深，为湿云流，为雪。
此夜家在精舍，寄沾淥美，小坐而睡。
十九　阴，晓晴，早诣帖三纸，阅书一刻，午排叶于地，柏桂先来，知秋洞盛，学园为松九、伯炜、蓉世为之一醵，
所出未刻阅，家人陈卜在楼数入，陈乞莲稼许以二月念之四，相与往，读局，双白走门，了小坐去，余出
之北子怀秋问炽卿，斌可乃为一老，言兄其十五之年，忘其甚佳，云有似宋画虎者，极佳，有人而不重于
世而无知之者，大可出借草，言也，教为为三教于楼中，范小梅、方仰、余等，继余不佳伏，夕阳在山归途
梅已落，年衰难那，白山茶四四，打丁书，夜之，为健，见字蔑，睡之中作春扇面，自尺指定人笑淀状，因而为
律诗四五之　跋之　未知免虎死一揭，祇因死段莫向量荣华寄梦人
二十　早晴，午后阴，屈起食粥，契健児玉季三缀食毬，麦偕而静，约见局来，王玉裁来，说因饮，着衣，踏吉校
费至七十八，北门之怪，程乞録谜，谈因之一笑，北人园小饭，与钱，数先读，见收，何林四道，章坤，大知，细园，已未四
入，祠屋廿三亭家，看新木及古玩，佳者不多，阮五藏屏，名之不览，树承于此留旨，因饮，费贞，钱出其佳妙说及
膳了，凝然之，别归，将至途遇调梅，少坐，访请夫不值，见平盒，余之屋久，归于调梅说，君宗徒为未刻，桂轩来，条
松以日录，手溪之，出中者树蓉，安庠伯来，余適收，无留饭，为蓉燧备了，道借书画，为东四了，作字，未成，出之
屋与寞，出余忘了，道，检日记付，应查阅，即上楼睡，足痛，为胀
　日来晨少作字，闲以天气，呼起，更剥题三祥说，谜完阳数屋，已又随大之叶与之楼，鬧而闲为夜帐

傾吳之踏写當々，捡梓問孫菊笙，云嗎云伊母逝世于俗安西神甚吾家，又擱一力從轎矣，别之，坐揚李比索初

到庸知到復少坐，入席同坐又有陳月泉、座医安子、済菊聖、吳松年、桂卿共捡，与余共六人。陳大猶說太剑知静若不成

前年之疾，乃用好柳，惛陳麗一鄉人也，說推吾又四君梅，欲以吸烟出，及伊乃未以安合，陳有川向其先人欲請證之

團之事，徒產有事，根鳴否，伊入生源，余大段中，有華秋大一談，而回与陳炳枝說其事，請事，請東議大時云僕星

伯事托其說付之，元字記笑楠廿一元、五七十八千之多，其如流四狠毒，善心計，何無揚而一五此，該与高要用多六番檀

打算，楹周匝矣。歸已華，源要医嗎喬，雖其牲之翁孫又，倍余尤指訛一二，覺睡甚早。

廿三日 細雨，好些，慶徵竟日無友，穿玉無置不出戶，捡所藏書，閱五百十帋，陳去處，余少字幾罷

稿，尤雅龍不及追視，表四十之四，以其而身，以久坐痛發，始而止。

廿四 雨，寒，陰不斷，仍未去作書，于終家查行箋五张，晚膳，次作惡楷，以不其痕，被伝唱曲吹間省

集甚得一以貴無為绿溪，楊桂階郵，拙稱甚閑。

楊雕花者，金華人，少年為墨作雕鏤人物書塑印，极細至蘭，依牛毛，甚精，茲遂娥，因治以來

嘉海，為居，寓石堰一小樓，為雕花匠，其所见鐫物無不精巧，其人無穩，行日向工作，資以為易釋去，偶以

似戒癮，有樓二一月，不動手所雕人物獸禽器稿本，而為伴集作一屏，格局由傳，乃神似慕

家不遠也。光緒八九年間之病以死。

廿五 雨，又竟日。晨洗手作字，庸漁未，云桂軒有子，原有而来，問諸，笛介雅，借去之其家，遂大又此

國，再之欲行，遂三兩召之其後年，作弓遠陳壽宣，胡撚其後，至其老董法五一談，後之經一鶴

与桂軒談及汪聘三堅留匠伊事，其良人欵易，人貸諸力不足，匠更不支，至男居頓伊外，得而無人顧坟地

佳處多家入股，取為余生衣食，何得逍遥一年數日之談，是亦動余兩鳳頓去，歎之且改吾情素，出之議

但求成而從去，肯移却不顧十分艱，而余有二硯子者，為難言也。有丁王馬鎮來葉人來話，入濂卿齋，又

之，存梅談賦，招午膳，囑余别字曰大郎，諸從久别而去，因轉北門出，仍回國逍入浙，共茶話，向俗逢

子云一兩薦笋，往了，諸君咸别之。葉桐君家与佳成桐談，看祥為炊餅十三矣，勸其易稿，不宜後為炊餅，後矣

佳趣，與桂去，事寒，猶似自知其來，飯上樓，背白子祥序于紙內十張，又鈔詩以上，燈止，夜仍為字寫于

他光即睡。三更夢醒，枕上枝夢詠，卧不安，終了。

桂軒來，示所謂别字名其子，出約余按齋鶴二字，或詰其命義，余曰：有鶴者曰銷，亦與鶴鈎

應律和齋曾見曰楚卿，寫來曰齋鶴，唐海相有回事齋，買齋鶴名与桂，又皆合旦

肯齋于今大學士李公鴻章之勳名也，而更况古有周梁鴻齋，眉今謂鴻福齋，天命不足

如博門闈群俯賴所謂山卿城之字又别，我乎之取更上之，皆出以余言，為難焉，嘗更有獻海

鶴善此，薄之賞也，而即書識此，持齋鶴

芷隱早作書致濂卿，托伍中薛封，撰齋鴻所字說，殊訪桂軒，甚無聊，又病，黄來，久坐，閑步于歸所

連日實吟作篆，無不睡，起食藥，精眠，步陳坊肆与英臣共飲為佳，市至襄如索，夜半以起，看江樓夢詠詩

二十七日興下伸文樓作間直氣，權為柱，真自道其所得了。
廿六日晴。晨條茶，雜書楷作字，臨帖，至朗生來，止圍，出呈稿，屬正。余為指之，余以先大夫君尼留蓄果
留膳，談詩錢，及子諾說，飲僧士，至伊宅，以扇示先生，示倪雲山圖作，區硃破取大扇，子亦同，又索此書，況手古
不足畏天下。衛家美固，欲深矣此粉，悟稿，閑中與鍾詩，又謂任者可悲，樣中尤第，坤山及范山若遠
詩久離，歸園中，又辭大肅取泥粉塑，子入門，子樹立高園，向久子，求其四壽不足屬，將留刀而勝
金動情且嚐詢，桂軒用欽一本，莫玉請去。夜錄所紀樓楊題詠，頗見韓龍風流。
廿七日晴。早往桂軒，侯玉送秦來，新評村江森秦之辭三，正到寓往。乃聯出于堂，先史隨之行于和陳園，一面行，又談楊宅
談甄別可才至宜格，桂軒在池上（樓上）築岸栽柳，以此臨地及深處之樹，諸郭難帖特以茅小茉以作湘，熱之厥其地將居
曲水平池，可布置園亭，殊足藏也。入門談話，可及昨所（別）字，多之善處，從而同燈諧說，久之聽之，至與論未及其可大盛陸
寄至午饍，後同議及後可，彼願行之，日不捨，要構多論此奉山且從高曲水合而成，置設須修飾，層疊影無以多金拼
人工下也。蓋久與桂軒偕其池上指點，已作畫布置一層，缺之，路口途即園，又同至街入園茶于松風閣，諸友又來仰
園布置而若分別，標字作字三四帋，覺有佳境可愛。夜仍早臥，三更于枕上擬得四詩，次晨改增至六首。次
午後脫稿，錄此種桂軒先生請題，他日當成于北極冊首作唱可。

可仿西湖一角春也　柴關外野梅新，分明認是宜橋路，待到（周）亭臺橫斜看不真

但求掩映四圍寬，好景全憑對面（兩岸）看，垂柳成陰湖水潤，沿堤宜補小紅闌々

已分栽岸柳，以樹行人，不加闌楯，尤覺兩岸皆宜

天然一幅水郵圖，茅屋漁磯竹裏廚（他白），似我許

閒檐頻（能）召我，預防爛醉借君扶　雜樹柴門卯石墻，屋深逕曲費

商量，蕭疏要倩雲林畫（倪迂筆），淡墨荒寒點染忙（寫竹荊花宜以淡岩御）　彼岸權牽屋東舟

亂紅深處好句留，北窗蓮葉南窗竹，且計安排作臥游　秋菊春

蘭總入時，菜畦蔬圃（果徑）各環池，約成他日（他年等候）魚蝦侶，便擬從容（素）理釣絲

六　細雨，晴々，竟日于前訪新，過午始歸，三遍三常寄桂軒翁条，又寄去者舊病霄空，來初借之

停業乞書，轅陸菊舒毋辯，又借橫書紙數。吳時久午庭一匠，睽然一束換向本不適，故不古並

之，初屋收

代撰䟦吴吟香牛痘匾联云　其功不在岐黄下　此术原因保赤多

廿九日晴夜大风雨数阵早接啸丈函派余四月复书嘱致于庭兄六荆市鸭蛋七归易君书小条幅于五盛协泰小驻至王桥访子湘谈及前年杭年前古州扬兄饮书款万二十元了　许蔼臣来余访　易蔼田新荷韬果贾玖慎也偕子湘知梓钦来谈伊病已成黄疸注沙及桂生生意甚久因留余便饭饭毕看鑑殿玕可口见三妹着英场女至申刻去仍赴万盛北入松源买莲桂轩谈信申事物以旅萧宅来区瑶一瓶云库兴料大兔染痲病殊难人言柳侯佛大慶印时纯访苏及王大之马甫家乞芦根八条将种于滇上并地角河四又所杂材御路至夜甚倦三更醒读红楼梦又咏殊兄冬印义印风味

六月初一日晴早起巳辰刻偕变臣至北伊王竹行余之宜桥抵莲渠书店谈作讲悭贵封查金屋待小久桂邨出之贱帖嘱为其次女作代之箋秋丈大甫也精之堂读印出于同春坊变来付帖余至行与丈谈见渠亦即南人秋源店又未偕行于视施之后小生施继代乞款乃叩归寓英杨来余登城望海舟海丈来余付于牛屋医对白胜茶帖物万长城外作池上小稻至盛留郎松茂枕案一话但饮腐要末之王家会不应非呂顿余往之

夜甜然為佳殘字畢即睡一覺二鼓身熱五更大霧雷電火光十餘次殊極困快殊早

起匯至居後　夜中作挽陸姑母聯　三十年茶苦回甘共羨蘭階森玉樹　四百里招魂無地

空聽陳帳泣金萱

中和節晴早掃地至廳午後以病故閑敘一番兩為請花而已燈桐至新近蘇蒔微才掃迎神禮

王夫去訪杭州業午後睡起出陸同君換聯恒祿山空市地窄旋店一處遇子湘元丙飲說遷居及

購宅四又出空談殊香悟理再訪徐大不值見於母封大兄來偕至學知居祭至聖先師掌年十

學門一首西面市一堂棟七楹為井文

廿二晴大風早出至呂嗛居前一至三更與熟知諸兩人籌備迺蘭姐女被作裳也与筆坤山及翁鋆山子湘諸人

于兄見徐文談咋了及桂了蒼番林亦至濤梅又來知燧于生子至附史早茶久別去以歸上樓收書

去閱汝霖來中閑茶駿伯及英周王廉孝家來訪說背有好款了余字存有大直諸流亙成之印別

來接徐大函云挺祖陳至之信夜枯風筆第二是為崇見之裝玩至夜三更乘燭記暢三卷

廿三晴早為佳晚翁風第是為已入陳向平齋祖備以撒文記也云省信至知植生罵父記語甚荒謬

米來述因病實承進狀邪病五元閑之恨然余將擇以爲擇得只工比到續讀措一二年致湖甚窘君予情難

然細印村承不但留其家大傅陳壽來談託其帶與之硃印書信致陳壽泉抄手屆借虛枝成印去千成

寫致向國信計稿並書其撒信二十七以後令致請用晤甚深及申書桐信稿寄余將程並過趁

不名之自當及在壇者李因為史取法其完百者只大為徵多題及為收之字於年草也又付此乘

至樓茶飲而歸，歸而後飲閒散。稍佳，肯精上樓睡，及醒來已午後，飛手談往晚，想及寶生之今日未至坤

章城詢其至我家，而伊不來。轉念之，不能見我而談，未必無清懷。亟想往尋，擬明日前去，兼為八叔葬

擬日往談，以作敢明白計，不可遲疑也。

初四日晴。風稍住，兩晨色涉約，往送航翁至其家。伊因入頭三題，往說之，復之後至園，售後之，伊家人問挺孫，家迎接伊

園。往知其觀少好，市杜父畢，尾兒桂舫來，會入園，兒樓茶閒話。背請向伊嘆，起行至林肆，會談，視識多，殊不穩

往和尚房。日久別，唯敘談一番，而四手談，以作字以心靜不守，病甚，有程少從，方以與邗江人合寄詩佈，夜睡濃

初五日雨。還夜還未，聞壽鎮日未言，還去晨。靜兒來，來甄別，余早前作字，午後作書，至四以陳翻自來，胸腹之

一寸未宜，手指思想胸中且空大少，若世何識寶稽偏？孫保生出雨，至畫院衣，向衣工脫去地角寶髹桑葉

為易居，四想作業頭。夜溫舒醒，卻變，前回以持，收大歸規諫氣。及日實出，習未為功，鄉步矣，憧譚壹文，以

初七日卯，陰晨雨，早為藥，保生作花出之，衛周店途以悟，傷問市團，玫中甘對，親懷稱道，洋市黃，黃相，店

少借我黃攜印，夜不對話，物過三兩。兒全本伊家，寓伍，余以兩先日作走之，而去夜來寫，賀保生以兩

寄全玉，王閱其家借，只未。初六甄別生童。

初八日晴。作寶，早至玉文家，只擬閒還及，遍之文家去，往回，覺寒寒而不遠，傷者甚，乃請華生印園照，住住其之

未售，有書來，久之出局。所往之，悟夜或抄，抄之，謎手，又久之而歸，大生園面敘談說，稍之，小洞內，說來

雖其胡開久之，盡外，德隨之作對，且市而相，小食自吃，而不與信全盡，悲之不去，為內手一段問遠翻，寫

途甚便，胸不適，余家飲及，夜為不來，語吃，人家證鋪，責，靜兒之不告而往，內子大斥之，舊

玉大加注以大理想丹三金志直不能居互為爭執又往陶飲夜上揚州
申刻玉同昂來雨欠又約玉溪日飲宕雨來乃定移舟來城書拴裝同往先之棋
肬留一夜田三诉氏因貴與洪來值并以欲畫姻　申來在地桃菜玉畫凸之為屬詠畫金什一矣
初九晴晨陳雪烟之恒豁成然之園四中對中與友卿之六學小飲論市情弟將四艾店栈華說問方請仲蘇諧談余又
祥宁朱拭之畫之陪岁層與碑中揚桂書中書人物四幅陳佳其山水實勝人物也刻澹一卷石一方筆工一空風不
坠四家已午後上船至明珠多涼赴讀陸太守陪刻乙雪峻暑夕又中岸玉唐之即時夢生後船船人物對柳
初十陰晴平早拴小李同昂來丹玉遂付肩吸臣偕達侯及抄稿俗全炸之瑞昂杖帽余恰祯之同學懶子東走
以待往下舟小坐葉玉達卿在舟侯同行諧說又告四了其計甚巧拟邦船阻新揚侯香田余謝之即去丹玉
科川屆阮余又行風急舟難上比到棋已晏上燈過何園取絲及加屬收全受之久秋侍福田到出甘酒茶余之
丹後被之加咸丹訪紫賓暨會于堂在座為玉謹吉勝諾有盧伯留侑飯話余至余問茶銜口對談甚燕後列加咸
兩陣福田鏡如實臣來同之來厩惟書乃偕堂空後何笑二來因你如米來後洋詞對珠留也二更回道情拍舟
舟之上揚日陸虎跡風甚刻　三更陣上床醒不得寐與報鑽說
十一日雨夜晨雨後然天微陰韜甚佳說及勝陀以大俠居事茲遂心不康小寸之那知同昂不聞遇何園待起同之
弟楊葦話又遇人和訪何雖標以予利界待起壁有寶黄荷醉竹大幅致佳得何兄知宵扶歸黄艾動之笑了
情話陳之話詩大觀之畫甚多紫來回嘉咸知以一柔宋帆早使還廿五元後洋艾來加乃楊佳順知余近一
小宋來談心逆往絲祯加半元即情傅之回嘉午飯過誼吉益之晉祯熟昆見命楚甫陳六過林大弟

毛西舍来　未庸作人笑，安少佳，薛季伯長談去。寅臣来訪，与茶叙良久，午閃男二玉呼舟陳蝶崙過一些去曲
大臣将義乃招陳子源之任繞福田大王又欽而去。玉加飯少七為月以，想淵風方清，而惲楊炒串脚底三陸仍休住
然任行之少止還通夫過，福丈抵舡，出謁未赴。謹我報与印篁陸芙，飲大談移時歸，後飲于店，為小峰生画夕宗於
名裁字陶然，一以归上樓，小之起，若安山烟。　大雪蘇江淩壽先共三四人皆不及細談
十二日大北風陰，飛雪，若寒，眾打色裘之人，相呼雲起同之揚泰。繞丸寅即自合，趙天順二舟次湾向男
方飯与同縣朱山炯赴平湖，舟屋路，從閏舟于府衙，有鉢港，及未過柏楚廟，午抵金石城北，吳宗浩入談
宝齡宗先之，書宣与朱蘭亭，語陸蔭齡父子来說，及所来手冊，不名說俗久，社宜也三元節前，遂偕飯，晏米入舟
余与寅之共店倍應利及，邀其入重牲岡利季，雨其行太之，靡不實，乃使一兩年一對于季，修了清伊，祇未應
辨饌開于丁橋，行之，訪橋，入瑞生訪芸階丈，不值，過伊婦妻，如蓋丈某某，語一晌，出布橋，登舟，抵王橋，已夕陽
中上岸小玉篆盛，呼夫議，定米石四石，使后方岸楊竹，書了過大，亦揚惡先去，恍歸得了懷甚西
呼任辭閔男眉猷来，我其舟行，以加雜作年錢久，或足約十八日来付，云上擋，覺睡三程，躍力不可言
夜燈以向書云　曉来急携佑屋雨，六尺生消，當不成，微風球碎異，當是晦之
十三日晴早，無心作字，邀子湘来久談，名業子于鐵入陳新福来，繞糧品季，蓮取泥泥用鵝毛筵
之四林未記，湘梅丈屋余去集，討借去之，俞氏眼為，知為向園事，積于屋，未畫石以作偽来
允蕪久去，重之粒耶，畢大米未記之，以東門向之庸人，云畢夫可靠極矣，昨言定之，惰懼少，将来拟留

子行香宗，余不爲其煩，多閑語，而回入城，過子宜，感其花，拉赴燉燉家，茶話，爲虞子肤處，并訂今晴日
四點洿書一堂，別去，過振虞内，極入語，孫嗜者詩呢，閑虞語自是駁論，弥老择架莊語，余玉成
此真可郵，有其發飯入席，米藩夫、仙芝相叉，子話人談對，示懷甚暢，夢懷多力，平語闌，有應酬花木材
仿余之氛羊，爲好，因乞其作，陳勤用素指本，探熱王，忘耐觀也，辭出于包芸口，看挺，侄一獅一虎而已，予
胡虔時趣，湖雲石稿，枢家内子喜健爲伴，于午後之葉氏，付陳玉尧，後取以飲而醒
是日子剛求未得，戊元云是催子伯夫人之翁，髮先走見行使云云

十四晴，晨呼諸人起，以戊辰米未至，會照顧心素之食，從即與燧昆、蟲米上，石又择之之，然每石與租斗戶六升
之讓，謨寅氏之心，自午時十五怡偕翁書仙、振米園玉繼，叩年後來設食，余園爲仿佛而廢焉耳
以針石之之葉石治之之，及展算請時述，時暗，及至兩時，條來，屢返正，逐好之，去玉書等二次送
國無米葉到，呼如上來共六大，七石一五石即已全買，食業趕付嘉三千串，去余以言，服借其園
將兵元去付丈会欸，借欸代至禮，符與補銀之，使吳勞接，吾定横之，衙布地窟亡于施鹿，付如婢印
之緑成談五夫，呼含銀錢子研其庭，步問澄日妻送禮玉，僮侄偕玉于燈下馬件代挽聯，即去以匠
遂作，但用色微明，招客閲飲，備送陸葛笙禮

十五晴，在作字，致夫蒋我乡五百四十六取呢，往與戊辰同作市，崇七樓，得午，爲先大夫生忌，祭，祭畢
晨食，又赴出于橋，必拼三人葉氏，去帖，蹈對看加符，至晚由桐之悟，被爲庵煙，傍四五鄉

許送予一燒以酬謝也。回入葉氏，恩茂待爭，夜入席宴，新人稍好。沈日青、粟臣及余三元作俱同重子、胜五、于神并同居，不受，故亦不設飲。五朝更始得閒，桐兒來，入座，久談諸及，談事甚至。學余兩人雖是路言，為不至十分沈湎耳。三更許一睡，三更知新婦到，喚醒，是亦尉大接陪新四人一夜，認所以一次了之。撒揖入座，奉茶請揖。篆原香亦入，談及列門，共八十元乃許，兩姚氏舟中韓大夫至，早為城畢。原太守有而來，又從馬閘船至，費解釋之多，實姚氏失未預通知，點呼瑯是巨費，大閒錯錢子三升。太守至四更四少，統留經起。余家亦致，天將明，催粧，新人登輪，余等亦為照料送之。

是日至漢陽，採一房新屋。晚仰伯乃見財接搬送，寔鍾乃分爲之岳家也。

十六晴。徽服五子研炳招出北門，至馬頭上閘，小呈要款，舟已遠，回紅風茶，又回余出門，隨偕至麦墅，店未開，十字閣保待，許飯後翻出，遇李熙齋，陳三之，回入麦室，太太处，又書回行至軒帖，二年條第与蘆臣同归，市南小北寺回，小眠三次，存在，趙作字，蘇官未來。扇兩幅若

十七晴。晨起，脩像書字二百，讀方三集，倦懶，小眠三次，午後復眠。揚二來，請過借袍去。閱石儲其牲未托柳田勸勸，說其人不知是否了了，部易衣出之，葉氏書帖封贄儀一元。隨壽宝、報生來，偕出村，行木船，与鍾神成段弟匯二五六十五行，辭。是送糊電，聲訪与

漢成考臺辛因買小印同伯之厝木匠店看樣宝之小佳相店又之葉姓氏回門已到秀見
禮科印伯蓋樓庵舍吳亦冠兄之又代理料理入席舍与丙臣对生伴成庚辰年
陪杜戢小甜安若紫陽去玉之御山賜伯子四出觀之手及手章兄学学西使訪紅壽枝羽拳之
闈也个內与二闈惧謂悦詩人甜檮琳濤子殇又控欲玉二大綿醖醍羿美印趁移見乘月帰
十六日己酉刻在地荐工辦豪玉章惕玉叔英父十六在宫出藏木匣有人昨見在西門今云在九里橋
坡間投梅板起石罗身庇伯在注相向乃勤一畝午緩絡葬伴生借呂湘來会臣在冠之談菊
早豪帶户上去牲室只美子依陳李棣諸君一話將午歸綏來到至本回伊戚馬某來知在九
里橋修玄余上揄這首相佩賓挂窗男父子弟玉云吳病未痛茄在躍跪其不治似協雖
進偶添不起岸然一邊語極沉痛良用惻然因為供付一律附一条于後致威事用之
一炭羹堪上書在杖是法想同厚堂有出家志惟只行省果了晚去玉大宗濟白于惺甫
之桐店与材人語玉公写模帽信寄坤山道茶見話友惠慎極已拒人物者威桂碑之子貞献
一 西氣未香其種柳巴戴東小住只市寳物有彩鳳筆玉数本大喜賦四律應小辞同
鑼鼓八蒲笙嘹喨 知有迎燈之举 三更後飛燈悦余手應 柳太君伏
十七日晴天臘温祇撰梗晨家人告文玉起附出先之闈書陛層付一墁玉佐行文已与楊硯 收拾罢下

主余寓，觀宋搨蘭亭，茶山亦來，還價八百元。余與楊峴桐翁宜逍，丞文之數之不足，在對湖蓮醵
先生書之，且令跋閱也。為宋吉金寶子壽鼎等，觀兒筆精，已與程順甫卜書帖為王文宗檢
健兒先回市，并嚴賢王子地，午後小以起，作字臨石三集，詩詞，內子於胖假侍，得一米之小壯後
余往蘇姪外三姪，詩印等，玉函精，陸裕來至夜，廚蔡寶生買佳兒靜兒隨去看燈，許村
楊蕊兒烏千秋鼓亭大獅及小傘，談學又北門玲中一方，楊兒老師與戲鶴山龍燈十種一起與右
御講即歸洗足

廿一日　晴。晨明書來，致桐君約出郭看花，余携健兒之語，出店前行，途間之仁得已在店，見桐侄
保成玉乃理湖假出城，已先桐桂陸家牌樓，仍往鄰福院，桐來上新墳，雲陰仍人家極開曠，嵐色
樂柳，泉石清幽，過大薪場以西桃花爛漫，紅泥如海，徽描恍目，暇步之，秧田廣闊一望紅霞漸乎
復滨目，極陰處如庸天台之剎院也。入裏田之間，與仙佳一游，沙海，由大薪場市，市盈未成，又飲于
肆中彩虹亭，日歸，與汪倫共八人，父子即去，上樓書三百字華，北又閱石三集，夜方燈來，達出觀小兒子
從出，近來人客新州，見談都女倖于今道中未免陸離遊戲之嘰，但燈的居見西來為恨

廿二日　晴。早丈來共話，飯而去。余上樓臥久不適，極度病，夜悶甚，晚出，乃兩度出，看古玩，又買白字，書佳玉
鋪，禮成居，見珍寶，極匯，北京李伯、汪之恒、夜飛載、柏諒，重行歸，從得當人，陪出觀燈，余閱半夜歸
一更即寐，睡醒後四更，脹痛，胖胖至天明，三日起，便覺困矣

廿晴。晨起，閱《嚴鐵橋》五六字。濂亭來，為錯往方高伯韓，余與之談，午飯，余以未剃子
頭，未余出，為伯壽稱之。然後之入山，出來，得已此二點，仍踏兒數了，自妙彩保生傳陳磐章
細閱，以盂盛取底盞，樣將至應雕，夜店人寄一行。晴，二更又至桐店，入恆裕，乞書燈，修之圓轄，
約陪叔平，廣平皆未。書再叉伯石十六兵見，其僕甚抵麻，薦陪粗，未宗西屠物，為此次貨，為
無識余自謂詫也，人也，惧，惧，往，往在圍書錢之寶縣，為作伐，可來面，往僻木匠，招弟與錦淑，論而歸。
薦飯於曰堂，出高老小生，久談北寺。巷香燈同之方桔又來，然此椅，拜同之塘下雷四七女雪，荃以舒清晚
歸，濂飲未寢，清愛巨云伊桂燦為至，余上樓，既而果未宗人，室暗，余執杜詩閱，夜半為楊伴火一錢。
廿三晴，早起，搬節于岸，從兒備馬，已刻知首緣魚上市，而猶不出，迄出市，錄魚卅一尾，于施店與羊九半，須得
買桑樣二千，文二千，指即日午，信字三四百。張來，為作伐，書留菁精，嚴犯未，送陳與平，至福生，讓兒換
二百，送國蓋送夫人書札紙元。晚出，途遇常夫陸菊笙于緝店，耶匯桐店，兒所生濂，併桐九與塘中，施店
御送于恆裕，取儒砂，晚吳大兄，持陪燈相照，截工甚佳。往夜照燈，仍歸，宗人閱，夜，夜讀杜詩至十餘首。
廿四晴，早起，到舊閱此門書，碧，後笑之，楊兄猶知，為往同，若居大賊，倦之，借至，至富家，楊朱君，助店
已搬物，歷觀，猶喝，歸後之還，移烟，持，小坐，人，佛，至桐居，上樓，覺知，迄未聽，出仍決，返而宗之內
宅，租，與同，若蔣錢，山左，附詳火燭之，移中，閱訊，並入内，未，熟息，決，為吾，桔人愛，遣其僕，何塍龍
至行，拭塵，適曹芸階來，訪李詩，楊陽生，典與，日事也。

新舊諸亦留伊蒲饌肉也 觀劇 雨止晚亦以經幣在地香祇將無聊
薑 早陰，巳刻雨，午後晨[?]蘇大藉雜以生段不合收，因出過菁夫，得茶話，又往慎郎古茗齋山房畫
扇，和[?]洋買物為作[?]入城，[?]茶[?]說見芸培，山境[?]多，僧居過當，與九皋、梓柳[?]
雷，市第[?]楊四話，地[?] 十點作畫小方，未完，寫書三百字，閱六朱，夜讀[?]律詩，枕上讀杜詩，至[?]十
於[?]安寢，燈靜中以[?]，席作[?]已
寒食 雨止竟日，晨出以蘇氏楷說李氏之帖已招去，不得不冒雨往，先請恆孫園中坐，之宜稍知種樹
而[?]訪夫人去祥，因晤[?]貫[?]述[?]嘉[?]，孟夫[?]送[?]領[?]種[?]，今年一[?]付[?]，[?]而返，[?]
以[?]之，而[?]回，歸，市[?]蝦脚，蘭[?]劑[?]里，[?]流[?]，[?]之，至午[?]作畫冊一，[?]在[?]之[?]
又[?]帖，[?]觀[?]柳園，[?]人[?]氣多，年例城中[?]，[?]不以[?]時禁烟節之[?]
花朝 晴，昨節[?]，[?]八人念八人佛，金[?]作宇，未[?]訪夫人去，[?]余及靜去，飛城隍壇[?]
[?]作付[?]，[?]多福[?]及堤下，[?]城隍[?]，乃出城，[?]居宗衛[?]壇久待，[?]小[?]山慧[?]許
執[?]前導[?]柳神[?]，[?]為[?]行禮，[?]道[?]經[?]館飯，[?]四人出由河西衛[?]回
[?]路[?]直西李家角，[?]桃已謝，李[?]風華，[?]戒壇寺[?]若[?]，[?]未[?]女，[?]而[?]
神[?]仍[?]化甲[?]回家飯，已未刻矣，閏[?]午[?]，[?]案，[?]文[?]靜去[?]，余[?]以[?]

玉衡過徐園借寺中僧人之旗(?)怪竹館見有山茶、建蘭以盆作一百六十俘二等，其人名有
六叢花而出交清力付余令之宗。余亦蓮目過陸耕之一本比抵宗黃積黃金山茶花而臨
花惟悴不勝當時之感，因茶香殿瘦青晚二首，橫行蕉日得我門乃備行矣之果有四等
花正開，色芳茹甚，蘂心素如碧玉，外雪淨似宜院眼目之，即前三月平而成山人移之，示意
夏之並不甚種之，能照為正為夏重但而又夏董五盆，坐見不得事無福未開，被侶累之
謹夜以扶之，二兩思竟無宮後來泥，并聯想以羞讀之可讀，難為可謂自笑好之酸矣
廿八日，晴。早起，觀蘭瓣有微紅，而無傷悔，大費鐵力，而昨夜苦思竟泥讀，積半夜未能，今視之如大恨，一人乃歸
予也即植泥隨植之，但計其活而同此蘭如壽之矣。天下事難之，為萬難，不為人所敬，不獨是蘭也，慎之慎之。
取大碗栅作花架，甚吃力。午，知寄院題靜思作文，余手擬作小課賦，而不得韻，詩又上扇起稿
付之頹隋，未成，濃睡。夜為海棠作花，晚出庭看取架未就，手足口勞，庭前中植桐樹一枝，玖中與卷秋
古語吳菖。唐人某指花，新(?)素蘭亦如余之柔而上書，本初者以被寄以疏，墓花傳並，乃悅無憾矣
歸途野風吹之，涼宵(?)，夜讀移時，御無架，眠，深獨酌，正評乃作柳絮，池塘瀲之風，奇詩歌
池上垂楊柳，垂絲美好風漫之，花如柔森，漾之，梨林空，絮似茸綿，落吟，偏作雪之細飄
梨院靜，樓(?)倚酒(?)，空中飛雨之，無之化，福(?)小點之，通(?)庭(?)前(?)萍(?)結(?)綠(?)之，笑可歡(?)遊(?)蓬

戲蛩觀術賦　以先天下之憂而憂爲韵

范仲淹志深義宏，措安危於鬆，但處窮學，皆知不足味久矣，忘其詳。樂多移情，異同誇于廚

國請於公起，勵志於我先。昔宋范希文下爲秀才時以天下爲己任，得賢聖之心傳，篝火而長吟抱膝後出山

雪春龍寧擬平均，已此他郡之過相霄小之刻　耕田白之廿年田

廿九　晴。早閒散不事，躊躇多飛，午後臥起，病發不止。晚出之，恨於園中間，桂樹腥處，然蓋畫一長語，又精修揮桐居有盆丁大宅，知成衣作者，報即歸。共陳以生來之，前緣崇東王四天象地三分，外佳土五千余，舍庭之此地然門前有三君杂多株，一本兮案屋有巢二此屋，安其方，會得之，或他年作小書室，三世不敢望，必其然不亦感而難起矣也，似已付之時節而已。夜看杜詩。　是日出刺，談于店，爲借實市地案

二十日　晴。早飯靜閒，出市，魚蝦糖物等，恒看此入頭，午探詩，房租不得，僅靜西余之，冒搖李氏先又，還往彼旁何處桂軒，出見羅焜說蘇氏印元彼頭計文定，切去去見新屋，秀花并外堂，隨財白僑，端小幅出後，入枝被攻中時，突遇即去李氏，元吉言，改蔡氏印歸，繳納小頃，印圖來，揮說陽帳，借去里巷，别內門，插堤夫擇地，壓窗出為之即争雨僕將一府城肤磁其韻，意甚恒懷，以濟印書，力氣，讀楓之之，出大東門，于彩房取租七元，吾實修理許

日中陳慶揚店市一葉沈聯樓過談往送入見廖其太郎長慶生同字區素過始行人書謹撲聯生六
一腰中出入訪陸福庭宅家外地木甚幽内有碑被入内將爲樊臣夫歸上見茶法久作照別行客場之擬春取粗不
付道子砥入寓盛而甚進寓法門于威春生與子霆談久之始歸取之三百楷名雕花付之六百取歛堅以歸之仍飲稚
荷荃于地夜譯字防乃之迴回數周猶上椅臥

是日未到沈侍御之祖母年八十九無疾烟自焚嗚呼余去歲人在中庭侍中震等另士班烟作被屋与
我宅夜設此鄰災戒一失不可向矣故自幸而告貿惜益加慎耳

三月初一日晨臨帖五午錢劍架裝小冊起已未到出于恒禄柏祥林伯赴春宮慎觀恭福庵看花會
庵東設供祇楊出過大佛殿楊玉木本岸見形織甚燃十餘故子四入茶室并飲之周恒村吃烟未廚庵小
品香睨于掃逕門歸見已跟困之行行小書與見盛說四諸益道詞說楊岸府有屏分做以今乎大雅其
帖也早余宿青毛姪女帖于行未所始作伐又從晚歸內姪已來飲甜上楊玉不以欲樂借帶

初二日陰晴相半早出市葉殊中過脚大一番茶室周之大東門會市葉十坑以市支伊市烟小談其無情徒回也
腳不良至回作字午後睡起作扇之扇仿香鐵爲草生惱異常夜顧模夜片不及一程遲多珍氣升少睡

查臣借林姪之杭　司司未姑其停匯大兵門外

初三日陰和表日來送去飲作葉附應却不發作字三帋書陶宿遊罢興回晚書篆備並清
鄉錄之飛山說安自扇仍應吳鉅深之管戶爲撫備節沈雲峯未往去世未报薦午八十五久矣頃
自送帋元并佛送用並送夫夫人表礼四事收草見今取早三日作計

晨日陰 夜雷雨 黎明起出 游茶市 重進 衖文因說今日端神迎 說李秋陸 瑋詞 書致以陳巴

并云翁健兒之詳細 論及居近也 與友卿談棋談藝 桐可對 不能生火 切不宜手食多賢之士

之學御史伏雲峯來 林雲長生來 馬六以吟陸也 小生文品氏 衖文出大燒 玩佳久之 又作伊第七字用

做試周殺雞 老一區折花 玩古 悠足忙 晚雨 來人來肉一斤 與楊小兒喝與少多多 旨接之 秋 瑋詞

詞來嘉淳閣龍舟三七九達環 乘喝隆馬伍侯 小安三張 衖文喝拾金 時都退 無鏡果言

美之之 伊不全兄物亂樓 玩兄四壯來 許須來 借又格來 未刻余易花桂而歸 作芸階跋扇仿雲

林淵得古人用心處 嗚呼 是道之廢 隳為詭得無言可勝慨歎矣 苦一去地易與煙雨樓

為一山之相兒之 饒去居 讚之乃以叢殘陳模蒼 同治向年七十老仿文五峯法跋 可玩惜蘼玉

可嘗在芷葭下 夜操入兩日錄 夜飲諸子中興 四鼓後睡 宿而五久

雲長雨 張畫李野訪周蓬夫字邨 以道濟止 甚欽 因豈雨具了 閱未仿海居小安詩鐵一洛濱宗假

又操上之唐華 晚飲一畢 伊為不適 見前松世王佛題之生四楷樹 是來取舊詩之夫字 雨止 夜觀杜詩

法遊不可學坐得而道 詩學之特大昌 以以惆悵蝴蝶以雜十俗楓餅之中之多之擬攤黃多 鴻貽

雲晨陰冬晴 晨雨小雷 床出之怪樣取之 可沈少市叙鍾用之可平 湯行未一個三卅 行中有一附人見

山水輪佳五作畝人佳法易也 黃阮大之回入城 經出見成去 路中呼周六取前入桐谷桐兒處 訖一雨附

以其往西相高 可余行止來六之 會無之復入深城山 荒扇昨日貝款料 惜大加嘉尊 芽伊

陪直卿樓，爭余一脈，只留一脈，其利也。將午卯歸，因以叙云：獅植蓓。午後上樓，以步堂起，已未時。

蔡氏玉糕來，爲請之浮陟使自藥，仍爲東子帳，省州志至三四本。

初七日 早陰，午小雨甚寒。早作聯，挂衍爲蔡氏文，定如黃通知楼至國見訪，錢孫見知者楼翠節出枯氣也。道卯浦一語，余南窗居，屡見詢芷卿病狀，恒稅。午後小萍種云，點細辦及尋核田自厝泥于作植之。然时晚，不知能償獲勞而去花乃小。閒步西門，晚，紫午睡，睡起作字二百。閱志。

又病起，看之何在，爲定。讀字，塾，寫三文。醒。

初八日 陰，小雨。夜陣雨。早作字，閱物志，寅臣杭回，与語。市紫子楊二枝，午飯，後出，起出北，在上坡歸，以雨止，至恒裕堂，濂如、仿玉、伊宗一相見，翁之孝宗堂三位，蒔雜說時文，台豎閑話。又之余作甬上祠，擬名之不犬。肉中市物以歸。路于朱五處，在中指種庭說，余報。晚日有洋氏往城，閱扇面，捐有當攀犯春脂。

夜閱海塘志。 畢

初九日 陰。早去市肉菜，攜傳以帝。顧神，祭祖，用漢山之許，孩屬，請物，過照祥，及瑙家橋，吐上壞，船路經登大明，晨來，午祭，鑒得福，小以起作字，看帳，來仍共上坡，金大剛談四方顯，都覓之。王楊上義牲，盛卞坡，並仍細作，看縣，薦蒔，迎城，見不作字，手楊夜睡，看志。 嘉君丈來，即去。

初十日 晴。早出，紛紛物室，請人下舟，之子來挑，名鳳山，行嫈日，起飽，与靜促兩兒，若女輝，共八房，合上與至四北寺之宣照房，謁殯，匡廠封觀，但無禮，堅皇，憾也。二葉衣，對淺至，基即去。又至庚家

去墓祖臣殯謁堂姆々，晤見金于蒲萱浮下船，余亦爲糊中等守下船向振諸杨四兄先已
在假道上岸赴蕉上二三七侯祖以下兩坟拜謁於平柴餘向有一松往拈今舟欲回，与陂岩故
程許壁臣賴保侯予錢追下舟向郭舍和出上岸揖陷勸歆向根用王廉二人上岸市臣正聚乃
小玉王梧来取參品屠抒中任殺福四兄亦同食廿六七人四鎮亦上岸訪岩々舅父向讯仰其家門徑一
埤云金宗亦上返，去舍中四余思不得見乃至米市一詢，病狀即下船向振郭舍兄帐國
去故至十餘，船雖停隨々挑外久々上岸覓得岩舅父舟下艙去視說指蕉近情，舅母在岸不
晚乃仍回別入云去家，余兄亦应雖起以未屢々，狂見岳說家況當慕然即國珍玉来会陪
勉至归舟待久始来，向四一談至浮岸，往向金數十趣市于往步杨迎作四兄等三人別振浮已蕉屬
仍楊为肆住兄玉廉特留回付船鈔回舟。岩日葉偉成兩兄方来。李桂軒来坊訪不值。
十一日，晴。早出閒桐兒臣玉甫恒禄世園中，与錢讓之知桂有不歡之諸，乃至豆杨手半，邀逢桂軒傲
玉之與茗話，說及煤事以明兰述謀，鄉乃寅生之久之約兩楊胡仲文為予盾蔡保玉家留茶，感甚
送往蘭之，岳宾归，暮上楼作大册，漸有自得之致，于涂以々起，移帖閱来薛董，蒙臣来説潞陽
煤炉事，不便改，应命合做。書之空楼入室，為小兒奔戲，但瘦往桂軒出，述蔡代数臣倫只有上屋不
宜，謹深訪伊無然了之，扇子內多之日久，不出，乘与漁雲迎中，文臣晴出，乃計此期，至別于歸，路途致學

麦生叔侍先之入揚后歸飲八斤而归後倒飲一碗甘精神以三大(?)書房未成
十一晴早精氣盈腸胃亦无事晚後以益扇生平理書以小名人帖閱温手書先過路中悟張又之三四笑談念八世凡
萧見王閱日拍之黄以不述張拓又不来伊將孫亂耻免朱果等的而去又见馬回知施康出已四家仍應了
入律利又懼公敦事内生七之半世陰耆加以得の又之八年乃入席十二回六六天集飲甜沈梅卿素呼侍
去飲玉茅時迭墨村人大有尚侍君言五侍泉君因访兄五德取去殿中所借由北门抵小東门见舟而余取非布
被于厥日以及大東门见雨于舟少閒閒内情古有光山水及許蘇二帖為佳第皆殘白無古色者臨本二又集盈
入小東门逢有三六兵宗山五又取本書跋中請未出回而归意有座上研点說山云西蹊夜膳去
十二晴看树溪帖府基地宫吳將女去清化无粘六回宅用色刷盈除午后以秦篆麗而殊細圍未說
大三房事留銀法疑恐去不遠狂胃去余印县在冠中和出之居六余街居向甫表林宗二女情郭山大贺見
去筆陪後西耆陳根六的一访七子卿说前岁多待成居北所说千研居日既贵的快并调出之來傳兄加又五十九
盤人乃隆韶之说秋淮紫陽了朱摇之後杜冠册六扇及岳卿出建法老席何蕃卿说讀老去山并说郝山文文
戰在入席与俞恢兄树人法硃石烟菜陸石人及朱萧崔伊说南门外白有情沙佳雅坝為些升不门伯之六家為一
盖鞋席石村雅阳月明中直之而行抵家少坐即睡 三更後雨
十四雨晨雲滿密深五夜昌雨樺葉枇筒後日来遣去市极毛裝一元计五百斤向紫王合作书赭玉
而行取弃上特獲雨滞漫為卧作書大册一紫门郭树畫有无粧踐向临帖十二行

若辰年先生冊請楚广雅鑒玉芙

廿日早陰晚雨風止少涼君出稍致中恒祝兄六致之服大王瀏玉隨進飲新茶并見居優云紫牡丹圖館東錦供書寫回南梁之伊家即知大伊業入試神伊倩余作古錢于扇其字曲句兄弟人及費錢伯中恒即刹去于錢常應見陳耕兄為紙二張作仰閏墨語即归午施玉君檢來得飯安處痛病未全愈弍摩我信國懂伊推再四令其至地劉當余以伊去材人未本能此因天大風止玉楊与陸結樓一談，四官一冊其速且佳，我于功存進也。鈔千字文与健児讀，從去一節。

是日宗鄭苑二為乎還保児玉鄭寧毀腦毒死，真冤不至悟了。

廿一陰晴校本作千字文五言字大來說山為漏絹乎睛去超渡脳樓游自田破千文形織不成片段又闲其

廿二陰陰自臨羽為銘乎風是乎至而取乃我從遙學楷体其晚也晚去市在此路過至種于園植之亭信於蔡去即但李未着實伊太南弃了又恰設詳林之路余勉為秋應局信將附之書而並過之男取二節，欠特大凡從归于地將悒積遙之惊得早睡夜四更醒觀其書了雖並李邑大流

廿三微雨翦之竟日早發政事其亭信令之返於縣熱學業。蓋余以此紫非宜坎之又代王祥林議余應訓勉爾積歷局均當而未出為前健児六学成千文并訂成教四外又學為一以令泳

山館閑〻無事，都〻無聊，積憤前儔上平四百聯，不高知古帽匠術，咸付與福生。雨未霽，出以課
題詩中乃作老儒聯，考古農耕，紬七律，作草成。佳(靜)興作書，將起向清中，多廠冬故
大雨，午後出，寫和作，作詩，稱王祥之墨作稿，未曾擬作田作半聯，楚詞作，初九日〈留〉十樹
晴。不堪霉雨止，靜見作上半未清，夜寫日知錄一本　上草大未
十九　陰。晚有晴意，作寫三百字。閱日知錄竟九日，不適，甚病，身累殊難，飭至晚，步出，路至祥林，余
勉之向作篇，但以為人未解，玉咸書一紙，玉新店手書，展讀若得王蘭翠、瑞淑兄，聯為一秀，中稍路中與
說桑種合，有歸，大戰〻，看書，用大暖〻
二十　晴。夜雨，早晚出，剃頭，於田濠合藍染，匣未到，水〻，寫兒歸，宿，易衣，剃，入市，唐信寡，都將祖睢陵　辛悅和尚
福生朝來，言林子江寺訪人來，飯，少時出，惟見房屋甚高，堂可喜，待易便衣出，不來，向〻未盛，〻家信之，主持末
氏順，奉拜鉄庵，詢其缺，於公也，閒談，大出見司司伊，寒屋方少胭，作圓料其大工，正在不惜，為此無小，可恨，回
坐俯拈閑業，做行女市，便壹而時後，漆山物夜，安置家有新書，忧先生拜賄，集讀乃十分，其譏諸方極
為主匯字，孫向全集，慷太什做，不入方寫目了，於此亦見七八五十年前最種風似今多改敬者矣
廿一　陰，微雨，晨出，訪三聯，題見欣其悟禪坐，陰霽，柳山直潮東暮歸，午九卓，欲了見訴友久〻，收未閒況
旅但有秋蒜蘇稍而，市墨二錠，又橫條紫作字，改舊年闡公子研山中回，出我族看日知錄
是日得句：有東風吹亂雲，揚深雨腳亂來直又斜，盡日出門趣向三
東岸濃雲西岸塵，鳴鳩睢〻靜還譁

三晴。宿麦已二眠。阅沪书每久借分地中剧第一年份截纸，批重改稿目及诗稿，用（改写）（借用六）詹义出西门，有

唐氏三池皆在荒故中，不治三亩。又走清宅池上，（作）景少佳，正貢亞杨登海坛，观海沿堤归，西南门（入）沿城省

钓徐缓在其前。市糖饼归，知周芝江来访，比出问，又来，阅印书，剧掉，往芝江，乃来余之，为沈传毅之祖母对

垂征程。适于恃属抵五十元，余一以还周，全一以讽也之为人太不近情。拍卖（而）邸眷之四更，择后归程，採之作诗，并拟详稿

芝陵雨阵作。年来了的（芜伴）诗又来，恒意止，丈来说，呖之，正严。帐去，余即出袖示而三。次恒扶笔诗稿，瑞莹

巳雨膳毕三和，隔间植物已布，欢欢为之看觉。恒携笔新雨前茶来，养归作改诗来已。蔡氏使来

请明日午去余甚妙之。与家人话，蒋炳来，夜与赵甫论理，旋为佐思浅，多看，菊人儀。余与实夫为媒

四晴。新理书物，呼周六使媒。说成，异之已到，沈三吴宾青作媒使，与从前特片来，近遂。吴太对来

以轿抵此宅为蔡氏接宾，王幼臣延入，若生为小帽，午后主人出拜，李文宝、孔王子如等夜，晚间俏用

首饰，计四金，红绸缎等，花果用四盘，一條狗，旋乘輿之宜，携李氏、陈慈金盘，接宾延入，交盘易帖

六四，用银康色烟，茶年未逸，苦方发禄甚细，缎花果亦精。绝惟贴金打獸帽，谈久，唐泾菊农来谈，即

辞出，由限城众家传居家乡四人贺，抵伊家理料间发，衣项华分绶圆、花果半面，馀来，申初起，近閒

话及夜设席，十二面，四拼盘，五碗，六大四小，小点，予同席为荣夫、朱五良（在上海全丰号之师，局人，伊分犄女婿也）、何、郁、王

帐臣、蔡，三伊弟及殷卿。神相面晤李佐三，迟抵家，极甜，十点钟来，舆而归，与家人话二更，为以

廿五晴 赴蘧園禮閣處知有雨也竟日不適擬病屬書字多不佳李氏以家宴邀飯送茶果來以祭文送棋全序
亡兒歿又一年也晚內子將來入謹朱珍三說其祖居于耕老和四族改後閨眠柔叶似有胎意夜稍去日
分錄四叟雷雨不住 我妻將息之眠計十餘小時逐雨稍輕 和約六下但是耗氣雖小而雙麻陛亞了
廿六雨晚陰下貴沙眯目長夜未已春葉積家濕梯雨漏食也早雨貝至北與橋四說時候繡怪積雨師由二郎
寫六寸小品晴回園來但大不適因病未已飯後以起更甚回園來不能出面中會六點亦未見高出貝
出往蔚居二常一上下畫牡丹比律五言詩三六以名得字雙行從橫寫下一段點不能不有房臣隨際了 青庭
早起鬼風河閣月夜勝雅十六日與家人不浴心頭不平懸于色以當哉之而至睡不穩語不可言知恥者以憾之
廿八晴申刻小雨廿三眠寄人招夢于公館不皇以往全呂閩敘廣陽恨甚申刻出街路中恒祿堂園中晤坑
圃押山九歌在在一卷獨雨中初霜出糸勉高大守一歲積送葉著論作撫任字句之極清遠又小官
協習奏贊蹊久之冒雨歸中途雨止吳園六和堂地雖陳氏與傳錄陸論并列金于陳地擬將梅秋植之
卅陰早作字前錄詩呈盛言伯保牡丹詩七言八律于丹年日為佳且是一圍以三眉之五十歲余
午睡三起出州署辰保彥戲依演戲賀十歲女八皓親人聚東橋搬去之孫相去六王息至晚丁子回往
圍棋局作留悶甚之 原士敘只與諸況全署團坎樸之兩招去赴招已兩對壯四人依稀新唐之以庭主友茆
也
夜三更夢似與靜兒在由西之古街方橋路東廊下陰四路下石西對岸月光漲落似雜行中有水
深旁人云外此不比西門大街路平坦無六香鄭況入巷庭無西旁有樣門牆與今異入殿與今未實攤下
似有一犯立大桶之旁身持頸長轉西殿吏役數人去深之出西圍中出一庭狀況之未點仰來姊也因寫湘色屏

彩呈鞭脱帽並與吏語羅見余並向識寓告以爲家乃于廳盥漱繇西北路步廊寬宏並歷山園再入室
室靜見亦不爲禮並坐其中讀書作寫者儼然一室直進忽憶惟書籍先伊又將兩屋居停富廉
模絕細云係亂後典房故居望敬之至盥已急勒一束窗綱云有人來市錢余曾之審面余君太輕不之審
成(余)但袖内並有二兩洋不知出家私否盥已既既者任所而無家丁旦亦物十者甚而又改置甚至也且似有升
畫鞠案之象神情歷歷目在旁 理係不知伊寓宇落或微而對之或有陰壽法及人互以爲城隍出現
係稱之走爲莫是甚不雅也 誌之

廿一 晴早作字臨帖三百綠文蝦兄道逛日中至街到市争買回飯畫寢吳来哺出陸店羅發撰去
大東門元隆租許係十日付王租房内價七枚付之乍乃入射蜀秀哉之宅將裝場去坐久至與来
弟仰琨勸視来明年仍是師教試如上而居是店作來也然宜以但業向多沙家人原不被甚
暑力静見石刻張孤敢祖碑渐塗帖于從眼太倦了寓莫與他談華腴庭午睡閲書待斜
小情歷亂 是晨往弔陸梁舟先生拜殊兄調梅卯爲朱果評摹文連通法大之弟分新

四月朔 晨出市遂過館來遇若者前母交王恒稼團中行中熱市小死鵬行翩飛丁午見詳以回作字大
二百談帖三百午係睡之醒寫藝月保帳許緩庭文未徕刻出葯刻演諸弟遇春届式揣于邱
見作新伯對以八村八親宅宿年說殷士十二門家文杭菊多足邦汉足交至印刷市刻十四回卷之

夕抄易葉　夜校日知錄　校石經

廿一日　晴　甚暖　已單衣　早寫帖　後自運作書數百字　改詩未成　心情懶惰　欲作未能暢　使見無初暑矣

昨讀九要義　富足于衆日見一看兩行　深息于耕者　與陳仲穆先生一談　夜出看戲　聽謀亦說至稍西至

鈞弟一談　他君帶力息于地　種豆把鋤　覺德但常人以桑有沙積　錢日揩刷刷忙

廿二日　晴　可種園　種畢大眠　黎明起　出之市遣　看羊丸畢　遊入湖　泉茶談撰　改可霽之般不已請

依未鄭勿園均一談　又與均海弟茶于陸唐益清　只爲衆又曉至某處　悟被寫集取上市者

而回　書帖二百字　既藏尺牘　并不年大冊子而未談　夜三更起　夕應至天明　靜覺上日店課以上卷第二

廿四日　晴　似至市園中同訊　恒被所上　付均緣出寫運　印園致中取玫瑰嗅之　市善恒宮宗閱卷而去病

者無子道撲

是日爲十周仁夫夫人壽大給日也

廿五　陰　晨微雨　三亮日前病撥利未止　益陰疾纏身　無脫然之日乎　閱說日知錄　入地採桑　黃黃之

可惡以市豆撲也　陳伯應撰御世揆錄　多方以失女　夜三更起翻看不得實

廿六　陰　小雨時作　晨出園見洋帝街　恒務殘中小生櫻桃竹筍　歸　採桑仕還　此見吃力乎復印　晚起服金囊

困難堪至身者撫便　改日知錄半本　書帖二百字而已　得夜又到地收桑之價　已錢至八百七十五　二百斤　雅全人

痛而知痛凡之宜然也　夜三更起翻看不得成篇

廿七　陰晴相間　又陰雨漸閉　黎明出游泉茶　兼又錢一百文　5　房經雲說四敢不及周子所敘山爲居之法

涵娘子惘　又園中三更小立　與子與友邦談以歸　重錄後

初九 午陰，細雨，晚晴。君翊（旁注：書畢）發單來，謝紙茶與西房，得電話，因取三本內帖視，於中山契內章神山還御印。

歸，作帖字三百，與書李太白七絶十首。午後睡濃。晚，萬桑侯來，甚倦，眼疲，夜三鼓起，同家人於萬徊樓上巳

將飽，四送松清，六送青山廟，定打折，蘭蔚、福桃、稻帚把來。

初十 昨夜小雷雨，晨熱，下午赤膊。攸奉旺萬易無錢，日未出，已齊從範桑聊以用勞，倦臙池乃飲字氣然而止。晚刻

費藉于後，戶子為起絶計，止卅斤，看夜唐碑登山圖料理，先上五筐，家人收刻，至富贊三鼓起，已雷雨過，以撲山火

不懌，出視之，並簾若掃，幸磚不動，難往至天明，召炒米粉一碗，充飢而已。

十一 晴。天明後睡，不能合眼，神思懈適，至午始一覺，而痛作，書三四百字，指指出大末內，元陪行取

地租三元，由小蒔莊他去，遂下減去，君子更不見入邑，原叭到人，攜山一盆，長大補熱，誤刻出，陪叶威

入住私與耕山丹伯接山印，聞談快，林園中小憩，後大廳一觀，狀元譜乃有賦（旁注：去之）子田頃尚多，今則以相耗

好烤留柴不能去，走另之，惟然但飲，傳之府庭不諱之了，擇之未確，夜三鼓起，看山棚，看一呆，此謂蓋玉天

明

十二 晴。早具衣冠，走弔陸學舟先生，書乃謁畢去。道生與翁杖叟雁（旁注：許）翠三飯諸祖衣冠乃服付

三少向四五之談，燈及將并，仍以百由鐵坊巷以歸，晚書字，夜看登山夜作起，視三更5

四鼓後請人家子暖法乃天明一評，臣眠

十一 晴微陰。晨出市，石首直丁〇七分，午詣中丞署賀秋業，仍至了去，入花廳，面呈我書，上公蓋呈口姻陸神詠自例有早到也，已留招友卿入飯飲茶至趣，飯四人，合此外只張直斤事而已。從西廳至三刻而返，隨行費臣倚恒以燒跟見緞二單，打了標見四人，稍立二廳，已將同官上戲。是標人常撫憲出已旋，見于植談昌精之候，上頭宮備角保之，三四勸得乃得定，稍半本而回。隨上出三分衙業，迎地鄉里神墨所來，詳說杜冠舞已擬在劉游，不惜乃交廣諸而去。爲恒銘宜相陪入楊仿肆，絵傳官妖小蘇而回。是日不款芳鄉子快，程以見斯了了任外房。

十二 晴。起床已晨刻，合粽一包農出，每了之三昌樓，秋棠已久待，上樓茶及食黃魚麵，伊付鈔，告知其李振帝日授昇寶異亞文正殿跟贊林茀森枷捶眾，發配之閏之西，惜哉無術以罪之，盛於之方平將年例之悟禄，朝之最西北寺而回。標蘭先得三十七斤，但勞模排車檢棠推以知一在之年，費錄許心中何論值之，故不世人知也。表讀物乃維銀不至，果珍換福未矣。嬰但已盡而夜聚修園叢語。

十三 晴。早花清化，渫然一聯出北門，取之迅快殷南西相接，別久握手，遊入雅亦茶，果母病已為食家而累也。蔣福山閑論久，頃辰云昨已桂軒，仍敞午造飲，賦及余住之奢了久為出之大法，許吉林一談。頃辰姚旋之為其兄乞錢，模糊賽之，拿神情急然，乃借玉宜摘被乞加租于恆昌，余為付相與快呆。信訪李氏，入書室，與瀘信談，少棣亦然。余李氏新地六絕句付薇之，伊書近作。

有憩亭双梅二律，有余穗吾多太碑，內有一二佳處，如送詩人句甚貼，若雨暮及七絕中余笑青
夕陽紅出隔林花（紫有色字）。王晉卿悼亡詩，寄書樓，似不及前二句矣。至桂舒論詩，並述及
新園斗室，量作花，常日向諸客各臣許杏林著飲，名俱甜然而雜，此食寔亦免俗，然一（小坎）出
步園地，小憩，別去，為往十日桂舒，約余偕赴，有梗述也。後之，稍后以林、吳鄉人之租，族中分別與存
御祖自發岑大六叔來，述及朱西民、俞氏某長常細訴伊始，無一可矣，語久而歸。林蘭與朱耶之說
笑，夜萬桑于月下。

十四，（晴）亮日未出，出浴，無靜暇，手臨朱子墨來，它者碑帖，高用蘇施傷華業，能久霄閑
話久，去桂舒，偕老約杭徐遇日來竹閣，苹長兆藺庭伯輝付葉帚而出，自問靜掩卷玉矣。
十五，晴。早去收錢于園，悵悵朽中與子如談，見丈君，即訪余于家。仲（佐）甫坐詩，已盡之，留飯之，歸寄
入不許伐葉，衰綜（器）付秦，以于叢，雅女秉見，悵殊未刻，食樣。（午）先擎健玉大麻，停聖頸池垂釣，時許
逗候多而不釣，蕭戲家院，奔爬坡斜，飽食，不爭，處處之餌矣。上掩硯深，四面生東，歇于彩虹亭，喚作帳
五六分字，滿於地。

十六，早晴，日晡大雷雨，刹字街震倒大樹，前屋兩間，余家水濺濺，庭際起瀾，皆以天禁此，炸未出。
俾書字三四方，常楷課，以三日工，成一事，計素廿六篇而已，了研未以午，睡不暗。

是夜三更後月食，蓋在十七丑正初虧寅 後園聞擊鑼鼓喧嚷救護
十七 陰雨 張書達寄王元口石出户一尺半操手忙脚亂，不学之衒拙者，而不能上也，即而蹲踞共学，不学者也
臨帖六百六十字 旋花爲雨冲，淺泥少，晚為豪莊張信生弟作扇，錢偉卿生晚又為変臣作扇，略幸 楚
翁騎中有人操琴，抱琴归来，微弱佳而異於常者，乃為五古一絶，録似自適，求可存，高眠甜飲甚樂
两夜中三更後大寒疾，少起立五六次，張玉卿来，口知緣
山人寓我悟 樵學不濟，保自言抱古調，知言言稻雅
十八 晴 平旦起，素求作畫，名楼健同蘿頭寺陳居市鞭蔓回，作字三四百，午後為傅上书識字并鈔
半落 晚出園中，見洋槐极盛，吉祥中祥宴堂，碑有頌之者人物小屏，老僧想拂读，少住，過拊人
知保國公仍又市火爐幸文以歸，由廿寺看雷塑獨比大榆樹，遍游園中，我四枝薩鼓敗洋傷其
居西向，又西四門山門內，雜楓亦於是日擊斷，大相仿而高，過之，當有一小楼，然人中皆空心，附人皆记中
藏妖物，故追擊也，而皆如兄西人書，謂之樹氣中書岸 入賣之，即死者居數百千年者，中亦有電，引雷雷且
以二樹中有電，故引擊之，諸寺僧皆博物者 三更後仍燃燈麻不危
十九 晴 早起，臨帖，楷谨匹未刻，王向林来訪，云其岳母病 仁者移兄之盆在其家，病愈，無恙，余致七種吉印
齡管悴乃見之，語兩別，即書書，備述情形，于以五下平河世弟持去出，過恒祥号書過，謁南屏家
十余國局舉中振知洪文卿出使德奧諸國，南上國公誅錦系拆书东棧，達陳仁源等情甄

夜雨，閱後唐官，蓋以兄名僭而財窮矣。施店閏，說伍子胥恨逢陽虎為傳，識字讀千字文，言
之後，看日知錄內當錢鈔源流，折是改易財務，變易一變，而至今日，其有不可易者，換錢額例。
二十日，陰。晨持錢出市，買魚五尾，計有壽付之，高升於中，恆孫虎老為做人，指示高升，又為市人解
釋。往竟訪保成，角工田說浙普陀山班仙遺之國，又言有陵田，拉之，利田者為中日，勝汝富
饒。其言以迎合賓客爭折，但松好武，其惡習之，可不擬改，其旧已未期。上燈，作小課七律四首。
相室阻陰生。甚雨，陰，[illegible]。柳烟迷，忠以印國來訪，作輔長話，而詩思不屬，遂無佳搆，曉[illegible]靜讀。
歸。知已[illegible]倘不屬，存矣。
廿一，雨，雷震，滋，竟日陰，帖五百字，自運五百字。閱看日知錄，郵理者滿其完工，搖璃吉卿，臺處爰住
王同先正，託請又國吉同[illegible]往，來看村，王侍偶楠，並不同，呈為資助，至晚歸，門前閒眺，陳元之為巳大盈尺
而[illegible]，寧只一[illegible]大，以無花矣。
夜夢二章，焚巾以物作誌，有中書士人，數其重光一種，桌上置大帽二，皮炭黃一，小帽二，紫夾紗。互長談，蘇秋
叔生[illegible]等夫猜作為酒誅二字，云中持帽去，余詢之，並以背為是中，向夏之不戴也，酒誅取之，切以征誅，云
即取而懷归，卯中去，余亦喜其母進又一桌，設大小碗盛菜六七首，大而尾小，首碗係魚昂首也，有
二鳥菌帖類，向似睛狀，余猜魚化龍三字，被之人右手顧余，喜哉，猜中，遂乃又回池，養化龍魚校

中一士子亦中魁徙乃猶記二生不摘筵送余余即與席佶臣與鼓君談甚甜殊不相熟惟又

席向告旬外再一娶原宗皆猜詞牌君徒題有一藉年歷曲帖隨緣樂世四字抑留歷

作緣寫其思之不屬　二徒所思所猜梦中歷歷在目亦已久矣

廿　陰晴参半晨起出城訪中怡談歸午成吉霖望須亦若忠怡作書至六子寓朗生未出赴訪芸

屋地許茶日收房之一算之别去晚飯出遊市買乳一為成一元又二六千夜雯民来歸匆匆談

宗人物坐茶店睡三更醒時問太詢知伊妹速　又聚自杭来二下一工不提家人往去也

料又起出去

廿二　陰晴小雨有時日晨起見杭来王短百福及附手和為附去怡視以為取市晚議料芳深見章不

接信新以為佳取之来与宗人想之不合午後三四點陳細說数千晚丈来陳宗弟来診帖五六子市批把

　陰晴間作小雨晨出遊市淨衣逾成吉怡孫市梔子一盒出倉麵務中午入葉氏登座大闌言上無人也

旋回蘇侄生送稀来芸做工生施比及伊宗夫汎園以陳太為清移宗閒门開户殊少家人但

知游在不願已為可憾作是言宗夜為徒見識字大樂嘯不止是晚三更已乃知而

　菊芳雨晚陰為蘇宜堂不能工作已刻来和玉雲锡来午間夫汎上午睡時久光團佳异常

未到辞成来諸多借出二六宗亦重陳局不大暢暈極佳歡伯思白先生歸乃至董思翁太文揚回裡

　陰乃訪接悟出之為饒極甜至初店諸欣見及深菊見為乃踏退歸宗中慘亂悴此半謀将死貴賤

者任，恬然之心，卻自計胸次寬大，容人且須寫之和悅，不可較量心離，往往抑遏而念，然後用人，無為人所（下）出世

之所慕，嫉忌會性，顯直無之不對，聽之不聽，各以為何，增皆之卽，纔踐隨之，頰之，罩以粗暴而得人情，為心藏在

夜三鼓猶不寐，看日知錄五、二卷，又讀書字數十頁，見嗜好之病在矣。

昱 早雨，晚陰，有時晴。昨早，索法代撒物，上素送郵，又薪物同伍去送，清豆腐札（郵號）代向農力中心不達（元日），是家人太要好而

彼卻不應，然伊等不肯，兇金帳之，又自編模樣成之。又云日前錄出太廠情欺騙，並海而回，又去當花市物，雅不辭避

實人，無論其禍，開人事，伊等乘興去，微知暄靜，隨意又心為大息。四更靜歸，去休之。此書見其言之智識，若是但

因可伊戚，物情投送，或且焉，乃從作之，乘興而靜，等步自（長）卻，且此理也，然无非從等，僅從人也，將從從人

從而應食，罪至此，無怪也，獨怪靜等之不知，罪耳，因成其姻，作早責備之，俾者所儆也（書室）。

廿晴 凌晨宿舍行遊，居北寺巷，陳宅早洗，且出剃頭於店，搨四素歸，勸粹罪一錄之，以歸，年陳控縣局之廠物

來剃，大陽氏見慶來歸，并內姪女弟孫等，于是應來，看印道行，親其病屋，亡正走徒，四將來，或不如道耳，衲人留屏

作了可款，先其要搭，陳四元，找押租，錢送之，葉天祿出之，逸廠坝劍，豬屋印道，又留可坤之，在欵田，在夏布，北語

華丈于行，出搨契，伴來之，伊云遠陳大臣來取款，該伊錢不付，云之，且以現在平安搨垂釣魚，不同一錄，丁氏簽

六 業間訊，又歸，將茶可該，內姪之供。專茗出，旅自政往，金為閒，不不為（費覽）言之云，太過了四五，長安朱暢甫，于連甫，朱兩之齊

借八九分，金無得買之，在縣同其母本府，病狀蘇過，歸長安舟，次六七日，方過程居一間，次日即趁來，今日大強，而只于閒

度，而計其洋四百元，本已去三百一，卽加幾可派，是完身，隨然已本在此時，為然了了，否也不可，認其面，閒之，大家

去掉，因以遠遠，不聞，之又不得，談衛，其陸又善說，附藹膺，病無度，闔道惟其日，殘難手懷，可剩四國

成吉詢等生而回，夜讀諸子，上樓時三更，不能成睡，心惕多思，尤執人之言，此夫風小憶

廿八晴。竟日不出房，昔晚到府，玉庭来过，巳刻读四面碑，未令保才读，叶之介说茶事，叶生应业了余止
书三百字，闲了初探及先正事略十页而已。
廿九晴。早起过外提府，仍不见影，镇日闲散，惟写《莲花经》。扫地为业，[已]到[许]虞洽来，与谈只宗
事。晚出，自猫寔入大马一登戏台，观演连[?]半剧，过柳人话，契呼尾水一觞，情移遂[?][?][?]
桂林寺庵见陈太过人，要[?]家，知门边为钱推个适宜陈氏，幼年(而)免失[?]，足见木作[?]太[?]
甲出但内[?]与芝江平为[?]
卅日晴。呜呼，外洋之居官人而为利者，莫甚于烟，英人而谓之不足道，但见神情亦利及，闻入者随但
知口欠，耗财耗精力而犹在所虑，不去乃觉其害，计已三十年，较苦万状，日不止是，戕身者是同身之陈可
久目既顿，向居者，种之不为思，难之禁，约于前来，如使玉人之存身而除之，呜呼，何其毒耶，因是
论自帅吟，护官奏门出示，谕呼为地亡于市一，而积[?]之下，手除惨恶，毁绝陈[?]，焚烟具，禁之嘉论
洋有饯八分三行云　禁为印章，封以为石，石以为田，如此有年　江都方士[?]
慕安欲[?]文悟，不在砚也，研石储之金玉匣，大王先生所种田玉石，比此独闲，说而归
今月初一日阴雨，午后晴，晨有人一二作钩地以雨去，家中人多不悉，情实为栽桑插秧之宜，时当之忘之是
日夕病未已，夜日未二刻去，晚出至前厅，地大[?]，陈数手钓，雨归，游成其家，论说古今，看说花草，久之去
过坤山友帮，阅中报知，岁饥荒已致灾，惨在振恤，而居民其苦为地，阅罢，卿一声[?][?]
更一死一搬，两仁之逆之，鹄鹅之，推不能，遂柳宫所谓风水形家之言不利耶

廿一晴，同衡甫蔭錫地來，早出，同靜翁過華大其話，即入珍三魁，坐之錢市，稍市了，余衣甚了了，只
庭之雲笋靜翁偕孫氏弟來，正經其行李，執己卯北行入京時寓總把寓布，乞詢洋棧，不許入，極
恨，俛呼蘇、雪不准轉入，咸君秀二於棧，歸不合，正之，見新保叉韻閣一錢璀琴兩本及董風雲樓
作一長，鹿湖題跋，有張尹訪閣之對，聞所自三更後起
廿二晴，巳刻與靜翁出西門上海城，觀海沿堤行東，兩岸一望，但見蒼茫，知近舍甚大，城下切水，巨石
叢疊，拖起石工數十人，但惜不順，至城東止，遇沈乾元、玉大石，據下掘出，備掘所由，人字謝，宮貴甚怯，大案
門由學前城根歸，一望至於小營陀及南門祖廟而已，晚翁與設本樓下，洗硯掃地，以茶子吃，安臥
廿三陰，早出過孫中取茗，出舊拙黃華及端午景物也，乃極褒成者，和保同入，只坤三遍，著于淮上說，數竹
日陳及市面，精取各之訪保成暢論古今書畫源流，但仿接印，只常來，亦互不兩能餘，寫出，與常，偕西僧仿
秋及二悟來送書于去來，只點余硃帖一葉，畫字書，夜看數臆花與吉詩佳本
廿四日晴陰，同早出，常寓陶王公呂見俞壹山、姚山刀，又同何楊而京村，余小洋只色隨意只要布
貨，精畫，恨誤出看，代花借十文市，權抵當，讀粗查，乃去，午作隸，胡重
來德雄，黃經德同擁飯去，余意以未到，于耕來，拍桂森宗，各三分，始來

、訪康民。初三，虞山兒吉夫少奉同年，傳瀲一日又兼遊笑狀，作字四五行，書戲法
巨一
出玉白岩橋，問山宅源萬花地，未來橋，轉入升泰橋，一路竹樹幽邃，出城，聲臺
一升以餅，廚畫食，精美甚。舟不住來，家河瘦者轉曉
踏六日，晴。晨拜健兒，玉橋剃刀。精久雅同見讀，年少留論，要語惡習，不及免悵留
風俗但指年矣，未到健兒學寢笑說其處戲法，而觀母乃嘆年近七十，生未其禁觀
遂與借遊迤邐，御書金安家，閑話多，口以酬之以語云，不同與推為約又
蓋紡人指振曰甚念，日漸歸，恨惋也。出玉安徽，圍迤邐，趣粧去家，唯憂且兒
但算一到，戲與余學健之，指發市物，各經繞以歸，書指紙白石等
竟晴，三更後雨至，天明晨光，輕微從出市，城某公見恨談，琢中一停，至而四正刻
保城來說其屋，根據狀久，談出書，論詩午膳，未小眠，作帖以他五千事情
夢閱，鼓七下，知南門有到健兒執據非佳，蓋擊去兵為乃漬等
屏山見過，謝茶話，瘋即戲，路旅何以歸，說蔬洗石即病，就睡，三更風
雨作，得聲，門樵落，七下起，視乃為風所偏，使然也，竟數曉三更

八日雨，晚陰似作雪，至是轉煖，晴空欲出，初遇因其雪雖輕，亦耗，但無人至街，及已不得也。赭
墨。十一日雨，遍大身沾濕，稍出，以爲市館也，行許，但午餘，便以寫識字，得言字讀杜詩，御對，作如
古書數通。門前見調梅耕三一種，聞劉夜論周公以其爲疏，特爲時藥，且以衆相處，而夜讖（？）
樓閣，寫城房只多佳處，墨墨不相混，清水刻爲不情，而從防閑，並陳以來，設不者易，要飯食之。
初十日，晨起，臨可陸帖二百字，又寫杜詩以行書于綿，出法任自陳結構，重冬冬而往，午
後睡，醒稍出，至大東門，出來，有協興（？）廟，觀劉聊依濮福師，色點淡上臺，演渭
水河邊人，但四盤山，旅場仍財，號于鼓，是洞，見法仰蘇張，羨仙法丈，調梅石匣，等四首
十餘人，看了一段，對于韓馬廟，至趁極遠口，勝去，生差，盛樹，八六至，返入橋店，此風
味似村店，甚熱，聞入韓復留寓，其肉見錢，前鄉肉，堪花雲，游二人司了，引充嬉
游戲斗料，稍觀，最但余未事泰設以結稻五角一色爲率。金瑞（？）寸見等雖抄余設
但只稍色二角，故年約入千元，指不是事，義爲余設，何處掛排，甚是雖然，余隨居小
野不堪，晏歡悔了，即出至桐廬門，恰入作戲，談信，實非大話，歸，夜濮睡。
見調梅對面壁，包爲書畫，執筆仿雲林法，遂映潤，改至洗盆
背。亦用柏辺作山水，亦努力摹之，即錫元來。

初十 晴。早出平伯，駕至平陽中，惟秋、叔蕃、勉兄適談，相度了但了多鶴於舟曲，照上來易程。

十一 訪綠城一談。樹人意欲與予遂辭歸。鄉人有葉二葉市來，今出自葉子樹僧斤二文。午後小睡，醒作書，草琴圖題，寄少阿原之芸、葉芸德，歸於地。

十二 晴。讀之。登書花木，破灰，陰雨未已，晉吾花已開，芙指雨不來，墨冬青小花不下墨，地當播雨少，不能下種。餳之烏飢旱日久，夏雨是午已聞姻鳴。訪者紛了一時。本意梢向我煞，接雨未施之雲，米已能一文，已廿九文一斤矣。靜先晚飯歸，云是中閏，我曾奇哉。今人

新南洋巨劃已獲之，經此後而更偉，兵械抵禦，我輩徒持此鳴，是只有技精是華情向儒，彼視我猶開一石，勝於我和陶物，我輩隨玉斷，確爲功了深。思奇淵，夏如傳于關內外，謂船台水師兵輪以備省城門戶，爲急籌否兵。將來意會皇宗，亦了了。早為三司，糾拷費銀，扇牡丹玉，午成出小住之適，大未及續跋。晚付我取鑒文者，午後今日又至陵宗，擇樓訪煤，順出葡，道入後宅，不值。

晚歸，鄉人來，葉葉行柿、紀太斤七文，予葉三人，共工作行三文，計價二百斤之左。晚作帖字，稍出，小炮，小飲，市貓通一尾，廿一文，下饌，甚腴。

二十 晴。先日未堪出。早，柏桂兄來談，其老年行乎？遠道宜守？盡午來作帖三百字。報歲了結。

二妻所为積薄蕪萱葬而已

十二，陰。晨起半時去，市泉子，往所扇七柱，又候而晴，焦欠我不理，及力取汗物，狎斤斤不捨，甚矣

人之委良一至此耶！彼讓我，俾計卅文之數，積欠不歸，子母並盡，至為戾行，寧心上留派處

布之怡樣浅，包號洋傘柔，長翁抵一分，逆思之，益得亦已甚矣。過閑者達居，伍七說

及桐子，買田五六畝，桐兒兩田業，詳始種二匣，紫菜一束，竹籠一只，小孩衣僧二件為縫

用之物，樹而蘇鋪，送及小子女之悦，于是出而談，再上鄰富，晨陀之勝，搬乃古玩材，看之怡意

鑄丹行，上之楊過，鄉人出，分之廿洗一之為之告，指及渠地了，然伊一不為之，當之少飲午

飯，又本事有而別，赴候叢庵，甚雲錕圖，不忘伐園，莠子作苗，而天氣甚雨，煉情托夏

十四，晴。病似傷風，沒食胯，粮青饒而周身煤，甚不可耐，又時作寒，應鶴從起，及伊不常

晚作字三百言，錄此說，并作畫而已。漸來地身太極，甚多驟之雨不已，而地中豆被馬嚼

書去，豫是今年有新秋中已，示甚不確，駛縣衙，邑紳歸花且至，蔣聲置之不問，揆り

去年恐甚為院，惘樣，念之不付，惟收秋納粮，吾人為阻，計了

十五，晴。密雨，見不見，下令心傷旱，米穀日漲，價矣，但前居此時，上水種田，爽毫不見涸

北寓城地高，水少澤，又不知何屠鹵若是，不惟人之艱窮，瞧他地年旱仍

萬壽未會，僅觀游志。蕢川婿來。午作條幅，又至房四條之橋氏元記也。午後作字三
百餘幅。剝荸，桃三文。過柯鳳孫，晤，又論說詩話，諸不治，亦不說。崖山茄山略有舉子研詁
售玉筆架、帷燈、敦彝、錫山少稜雅堂之素，俗元計。叔膜中刺，壹光大過方。楨兄坤三入
南南閱洲勿之，丟中堰，知丹陽各鍋三四家，七房中者，燃而上海，海江忻民向盡勤
安徽和州西院識六方。福帆傳聞之詳，而未傳，杭者亦甚，倘人之好死耶。事若從遊
閱勒不畏，圖傳此玉，樓今繁，流不已，及其蔣行萬計。吳脫百辭不以田畝之因，貴陽首
萬衛寬不以仰本，此之於以七萬民日蹙，而民竭日深矣。恃未始大，煩其力，中外相訌，不
是中過慮乎耶。　但已上燈，雅堂卯睡。十刻起，看類膽，所閱節短而閱了。
十六日　晨微出，市閒一疏，于是官韓恬按臧書十五至子，出語方藥小照以歸。上樓取自禮孝
經、譯碑等帖之。益常生虛，頗欲為指點于家，譬書不可每不取，畫幽尤不耐。入之
殿說，檢對細看，安擬前人總計何如，陸若帖三百二十又除奉部帖，詩觀，落葉黃金點
溪山不梨，兵詩亭方曉，荻芒蹋手地，朱家桃未晴，已許媚炎葉，借手除余之，雲好人
點一瓶，夜大熱，三更不寐。開窗乘涼，讀者類膽，閱玩月，惜貴。
天久不雨，米價日增至三千一百文，下流水如溝洫，大為可慮。俗律八千石
是日額課，詩好佳，墨在海為田不知其處，要以不而國海成田矣，劍臺君口占，甚欲持通也。

一晴。昳香寄雅雨，是日大熱，退伏揮扇於竹逕逕，且蹀熱不適，故有是甘霖也。是日起去市石前里二尾
憶移小笠於中堂，物色相對，孫小話去。許店會饌，談而但未到。能序無無，特去玉樓，賢赤足足，肩大包
手篋，形容奇異，然不以徐然，要知其瘋顛也。未玉成不得不而照，語之有所依作。若此乎令
其玉麻了，謂其精靜誦經，要爾安家，陡此久久矣，余嘗恐歸口，滿滿陡而瓜為隊，說生地獄
是十手杖，接下一里孫，用圓然，鄉見又入至下，又西補作種勢，其瘋癲前狀，向向不但然是
而其家遠，家人皆怖，祇可領。易設席于堂，從今以後，無其人信佛心。智甚下，但拊玉手如此夜
為厚同陳，今其食脈粟，告以儒釋同源，本有大智慧，材力乃庭人，皆儒者救世釋本經
論。天下善若不能窮究，皆善身從佛人，應自食力無害于世，但皆已修身立行，飛無自養自味，入
理禦書講法，實了長長，玉于此事，要時或饒，惜時子食，罷及夜乃寢。燈阁書祝，須今以
然家人皆接不息矣。余于竹捽中，際寫五百字，行書三四百字，雖時作輟，有如是之多，甚
人之不可闡，篇篇之，皆一無可藏，第須捽其衡了之，更炎廟熱不止，雨小作，及天明，深未似作
露矣。
六雨。宗頽甚未到，閒當午日，晴明，很熱，雨少，不足消。既未暮晨起，我厚無之，植立玉麻間
之，請書癖，是日撥上少頃，推出地不起，長臥床下，向向不應，撿物于余，意玉雨時

不覺惘然悔其不習詩而作之記其已物之屬未忘于世者寓居其為兩首數十年訓
之不理會也余竟日不遠行作篆百六十筆帖三百言大行書百字楷黃帖於舊
志寫以亂意不能記摘本隨眼而已夜作小楷中英新女律一首不佳
飛晴晚陰早出廟看鵝作小篆二百字行帖五百字於未午正時輟而擁功兒來依作日長
黃葉第而房又歷乃改為初志晚出至范市葉第三二十冊文又借得林檎作書為寺畫
陰古五言八韻內二首少佳有如風箏秋詠烏廟精修清星光體又不妨頗為許多許侯藥條
以後遊神作游劍七律平平而已蓋回小課有此哉非也夜大風驟集
早晴墨身懶力先從背手摸出看水龍金于北寺入殿有僧朱講友閑語极某寺大然久之
知飛到玉蘇花池廁眺二論積樟修龍未去乃同至街市觀物見陳化及度日歸衙中事
木人戲小猿兒之以未為有乃西道寺前四龍相較旗但十海上深三九作小篆二百字草帖
四百字前晚弟求作書問人年歲屬雷大未求四問不實蓋自迷誤知錯生兵家從
由北寺小園指徑入北門城玉小高門外門之烈焰飛騰精樹燎燃已焚四五間際
晴西風極危難日而風止水隔蓋煙看窗前印轉怪病而還夜讀韓文
廿晴河中少水黃霧未散豈老天竟又作荒耶早出市后百文君惟福修之友卿過去者
火燒處乃入居當衢計焚了五間內有極高屋大焰中可為情物見又大太翁居何備悚為之向
藝致意和僻遠二元錢友卿市竹攜令之珍三姪遠少同朱碩耕來令飲予付錢四百文

旋归作篆二百字，行楷五百字。燧斋忽归，乞补行中字，但存皆形，烂烂自撇力辩，此为确他人所书，亦又自若为（余人不敢），余辞两次，专旋于付之。即去厚堂，摭小向外一页问，但能了其状，难堪秀。晡出访汤叔府，不值，又往衍澂，晤令兄，烘谈所写，了检萧镜，因往伯云处，与桂馥小谈。出遇御史谈，坐石凳，陪雨田于地，谈烟情，余以数出来，也即散去。

廿二日　刻揉雨，午刻霁，晚雨又雨，傍了夜，渡阵阵密密，似作窗人之望，霖泽孔殷，但同春是之。书庵对早起，写夷也，刻子凯来，来谈杭事，及洋务，以保晚。彰明之史，聪秋图借洋债以固根柢，余移佛使人及执豪者不为刽切，执除以请，待此乃果要是斯朝野之政，不知己而无民，不请杭中，但能在在毕文武，此哉皇帝人不为所以误，侍借拜之术，与子饭之，会膳课中，训子余写小篆一百早，担二百字，翻米携住此，归西编，按虑此太加，中秋又书，题之卷，夜见静坐而观，言不理，目不勤，大恨恶为。

廿三日　陪陆闽中老白来书，身肩膊痠楚，大似风气，左足亦时作疼，胸胁拔痛，步上清白不适，写小篆百字，行书帐四百字，按扣阅读，任芳平巾一过，尽出结客，国朝步步勤为中国之事，亦不可即手收之，定房批事来，读雨，开夜三更外，坐园，去所作，以四更去，窗思大薪阔越，观叹人起，顾之，又二十六日，雨雨外三四，又不大开，殊为堪叹。

二老来问安，概已切嘱作揖，惟身多辨，识为鬼怪，难以畅之。屠罗居然在彼滋一
时风波，四处流来一两口外，挂三处，众皆内窗四更，前楼上内，出楼门，穿门，均完安
大振村三处为群，寻找推伊，取市里乡里，不肯又来居，今晚厥未作我之
灾不留村里，不惜情，亡变故，因例居然禁拦，遂不出子，不来，食安归也。
西塘早剃头于店，知杨有食，北桥二昧三二诸御杨四言，收殓了嫡梁归作，本当与二万，约共
三百千，因张依安村二房二来，先安一者三内来，一概也，说各陵，乃知名世九与陈，却还
断有来为留，如其云云，总之其余亦食，从后账怀吉一样家，见二位，房一家
来圣国一应并，精细为妻欸，不拉了，名不思情，村人与村，吏来者一议，而之
相居为传，用写遂字，簧性性情，效借烟发甚，热手里坐，相之去红木，乃棨
冬垫，来米，礼堂六事，未系成之，行政出先，候后一刻，余书北岸周，脚气
江恒被迷，店某向仍，炬煤，误于少什，归振常会，以还相蓬，市归，出以艾米也
所致为之，勤燃，遗踏垮场，见后续之，说相屈子相，趟极，塘遗，众人之各讼，今已打铁
卷目已安，家而救金，食常玉，八房，别后四日茶，田后腾兵，画，所为张乘
也子甲，传去对云云，雨及后，湖府去里，里居来扶其之，桐家市园养，寸之见，借蓋，珩中客物
与生八　顷退桐说，味了秋，教其皆乃楼客，涛泉之之，伊不识，物来为之，使何四中秋。

一運予入見玉田情，重又至桐伊炳米叢中，許烏鐵一桿回，訪芾大于松風，不值。午柏蓮來，未詳其
戲狀，潑其筆。丁戲之，頁價法法，泥返季未傍兵軸古車叅將相，易匹衡書，紙二斗，以供粉具用。
作畫，倦倦國之局一步，信家作畫，竟已夜。
芝崎蒼瓏叢來七宮，陪伴尚房，同行保留之言，言首扇，係時之間，許言不傳，午後又作，首之房，傍的
陽之高古松，事換路以來藤州，其別致筆墨而殊勝。四皷係洗，其出見所過，荒如遂因是畫入一筆。
倦仔類因古之桐，燈伊烟，盒由牛助，磨作，鄰僅之物，與伊識作石，趣物存樣過，緣成什書，芾大校寫。
因誤經了世，為僕芳譜作，少向桐來，房於小石，磨然，我遂所宏用，之窗檻以與跡，與芾夫談悍
芝崎客談，曹樹植券石洗別，其蘇，既使用黃蠻重之識，加墊作玩，供同馳賤，路相見，芾大
來訪，借至珍三蒸閣，談古書，其說，節了心為悍。之之書此一解，過訪，續作樣說，殘帖，與內劣烦書
書拍於森家，詢其節了，向其與蓮，搜爭戲，情形兩知喻之，第為人家，排難盡居，亡余作任急之
茶書四家大局，說論無度，午飯後來到支，余作代任，仿閑自同，為催古書，甚里，談至根
六時飛來，市肚賺，公呂呂業，方穉多，林生見，忙在國中，路中心過，相見，高作不整，因言過信，成錢
在書，藹哉，熱狐厭，其公乃朱，作有是雪可病，家之一刻，即回。書業一百，以千以備須來。
久談，弁作，樣為余，高以二趙合璧，並使出與此寺苑，陪三太太，弁余麵，計費二兩文，見陳仙葉也。
倘閒二刻，以歸。是日大雪懸來。

花晴。早起，乃旋孚斋、西卿，专来二刹后四叠安康，厨不思返。张子恒相留之，以待其子来，付伊回去。
周六来，樵峰其金之仰山来，作蒙二页，行帖五百字。晚至地亦何与平斋傍倚谈，入夜即宅一
坐伊等，办长大行装，量以夜来，精神之甚，不雨寐。
宵朔日，早微雨，午后阴雨甚，湿晨起，知疮犹不静，作代函数页，书帖五来。弟士来，知沈
日来又与渔舍取来藕子安帖，少间人不识月，子书页，又久之，痛肋，取来信倒，粗取帖到
一释，罗内不语去，盖者倒是，因使归，犹去墙门，停挺说，诣纸，读笑，转置乐也，久之
祖孙相保，先去周六来，约归明日放舟至郭店，科以泥板送，徐妹大四不候，向了坤仙
偕之物不来，而读变，而因加利，语不差，许子恒兔之作，徐卅片玫，瑚将去，取房
中刻差王来祭[illegible]棒来，乃胡子书去房，已感函付四片，说其用笔，此局何此去安
否何而，想偶过去去，为纯粹笔也，因若局形去，又而为健书，红印怡，诗字，早痛脑
改候便具，夜雨，熟识所思，往乱人言。
丙雨，早待周六不至，辰刻来，以雨故议去，留不决，既议不往，金石嫩且返，厚岸四及，向讯玉氏，云
许乃定。付食物具、雨具，厚斋周六先归，余后去，市香纸于墟下，下舟一见，又后顷了而已。
向去雨密归，柔由浅松郭店上山岸，访近去菜岸，问王毅仙，知在对门，入门水滑泥深，不似路

廷朴門入芝孚來，后既而廣敫兒在床，探者出，始知余起，出說諸來，妻午已來。（日本）方取閱名展為殊堪告 其言石安兮，茶半即出貝家，奉往二房子探，孑十分出當，椎雜積紫米，勿任病不了，耐亦有心者之人 來別歸舟開出，判比謀施，比信諸道，李會歸家，見二婿，云來查，為訪昨已由杭，不見而回，篤 一路雨不回查城，一行芮素伊父未識，常不來余家，故就查城，且不查余心事也。然後送回如左學家 鄰人四五年往還，間訊其多痊愈，其年者仙、佩仙，尚與請旨飯，由偕華江食半，鄭季小舟開出 李智探樓亞室木樓重閱，另伽家上問，即見張胖蓄恥偶，由雨只辭，快快乃返，二元及貸竹護 的談去後，和哥來余室議，然貝家奉鳳然昵，妻亦甚難談，佃豈及安也，即回使亞將歸，開由孤江 村道郭澄，時已申刻抵城，慚侭丙君進，悟其皆不免，無未病一所券事，擬一檢送清第子神朗 事孫家見方蘭如局，為古木竹莊及另小海罷海棠扇，的上品也。通風去子云云，為靜作 我作與書確信今做及封發，全樓今坐碑羅，寫往斜川也，余惟稍遠，只書十五種，未卜一一出之 蕙半悔於為一小楷而止，已上燭即飯，訖後飲痛

廿四雨，晚陰間晴，午作篆一石，彩帖三百字，午後為古三伯兄書杜工部詩軸二卷，小信，夕間看 三桌，云有省悟，節馬扇報贈，闌中談心，又作山水扇面，蹤董，苦雨，寫付倪得林寄轉，示 錢去送人落款了

夜有雨，西山不見，雲烟樓閣收水墨細矣，迥澤遊之句。

初四日　雨霏微，陣陣不止。黃樓作詩，斜陽渚岸，世景日亢。林雲、王凌、徐賓人生早作篆二百字，行書帖四百字，午後蔣送
李來，葉蘭坡大姊四送林橋李來，刻作大冊山水一頁，應擬多幀，謝蔣稱力名華刀千者三佳川
題撰烟　貫花簃蘭坡亦作竹林扇面付去，然余意猶勝也。晚來雲間烟雨微清亮掛畫

初五日　陰雨晴相間。早出朝，訪于桂鄭直卿，詢余借府讀封奏了。應賀年思人說錢糧及當道了又奏
歸來為其恨恨，原去至今天理，彼之無愧，抑亦可殺也。王宙君仰來說，謀宅前花未成，讀得七月微
因出飯去，初出紙四幅，收八人作畫兩，鄭姬隔池，雖無語亦少覺也，從見至葉靜先生
尤早刻，夜深引罷桐說，燈下磨已數，執燭看以來，市鎮向路中有仰，于外村人一清雨，歸屋作篆
二百字，行帖五百字，將晚為鄭君扇杜工部蘇大學等詩，左相少日以之題又爲仿王蒙作
桃村六七人家山隱，高臺用華北花，清不畫用筆清楚，清凄寂寞，憬不適散，題又為藉圖

初六日　晝雨，遠霄霄。大雷雷聲作，橋頭奔騰如萬鷺飛，同流亦不息，早就，後此十兩九情，哥朝出
移舍時野人無奔，然帳中藏熟，切以升，原行地奇竹秋摘習習，得雨奇清，則池來云夫人兄抵圍
病以不能來，而就高畫遂寫雨具，借去紙丈寫，讀及山了，家已至南山作外書，余計不能去之
題舍得付楊之事，居所步限十許日以歲，然至十月之文，附他日借人書，收而可置於一世，惜矣不忍言矣
亦不能往，久久出獨相居以歸，半假矣，高以久未得，提要留示一百五十行，書去前之返應，至今晴
桐君送石梨一刻，至洗刷清朦，特以鹿杖中刻者三兩兄來，走山頂久而去。

想已雨夜雷電傾盆，早飯後出洞，過漁梁户外，居民上而為大風摧壞者，得上行出西門，看馬王廟三大黑屋六處
收買得頊，晚書第一百穀壹三百楊，看三使村挖房來之書中晌寫成，致余孫錦及詩扰茶湯儀字
也。看市上處，以七十二文買一斤八尾，陳耕兄以糯米買家食，八佛場間遇，遇我以戶六市一斤，是日鮮步石作
雅了衡去。
初八　陰晴半。早至方家，不值，去桐庄一下，付華齋信，午前大一陣，出以羊毫筆八支，買寸國市去
三升，先至竹行，三丙兄亦去，不見，來乃去賣，已借裝而淌，山莫館中姓號云，少憩四拍步兩鞋
于恒裕，上撫富檢舊固齋本，備樣查用。午後七月，市至，余去歸，勸其作次山價，以為任
鄭重不可，躁急，核社而任性，謨用匯八兩之數，可云不絕。三丙兄又來，告知其在漢家，實家中
彷山家中代六便付西厘于我，卿太遠，余屢陣陣不平。計約四為之，全三變宅五文，計宣達于
中陸華辟，風及孫錦對之，跌默余與廣犯此，欲天深再四將久婚十之，及至原文和之，張菊文沈六和三
均可秘，式傍一切有不合者，三系我者，余與六和至大宗，似赴會，振門乃見，迎見，告及以義呼
楷讀多訕，莫點，恭余，意不合，大加責，然，後至西來，然余既已淑其成，所料後不能信
其隱，益且舉山家，謀延師七夜，往非，有客以家內而有勢者，不辦也。居德兄至南之五入

待上灯请发早集付洋叁元执事计修共十六合为首合阅去校数指阁检已乃为幸
楚卿二夫照旧去计作五十七元又六十四日外除除三千六百五十而弃入本钦五与兹光多起照（起照）自陈
甜来为低首石必看惟岁成之而不可青在川设迎王义育学条之言六语令学野城大客
一城之内不设留医保婴之事惟士大夫头项之晴又无好事（沂仲）格言之素（征己）存实费而今办
尚劝视太（勿）越规而谋理难人见第某幸在佳人公正者了六益今得伴此人救（作）条
招铭一气呵成至人无不至少有议处也余另有（留）要数语较话无不可谋之于役（此事）
（今）所卷中亡点自然退澈而为（之）自择之也悔悟何及本为文与之乃请（见）讲山下借灯令
静归蓬窗临文林阴文更作抵家又先厕以
霓晴阴早浴花细钞子刊来请月匠刻书之诸书逐省之又未乃借文阅三慕待久之不来猜王侃见
忱六和去门候不见戏臣及午后注人不至因令六和王阴三稿（何）加题鄂仁雄余呼其自王一文回浩
丈请人可引论款陆石一事而有三点退寓多端诸者急气作急不决余以其言合数不作（约）约加十百
抄赉合数毛郎抵宿乃索我契侯求感谢之感谢回有才六足见能也才情气局也
五之宿后八法锋大舍与翦卿也（世）（贤日）请以免抄色王叶陡命得之诸人重后不至晚乏
谁待集暖及　与唐瓜修来伊谐　求郊之印书以归之述其情

齋夜至研來案飲下畢送者夜照中作痛思兵似不能安似大傷不得傾痛苦序着令

初十晴早飯后抄病案兩冊為生開說吉丈來說幽子送余中餘四元搥之再搥送之少向子研以於玳洋子情之來然氣沖之遂排解之感而吉與丈級之後余以大吉亮日胸次沉痛着今以老序之戊前日雨中訪之唐內傷抑夜寒風力而路上來你大到休生按圖方解晚播疼帖言百應視按諸之所住生起以為若

十一日晴早丈令以丸來乞書語閱帖為治觀烟至十月十三也丈吉以經留特年至李鍋來送事糊至隆上作剖地遠之腳痛不已日見加重乞七厘散于恒移以起雖艱呻吟之竟日

十二日晴腳痛午前少平書來請陳黃菴乞其來診付藥巳刻菴之來乞余起行為原有疼某向陳竹山托其還價未嘗令思復他性之評陳君來兩有之亮不能吉事吉之子特來乘病爲能川動紙之計議屬令寫之字有之自是多端其出屠宰用手情午後子研來又說據下唐中情形未刻陳菴盧來診之係桂氣及用藥藥平平劉遂宜余照內傷歧為青急了于地積往送來玉東劉年草路要東得係傷裂肇禁下筆不能悟男女妥八字排其造之刻刻長安母設有胃內離散以安生多收既為造蘊大者豈費一筆二筆也

十三日晴以腳痛不能抄者不記晚劉同與來

十四日晴腳痛喜早白爾方用秦艽杜仲白术朴木香苟八味服之并與植與前宜

大致虚而自怯，不宜攻，不去痛之甚，予桂枝、黄芪、术，不知所裁。晚澹溪来，坐，为告山东契上四五不寐，不落，攻其自宁，加以他日为之阻，家果益宴，会主理直也，不知筹笔，恍然如失为玉壶斋千余缕，徐府及杨市施药，瓜果落落，荷衣，庭三五枝，日照北风细飘夜月明，景极清，悔无同少饮四更，秋睡，睡时始汗流，又一翻覆颂

十五日 晴。病小瘥，仍服原方。往日不为一事，惟玉壶楼门前草子，排与来者三首，读矣坛中诗，佛祖及我，仰为八仙诸公诗，极飘渺，况复小人力所到，宗武接续赓吟坛而佛亦作七言律句，奇矣，半皆劝世者，都还归西州，见来坛外一片，惜世间救诸苦恼耶晚兰九世叶玉畴说其先家田丛林士兼高官，仅一文之叔萧萧，叶之玉书去子即送一瓜

十六日 晴。黄曦书亦作流汗背，胁痛向愈，今年乃作暴烟气阻，累日下气，十余日止，昨今又以烟轻减也。见日来本市西风新气，但作小楷帖六百字，向前酣烟，喝与乡人说玉如标乎夜月佳，少寐，窗前树影数丛

十七日 阴。仍大热。平斋来谈，病且忽决，瘐馀静，见之空楼，李氏半二株，袁大之四不利，修治甚图，石似碓春，借用泥金一锭，写孔公园书，君有其书，晚又为研之 斋墨作仿云林画，墨色与石翁无异，惟烟括佛道多不为，则叶有轻气，来有病，又余病，无救药矣，悦悔之。十五日嘱胡生庚续瑛玉堂，余病候与

焉日玩查論材一刻，出地中搓一蟀，与蟋蟀同國，年腴厚，而剛生，机柚附作
踣者。夜清月亮，屐底三次，得蟀，席燥不安，天氣不凉，移早起矣。
六晴。大雷雨過，書法僅修圓扇作字三百字，未能入心，作字仟揮扇，喜收而已，臨帖
王子地中檢見至寶，黃昏山工作，夜月以炊作
廿七晴。夜起，渾肉擲，但夜月精，日未消，殊盛。有能沖入我王府，方矣。早晚皮底。已刻至向乃東
方説及該司余錢，共得蟀牧，備循從小徹，不此道，因較令洗，適々消，全入陳兄，工匠補印，著
為輝寓。先去協討論，久如田作，寬其日底，至祖母處，來生楊吳君，居也，十時聽，荷食洋菜點
晚出之，北寺街道陳，極見茶點下珍二兄，該玩有十四不至，街又出入相店，稍轉移，以另生圓，方論之
小雨天陰，々作陣雅物祥霞之樓，寄之巾，但方夜，但又一陣，陰掛，夜月潮，乃甚大
廿晴。晚作陣勢不雨，竟日未出，僅臨帖五百字，閑坐，耕畧如已，蘭粘以，未盡其大樸，處已茶点
協來，借也，數日欽佛，頌意，却姜中少，就夜乘凉，竹樹向風來，有詩
廿一晴。辰刻出，于橋見常兵，名才同，該不如約，入茶肆，余買菓去，顛俯，方致中，晤朱，陪三記
韓之陳，鄭，比入相店，乃與俱至，珍三姪起，半鋪去，備其牀去，待午，未金入，廣，并見陳
乃書往，叔家該人，向畢，相付鈔五百文，令之伊宅，尚在去，古玩陳，眉，以書法，朱，家說

以搏牛之虻，不能破虮虱，謂精神分也。嘉定堅留飯，一談其憤，以予歸門所
出戶逢吾母哭於門，張紀周今因行與彼人同之北道，宿茶陘，菊生蘭仙，店小極等
屋宇高爽，陳姓中，申初之時始出，日歸，過雙廟，門有大店，闕陵談，異人行與杜集
遂入群乃錄，望中詩大神所構，故用陳曲留題二韻，使先遣來，借此入陳，告以帖
與余年高，讀至周係　五椒正巽出以錄叔事，諸遇副黃金惹
廿二日　晴。竟日未出，作書五百字，檢帖三百字，閱書錄遺周，將送桃李味如此窗桃仙種
也。留信寄區為靜下帖，程相說黃思大恨又甚
廿三日　晴。至翁桃與桐未來，及靜去，點從作七月粹撥卧息如卯，雨飯，少休，朱宗來詞，異苦女
行林大雨未晚，暫值大雨，北寺莊，物香佳奇，本一得捷入眾，添茶照又至，丈寅與子傍
晚以四　周與來，早判，計十店
廿四日　晴。晚雷，東南雷地青天霹靂，既而小雨。早去館，吾稱盛千淡悟三四百字，束向出至周遙
夫宗乃同伊出吾余所以佳，有更相舊，極也至敘，此橋閒，雷遂入桐室，話及諸田弟傷，自話
四面名難謝冬，怕於以但　早出，過丈寅，思病，狂先其報，吉性至，又久，此入桐莊壁
故中吉昌以至，即四北等街中，濃黃我信，嘗閱貼平

廿一日，晴。早出市，蘇曹宅訪申氏，怪袂出君歐之三。周詢程子四弟匾三元，見周蓋大相於茶肆，出所卿信的
湖筆說植花，多久之，別歸。作字寫以晚出之。蓬宅三四開單左右中，招及宗文、長藝、辛桂之、吉錢
松、雲舉、孝半閑中，作柳湯樹中，茅屋水閣下，修篁中一士，桂壁所有，重樂，盡桐枯間
筆跡秀細，直是人物，低也。又出所見，採帖，趣之。蓬北魏時，那帖所花，什物皆久，刲主，業已無趣。
伊擬作有未協之，後出此之，怪袂而歸。之見徒儿，與五牌，正清遠處，不四時中，大照遠，四三四不理只
情多恨，及出庭，不時之。支吾。蓋此山筏，終日主不歸，實在倦，戒不然仍以茶具七夜，尽情引
廿二日，晴。早出見茅夫，茶肆出閣，讀遇邑，鄉友攤市，而歸，仍而晚出去，蒸臨去，可字，葉廣，同內院未，因未
帖已，根吉月，事已，收菊庵，而相久，協書，米出月抄，秋帖，丈宗，戶戶，因和常，但求素女，信勸有代
序岩傳說之事也。今飯，開說重金，以之起儲，管處來，言談，庸情，細語，借稱，金許好乎，而中
吻庭一二，術情不急，借雖撑。我情則出，莫雄陸矣，茅大來，借概，此寺庵，送到伸，萬向
錢。清話，擬收，乃今人北道，宮茶，佳日，單息，陳松大來，今也，薊柏又出詢余，可印信
歸。桂門早，閑話，晚，徒見此，輝歸，查詢一下，攸壽，出遊，飾余，藥迷，粗恨，息不可燃，其
懊悔之甚也。夜靜起，夫阝大創
廿三日，晴。晨，未出，大以無聊，極。午後作上下三四函，李氏、陳東、讀陸、顧吉、和印、吳禮

送杲剡書之北寺荒看我佛所侍婦人頭生乃集空中諸人物下鎮陸璃四肢
之板蓮坐之上有芥中井上有僕異人已至大宗借得鐘九至北道宜茶順訪杏
與孩儀至張一三復至寶橋中途見陳小才取租不付仍掃興抵李氏以
杖作粥粥蓟書全書聯乃命筆　二十八夜霧歸復由大宗物以歸
廿八晴陰雨間作早具衣冠持書之葉與瀘姪借此紙至橋入謁本十二排雲居辰三刻尽
入越見陳雲石許吉保蔡陳周仁由普濟無廣間話訪百又與許蓀卿答賀北聯云云
太貿直店內說去此時年勝從入伊小圃看花擬為拆包久之乃出之竹行陣雨又大作不
成從其康姪為小孩市柴交吾余即出合肴于張刺店取租隨圃見君朱告乃偕
兆庭及其母者情形匆匆即過桐店一索上方樓又雨于李店各繳飯過雨既止將去北
寺出殿諸家佛姪已滿中歸周將至家飯去及禮精神甚健三更聞鼓吹拜子二刻
廿九早陰小雨晴間作早約雨兄到往乃携至北寺出殿焚香炯少憩以小雨故也人稍散
出此寺見市點過祠店見棋盤乃三步一拜李子謂雷徹李矣由諸姪甚少四丈來
偕而至書揚集送桃至佛前留飯去剡王問吳今李之來王而飯告領讀存七

朝雨不來，田有雨意，乃許其仍談。春欲陰晴者也。俄壬甲晚，桐君偕諸夫至，翁君臣說，又至居
吴鹄新可，但居後有不暑氣，而桐亦致太以人對之，新我對景之，脾氣久之，得好意而力從
李宇三四百石篆拳封頁，天已深，書未枇
廿一晴，陰半早半寒之。園新種葯，晶以備植樹。午至侯孫由恒機出局陵中，而氣瞬燒，未桐以
四午燈前來，錄寄之嗟。肩辛儒，累而累，華半牛，手根晚來地，應起其暑，思眾大不適
七月初一日晴。午出剃頭，下午蔡拜，晚清芝府，又中前叔乞借錢付二百文。久諸書，余力不
赫然人而悔其情狀，憐恨不已，祇可隨其意之不順，家人之笑之也。治早又老病未作
初二晴。周六來，令呼泥作，晚桃同來，得而去。晚出至陽圃，于包巷北代伊篆，伴付鈔
送葉化文去。朱帖遺桂情形，隨後亦文又至。桐饒入園，取刊本，行箭帖，金打樵手
也。四女恒病，夜深而頭痛，四日陪帖積少，閑以時多，夜起雅閱，居已黃讀之
初三晴。早飯泥作并以粉來做工，令補墻掃庭。午後印令三大來門，王生金租居於我男昆
飛點上坑，登觀濠亭，觀濠性極少待，陸翁以清長談，久坐飲竹江上谷山晚，晚來入
海四環外，紫內寬坡，如瀑之湧潤，罪似不盡，正日罷時將出，山巔之直撲岸

過陝里作木洑斜出对江過岸数里乃由南直撲北岸激射窩桅而二渦汎
溢洗刷尤四力奔注蝕向衛家扶泥沙俱近洑今失色被逼下泥见老手梅同
葯专森正年话询其摸得岸并蔍未常大生意其言似有属许以酬言於行
香德少稍去去陈广揚家市贡勒中洋菜烧鱼鱼而有絶美览以
初四阴早米常夫来告贝非蔍可留衙皆出以身跟困洑小止久之去厚胀目左
大东门仍想晚司马来云谈歇仍月二廿八过晚田为金约初八来尧又有可歡烟
仕在三言以去金作小课罗约归来不禁船贼之米而罢周身不适将仍怯
屎夜难据疹　保成来寺偕坪帖三楫去手背之
上顶晚　胜向陈太来辞云柏二四为伢殘世印具在房静窥枝灯随往探
者送拆孔二元福珲代专专存信并問计傳二要始世仍今去不得为愧
罢嘴半刻子丹佳柏余与书抵宅消雲陆为商情与范正芳来曹居金访人谊
公宗大家不值了保成语謇来保扁庄论文帖久之与应藩告其田事约期廿六
勇回入相午膳申刻归小纵侍厌中不豆久之未其粉花墙又犯去核柏饶了这事
到上号来陆诏小给代付陆鱼之辞归与翔一谈之

是日大概早姓甫未为書墨脚，送賦稿，伊詢其子滄詞等事，乃直告之，但其心未见信乎
貴之。昨早漸出，送桐生傳信，途遇一語，又未又借乃其家，送悟桂閩山伯氏瞻嵩了
錢之。早日坤山謂雨湖竟日作小牋白段，又成楹箇聯二，七律又五律，八韵
夜將去豈數時尚吃膏粮，大人携盆花八來，且為安置了，得其多情
耳
大熱無風，送帳
初九日 晴 五西一月上海水酒平鈔小澳書已半，自繙低行頭，寫出之，湧寫另卷，計午刻書楷千
珍静見取以交者，晚去之，悟謂知桂林取陸動氣之，以另相店中灣信遇借之以帰
約明日去田了，夜睡後論其此信，衣服等了，然其才可缘，不比静之之有用也
初八日晴 黎明候旭亡諸人並一臟取洋即出，蓬居路蔔廿戶，傳作對再可成，由窯業楷
沿源湖北路，月下作凡来凡日意曦，去仟已決，皆偕識函歌，抵郭店于匠毒
王敬伯来，又刁以去，閲另来，本大來，又若暗伯来，候丹又不及回，与勝伯去談
出照買情性一葉，兩女模實，調裝帖抵封宗格看，詠四五詠，又與了退濕
烟帖梧周佃田三戶九畝，少甜于田字，稚子門環，小大林小女拖之庭之乃即

又來過李大宰玉壺偶來因留午膳 茶出與之同出又步至五牌 会茗由六敝
許遂下小舟由鮮溪江橋而西郭于西市茶肆食瓜甚佳 隨施二人來而往之甚適
可頃復因遂別南川于西陳由唐川兄宪伯久談乃歸 趣別仲眺風細涼
人稀意適 擬畢儔付諸大城 輟怯秋暇 長形于諸情 樯與漫作別後陽翔
于唐 出 劉九云 荣桓不諧而家 陇滔高以倩 翁妣風雨天氣而攬三復
初九日 晴 竟日懶然 以時甚多 作書 附報五六百字 延雲收呈 周陳相聞 邸啊佳 乘涼復
乡一覺 先雅以 閲 阿 南 亷女 拨 伊 宗人來看
午後晚陣起 旋雨洒數點而止 不能健地 早待丈不來 見衣書至瑞甫兄丈至令人讀四糟了
又申刻起于膳以周又理以比來刻至閣 眉令李有僕及贊尸炮稍山乃悦 毛論 作對四大忿
李佳中子王又言 言而不成 为向閔君清似年計 數十四十共五款 需七十千 加一中代 遂付
華研秦大樓 鈔契底李槐軍 匿常至夜始定 以六二立 把契付 洋五十文 中三元 約十二年
契斯移也 予此好了 羞葉原院之屋而無人聞 意主李語尸數日以素主不得协 逾苦之
不釋苦貴而待之 鳥人之書 徐我也 夜風沁甚涼
十一日 晴 陣雨二次 承及二盡一月來無雨而忽失 身解田屋 早諸二千三 鬚遇館君 見客一件 先
已大定也 詢其家状 阿伸三雅 怡孫已上 見予 十成 吉 坐 徵 向家子 訊 佐 伊又 侄

有田十三四稿在慶之手稿仿應秋大筆法妥詢云不能悟校而筆入銅屐亦讀楷似自詡太史之書
子弟上館付入陳剩底仍留而仍爾依以請祖先晚而稍書楷相囑毋懶惰之主奉晚雨積水
子又陳子平亦許治之薜

十一 半晴夜半雨至夜屋之漏正之天光宮館何端正五更人從錦帕陳綠未亦有迂真甘霖也早起之
追慕而傍解而夜接祖之困隨出孜仁先訪諳室之客未起四脛之突而伊小之即孝子自向窗起大
子鈞試並起稿葉而出將午未來竟日待王問其等不至不知伊等云而無行與此食而權出
寫心經四幅又換映雨則中則雨至傍夜以保寢者取鑰不得自又出取閱隱後有新戰捷已
捷此異際以雨至止焉三更合屯起蒼萬劃蘇破瓜世襲樸得莅總統羅解中庭接祖諷剎
雨次雨者張張氏不能出更許而從此蘇舍今旺貞以

十三 陰小雨小晴竟日以身起少有似勞傷縱之風療而飛寒日只潤度在陰自搖揖腃不能母痾
報前者之必咳安靜終笑之負之無向花去仍母盡早居羅之陳腳小腰辛之史歐之孫之幸讓之

十四 晴是日之業大宗正他出一寸桐底隱德臉成來閱者北伊性秋余入咸去雨渡之矣應田單程落
翻色倍拘不雅惠出居者之無狀時燃事候之書且于國回子書拜見西國然戰萬變盡為衆朋
陛要臣于衛一種午前飯四楊之後來南之午屋佞家侍御人田子在久之不來意晚之而李來候
雅燈至及屬靜去擬至即付抄估三十代寫記書是日又以身重刻左

十五 早晴晚陰夜雨辰四楊子位至居宗謝走露檢晚四楊來補余出至色書之迎出至性秩之中往論神

三兩三錢。入祠，祭畢，信成蹟者，余僅共以枝不能熟，自晚歸，使帝荒身寒，嗚呼，易以召寒，想大作
詩三韓稿報
十六 陰。未刻傳兩回，病不能出，乃由田靜齋蔬內請神祭祀。巳刻子□出，遊晚西來。作田靜賦，郵
云屋回府家有揭，約十九去。孫勳來遊，游神宗祭，入陳上屋，後耕山，讀其所制，目四紙 壁廟有人
昨補來，以未刻去。茅庵詹岑寧□不社，以三段題之而將，不成字禄，至夜所
十七 午前晴，午後細雨時作。早大來，同蔣田事，靜泉以府但未見刻，陽(?)雨，張午歷歷甚難，至余聽謂
祖惜至堂，送來至未刻，王同名、倪李書明、殷和光、谷洛四人，至因為議，指其成田七兩三分，計作其
十千，又付紙書契，晴，拍氏又足錢，讀未讀，承屢屢靜，或至益廣之書，指爲益若契不可
四百五，有不可自肅，于此小可為，吾處唐說，並極至精，光之旗，華行謝，邪，讀入陳，清吉，秋惜留
二錢二府，又如此，吾得其後乃發，帝食誇物，前和庭景為文窗，用知之一切不作，擬二夜，戲府日
自於昨上日以寢，如不得甚，及上樓，仍以焚作，以起，自撥之，性有三惡，待不成，以歸圍之
十八 陰晴相間，病痛以來，昨夜綫戲，唐丸乃會竊論霜，序評業以為壹騐，雨早起，雪，晚仍時雨
時甚，其不印其界，及加葉尚，上請人至柏，為貴余留至者，有醒，相當，午後聽得，本是，銀，勉行
拆柏入福，寧屋已，去回花已，請人讀，徒而湘□，還過，准之，待之來，方極，及說者 陳 東六
來，惜笑，四五屋少卿一話，余過公呂，向坤小兩三元，送與作丈，何至相，共書信，以□得之，而訴

涅以歸。未刻後由將來，云唐田係可產多者，查薪如實云云，餘之未解，取意何指也。附右(?)府文辦事政(?)

仍雨，晚陽。已刻移舟陂四出未，路由林平，四夜扇(?)仍未已，復飲藥。

十九 雨，鎮日入夜未已。聞人言雨勢[?]，附上[?]水二尺，馬路進水者千人，車夫[?]，後揣估抵，鳴鑼付人照內蕩之處，而提亡岸之害。起後做四棄段，而至岩下田多不陷，慮其實(?)之人當安設付一百文為工資之。雨[?]，晚陽，放舟已至，膳畢，待乃敷雨雜出北門至迎家橋，私處覓得坍，村向見李樹家(?)。拜(?)松亭已而採蕈(?)，稿仍未盡，又遇小山(?)並，擔見蕭查子寶，叔入實並留二，遂篤叔(?)，路遇黃(?)保人紀(?)，懶睡閒話，久而別，記田(?)云，作首三彩為備，先共翁(?)入城，成者至曾(?)說，及田(?)子榜，就稱(?)[?]稼相居(?)，入丈家，向叔馬三，因嫂及僑(?)至(?)，切(?)初通，歸已晌午，未時去，而(?)便同福(?)來，[?]身(?)鞭年可夜歸(?)。

起更後就寢(?)[?]，筆，茫不成寐(?)。

二十 早晴，晚陣雨，晨注(?)泥無事，而兵(?)身(?)懶倦，氣翻(?)不適之況，蓋[?]上(?)病未去也，當(?)後樹(?)佳，憑(?)出之，云定(?)。荷(?)在陽，困遍而至直，就處通，但見霧漲，人為濕(?)潮，湧於水十餘步，池(?)塘人已成(?)涸，鄰人家石(?)水尺(?)，但(?)就在于錢人識(?)者，陰之但入(?)過路，而說(?)[?]國而話(?)好事，糖(?)四(?)月(?)，試不開(?)，是(?)二難平(?)，已而雨止。業(?)崇(?)涉水至叔(?)仁(?)若(?)，但(?)見章(?)首(?)，百二根，皆(?)為(?)以進四種(?)，實(?)安置(?)，禮(?)不期(?)來，稿(?)首(?)千(?)二(?)在(?)。于(?)[?]一(?)已(?)，稍(?)有(?)抽(?)成(?)久(?)出(?)，國(?)獨(?)是(?)京(?)遊(?)，挑(?)言(?)，夜(?)靜(?)，揣(?)書(?)，治(?)集(?)作(?)[?]，據(?)事(?)，挑(?)畫(?)二(?)冊(?)，是(?)正(?)集(?)賦(?)。有(?)平(?)夜(?)不(?)洞(?)，案(?)折(?)之(?)，也(?)，夜(?)仍(?)如(?)寐(?)，胜(?)，待(?)來(?)起(?)十(?)下(?)，夜(?)將(?)後(?)棕(?)，詩(?)，[?]辛(?)。

廿一 晴 早起即出于蕭門見村人云丈已去矣乃赴石館飯後仍食茶偕四時松光省中藏
收佳為午一刻午過寺坤三二七市閱書畢訪盧氏與魚極而口召至白衛一甌飲數杯
歸仍坐寺同隨夜臣來晤而果子雲為清之隣于陈二十二正風雨徐朱公為田山話相借之也包
在越朱復查少間在門八隣宋發道桐君偕朱翠夫來相為役帝若蔡香林于會久探
雖之因詩說去數行殊玉相院夕陽中以去而月色淺霞而過即命坐茗任談之未夜上床
呻吟甚苦時至二更稍得片時又夜纏

廿二 早陰晚陣雨夜讀書若社蘇東霖為世譽者夫地也出之橋逢丈八來又西論談作暇作
飯午後王厥見來未刻之後居剩記保入衛賞宿聽全宜恆夜西嫌至二百口證中取粟四
逢達周坐談陳說在赤留館至又知黄翠冞王玉龍趕乾了之餘三定書二席得二人

廿三 早陰晚陣雨之日未出宗人言四套排車路過于深蒲去後半亮劃之來籌佃來定租契
下等不至吉八時應徐宗之貿來請諾談之至巴劉為書文字帳二千

廿四 晴 舊病復作夏以數之漸覺宮之出逕苑心伏每節壯行過得成入其字為談從論古
今但令上實憶天詩篇出便周身業重多恨益務刻病亦不能飲作喘液甚以太作
字極更飲汗出濡之後來繼遂乎伏之病東有功夫急已假而余静日逢無有事無解上代之何

廿五 晴 早出之全家苑請燦沈月村入略談去之濤比見奕臣去掃忠詩法至別留中氏不詳
樸澹行并棟大篤北入悟統棲春霖積冬知蔡朱去不識雅過午後熙絲琪盤

為王女不得意，謀陰地而家惡患大責，怨不已，抑忽不能御耶。午后四姪來，作叙。王甫來，而李作去。
析荆枝據劍出，爭于地。晚訴嘗去，不值。

廿陰晴兩作，夜及天明大雨，水漲數尺，屋多不可睡。抗早圖案館市閒，菜取松王堂，剔尹居竹野
出，在廣謂之又謂周氏之往讀叶，作陀陰者許二長，存先者芸，糊□來，跎謀蝶叶此，求玉啖孫，與文
朝生宜續律刻莊、張二序，四小刀又六尺十二四，□數提羅乃用二盤一盛，全瑩二匹差一四一幅，一條，并
芳錦花果。保辰吳楊二蝶去，陸寶卿紫氏坤宅步還去。　亦表孫玉為言，歌了具綏之，差之
美二蝶四幅，四帖二對聯，一盃，又命王趣豫送於本年一元，乘安之，請人亦隨歸。王甫亦去，什邡聘潘
戴元七錦，全侶乃用翠去，歲雅存千。　早朱常夫來，未吃，蘇去，即刻。

廿陰晴開作，河中冰凍，漲六七尺，深受漆浚，吳居出只恩付秀，難怪稱小尘，秋園先二洋貝去辦
告其文，寫之可鉤建一同市館四等，以歸但甚將收，廳中取照錦之，對中偏為兩漏，得璽於下刷
膝中心臉惠蓋熱，不及二日，忽又雨淋，午後身重無力，在睡大暑屋，但又吐三次，整汗積日，磁盐二次

廿陰日濛霖，有時倒灑益深。書刻王閱，問合本有睡，及個洗閘二人立租契，面問細二
說，不肯押，而葉氏主其人，存强三不允，遂付錢，差第黑頑妙，以寶經得之，而萬幽
時來不多大，如何居之去，無需矣。午後二版無聊，僅閱雜書，夜西辨風西又大，可笑也

以拂來評論游五嶽藏日記兩冊留覺潘為蕭年見嘉慶朔日記六條廿八兩次生

廿九又雨終日水漫過岸風狂拔樹發屋僻師殊長水流得者能衣服陸路橋一向盡四廿八味

悟旅知庭雨梅花起頭即見低人能堤上在恆天青青二萬入桐庭並知朱曹之可行了

記前舒芝指廣過漏狂告費曲了不甚了了其於世務不周以為是宮雨歸衣履盡濕衣成衣

及歸來工作幹余閱題料晚德中行一節書三十許讀壽康集燈四可之付料僕所聞客來

諸非因循設久第大小班多所欽未見為難了　夜寫北史詞韻風情稱歎之致

八月初一日晴早謝大寶常夫茶數點見蓮在東市為雜布　莊樂謝家在于入城在知事謀以來並逢大

勞自生涼之說見付與湖南之園借之感者嗟付書得回游田可湘來語得當來歸書諸子備之

述歎已矣殺人感者子電收晚至達鄉老坤譜與字書至時葉田語押付由六百壽生報余

歌府息世喜元久之去難散得點息不翻了晚付詳書之感表檢付于電收隨發小寸寫事湘論

上宮矣詳取外差假生之詔以見又甚寧甚歪歸撥摘依法于陳玉家送去大怒極庭呼吵

初二日晴一作溫病去力身熱不自怪聊借遣長日大慶湖大來去去話多略聯詭讀話書丁陳與于多之話

甚昌之新壽在于湘蓄學穩來昂洋但此伊自見而讀居卿捧扶不易順情難執即易與之意日吵

兼不去近出口甲燗作廟又如此

三晴早去莉程丞陳伯生見大來莉闌歸與大之代寫諸家書　伯屯極孝洋四君元程秋存

未去即代寫謹帖東樵千頃至未到晚踐約相見七店付五書並問及代揚景緋匹去了也

已下留茶湘賜國珍家不獨到又和笛舫家荃石敬謹雲林初見換洋五元並前蓮子

敕子讓為手錄中己借去白伯　雇內子亦病守救之若　靜思篤懷　已受民傳得曲園尺牘二冊

廿四晴　住日未出　已刻保成來訂稱中表氏邀見伊妹針線內雜事陳君笑問許之　閱曲園尺牘二冊已

略閱完　夜仍寫作雅不至喋了

廿五晴　晚陣雨　召大來伺赴武林且舟可附乃其伊兄躊之　余以病辭且仍治後事　當函致

眷益　冒許以寫函寄贈禱　子恬抵代知一枝伯科其利書去　今已不果書之悲且　吳曲園情形當其大

雜錄　午內子又病　夜將多不成寐　可恨之至　高國元其作十二三書

廿六晴　早出市　購閱寓發作見鄒又蒙洲處隨之梅合處訪晤乃及鄒雲石之　鄭偉聒耳　特悟社至捉為

四途見檢成一路話至伊家閒談處又再見阿已請伯渠學小書贊錄收歸其茬又書午後小

睡仍疲乏　讀閱行於惰為收大書八紙　內有寄向孝康者　後友來從以余病且在辭辭之

未夜寫收晨時將團而已似之庸風之雅矣

廿七晴　早出書舊府而內子靜又出發症　真可厭相鄭也　午後家丈書來取字伺晚醒書

閱其思路之直家不可及　賴是之　晚見時來寫之無聊之至甚而偏輒若干月誤見依大

千葉辟根余入索辞舊日抹橋西枝付內子之症勝阻又瘧春之守嬾索床整之奕

取將極一日單中內以仔以明多不可[illegible]家但精神日見頹矣奈何之之

初六晴。病未已，精神困倦，兩足如麻，錦均借成碑帖，復書云病瘥未已，因以……此等小楷神彌不舒也。
惟此數過，我均會少，雖多言之，亦怕忘之。伊又以看癰送碑，懷著手改，感也，時時使是王。
迪卷合集曲本奇書，但雪琴居，點念是年曾樣與篆，胡玉書義梅知任。
夜三更後不寐，數息學曲園，於潤鎮議，使近安靜，鶴因以余復近殊，近居兩聲。
靈李視此身如泥塑不動也，使其口閉，使氣從鼻出，目視下注也。流者，氣下注由丹田
入臍泉穴，以橫隔不亂也。然以堅忍為之，特是機者為而余無驗，至以仍從身體動而不
能。此實內景經以及易所録，皆有是法，不得能樣且強使成功者。
初九晴。身體不可支，自不解病抑何深，抑早飯宜生來，割地已刻飛來，惕無奈不作意。
日上會事，點醉糖力閩刊而已。
初十晴。讀婚類印看書，不能半頁一葉，夜發瘧，雖發半夜而發。
十一晴。早閱將來年應作字，下筆必書一葉，以起馬兵亂，將書化字，就以打覓手手的忠之處。
義只集也，兇緣成見，頑隨田閑話，壽諸君書。
十二晴。早見迪云閑城過我，閑步聖兒一夜，午後子研來，初圓來，均長談，未時携子上衣。青夜閑
兆子生福來，均吸為一丁，雜夫往往太擾，困及易得該疏等，身力兄德。
十三晴。早起身重極疲，午後携未杜新齋內辭，後便後而市擇葉院檀，日晡眼二已即寄起。
呈收相見送半內塔。
下己秋往日早時行留次以甚三更不已。

山腰衣領襪不能起，因桐廷父子來，乃絡下樓長話，半日始收，時鐘[illegible]點時，稍稍聲□家，杜蒙雅音號

日清雨，今日氣滅，如是精神尚佳不倦

十五晴，以前早起，擬揚及蘇室，宣紙米二石，稍覺齋寧史一二卷，晚王閏卿來，祠田在三更後不寐至天明

十六陣雨，先寫正祈行許贊詩，寫全在為既西薛錫了詩意，大來為代書詩，請張臣書代婚納迎書後之

仮保余印衣藥，臣晚既書備甚，本應速，夜不寐，推頭風掣肩

十七晴雨間作，小如來，三元日夜享史，晚精甫來，留餅，五枝

十八陰晴，以事早出西門，至馬市大歸，語市心居田蘇金生來，留午，朱錫侯來，午後余以居以而

靜而不雅，甘桂亡言，不知何所向，無非何為只為書院余詞，喋喋靜回向胤彥只入內語，伊已去矣，曉

謹

壽生來，尚擇少間，吉君同為采領，煙之件，推遲為此歲，五月余去年允特親，甘所為至話，送

旅逐了一到吉，添戶咒，厚三二一之，使爽有奇，是寶生夜雖出來，方生已留前談

十九晴，為葉姬女書，涌略三事，午沈月村來，如若傳為茶書，舟在，釋蒙回三百四十千叶頃，四更始

童來時復傍來，而得又開通神，王來夫為，賓真已恨，極神一時，頗覺了

廿晴，吾童獨來，對工送五兩，畫□，補秋午傍晚，腰腿之力，奪疾未痊，誤謀儲男玉珠阮在閣每

雨止，平之山村義之來，我為居用墨甚佳，真四大夜也

廿一早陰，晚雨，居樓，信出必男緯帽，持帽機球中送，送俞五田說，房田可善，及韓，高張論伊家不甚酬

會查山說竹坡陸之峯巖隆郭雲說濟之病狀偶僕來下場△物我得託為吾錢菊
公壽前吉琴書來歐陽居之往訪于佛寺四六云云秋崇前月夜之說案之病只有墨為一云
即日詣仰仙月於月湯　未前紫詠持七十日凡十六擬月時先生知者一本皆書即去
而病悼如此真心近正誰若也致于佛前詢其編候訪收开向以挑昆仲情形王德
只留寺禁止日有言人小女子怨命笑姑云云書十五一下世十二病之病甚而至危不成寐
廿二雨早至玉壺寶生至北城雇轎邨陳龍由海捷伍帶北下而甚雅間五斜而但二尺上牛
旋濟川雨岸樹雲水雲蒙樹雜于中然後驚釋拯殊五加盛煙月兄而至天慎回趕
四去知前此之事但以居抵而不匯租子了未有部又不成之之为一而难以仔樓雄雨
廿三雨竟日早訪桂森于須盛館之東風茶殿而景願佳惟所謂太館前了又令人和余
還布種門于苗江后隨訪松如于帽康長談留飯之後出過謹吉見蔗翁而只有意方至此
出南門至小洋橋見郭松翁一晤之因長住至載也已月後小欲賣想又作留初二年之久行女
所其舊家而精神益健矣
廿四雨早至胥雅見姜雍表伯長話託其補篆其兄弟其一家三四人已入座其聲握握之人不能
出其一回居而以厭其世情矣回以樓中添錫日弟桔見硯浦直令人捕米交矣　不出兴川
王　執衣人至玉雨寺楊茶話因論訪其旧又与月兄

五日。早接小李驻西日后经南栖斤过吾，听取拙言，知为舟已入深而难以行，来者 去作大不定 患
病颇归去，仍乃代存一刻，计自早以至一百，将四下开见狮子佛，借宝兴过陈东民人云，余信之，嬰书
了正返嬰书，备呈众者，而出隐初至借息，偏使乃为借五元，命来皆失望。大麻庭来兵弟保正当
将屋价千金，不幸凡留化于怖家，只无迹如此，而不为病，恨又高原嬰书，患人隐然将来其月，借五百五月
为据。○故有契通，但转是晚，君仍一策不得，陆表母之伊强去，余又为去伯借廿千应付，俟仍作别下
舟，两人呻吟相和，而二舟小迅驶，午已抵郭，驾上岸，余换轿，俾一足径益，两人力惫尤甚，乃上岸，俟大桃
色物，脱是大人云明日居之，只宗旦益浓倍仍礼出，归家作会。树人来。晚又同月来过，不快。
廿六。早晴，午后细雨，竟日未出，原章坤山使来，借伟帽，荣氏使恨，去年来请，手胜益浓倍日
毕，日礼也。晚又使马子来，以旧疮皆痒为。申刻，身贵宫作存之，使语内丸，居来止恙，良苦
故来退三四览，至天明昏乱，梦魔乃呓语不绝，精神懈之不支。日来是日知居士殺夫人于世家谏
平安，过彼而出。
廿七。细雨，庵仪竟日，仍不出户，以书消闲，倦则假寐，第身之困益甚矣，为只一何
惧之深也。
廿八。晴。早又来读日礼事，但计奇四来，如馀多困，与语其缘，言壮毋某，云四知子，依之四，余去

寻衡绳战左门遗入万里相共语久之直见许筹雅害因为楚语之宝见沈况余劝
其如惆怅伤别李役不为无奈亦自恨广广先生大书执人屡同年烟花妇女亦累
国破亦也北过珠中问叶竹又北见渭南见府一生而躁中狠恨悠悠见调格破见悴亡试格
云返日来世廉之庄之子归而不得饮一饭工楼实楼之文乘四更来已中期而往自苦恼
呼孟同银板出样将方相以作昼脂板约初二来假　郑苏堪骑今挑来　亦小谈一畅一些

廿八　晴　座前桂花盛开无可莫华　晚子湘来谈其县十元因谈谑小饮　吞吞丸颇止　座月一夜
寒紧身热时作之觉将被冒向纳气乃得周身畅汗

廿九　晴　料量检拾报房租息　苏宝生至拜未晤　大未權地均顾付李房门　朱子挑稀到　晚
出西花亭寓粥　见子康邀入森兵现正寿坛谑解鱼饮之　座中无一佳在　唯马清闲四花舟不
至　信气满目　此中多少美人　余坐而觉　即起而行

九月朔　晴　早赴寺动隣里　检阅明纪　午后炜来　共知为讨卿羡王福广兆路罢题周至戌中
嘁共之自起至底汲而殆来述情形已没为语之　余劝其不必认真也　闲以试格作肆一朐
夜　是日周身严痛甚重　痒极不可耐　抚夜身时作寒热强而冒被纳气得汗

初二　雨　阅明纪　是知为君难为臣不易之言　历代圣君贤相数久非奇无阴世之言一王而
又李也　大抵开创美矣　敦难远而甚到之手又无佳以修之至后以继之不败者田子孙

廿一 居保宫織樣嘉慶，忍氣自若，力戒閹寺，務徼未。雖有祖宗家法，而循而宦寺好權，奚禍密啟。
朱批用忠(?)為忠，而四夷侵侮，武備廢弛，歷任上下大吏，雖同天命，實亦人事之乘。乃權半歸廣，書之三路(?)。
是未到，宮嘗世自周之朋習，而至余益以荒廢，循以來，苗蔽之接，述積出實大病日甚。
而得方甚疏，經此屬資物預備，但吾男年淺，擬不圖材，向有說乃為男母留甚甚，今藉由
亦尚存，不至廢弛，至此兼男母以行其私意，而先事四求，陸羅了情形，因之而余力亦不逮，
且欲以保之。了申刻去。是日，歷比夜汗，依仍氣。

廿二 雨，間晴。晨閏生、麗京、易男由遣湖來，言持書來，稻孫男安，作戊刻去。世伊等來，世容歎借
廿元為市稽計，云云，言及閏之悼，驚使人嘆。粹甫至，伊留膳，但胡口出是非，難排代陳
之之語，要挾多端。余許市材，又索擬用，容城用，又索被褥，甚不能其如何，空意平粹
夫來，乃作致錢竹由易男書，已見代友大搬一口，約七月付清三元，云餘四元欠，俟得過伊
茅物之主。伏念吾男自礼回未曾業，來中卅年，伯母為羽，不至一無長物，實因窮
人心切覆藏至筆出向人陳，不為怪，又恐其非礼之筆，探切將粹夫窺之。
余病不能小事為悃。濂生雖來，陣雨淋漓去。常玉國……

初四 晴，燥熱甚，夜大雷雨，猛迅至天，至三更畢。考觀風生，三童同陳雅之去。

晨材司來，偕同鋸匠二人，共四工，檢木付出，傢伙之橫樑置於廳東
一間，係呂子康所及，應量保存一段，寅臣借去，以合存以藏大債也。
摘桂花作粉。朱伯英來，你它是日請晏田女病，復痢。
初五日 細雨，夜霜微不止。午前以為無事，健步如身，寒極，仍懷笑如常。午後，余坐而捷去，
以未引玉兒喊醒，詢佳兒昔飯，惹下樓，視面青目劇，無人色，牙關緊如，氣喘，急，宗人至，
請援，余外求上宮雷允藥于陳氏，辟瘟丹、奪命丹、紫金定，以薑湯灌之。三四刻，少醒，申刻，復
搐抽翻，知為驚風，適梓夫自園廳回，來視，定為驚，與以金石散，即飲，擅也，出，先藥，于以
川蚊、松、六神丸，并硃砂、烏梅、榧葉等，以之熨腹上，并姜葱并西黄、鈎藤，姜和為梔，延醫，笑，八下
尤以驚喚，請菊如道士收驚，三四去，無去不出。
藹華大夫，目突手捷，角弓反張，惡性勢甚危，余
亦以恐不定，院四團鄰生五診視，同方用玉山丹，雞羌，年點開陳，法品敷末，以八分為精
三宜印鋪陀先同宮、苕柔玉丹，研若少許，夾柳飾葉，多攝葉，家人無不諳，余二更先回，嘈
聊而已，擦心五三下，候出，爰能，之嘶強，乃以秋眼豬習，以三四下捷，秋星日習，撒非常
初六日 陰，同御兩早，視徙兒病，退神清，無形寸色，其來望，因久話，問假者，三更日子而后
請士，個子之錫如姆之藩真，藏派中無罪星日樹其
晚，刀招，花大伯母，殯于母宗丁氏，姑母又濟明日去送，余宗又備一禮送。

七日陰。午陰，雨。從安慶回，舊再作申以安濤庵信來，亦無甚閑談，便道之，同俊之談
余士蓀甚觀衙門中候業王棣許方毋許人皆熱留飯，余又與吕子思帳之，乃約明日請都閩
禮堂升至人往借余往，來招辭以病，意之堅，非久并知凡雁之陪，同夜靜陶同去參拜文小
誨安所翠樓一九之平，四家仙畔萬怡不已，以不成寐，晚雁之來，與偕同橋邊歸，猶不釋，二更知健兒
身體力退，乃寄一覽。　靜兒亦嘔，亦止息之
花妝母往四壋。母來。
初八　微雨，飯後早保成來，說居祖母王云鄭菊莊景，乃歲傳焉。任云可直往八，伍學從文，以陳陽功信于
語任試述四周山史，言為名下無恙士也，彼于伊十一二歲，於吳蘇及吾德之堂，果其人堪隨之間
學者問榜第十三，陳子壽來，向靜兒病，業而去。陳云來訪，出扳吾佐尚安，與陪之，云欠宗子
安乃寄吳自經玉堂，那將午矣，理帽往葬之葆真祀，得之飯，乃出西周厉之府，未深唤家人
王士陞其示冠玉都司署，相會沈純齋，君談，請煙花，雅敘詞，歷多蔚作，其竹庭蔭君佳
談及乳母請為之，爲乃寄清奇防之子榜其將制有案焉，寄十隻茶，别出送去大雪
而歸，易衣，永道至翁傳藏，十多竹君小兒，至余宿，雨甚，歸。雖遂已畢工。晚，年月熱
婦一稍紅帛川。　花枝母歸，自丁

初九 早陰細雨晚又陰辰出巳到中公局宅執問洋布行与坤孫遇鈞三君云伊思痢
在家因坐久過惱務及茶年入歲者過子雲遇松鳳茶兒查廿叢伊付鈞子云難邀過
五十千之會金約許或二六會椿未成議同回入桐店詢其舒及疏佑回家延壽坛數之來
請午膳未往小坐申刻出堂計晚往住馬与金鈞鈺等十許人譚舊律鬼瘧所發中心
未釋燈夫開一方多宗係 大黄 只實 花粉 連翹 柴胡 芩 柴炒封 惧未服心甚悔移矣
次初十日仍請伏 連知是 得家人二服權之小飲与洋糖同之厥久之夜膳之久之入加片飾林
梢而眠床皆烟衣冥還三鼓不同睡起飲已曙余於王祭官僅仅往畢又至聖母
上壽以三跪九叩去四行備之与孫承垂說其郎來京識益甚任情其弟一子習之善又与
美保成丁霄田厄杜等之与鄭直卿請家久五鼓待沈都司至金陪入行至兆留鼓
辭送出一夜辛苦在壽樂少不常寐伊等又三四兆懺茶話天已向明
十一 黎明天已大雷雨往家送神擬定用四篇六碗伊飯仍擺送而且至人之持來回飯
早辭往小坐一覺已午飯但見病仍佬纏枯不退而神微度子至家特不肯服藥可恨
十二 細雨午晴但見病極不退請伏醫至鄉甲王陳診慶兄煙一桌伊宗孫大悲懺也自開方
午後出持与施友卿王鈞用犀羊小朴梔翹芩貝皮蔞又至女搗仙方友卿稱是二者不疑壯

市藥人性敘坐，归已備一輪，據[illegible]以庭青[illegible]來[illegible]明日祠，[illegible]詣之，青夜月寒之語，急以飲君以左宦為方。
付石為静晚，萬於布一丈，計七百文。

十二日 陰，無日。午後往太原西族長來，請明日祭祠，聲明色陰夜並及族弟[illegible]，余擬衣冠付[illegible]至祠。

竟日病甚不舒。晚，拙上闈，李双[illegible]來話，夜以少人適。

十三 雨。黎明起，至玉祠，當祭已畢，蓋亂為萬[illegible]年，遲夜入市，段早也。為族之及祭之出，發自[illegible]任[illegible]。

秋兄不當，胡任以為孫任和[illegible]先生只術舊信而解忌，維原指佳，完居新任，斜信方前，[illegible]游閑才後[illegible]。

族長乞起筆稿，乃出于空花照，瞻湘文合食，归而剔稿，修午成，於[illegible]子茶[illegible]，又為族人酒，以生玉祠祭畢。

合任衣為唐對（鶴信[illegible]）又[illegible]王宗[illegible]湘[illegible]雄[illegible]，又天保子共五人，到黄信之子，兩家西[illegible]等共世年八，未刻[illegible]行寫。

祥生四字國[illegible]。夜以業路[illegible]志[illegible]傷之廉，又似瘧作。

十四 陰晴，閒中[illegible]刻十剃，于[illegible]後午以業又懊惱，為之[illegible]食，燈前來，以一条致子田，請其改二字送年。

兩族中王叔國[illegible]來[illegible]，就職石[illegible]之[illegible]，細如內，知生[illegible]神[illegible]，詣去陳[illegible]，[illegible]玄鴨。

夜瘧作，發時似輕而過，已[illegible]三更，亂夢紛紛。

十五 陰晴，問夜雨，鎮日以起，思[illegible]烟閑，午閣門閉信，入陳[illegible]傳為不[illegible]，只[illegible]倍[illegible]之，因表村來。

收[illegible]口號一百本，[illegible]户五[illegible]，確據日誠，朱惟達、姜[illegible]、佩[illegible]之子、沈[illegible]、[illegible]為[illegible]在[illegible]一家[illegible]，又[illegible]。

又陳方，兄弟[illegible]權，以[illegible]寸，鄭[illegible]，李[illegible]，北闈已揭晓，無錫[illegible]倪[illegible]卿，晚[illegible]。

今科計有六人半獲薦亦屬不寐之冀了夜枕上來言少寐二婿自所云

十六晴早攬鏡日瘦而精神日不支默自憂恐不能綿纏了矣未初今飯亥午睡於書撇

昌匡不得于桐左臉朱半兄入談申所硯叁二枚今亦修保一兩大約和取兩枚今亦僅二兩

朱井伯之錫恆挽之昌而回夜寒熱又作熱已仍以納氣之法取汗屢然後時許但求病去而已

十七晴夜雨達宵問與濟舊日蔡府並無聯類察焉保成來刷談夜歸後以為淸寸

陰此異許仍寒熱示攻且小避將是三日之中兩日發瘧如何以支

丁十田宗花大伯母祝神請母及靜安來聚一日

十八陰雨相間出西郊請林朗之診治爲屬周玉桂伊爲招是日班一不對乃先而肥壯也

今之出西郊與闲于林宅遂至蘭兄室至招柜來一請煙未到寄同來於吳儀

性付二元并代出界價以為謝以治

十九晴早去于三元宮閱渠第一號至入致中揆藥揀玉桂者值甚因北人國爲譯回

治欲搆彫夫秪新產味美甚回入默遇友仰来視耕家自饒能至十時

◎伊云昌邑有一閩諷爲之貽今諸惟須服陰瘧甚不知其桂以不

對症殊柳痰嗽使然殊為可恨李福生著太親蔣卯泥司今來看屋問候

雲之停許，雨止，晚始晴。靜課作有菊、蕭、薑菊、果菊、晉菊，來書以志，詢謀丑不應，有不信世勝如今者。

子陸臣、韜汪君雙鳳來，情翰來日坐擷月昳軒，窗清未滌。

廿日，陰，晴。早飯後子任煮豆沈謝，去筆點點，張紙寫已，未刻門前閑步，薇垣約來適。夜後月甚好，久不退。

來伯英來訪，長談，黃昏月初遂歸。似別居余屋，余見之，嘗作盟，計實淺。如何善果成是，今年

門中工飯一小時可矣。于湘來，出所有。唐伯元往其市，屢作藥及食，養肺而去者，疲更深，為遊以為痞。

此凡二至，仍出寧，乃卻亂喝，曲以亂之。未幾熱下，甚少，頃汗。又久之而退。此身日之無以為計。

廿一日，雨達宵，晝不絕。特取早飯，收販稱金失租事，一不可問。財用既成，寒閉，家當以筍，此不能

支柱。夥等仰給于官民之門，靜研計之，雜為服類，惟我兩日出猜影，另為學，養家十餘

口。雨勢更急。朱來，言日出來，清同卷病，惟健兒與子皆病，為夏雨多食寒味，病來甚也。

廿二日，霜降。午前周六來，午後伯英至，據三儈至遊飲，并看礒月許，將畢即赴花朝會。

議崔姓契定，廿四五還來，初三合會。如此又不免一翻舉動，尋接了，將樓下書籍

玩物移樓。夜甚冷，與常三至身抱。

廿三日，陰，雨早，出之林，初三宗，訪仍用補物，去我也。以太賦方而不能去此，遂一翻四時新店，午後

伯英由陳氏送租契上，同慶桃物并印圖，清年上，晚喚周來。

夜仍畏寒，三至汗出，擔稍困之。

廿五雨。午看庭牧多成雷雨，非雨潑之象，鷄鳴集已到，[illegible]來談，芥舟六弟理

舖墊及物，扇搖來，黃氏來打掃房屋，余病是日更劇，以時[illegible][illegible]來，急躁而自悔

廿六晴，燥熱難堪，天未真晴也。早膳後，伯子來，家中報歸，發明日歸，伯英還，入工人撤[illegible]，難還

時候照料。夫來，謂人已為裝飾，午後常夫請來，來談夜半忽腫之痛，向余求[illegible]，此而訴

自己[illegible]病不十日，仍實速即夜仍發疼，[illegible]煙丸吞之，果神睡，一夜看來病比天俱[illegible]，仍力之矣

天將明，周六來云即至工場，出向[illegible]家辭去。是日天晴，[illegible]爭實，天氣不正也

稍遲雨，[illegible]桂[illegible]談詩[illegible] 伯英在，龍陰開，坐[illegible]，難南[illegible]庐

廿八晴。早與伯諸兩人至[illegible]，出之路中[illegible]和靴而收。又為侄[illegible]袄[illegible]料，[illegible]計[illegible]了，但[illegible]知[illegible]來二[illegible]物之

到[illegible]書，作[illegible]力[illegible]來，出行坐即派同足後，請夫來談，[illegible]即至余宗[illegible]，孜[illegible]孔[illegible]，回寓與[illegible]酒[illegible]談

[illegible]君[illegible]晚帖三陣[illegible]夜[illegible]冷，錢庶震聖章[illegible]多[illegible]押[illegible]自[illegible]不合[illegible]時

[illegible]早[illegible]身[illegible]似春[illegible]詩林[illegible]三珍[illegible]不知人[illegible]孩[illegible]

使兒與[illegible]保[illegible]且合宗合[illegible]病[illegible]雜[illegible]情[illegible]多[illegible]夜[illegible]英[illegible]靜[illegible]

廿九早晴，晚雨。晨[illegible]書[illegible]傳[illegible]家人談[illegible]油[illegible]中一談[illegible]冬[illegible]同庐見[illegible]

以往天晴二[illegible]雨，即歸[illegible]病[illegible]聊，夜與伯英請夫長談，[illegible]陳[illegible]

如[illegible]來[illegible]病[illegible]不[illegible]使兒少[illegible]雨[illegible]余[illegible]不知[illegible]時[illegible]

六月[illegible]晴，晚[illegible]作雨[illegible]余[illegible]以[illegible]之[illegible]丁[illegible]耕三談[illegible]綠成來訪[illegible]如[illegible]來[illegible]費[illegible]

排詞三詩祝用唐韻　燈甫又來視，夜余仍發瘧，自午至冷至二更，遍身汗，寒極，二三更後始暖

廿九　晴。晨走物也，散步至野。壽詩、聖卿同來，掃偏整理，晴書畫者，四點鐘湘文至，得商至，同慶揚祥叢治瘧。下午入王祠，壽詩、燈甫、佛生、入山，景兒暨友舍表弟，炯齋、次比卿，均以來看，已散，余亦歸

夜三更瘧作，寒戰，需被四更汗出，始解

卅　晴。續日為朱氏喜酒，瞬無料，兩妻禮貴，與高爭，執意甚，不已，可恨。譚老少章來、兄來，朝三、係、卿，均至

馬千椿亦來，並書信致杭，傳臣并開唐、面。余寫字、戒日二，付陳慶揚，帶三信，瘧疾汗丸一瓶，與婢

病勢又增，請林醫，方同上，未上策也，只可雖見生死付之命耳。付文契券，交婢

十月初一日　晴。早為伯英書楹帖，為供獻。燈來，書七言聯。朱氏與客及下人均來，而識者為竹坪

浦仙雅夫子、并其母兄高，晚遣余入席，少飲食，與珍卿言，阮兩謝氏，君查至，又晚食截瘧丸

夜病雖不來，而夢中翻騰，甚甚不安

初二日　晴。早出廳，代為照料，至初一圭第八卷、四詩，日陪儐、賓儐，陪儐。夜陪媒筵，四席一三

更又瘧，極而不寐，乃食叢丸，所發少，向汗出，雖橋下謂又及鼓書畢，未去，高談五更，少時輔余飲

桐陽湯，直以也

初三　晴。黎明即起，待朱氏喜轎不至，及已將刊看，蘇燭合卺畢，與朱玉城、楼陳化道去。

萬年一碗，茶，吃飯，以半碗，落生，橋向荊裏為潘、浴西畦，夜□表來，說入二席，無外人

席皆熟友，醺，与朱仲我谈，为劳归寿。新人病，卒以語人早散，余出门上户亦就睡。

初四晴。辰出市三牌中恒裕，出城至市，盟五升又可。至圃见李回南，請大夫第一長話不盡。

戚君子雲，又過桐兄出寄雁，并訪閑成，久話。屬來乃邀，余回接新郎，乃過吳府。

久待主未到。請工書史，將至逢出送茶筵，陪種文主一刻。未末陪席，數巡，余等從飲，共三席。

散已申刻一刻。新婦儐相歸。收丈來乞書，信送代書致諸書，如切部仰成之。嘉南恒年信保其序。

稍定，等仍飲，因受寒，息覺嗽。進乃睡。深身覺寒熱，汗而太汗，悶。廣名等在樓開新齋六席。夜与席

初五晴。竟日歷夜，因料理物件。朱氏請東告之。丈來取去，云及烟罷，陳瑣不詳。一夜三更陸續

夜作寒熱，夜床，至後因傷不耐云

初六晴。至重樓出，甚衰。將葉余病甚，蒸汗不能起。午後蘇騰伯來，為出一吃。告晚談，可

去。夜樓病而胸悶窒，極多動不安。表朱氏三兩次時，又接樓擦而于大又不慎……

初七晴。晚雨，竟日以病，丈及子研粹去，來不面。夜仍以氣喘軟倒

初八雨。為海寧書禮帖，以武不合，請試式之。讀存生会王聞君至云該款揭借不及

請限期，乃約限明年七月初八為期，有早無遲，遂允。仍以明年育先，付米八石，此項……

付息洋六元。書初向米八石，作洋計價。仍欠找洋八角。因往票而去。拖佃租米來，閏四復之日。夜食藥二次，見

夜庵者少瘥，但咳甚重，而未夜呈寒，斷至于身，夜半热止，大汗未退，其于寒热不减也。

初九晴。竟日痰加，伤风痰嗽不止，一咳之後周身如酥，痰晕不已。患又恐出汗，傳自遣家人求押，又復呻吟。此意使兒又腹脹，引病作痛，痛之猝有惜惜，呼呼不絶。余以时多，乃陈访耕兄，所患之症不出。晚保成来访，说广烟可律，然罹此言之伤人财之伤情，勸余使理。渠具良見情，余病未继，而住上来，不解其何回。知耕回归宅，不免计少二三元之说矣。夜头重足冷，如冰一夜，相睡。

初十晴。王重来，由萧叶比仆人借轿数十来。晚，静安来，逗二日，住外祖家帮理也。余病计至所出入午前台贵邦小及未到，即身寒足冷，紫被卧，寒热彌连不達。及夜大嘔痰涎，許神思昏困，又呻嘔頻作，更许嗫闹。三人扶舁上楼，腿软如浮，身重如石，势甚危殆。上楼復嘔，嘔嘔又升嘔急，法棠自今出，與雖復震，亦不料一病之苦至于如此也。而使兒病亦不轻，如此呻復作，寒热静夜胡乱顛倒不能置處，然（但亦何）無術少解，奈厄了。

十一日晴。淡日在楼，病雖未足，手業而衰備益甚，燈前未睡。

十二日晴。邵丈来診，彩人强未利，以嘔痰，在楼嚼粥，小以書庖食饅不佳，午白飯一碗，無色無味。晚似起大嘔，至更許危險異常，氣升神亦不可名，行聲続氣嗽咽，幸之平泰，至三更始困。身寒热一夏大汗三次，日消日瘦，精液日亡，强自念不支了。内亦遇兒未叶，贺十些。

十三 晴。午正第二圓，行程諱寶壽為先用七律十韻，詩膺薦之喜，欲歸。張呈見，鶴青到。
另有二腑病延內戚，消耗精神，不懷一日。四日，取昨未起床。
十四 晴。夜大風作寒，仍令前方，惟食仍難下咽，五味一不能入口，胃口壅滯，至午卯要。
以為佛藥通耶？上行棒喝聊，略而轉試，令悔後。
十五 陰。雨，風吼，寒，鬱佛人，諸作，昨諸子周、叔方、胡青自計數日以來面色消瘦
不堪，未形機後，他人觀之不將儀數一必為危丞，瞿曼佯相。昔人云痛來一病，有其貌，扶上雖難，皆不知為之擇一
十六 晴。病卻午，桐先來，力勸食，煙珠斷，知其以胸痛，何如也？莫憂我心難暴耶。
我不思食，且食之大難，乃止耳。況今病已熱而納不對，是年中事而近情，實居
六來，令向我一瞧，不感，遂留。未去，探我病多隔膜，讓其延醫，午后馬大來云
施序舟、林大、童世遂又驚悸，向其辭事。伊露之缺，得仍五乃印，如甚
二十三日甘不能趨行，機鏡瘦削，須在面自憐。昨作中聯座堂換田，試付
十七 晴。程杖玉棠來，口語以嬰，小兒扶持，來問西，似其小輩之爲庸醫，延來子固至
已張打雷方照癥加減，後方下根，靜覺之不才，斧政不甚，而宵下向于人而作了言

謹信不足以服衆論，總由少年寡毋一其銳，不能將來有成，諺所謂亂世事，勤勤不仕而寫來如

打敗兄之而悔，且一動氣猶以之十九日詐吾者有之，不惜吾身之死而要吾身之保乎耳

往退不如吾，吾並學術才法於乎子，吾亦易為，而不圖世乎？若是，故吾近嵗惜吾人家才

弟有才能作否，吾即欲雖而歎，亦無要借益求才難，而環顧乎衆才過其父為尤難

四月林季訪云：東亞覺結，但久病之後身體恢復。即一 昨所閱未下面

六 晴。早丈來談。病少愈，胃少佳，嘱逐大面以市樹，觀時雪園綠意日未佳

廿九 晴，僕早扶杖下樓，與伯英談。病乎後小臥，起，翻閱桂桐文集，是日慢板釘六色，計一元五角九十

不知能合用否也。病少已，惟极隨耳

二十 陰，細雨，多沐，胃口略佳，覺神氣略好，惟足乏力，扶杖而行。雅雞毛筆來，擬西側

四五日信請補益髓，以傳元卯，仍飲乎園原方，華湯泉內補炯具，余未下樓，略信

燈甫市錦玉

廿一 晴。漸病略退，惟小咳，喉嚨口燥而足乏力，雖步行為難，仍倚杖行。王建卿叔、蘇駿伯來

詢談，乃義何寔之，剛有兩藥也，王坤之不務之，可惜也。勸下樓，略談。吳子衍來，坐久去。燈

甫來取去。

廿二 陰 大風 夜作寒 病少瘥 晚已支杖可行 朱氏新親請席 至午主紅蕉陰生來後
大去 請黃子團診視 用補劑 鎮日看閑程覺吃力 惟胃口漸佳少醒了
廿三 陰 飲補劑未洽 晚身寒不適
廿四 陰晴相半 寒風襲肌 霜林葉殘 晚土穀還請述其家境頗逮 嚴施未遂
甫來自黃蘗園 食南瓜甚佳 惟難飽終時 二糖如拌 仍未起床 堪憫
廿五 晴 病去而精神仍疲 胃瘵為祟 自憐堪自怪也 致在卿條修 亭擬方投
七琬孔岱圍守丹 晚子陳慶兄談及朱伯英相了 道家點鋪來趙四晚步地
我行不前 菜子而是日寒甚 霜重 桑葉均落 飄搖滿地 不禁亦有蕭瑟之感
廿六 晴 巳刻 夫來談 余守驗柳樹 保以有調其情 因令飯畢 自以藥由
麥菜飯 大食兩大碗 余食二碗有半 晚中燒熱 脹悶而腹肯不適 自悔
已晚 偃卧床側 身體無寒 及夜便 喉嚨程 腹中歷落 通體不振
三更 又覺餓矣 用上來鍋湯 矣食用
廿七 晴 陰半 夜三更雨 早食糕過飽 晚金鼓之中和施右卿 悟舊方改就加減

嵩隆之信黄晋溪封送本年友高表姊陈云孔四朱蔭生女周岁礼联 午后携石
帝諸蔭文健兒携四五郭伯三郎泥河一读 晚来华庄 雅達 来
又卿 本礼携伯英读其硃卷并復贡卷文为考据说文 学其根柢将来必
以功名著者必至一书事业不似陆陆之奔汲者十年见之直卿里小儿子令人刮目相
看矣 是夜周六来饭去 夜以朱氏归作家门户未闭惊心
六 晴 間作寒風次骨 抑身尚不甚爱耶 惟五王粹丞總知粹夫亦病在店
日間小作行書二诗二帋 拾六書合觀并孔谷園字閱 晚又身寒又作热 夜睡
殊未大寐以时雜甚 枕上思有肝氣太發 血記静兒李氏送屋来来 家人或谓宿業
民乃太甚 总不可輒以氣壓之 思蕭散之 總是不解 佳而静下皆氣終未平 且
工益熱 甚且燥 乃至病之一路未平 一波又起也 可恨 肝氣生 怨大为傷情
廿九 夜雨早雾 鄰中携信走陈泳店与濮大尊师十譯一幅 行之至鱼巷 芬市蔬物入
蘇艺店合烟煤 又市花生栗 遣常夫莘 [illegible] 诗 病色 [illegible] 酒瘦 又回至徐利店
坐一月不出门 作樹闌珊 冰缩风条矣 仍雜看六書 夜又作之热而睡 又大

眠不適，僅僅含飯一口，兩足無力，骨節疼痛，百病齊見，殊可憂。

十二月朔，晴。病勢少好，惟衰憊太甚。巳刻伯英忽送紅封，云係前月喜事住一月房租，余予約稍稍不過六元，而姪蓮大駭，伊在沈氏租而不亦喜予每月十二元。又適沈氏嚴其人難纏鑽，遂移余家，余以爲好，緣有沈氏老媼，故不言定。今伊平安在此而過者而僅拔低，只送此數，甚屬格外，要人便宜，乃婉謝。隨後與中屋三議成，並送予三四種，伊仍綢袖套，脫帽不安，食春餅。佳入陳姪屋，仍備裹粽及屋三告伊亦情，云伊不諒人，只一至此乎，相安抱歉，因廣兒雖于西式多方屢言，故乃即歸書去，所以窮此等鄙陋人難較量，亦仍要面含蓄，只求吾不與人以爲得計，所以其價歸家人每一所與共來分分去也。昨日用銀獻家堂，向帳付洋以房租六元物四種，以仁巷來。

初二日，晴，晚微雨。早周六爺物來，復去。錫靜兒借送來物，子男草華二人同款，余出剩下時居，見伍壽僧及茂生一二，旧桂老爺歸，抹中廳，陳設神位，家人查三牲供品

上下磕磕午膳畢，業司來開場，余具衣冠焚香酹酒神禮，鄰人來庭往，畢而
一論課題周芝臣、王二毛母子（朱子三人并）均留。越焉唱戲六齣，將及日落送神，付樂目洋二元包費。
合盤而去。族來上山人少二人，（計）只十數。行至向英門口市，大葉在散福食雜（為德兒病了，酬坎秋神）。
燈甫亥，革盛者病甚，余視其情形，尚不困，不害，病卯柳，店不能久留耶。
初三，雨（遲也）。昨夜風狂如亂，雨數作，樹勢撼屋欲摇。女眷（早餐畢）王績正刻作餐，仍例過十月朔節。
限，雨天而上墳祭（不能往），品留之，計兩閣桌，署芝劉自高祖以下四世位也，一筵請地主，一筵家范氏
姑母家所待用，滑作餞，并宴飯，計十二刀。余為豐家人為壽蓋女流不知節，似竟有傾資以
媚鬼人者，衣（作）盡矣，要似可鄙，不禁為此。一日余兩濃睡，胃佳而肝旺氣盛，早為靜作，九月中
閏，臘十月，共三四次，午為門閂失之及，揖拜不中禮，又其狀（有）蟲頭無腦，有二百餘次亂麻，甚不
慧，無識賊國，像今人，殊惡遂一揮擊之。然此子之無用，將來之。下
初四，上夜風，次早雪花陣陣，乃白不及寸，阮而晴。審料理祭品，飾靜男去隔
園，六桃葉并二孟去文屋也。余以舊病無事，見家人諸廚，趕加飯，十二日中一
植，計米五升，又以余指重為真，又後而以為飲藥多費，只二元，稱米因為於天向

朱氏新婦言世家伯兄所爲皆不害道，可謂千古爲一嘆

望晴。嚴寒，簷冰卯凍，晚少和暖。早盥畢，諸陳二次以起。晚爭坤三來，携刊小呂期鼎百元，因檢存付票，長談去。靜安王廷閣口討地租不得

望八晴，少和，仍寒。午後發。先考生母諱，拜後念已棄養已三十二年矣。煜甫飾乞膳於入陳，與虞兄談及租事，伯兄所爲西丁酉平所乞三兄，均勝也。保咸早來，晚又來，談及居憐程子甚至后門入讀，所謂店東自有較之下院服甚，陽善爲又厭甚，太學生子弟論也 煜甫去米錢

數日來飲食較佳，而精神殊難復

望九天又細雨，巳刻閒，云及雷，堪異。市鹽甚，花翁剩花生，囑其攻虞三弟，午後家人頗作糊，數勞，及夜發，南欣回，因咳多食，致以使胸中發脹，夜間未已

望十晴，天又北風，少寒。早膳不適，飯後僵遲遲起，至樓下又食糊，過飽，一日下氣不（十四）

契健兄至，適堯生陳，辰與諸夫閒語，歸，以一覺少蘇，又致珍虞兄信，大約以況氏廿四元，我更應更是議。虞兄來，又過其宅，子研來，慶居來，合食糊，閒談久，包懷許葉卯，致保卿有書，稍及稿書一廉，赤宜乃切託錢，賀妻生陳君推薦與洪錢之都我交，雖竭力不知十分，得米成否，與葉成閒，即嫁三多子母

冬之朔 至门之市腐干，镇日腹胀，食减，之力至夜不适，甚又转疾为虑。

封家杨姚之佃来，会沈云青，田五亩半在姚北，欲售价十二千，今年内租，余许代问之。

朱佩高士华棣中式举人来报。夜余借来闱墨读之。

初二 晴。早食毕后出街，由琅中又君诚书宝叶恒（益光对人），称取小钱三百，市杂物（一日往不出），见五新海味蔬菜。

五去过桐庐，谈及朱祖绿成出陆云士女两直幅，阅大之，再见吕子康于剃头店，询其都

我今昨者回，现者节作某，不久去苏，有人荐彼与伊，而连年伊不归，探问之一些。

同年陈以其闱诗以归之。见朱请甫、孙伯兄家，因何长话。晚书致文臣信，并信致陈秀生，

托蒋尊嘉。

初三 晴。早出街，琅三食（蜕），赴琅中信盛市虾肉、芦韭，见辛帅二人入澥之茶园，芸仁清又梅来会

饮谈，谈徐少渔家园干柯，诗坤三兄，砖城门口市芥菜四捆，和原市油笋，荷恒，敬益

市海蜆计斤，示百文。归午后，玉书锡来索刻马大（玉书侄之夫），来问田四亩，欲押三十元，今年归租二元八斗，

仍八前回续，然余心不能想为允肯。二戚炳来，王家龄侄送油来。

初四 晴。早昨以咳，腹胀，故吞戒丸可适。数日下气乱，为多职是故，然已略苦不少。晚广光来告并

铭厨已往何礼职，余告以王痕之朱氏情形。适廉侯来，谈余以前告以今年三四不能结

仰祖伊大汉会成该日论之，言余大恨，因而开论，张长余屈相讥之，隐夫来

含芳易彩去之變臣館中談及花旗嘉生蔣郁戎為延今年花塔記有吳某小戊
告以大雅借紙索書式錢請延許明日覆辭出於時恆孫忌印國陳之公司陳希洲
時中見狀業文開談路中見漢楊太開泥夜仍吞丸甚適治病未痊
十二晴蔡明起謝陵後以本月來四更即醒腸鳴床間待明而已已刻出一路至印國不見
入訪蔡毅崇內使於閒說久許健卿來因出訪隋及世事及職事伊家事余告詞甚費
解訪擬楊君情可閣中報知李大澂隔案寬慝作亂派頭楊孫及將軍將來何乎
維已大捷已奉　旨速行　劉誠若加獎焉因其作飯之際鄰之辭出和元五張岩
請取之恆裕客魚只冒坐然市內而居人不覺入邑庭觀劇沙陀國外出之觀佳利
印園及會中諸友咸在之洋綠果大席六大宗收僅飯余冒進大佳及食完席
退成書墨子微知非抗四令玉宗宗因借入邑觀戲為變臣語云余未求明日之
職變宴也文旁蓬謄臺余備極辭子來出只冒小坐路中又坐市華屋空花
觀未店一坐然不能支促歸店乞茶小坐身本多寒又因據窗更偏手顫
歸食粥吞戒煙丸上床二更鐵含服三丸汝難之夫明

十三 晴。早出市，年内三元另卅。于咸吉逢子湘，合北市内西湘文逛入滩，至沈雨亭、汪文梅又交茶，叙次文来，语亦无味。余亦不适，付钞辞归。午后入陈与广三谈，并紫烟三口，继以在有江格圭、章倩西并送米糊来。

馬問慶及其季弟杏林小名七毛將田四畝加价出青芳，院并原契二纸来押六百，先付十元，约九日找廿六元。月杪收伊祖三石作州年六月底田，赎还其粮一道。主交夜晚，八点后米芾夫来与谈，至夜始睡。一觉四交，煮茶饮待明。

十四 晴。和曙，早茶，整顿起，张丰于三元，见子湘已先在，招入茗谈，烧麦馄饨，伊付钞，邑王子埜烟，兄语伊妹为余姨、女侄行状，完完了情形以，而书抄仰小等，适得子卿来一帐，茶北市主要不同，但帝蕃与子湘之咸吉看皮衣，闲话至久而返。午后小以遇陈氏男李子梅谈次，伯英来。夜看《从穿花种》，多玩，与广足话，出北之间，语乱笔一册相示。

十五 晴。少寒。竟日未出，六点半至家，至但陶谈，氏及稿，字林来，朱氏送行，徐泽而已。午后余高以觉来，待伯英和金，不至。中心以恼慎，色然不怿，吅陈氏门不应。晚又腹胀两患，且更件补后，枕上构陈广三案，致告伯英，和金十二元，仍设一再计较，似涉近利，只额之，收下。三更后不寐，至天明。

十六晴陰寒叩超台桐孫静兄亦數步衙亦因付煙遇出君其詳見去狀因坤
三過柏桂兄令入茶室茗話湘文亦來又梅常來亦來一坐四點之四刻歸痛湘文
至會館及陳露予桂生之入節孝祠予余給坤三款足之非敬之恆禧亦
梅二十枚等過桐孫晤白蓮戲聯佳緣成團陞程不果又當即歸午後新禧送
至玉蘇縣伯來付代中事之以其切圖來云頭痛甚并介紹陳某以埠契押洋予亦
茶方入陳慶兄謂兄決不出來李惠而既而述慶兄朱氏租契朱氏盡還屈下舟余
至招一坐夜待以接李桂軒信約有要言商成日俱三點茗談即事後
付來件
昨早出朱常夫代陳氏寫喜聯三付
十七日早前微雨午後小雨早出致甲一坐亦催其北入和源問訊訊而桂軒至茶話三以大久談見家
李并及伊孫服鐵款一竿代玫表子湘送兌到走小東門萬盛一問過子湘于別店
一又大茶室子湘兄之五命月之八文事乃令之萬盛小坐持蓋往北門于許店見桂軒招出後
其兄誤匯因情形而回順被一坐不爲代亦荅五十斤之泥窗以歸甚儻已下午矣
午後送別朱伯英動身至龍游西安力人一夜月守不遠之文候

十八　陰小雨。寅日催玉梅送與孫小不至，詢假情以訖門首榆料也。君紡靜掃地抹桌。晚作箋
手畫夷夷庭之錄。晚又身痛不適胖苦，抑又痛來，翻枕代之，筆尾一拜。夜又為靜話，為
人家世之方，又不思低不得，大為詬諍，不恨之至。
十九　陰小雨。晚早起與常夫茶敘，去湘大茶見壯之，悵禄芳之，與蘭卿談，又與坤之談還其家事。晚中見
五石桐店小談，見桂生約而不來，蓬伯午後馬閣慶偕小毛來，取去而玉堂甥待之久未去，留
二人飯。伯國來，所代陸致無成，靈之被似手中不協，方馬二人去，後偕施甥復至，
乃付洋二元去。施甥留為地上作二傍事，欣然俟而來，余作箋畫。
廿　陰。大作畫雲壽書。過李俊兄處居，無大茶點，一不喜。伊另約朱書林、王仰山、朱照田
諸說俊之卿與翔研今為集。余與阿三看詢帖上俱拔不對，乃撿帖去。係皆虎欠一筆頭
為恨也。伊等不識字，惡狠重爭奪，只後店之壯田寄去。日託是日無一未上街。伊
店伊未又實為可惜了。久之與談神鬼了。別書帝里不成，人以畢語空欲取織布拼
而四舍甥之阪尺被洪大順竊竹，獲之。伊惱沙罵而退。洪太公理甥太無用
可笑。午後作三箋幅。拜吳帝畫好賦。桂森來，嘆想一詢其珍三次了。渠其時

理茶去　坤三來索票標百元　作付其款　夜与玉甫談萩寓二處餘

廿一晴　早出訪子佩不晤　過常夫市綠蔭軒　向其借搗至寓　聽中看楊福抄藥話　又北

出盛市　野鶯外恒記　久生又市　鐵匠軒　入桐慶一語　訪桂森　言及邨款　伊亦不情

談　余以借他語陳之　借至打鐵巷介路　伊去（大關）弥三也　作午飯　朱少雲來　候（桂）館至

附錄　計付五十單　而伊去　錢停樓之　未久即往　中有陽羅技珠　悵惘之也　桂森又來

日邨云點將喉痛　久留飯去　常夫來取段聯　坐久去　傍夜綠成來談　諸向作論及

之藝　云書去不能斟　堅留小飯（飲）　持燈去

廿二玉晴　早出至文家　門云兄綠成入兄丈　託其（玉生四歸）擇一欣補之日　因情話移附寄之

桐家桐說（琳）甚已侈　懊惜形于言色　余勸慰解之　因與綠成看聊齋圖說　支放事一擬之細

出市餅常過公留錢恒禧取洗三百　歸已午矣　午飯　作二箋寄一　未隹閑坐　未刻

李桂翔來訪　云今杭四府試座號狀于不用託　余言之子湘兄之（言告）函致　對一晌而別

朱少雲來　以餅餌不走　但其後付並晚樓擬寄至天明如式（言告）蓋為門面頂住故了

一兒洗身循　表妹懷庭只家為之淒切

一早晴　夜雨韻點　一早出公昌剪布　走小東門美盛號　玉生橋入張氏（刀）子湘談人　詢錢匯已至

仰如前議讀文僖公之日生余是稿未石〔以下收〕卽川告之大瀾墻之况茶鹽利重情重未做法儒一
至于此因如藓鮮薛書過沈材作接羅浦条询材以其已做之付劳力但伊等肩未已四年劳时力倦
已付其数此等不過数但其材耳倘不回做以此为扶制实亦發了過恒昌见所谓又说羅源之入和源
開桂林云要票示利乃手𠙶一函告其仍前議杭用如滙但方加滙了即出取布回已午文在家印
開飯米少雲来鍾已为不收者矣。樹人来茶叙。晚具衣冠之，詣印圖家赴其閙道喜，留飲
又飯了寝。写常夫卯圓陳蓮汀等十餘人語，余居首席，極絶而出，抵堆回家已七点鐘矣。
是日自做綿織西对穿之甚适。是午小作兩紙畫。

廿四 晴。晨出印闭，解公昌取伊角来和源閏，以桂轩复知日初自往省取款，即孫亮樸生原符旦
托市魚梅也。南門入城者在，因留話久，而回印業于门。午後作箋並前为玉笙書楹聯，茉衣
未到，以識門是见平安之。晚寒甚，地中有蒼據桂蚕枝，夜小飲輒聆思以

廿五 雨。早剪訖，于店市橋紫附七相之評。計上崇阮寧。午後高以周六来，定租船未决，門前淺成石
換閣了無事。歲聿云暮，天寒日短，閱書作畫，均棄置，自憐懶惰。德後土正

廿六 晴。早出市，余閱过恒裕公易与坤山借去茶湘夫陽戶未决，印圖家并其家予只
傍晚出歸已晌午，之後周阶佃来商，托前田并庄房事。呼補飲酒。晚擊陡，见本利

剃頭于廟。双忠廟化字爐，出看一卷，台照一面，回小以起，臨帖百字，看《養疴漫筆》中
蘇來，屆伯來云竹祖并四弟事，喜。余病未痊，胃佳，惟至午後乃乏力維艱
此及四更即醒，而不寐為苦。
廿三晴。早至丈家與丈談。祖多冬之出，轉悅，殺段中逢帚夫，借入茶室，請談，晚少間，保成
來，又匯陽琴生來，（余付錢）陽根來小赤市大卿中，鏤成帶，每尺許。排四已午，往樞寄吉，晚內之
同王陳訪，次與陳兩慢入陳一談。錢頗似欲起而身重不適，出未盡，借揭邊與陳四福
伊處，孫僅見隨與伊摸牌，喉痛，夜至床上又摸，鼠摸呂猫之，至鼠未令遊而猫
又攪以鼠之，肥大猫之不理事，甚碍耗食，可恨，豈猶世之官人也耶。
廿六晴，夜微雨，天氣暖和。晨擊靜，後出市菜之蔬，令歸。余於來，恨極，為代拒有方氏婦自
皖來，出非益其難，〔二十年〕舊友書，以後來中有不情，祖易見日借，禄去，今天成作中，都付五千了之
出城與孫同于李府，過和孫見之，便兒直入於風茶說，朱伯弟家同茶罷入城，責兒可怒
蔡萄在孫之病，屆子支張持去，恨病而旋。午後又擊靜，出而內見做茶盤，入乾大刂取担四
元。晴，至管美李卅家，北至湯新宅，見王岡省，告以何故矣不至，談我亦不來，所且已收担，日伊研
能辯之無詞以對。其母人亦不樂矣。令靜至東岳廟取高祖，不得，余出已午，炭川待湯昭君
所過世談，其弟居，而子易陳呈，皆以為其獲也。入城至俞敬文家，見排母，桂棧茶後良

之而别，是歸之行方，無力以動。晚日，每以為苦。薛笑鍾、蔣寫楷，桂舫代茲子來書及票，乃有
是取今蔣岩至，有所欲而靈武不對，余私至暖子來，且自不還送，後蔣岩余作字，致子淵
告其情形，今見既定，或可往借。常有并票加和厚，事也。中主夜，健先芳房，以而復起，取藥揭而
還，樓至十一下鐘。

廿九日 晴，晚雨，溫和如春二月。晨起，出之珍三雞，趁雞虎，麸粗而罷。西鄰鼎子鄰大詢其情
形，過三元子淵，亦照出借之，咸吉一堂，又同之和源，本欲燗三十夜，借蔣岩之首取飲。余
託蔣岩市面，照二百文，未之三廠衡與子淵，歸時得三和，勤身之處明過，別去，入煩訪
氣牙痛，喜市墨以歸。文來家，乃與其勝之照鍾錄。咸對處之來閱一本，接之人倘
來，一宵，鉛山人桂茂，難生脫，至喜然不知，名未至，事也。因論說又雨而別，夫借茂之去而
三旅未刀夜開而二更以稍盛。少寐而起，了望，至日那不得挂一念

三十 雨，晚大風，夜雪霰，狂飆又作。晴，喜早將靜，隨出，持送市蔬菜，城北邊，還。佛堂二桃
租取喜如一兩，殊送之出城，叔雇菜之，蓮付等與陳菊兒言，過之靜收。租呼圍之
大之周之，亦不至，乃與登二公之舟，四入城而歸。鄰其衣履濕透，午後周之來，捻鐘
身不適之，亂以遲伏不成寐，以之又作。病夜牽十一鐘，甚談

是日為靜兒生日，祿存六十六日，計三十二年，鞋、鞋又襪。
十二日，黎明起，租船，讓小毛來，同六到，恰李米錢付挑子。靜兒出艙，菜抵窑橋
三廣涇，在行假借，遂下船，于窑橋待周六船，甚覓楊，天已晴，明而甚暖，周六、平十
由郭涇而御橋入西譚至封家橋，甘佃桃祥華家量租三石九斗，見李氏之子同至幞
橋周鳳山佃量租三石，又周加福量一石西方桃，佃將存歸，女五四保來，去病，泥穀居半
斗穀米須大減，議未定，時已久，王阿昌李壽二中至，勸之不應，仍西沈，既佃以歸，歸時頭雞
太語，余遂入舟，計閏量成米一石三斗，經加而佃須去，且罵詈李壽，議不載而行，由郭船涇至
王阿家，取到錢找，又量余田佃米四石四斗，時又晚，至阿昌家，候河西田一行，田即與阿昌議
阿玉斜橋庄膳中搓樓，至鎮，茶室閑話，沈阿店友一談，動沈少來送城云云，晚，陳伯梁
同在此租一閑，談笑，二更歸舟，以不復成寐，病氣復周一遍，隨靜兒新七八九吼
初三 黎明即起上岸，令靜兒去斜橋閑，而婦店僅十四，市腿肉肚等一元三角之左，至元大行米入舟行
至長木橋，見玉堂楊子，蔣宅生來入舟，說進城，假以借，由碼頭缺口之章橋，馬氏取
抵田租三石，阿慶小毛他在馬歸，辭而歸，曷不得勝，御累全無以，使文者也詩

南厦归，留食稻（?）羹（?），余与静先食一枝，以和食，粥饭不能下，再至里去，致（?）谢而归。晋（?）龄
之夏家晓谈（?）细弟顺一家张而鄙，不可为训（上年改为便至），今年余又谦（?）献二升，犹要不逊。彭（?）之
特瑶（?）、俊少少许，计石，每年换西品顺，如之。至于卯，布川（?）吉太平桥之陈林之财佃宗高
来（?）琴声（?），呼楚林田至，云：诸君揭卸（?）例之石准量租，及别他事，乃付钱七伊，约获（?）骏
伯初七，洪烟、栋来，即收（?）送来，其言可随，但不知能不来短少，请深否也。即至南新、庶
上岸，过余，恒岩同骏（伯知之）辞（?），乃书条面述情形。西晤王敬（?）伯一君谈，和尚亦过拜（?）。扬之（?）
舟之伟（?）南桥，星施（?）泰环租一石，米太次，与苏宝生、王郅常（?）周故觅桥不得，遂回舟。康
泾周六上岸，船中与潘少石不合，船抵菱湖港（?）溪来，石及上（徒）有川李，余与静至周元洋二恒
杖（?）叶市物，上灯时归。病后少劳之气急便属，饮而易（?）以肉，于云山方、吴芦肉事费之不能（?）

初三　阴晴相间，夜雨。早去之河埠，载米已运上岸，呼舟子之和源付舟资九百（比上年加五十文），小吃入
城，特悟（?）秋（?）谒桐兄，伊之雇舟收租，小话，过大宗，知米已到，杂论诸端，又之桐庐市鲜一陶（?）五斤（三百文）
周六市，笺（?）领卷，托田余亦随归，杨木铺（?）（二文）。南寺巷庞氏，淮金（?）洼并来，请卓钦（?）内

内母與朱菊庭親家兩人仙逝，菊庭之家眷于今秋與靜兒聯姻，今忽奄溘逝，其宗姪蕙芝為之一驚。撫宗孫老及四毛甥，在家全閑六姻內醃魚晒菜，家人逐〻忙。定生至李閑六等五人共飯，午後檢归米十一石。晚〻庚氏康姻伯母去告陈藝芳，伊同居代手押款少，同陈薇妻出告實情，倩黎子瑞代為設法，銕之出于陈荆庭，又丟王福生供大芳說，夜子并及同業去之津〻，夜與施甥宝生談田子，而舊病作，所欠達〻，珠芳于研未決。

廿四陰，夜雨。無事。菊閑、錢粹夫、秦振樹、家弟湘丈書，鍊朱林卿來談，有佳帳來，向不協〻〻。代朱宗妥晚士來，嘆余以起為欵，了余欲代為經手，每有損益，人不足情，故未敢應也。

閑六於滬便站舟領租洋一元，正因子尤憐念〻，但無定不歸〻〻平。数日腹痛，背不止而坚。粉〻力又欵為畏，夜與施甥宝生談。

廿五早雨間雪，晚陰。醲霞來下，有宝生等振面麵米，余皆〻出俸，與桐庭送錢與桐樹訪。共八石，分雨鞋料，恒核玫中將晒菜妻扂伯與王棠假，約陸林卿才相和，八道來，乃至北李菴借。民送車錢，內母男殄謁王保為變臣斟酌勝閑，又與大力斟對一談，等幕陸畢，留駐這見。陽宅穩夫閬共八席，料飲燭食，向而知也。余遂此遊去，控者不很不知而作去矣，方向文帰。

知客中　朱玉慶來，仍作年糕并餻里一至少沈二故發又收押地司牌難作其日也，夜小飲

卅日　陰，多晴少，早去丞公寓，向悅未值，乃坤二處，遊后茶出北門之和原君便談，在少坐一点，始返菜蔬，晚飯不適，皆寒熱傷風，殊甚，閱之，朱老之林此物出自易于蔡病所，其卵稍去涎食已作怪，然甚悔，總成食之也，殊悔，趁之邑，康、吾議攤房價，作每月收費四元，算收吾住總近，秋去將來，此君菽并又有易于楊利升，市七七共二尾，十六号借七五，市白泥鍋，取歸

初一　燧夫來，坎材家來，為寓門前椿及檻故，庭身寒，嗽甚，閱玉壺之陳氏苦地，既十枝柏大而六七寸，餘欲留田枝，與余植故土感之，三夜頭風暈絶

初二　晴，頭痛，是日不適，甚早丈來，閑談，與廿二錢，既旅拋來，詢葉閑桄，以丈宿之而做事無法為了根余係一支，楊氏闢鍾籤，光來，對來談，告女取，欲有移桂樹，故丁沈氏大不見玉，欲抵田二畝十元，以衣也門寸之若修樹，平庭入談，種之，取夜歸之，飲，免以而皆暈頭，倒，附作

初三　晴，旅大雨，居係梯，栗廿株未到，前賬相來，知有田押相見，震之而二後梯之材，未不來，因為栗工日不吉是取乃卯的庭玉，十六而止，是日後玉梅由而頭風劇甚，七王二同東鼻，翻痛不可忍，請王來手呻吟，達旦不能起，飲食減少大半，附作寒熱，殊無法，擬以請之，午　丈表

初八晴。頭痛尤甚，終日掩居畏風，時時作痛，鬱處脹漲異常，聞國夫半頤巡西醫陪三人
上植四柏二杉，未刻四點，后靜動不能豎，西醫來，肝火太旺，氣擁忽然，徑無法，自悔
高秋泉後往延翁，署男艾材洋，實也不知了，最可怪
[redacted]頭風不已，仍痛，雜支終日，抱頭而臥，往人之煩悶無似。附卜楝樹
初十晴。走蘇去。頭風仍舊，擬用大蒜片貼，少已。三慶來，陶來作糕，夜書加晟將月收
十一日致信又致梓欽信，子靜去，均昨日事也。傅腳歸，發梓送陳慶元
十二晴。早飭靜兒攜書致朱梓欽，以舊物還之，二十三四矣。桂磨作糕，得新市驛盤健兒
十二陰。早文進神靜去，樾夫來，訴子研子累累，乃理喻之。友卿送方，飲之。晚校俞夜
又沉痛，痛痛不能坐，甚可恨
十三晴。晚狂風大作，幾拔木飛瓦。賓慶來作糕，亮白家人往祭，余飭玉書檢紫玉吳午四郎
文來，前欽予步行，乃服績方，為實頭痛仍不止，夜尤甚，數數昨日臥起，殊大為撓擾
十四晴。早施月仙來，以工日晨出，中途逢倪桂林，大半接陳子蕉書，附詳五二種，云編了未定此
順又有云頭痛，秘方用山葉片貼，極效。出呂市雞冠洋，坤山撥來茶，請明根來談

人極雅知祥林錦四洋帳与方四之談寫月請借于今歲 桐君出寄存及七四元材衣入店
家歸午後小眠 王問馬借李大之陵林姓向代手田契并材予与之久中多轉折
春又來 康侯來 若久而去

廿四 晴早季至上元幽葉于陵中赤印自与借走陸正店買布葡萄 午後收租出街至
北李苞達 蔣瑞伯 今至之業 又至 陸英巨再四之余田乃借歸云將涑田六畝七分押
畝千年前還畝半租四斗既空 蔣書寿雨至 田十畝辭不獲 翁至及眼臉不見人家
財者之況余出之 公另當都收之山葉持回同局嘉盛源未到 至和原發岩鈔為
手入城路帽換 金連 寅虔小立一話 玉葉文來 恰坞共遇 祝二三与二男博讀 月工貼
歸 夜為五叔賜葛業連目
佃戶陸 任有江樓南埔鋏口

廿五 晴早出市業一肩 文來告其情抑回形 即去 晚出訪保成兄未与談 茶去 在府之法論
今古著作 然皆雜亂而無當也 吾輩才識有餘而学問不足徒之空談者 補了至
代局向訊班未到 而已工燈一順 蔡款 文即憚
夜觀歐陽文忠集 所見粹純精密 沉博絕麗

十六陰。早出市魚肉、腿叉石一，詠其付山藥方。恒裕錢接雲甫、穉蘋和昆陽信，并洋廿元。羊腿二歸。桂林云（月凌）明年息議減五厘，遂付收条。但見夫在，與之周旋，其飯午后。王榮谷、陸叔岩、陸連春、姚米石、蘇穉伯六叔來，乃書壽付，計少米一石一斗五升，仍十九來還。又陳楚材租六位，存畢先償二石八斗，計少米三斗六升。着騎子去九隍信，乃付洋，垸炸帨一斤以去。晚施月仙來，為年節臘事，抱閑譚。夜仍頭痛，身寒不適，至天明未已。

十七晴。竟日未盡去。午沈綱齋來，出商言朱丹斯也，閑伊自說炭鉄、說代買寄甚時已匯。无以應，久之去。未斜小以胡大為高，另文極作，未從使家人買，其與四男世言，皆伴四元，夜之盡曲每款大裨作架二三元，匹洋存藏，欲安代人買材用，不甚良心。圓巳狼矣。晚出剃頭于陳店。四煡來。

十八晴。早出市肉、蔬，往以留，恒裕遇朱芾夫，遂邀至茶寮。椒丈持叉來，相談至吉話。與芾夫在合春中（頗）砚，少卿力度，民十事出通叉存，并與芾夫話，明午指示，即促作之，工子和，为小工掃除，修葺，甚從三日。

十九晴。原封送陳師雜賬，九四元，出之不易。恒裕錢和源存詢鍾蔚兄，欲仍并先洋四八，恒裕夫借發中，長話因市塞擠，亦不（殊）。楊己可以歸。午后王士榮、蘇穉伯至，陸叔岩亦來，二斗六。市陸建竹無家，持來議以廿一來找，只陳楚材找來不來。余與二人偕蓋蒔，木以田來。

抵洋相勸耳。乃無約廿一日來。清清丈送兔肉至，靜兒寂伯至查楊眉泉擾朱家粮未
説未到家，家乃兩批。是日寒，冰夜。葆庵清集，并昌詩性，珍三佳款寶日情
廿日　晴。早棲桂斜余以赴館，已刻出，送友仰之一百，特性談，并昌法新并茗并百許，錢溧詢鉃玉硯
斗樓所相不俗，論廿五兩伊夫歸，但知短付，不可為訓之，又互稿李氏粮與廣裕，謂午桂樸仝
飲，胡飯續食，着不算，皆家製可口。閑談，備庵至，竹行丈及三兩兒皆去，子孫和二百付行
性入城，咸吉看帶，當對時桐兒大吉，讓至貫寶，秀卿士楷來，寶庵精飾可玩，與保咸談
别而歸，不知。保咸來，拔樹家竹小榆第，权至不值
廿一日　晴。督工攜砍伐河楊棟樹，是力甚遲。封書送吳医生謝金，計一元五角，日計四人
晚，扁圃來，即去。待騎，騎交王榮，不至。晚出，遊又石至其門，看煙火，山寨兩根以
以之送蓮頭，痛北人圍書稿而數不齊，約明日付。玉成去，子雲開賬，發下，留與坤山
約退，路中見齊庭在因借入，仍歸。食青餅，友作二來，甜糖小餅，度付鈔，齊在歸
後小飲，免腫至去，因舊病復發，可恨。相君送年物，腳搞收
硃石吳氏，宿而後之，無一不佳，魚肉御飯，節論大許，不當，藥好大傷，經之

夫理是日又有之吳以他事詞直之適扶察札訪押亦可謂要盈婁深矣
是日爲静晃春餘偕茂課程畢　是日掃塵
廿二日晴早理米量訖莞臣令小荪桃倉丈來因諺託其委日取樹間及諸司
市紫六肩雞一猪肉一斤壽又布葉送與丈其餘甚早即取由草去令先静臣
致申公君小甘入倉又又平收米皆勉友順少莊與陳慶元之頌嚴王肯村
宦兩譚名之之四厫監斛計米正耗二石一斗六升七合即解去由之少東門茶盛
通知樹宮情形改從甫入園取錢米仍回城入恆夜出君與坤三葉叙于瀛
奈這晚請胥霞諾上海舊陸收孙旧友权宗伊付鈔與坤三閘讀許之去與玲三約
語快歸皆勵業小飲西蘇然辭矣　潘臣送子校附指示嚴將札等四通
廿三日晴奈政崩錢伯附玉書來令沈陸送租令如蘇出園米種地中關荊榛市紫布二疋
干咏山以起坤三詩票至何如老之聚源以快錯誤付程范經桐君兄閱北入園取粹款
付涯鈞三元以兄二元即樸付出君社元于義隆詢朱梓欽之病歸于奈有約款
價四日往候之恆被兄泥西次年存七千出昌與坤三約晚子康一談致申小生兒

變臣適入飯肆啖，上灯归。送寶齋家人照之。小蘇以子家事甚悉，予掬更詳以
廿四　晴。晨起，静随出，至白老梅兒玉甥来，假之币，魚恒滋晤變臣，令静回，又義隆向鮑居成定梓
饒狀，復入城，出小东门莆戥，市桑秧四十五株，计七分之。王家梅思子电，今王其家兄良二和
済梓饒，因以病兄只夫人之状出方，并付予茅森息五十六元，摸之公君付坤二千，穀
鏐中予珍三诘性欠予二元，旬姻付而归，措理伐门前枯榆，随種小榆。入座与丰盘谈閒
首唫至葬第　徐將子仍金未往焉
廿五　晴。出園，晤老林与谈，恒滋取去還伩和叁，又洋一元，又买市大腸，又若魚，以为之嘘，下午应德大之太
夫人孫雲階話，少久出而归，门口有修榆挂桑。未刻，蘇滕伯同王葉纏，樓押田園，秋至再至
予嘗不已止，竟为移菊冬之，培土，種不已也。陸榮川梓材未二斗，而陸来代不来，猶果不耻，何以對人
上中，柯榮珙擱之。始又往榮言，而榮牙，徐桂林其八不直，叢萊未之，雅多加，雜洋一元，吃虧自又几
外兵誘相争，讀說不移，動憐知此輩何以能罷綿之也。變臣送祀来，并對来書，映洋幾
傲廉復至閑話，与静文出，止灯欲寐，而巳留飲，一小时相对，孫呈笑乐，樹伊修之，予欲以
夫。夜，仍坐，风疾多。

廿六早晴午陰，莘小兩辰出取鞋，付三百文，又棣布千六百文，城出四樣市大腸討頭租不得，恒發書入
殿中與友卿算帳，伊稗口無擇，又因不與付而西退遂伊之氣殊多，彼此相見，然極重
四塊帝錫送日淑芳，尚至送搖，飲酒而已，小蘇等至地挑樹種桑四十，又慶臣書與攝帖
二朕晚，慶臣來，廿六取對去，得夜地出之，珍三百錢，不得買店，狀日不如日已
廿七陰微雨日晴，天氣甚溫和，早呼靜兒令往姪倩出市魚五尾，一觔二錢，收坤二十柯七日
恒發殿中，將年物贖，眉地上泥滴，午後西掃，令玉堺等小神收拾國君宣榮，沉而玉書去宗
生東室，鶴洗肉，料理請年神，余往神馬及夜，拜神，謁拜中兒隨馬，二更許一家團
敘，殿至集也，美得平安，稍加盲蓄，姻亦不不無求于世，蓋有勞苦而同樂也
廿八早陰晚陰夜雨，早去殿中，付藥帳八元，與保成友卿談恒發書，園中買託坤之
市肉，而還珍三兩，息兩元，十猶小蘇工作，半去亭，既起出大東門之陳行取地租四元
出年之小百中，大東不及半，而為市風日下矣，西大荊店，錢之，歸雨，歸付姑母利四元
靜計之，事小已楚楚，數日皆談傷風，暇後日只有收租會汪帳，只請見君等去
完了，於是身頗輕神，廣樂而與健兒約明日去飲清茶，散步，然天已雨

陰。雨。晚陰。竟日不出。傷風鼻塞。族弟太依居士來閑談，留其飯。下午洗浴，穿八妙
花生八粒，茶葉碎碎。予問其仍當辛年事已畢否，將衍其意，故作揶揄。
陰。至丹陽。庚申年十一月静安北之園，静敬殿祖，不得不市魚、五男，請牲付三年，收足我一元
并牲醴禮，長申餞桐先生去，送點翠擺指紅木座匾。午膳剩酌于北店理料神祖。
主和，夜謁祖先。楊木匠至，急款飲，言以伊其祖居借底，許以十元，四月末欲帶去，余亦應允。
久之。至國際藏飲，又念静持，燈北至所尋楊，別居至再，説只付半洋，悔強小寶之
往瞎子祥昌討取舊帳，不但本不肯付，即息亦毫不償，且出言狂肆，罵人。令人髮
指。指指與論，伊妻尤凶，大肆詬詈，聚眾人，並揚言欲動手，且倚勢正理，竟不
氣。茶小寶而出，市絲以歸。楊於是心為悔恨，乃出而（？）十元，楊之法，於毋寄而付楊
木匠收存。大之急而至。往瞎之不良，近世之館錢為能脫手者，手掃選，聊大令至
家乞錢，付一洋，權頂身未（？）。張吉又（？）。姑留用。被渠君以一毫之（？）

是年詩不多成章有句錄出
朔風欲雪云寒鳥聯翩凍樹棲犬迷荒墳斜川鹿伯云霜清更鼓
健月白閒船移傍城云命無才祿須稱隱胸力橫奇合受貧
歎書云敢帚已遭當世棄好山不耐俗人看
夜成云亂如春夢醒從來無術探奇觀又同是生來盤古後
不羞才變只些些

壬辰正月附接

元日黎明天有晴意披衣起呼兒隨拈香燭禮佛接竈謁神姿果
內眷諸人俱來拜余行于諸長前叩賀年喜兒輩亦隨拜乃合程拈香
燭兩兒相隨出門至關帝廟路過郭餘三文字相揖由大街之邑廟過王宮切
及大三學大成揖賀之于春饒之與兒八雙忠廟四牌諸人臣在之廟禮懺老衙
二日友朋人偕來飲茶小坐而回午膳後倦而睡午前日光融照暖見青云
午後雨暢及夜淋浪一宵觀吳祭酒四六一冊鼓一玩牌無聊中而已
案事只與小兒女作耍耳三更風聲猴猴雨止靜夜吾君家年用非
二百餘金不可另加節敘閑費尤不止此況兒女日長婚嫁事起讀書
伙饌實屬不支惟有細加求撙節開源節流期于實用則此生

善事美策，思今我　國家　理財亦不得其策，外強中乾，洋人眈眈日伺其利，官濫用多無實惠，以致平歷國稅正項錢粮，徒供耗蠹。苟得精理者起而掌財帛，從官禁以至小民，更結廣幾有勇乎？若仍收輸術，將坐耗藏日深，民力日竭，財利日流于外，一旦有了，如何振作而為二宗寔井措之。有國貴道固也。至如絕閉關絕欵，不事銀錢，但如御民服田而食，奉儉而衣，但需于利，但不能耳。吾日見觀御民日趨奢於開用者多，嬉至于衣食風氣之開，殆又未也。

不禁為之擇撫膺而歎也。

重陰晴相間，不多天之忽雾，殊快人意。巳刻一觀約者正味齋集，午後偕雲表燈夫誰燦揩簡賀陳入陳兄處，兄謂雲生以謙及郭往聞南貨店了李周鄭翰嚴沈王徐徐朱章王俱拔刺見歸去，均一揖入得詳，又調雲與見夫人談。又謁孫翁斜笙母家，伊夫人亦陰言家事，朱素夫家一技皆而回此處去一歌鼓鑼內。首夏月父子來坐談，入夜小飲而睡，不濃。

三日晴，午微雨，未申陰至小雨，早間草擬年抄燭以卑四支令靜客去乃東南北

半城至王橋止予自南計自西半城之堰下北之至陳吉橋而東力不逮宜橋堰尤嘗
未及去也出由懷安橋沈仰園偕琴師杖侍（謁）陳賦翁畫少生校閱堂陸郭口房
杖之陳撰黄仕之侍呂子康沈祿增俞韻蓮郭竹如蔡殿卿禮耕謁陸卓欽靈
清賓呂浮之鄧彝之問祝知二月二上屋謁唐六書林祖靈兄希如之葉氏謁大母及二
內弟主見二三內姪應龍等坐久天雨雪巨來應內龍根出見悟午之飲房九房壽
房入祠宗賀出（乾門）案辯其文飛珠佳坚留飲常未見焉出北公呂兄坤之恒祉茶陸
慎方四（借）茶點食茶居之枚（秦）佳兄子卿（往）一揖居宗衛李仰川而賀入（謁）居調梅夫人問細
甫病狀四入謁閣賢庵姚猿靈仁夫陰焉之蘇秋棠丈家久談姚子佛來告其病（十五）
（向）歸於嬰入舍時起更重未收云之伊大許可允即查詢蓋吾業好事只以口舌作吹要
未可以一嬰攻攻其同事田家也又一事（尚）劝韩良史欵助查追討伊未允即勿之詢朱氏狀
出枝居味之朱蘇塘談乙未辛月拙侍過祝言橋兄大一亭去府信之其家坐談而
而積去兄四入城由小閣北寺以歸知仰園未枝來十餘刻徐君向未業蘭葉樹
人來與士毅平飲讀晚細雨中坐陳元兄王（吋）說風收張子西夜一濁鼓而眠

初四　陰，小晴，细雨相雜。早，内子偕健兒如輝往葉氏墓，七旬未達。活陽由摇橹，已到隔
成來閑話，留飲。午，勝兩去。予閑步付渥十錢，交於焙山，以理時台橋張佳清家。豆
來，單請伍晴出之。潘宅晴伊兄来。三元陳春生、于保蘇又住王仰山，皆海埠燃工。
李章成　元　陳岳　二元　皆塩務所出者。陳六　元入座，共八人，十六畱雙擣鱼翅六小一
一品鍋，計費洋六元（不加）。然每人兩道雙擣菜，在海窗莫枝豐勝矣，相與擲戲行令，味
糕笑拂儀，二更始散。先又兩度下撲。徐姪持灯照帰，乃以手提之灯付從人，余張為
終夜一覺，天明。
初五　晴雨間作，溫和，微熱殊甚。盖其天時變作，騃耳。糕□傍侄，我於諸焙，乃同靜
兒出看匯春至妙前，已見排道入双仁巷沈宅，見四怪及三狼閣鎯者，尸復出于馬下祠前
見首加黄傘中指揮（說東以黄云壽麟，牲然非太平景象，余素之）首有倪鎮統軍衛押後，又有執事儀盛旗幟飛揚，焉
子寿同其出，他出，乃出大東門，後等由新城之東嶽廟起，春余与靜去七敉場，街之小東門宋
盛堂（熄代乞李联府）　子研来云春遊嘉場，將由大東門乃渡于四牙看，予由潭白街進城
訪陳壽田師，晤諸宗靜，傾勝，談及文藝。时將午，辭去，于烏鵲橋又見李四入衙

巖石氏門首見伊家人孫提攜華乃石根女生予先年見其僮如斯年今又換一代
無怪余之不識而予自難自不知歲月易逝髮種種已矣乃回午餐燒未刻出之棠氏見
詩人內子健兒以桐光燈以模範而玩相默閱院而天雨歸玉借雨鞋之三兩兒之濟泉荐
出名片印并借傘一語薦往乃梅泥帶水踉蹌以歸比至美和樓趙晴偕石孟錯杯予糕誤
為買書樓那兒奏中載西門外借之賣魚橋實為美饌樓列城內孟錯乃美和之憬或鮮西陆
雜店乃朱許等說臨倉乃蓋伊等皆倉衛中書吏也回家俟之值而以起小飲乃寢
初六立春上庭狂風怒吼飛雪飛點既而晴霽巖宅立樓窗工竣計用二百元
而前今文字請款陳士原等乃錢元已足了奈雜項諸多年無虛及所以家家之不易渡
今歲不出春貴僱屋擇乃遭之不易僱者午後飲言談多如洋洋乃樂精神軟棄
人日晴晨屬靜思補掇諸片堅不肯植理所不能余惡大加懲責設法攝去秀米山女
集午後偕靜梅帽令之徐步稽老宅林年出門之後猶生宜稽李氏偕靜詢二姊病康
一路寒風颯颯抵橋于王族居一息呈石墓前搭匙松柏新植在柏高而杉低小木無
僕損三四年而二丈許矣入老宅見四姊賀年四弟損毛巾呢女隨抱均兒平條之花四
弟城內之東居崔主池上与小林惋及之子坤之婦孫四姊姊女之王二姑丈人

飲於糕長話，肆出于聚茂号門，見章又樵過，入開談，夕間月桂來，又談，坎祥飲茗一甌。西安巨子壯撲店內孔增今來，晤於年先之伊家，再由我家逾市，帖入葉氏書東清年伍撲至肆，丈人留飲，偕沈月村來同入座，靜昊先生陪撲，濡夜月歸，乃留夜飯，乘月以歸。

初八　陰晴相半，寒甚。聞重表兄田中之葉知上夜其家被竊，難逕擠使昊同去，看燒書餛飩，復令人葉過，常夫仍獲余茶，請夫令座，不留，問章坤足不見，歸已刻，入陳兄沈月村翔山西篤擊鼓，傳鍾銑乘半山集去，刻保成來，小話去。蔣芳內子徒兒次輝、葉氏四姊戶砍，庄米城出，漸未問，其非崇之，往令全之我家量莫計，千假樣小菜二，魚少，西貨用伊良材收搏回，付見精工八斗，良工桌工二，工力，因你樟樹細，光加二成，西工每日拜加飯米，自賦實家劉刻字。

初九　雨，晨自收拾，裁半山集，教子整鼓，篇開至乃為書，楊畯叩付，力煊夫來，談如

初十　晴，起甚遲，一人清與虞之談，荊珩晚至，得衛開少精神，携圖一，讀孟子。

十一　陰晴，早起，乘之來，孫梅亭代得余在苦況，屋甚小，寻熟之，乃莫伯張了乃去園中作跋，半埜卿西席，庄薦之，見洋生，惟雅兄方四十，不過與孟某談久之，四年前業

一看。晚携雨兒游南寺，荒菜殊陳，與平常語稍時。與高來，坐，夜二更，雨。予為花錢

不減，刺刺不休，無怨尤，提一生了其脾氣，使然，然亦何自苦耶。

十二 晴。早已書老蕤來，喬來，郭松樵九弟來，賀年，詢米市情形，予硯來，告其店事。未晚

步至鄰前，詳詢木匠，借至訪棍，并不值。大天后宮，茶祀，未申，檢老姬，百佛盦，貴隨佛盤

去，殊為惡俗，歸與二鄉人談田宮事，甚洽。

是午歐陽小宋借其柳杏來，出像繩樹以自橋作單椅八、八仙桌二，言定椅廿八，茄成桌十五，加工其廿二，每工加飯錢

十三 早微雨，晚陰。老喬來，闲去。晚以中知蘇尚鳴，弟來，賀年，辭之，告以騷伯係予了

崖静兒簡，令來，早了，蔡笺。桂軒答其狀，楚卿來，云和園歸，楚卿年一面者存項

知此又令予估三湘丈字為性，予少其產行之，為苗楚卿此去取性予二人至相遠許

伊婿在相與道契闊，話李家事，時已將燃燈，行久至天門，楚卿來，復入伊寺家，性乃

留晚飯。蓮芹回屋，假健談一座。老嶽所久，桂軒又之，所吸烟，予與楚卿說，議欽口

但予未主辦菜件，不應議價，而桂軒亦欲脱也，何以日茶話，持村至大街，別，歸寓已

少飲，即睡。

是日未刻，為值男作風箏，社之，雨止

十四 陰 夜雷雨甚緊 上午六點[illegible]同雷 今山歲又旱 柳地之氣使然耳 夜出市郵
一斤以過湘夫相與詳論書事 見聚卿襟兄六入座付鈔少步暗而回 桂
卿使往來錦芳至伊寓 遂與偕由園抵直橋 桂卿先出此談伊事 林之卿將
午將出設飲 由桂偕理[illegible]伊[illegible]設之 [illegible]備午餐 十二四四五菜 飲久至三上鐘
去游園看梅桂山茶合[illegible]一[illegible]話出城[illegible]致 桂出 余之朱[illegible]空揚[illegible]
游歸城 他[illegible]回歸 [illegible]光[illegible]風[illegible]細雨[illegible]夜[illegible]少[illegible]為[illegible]沈氏[illegible]夜米四斗
十五 早雨連仰 看書[illegible]政[illegible]坤三[illegible]四[illegible]學業[illegible]又持和原[illegible]鎮日[illegible]
二[illegible]一[illegible]帖三[illegible]一[illegible]桂[illegible]舊泥上加[illegible]加湖泥上蓋而插之 [illegible]不知
能活否也 [illegible]成[illegible]于無心 然必作之乃能有[illegible] 所謂無心插柳柳成陰[illegible]不插[illegible]
乃[illegible]成陰[illegible]封[illegible]居蓮浦[illegible]林[illegible]除[illegible]夜[illegible]未[illegible]記
十六 陰 早[illegible]晚[illegible]居氏[illegible]泥[illegible]晚[illegible]不[illegible]之[illegible]宅[illegible]米
并與[illegible]談已歸 [illegible]讀書 讀子山集[illegible]時燈歸
十七 陰晴 同[illegible]雪[illegible] 辰出與坤三[illegible]茶[illegible]徒[illegible]進店[illegible]來久談[illegible]

出门市柑二斤。北知陆雷百朱贵臣来世过桐店大丧旧砚，刘小山在托买货，询伪标签不
合见拒赤询其任性取讨，沽由乡茶而归。拢家知月波来访，盘飧一盏，使书并藏
风以声出，恒极咸吉。谈於凤见士毂诉人云月见印来回，留饮少久，调梅借玉欠
因本盛开月置陆西着国之北寺大殿座钟胎，西见说僅伊猷用果子，敷有味亡石劳
论之，旅馆上大源任之，食炸丈人恨草。晚烟时来，和更伊等六名赴饮，会后余挑灯归
也。知炉夫至宗四楼六回，夜寒甚，冻裂地矣。

十六日 阴，少晴。多晨出，叩潘氏门，未疑。店马姪姓江甚和婉，在玉玩用相横幅待，麦臣起借去
於西安原茶盟饭而归，夫来闲谈，至果北走城边，逢王仰山，别詣恒牧而归。乃徐与平生谈书法欲
仍字殿试及朝元考，因偕入市，与玉谈诗古文所雅俗安雅实，其六子来，进了去谒神主，乃收
期也。午后检德閒诗并墨林今话阅，每走城所发在氏池徒见隐小为通四楼去，知不若了喜
佳神并诗，夜与苏玉生谈春鱼桂竹及蒜苗茶各法，更倦睡。

十七日 阴，微阳，夜小雪，积寸。竟日不出。早带工寿来，拾石以备砌墙。本刻丈来闲话，饭去。午后使
钱荣来，风飒飒甚寒。米客粮来，附糯四升。子研来，夜与玉楊谈佛并田作事。

二十 阴，小晴。早雪花杂，日以消。午刻刷眼石鄙一玉椅，呼剃匠，毛四星，棘一元於牙二毛。

讀陸園訪話，郡男俗屋氏兩冊，南巖王誠編試帖，山以作翦論一條，俟閱之，去門
未揚，知夜有燈火，及上燈，始復借首書，即借與揚也。苏借余補屋鮮仰歸，未近雪。
是日午宋亭作。
廿四晴。朝早料理玉重之蘇回去，客西行，呼里回，呂不在，未來，往街市，茶一二有，是日春由
上，午前丙午飯即出，之邑廳觀劇演長生殿，王又口全出揚過支，及左太宗等文，出之
松風茶恒，雅借烟袋，今子雲入話論，店可出之，旋見四牌樓，於進城，青士、陳王云有
街中茶樓，晤某於坦屋，余欲出，程之夜力僱，經要出觀燈，乃與静俱，王且荒，追燈到
人叢摩肩中之，皆出之王祠席地坐，呼大四牌等來，兄吉談，叶氏小樓，罕余不能進之，擠之至家
歸，飯後已二更。
廿五晴。早去市，未多茶蔬，致甲恆夜出，同至少秋楊，見湘文，四牌來訪，乃偕四叔還，告訴，晤與弟可
留，午後烟，內坐吃，陳銀、汪回，靜去謁，柳久之，湘士、四牌歸，余以之起，渙漬未訪之，未過
不告，余與論不治，四等來，余性頗直，一鼓公猶已去，以為已去，欲發談限，既而以為不限
公會不能，畢余下，此後猶不懂，傷怪，并伊祖之罪，不敢矣，實為可惆，迭出之，晚陳氏來訪，又往
回食，閑話，說請於之世之方，因留夜飲，四牌回飲罷，更許二人，今静儒之打鐵巷，知紉來陳
仲夫一言，陳晤某秀戚在，炸，仍昨約二人，公臍之魚之，甚多，由魚巷至市，獨四歸，四牌留宿。

廿二 晴。晨出至四牌樓訪譚文來，談源、合二處事，又談煤事。因合飯，約三人往留嬰堂，孟鴻、杜亦梧、程厚、葉六、三孩來拜，並勸其中種種，十厚余贊成，勸往借出之事，見錢姓友，談嬰堂平口往返送諸孩，仿拾遺意。薦余，余亦為非甚也。晚厚醫具送示。茶話情形，乃約兩出，過許氏門，知有燒香，佳聊和邀。夜晚至人和悅來茶店，茶于陸厚夫處。余偕四牌歸，已覺力乏，上樓似檢謎譜，夜靜思鐵帚猜謎以遣。四牌以後觀覽，隨抄集往列冊，余中二枚，靜思中三枚，計我燒香四洋，洗(?)三紙，以身(?)洋火二份，箋二錢去，思不原而又書出，遂歸，已二更，夫身極倦，四肢如散，苦甚。

廿三 陰。身倦未愈，又加甚焉，甚矣病因戒烟後不能勞動如此也。喟。鋸匠來鋸樹，座小未借，已到。四牌四鄉王回君來留飯，云談具只許付利米區不尊，蕩其殘來，因借否須六月十日奉來之付。閑談久，午後去。余似與太似傷風，至晚益劇，夜難寐，身重不已。

廿四 小雨。竟日鋸匠來，而木工未付工一元，鋸工搭(?)計四十一(?)。閑居生疾，呻吟不已，以時候舊疾作。壯母前昨六出，氣促傷風。

廿五 晴。早起本合健至揚州，泥淖不果行。午先大夫忌辰，作祭，領收杜菊笙借鄉中錢格臧(?)某楷(?)葉曹蘭舟姜門。某廿六七人來求屋租，往因無者詰說，其申刻仝健之三元生，談事八月至鄉一叉之，石呂小生見本中邑烷(?)買濃裝(?)園又至擔鈕于陸店，至士布大談，王祥、盛(?)上方同小乃遊四宗茶話並且以五百一年之事(?)未覓

店伴来只有多爲店之一年夜发书饿易睡　宵旧病未愈也
廿五早阴晴雨晨出市胖子似昂恒叔来询未店证壶延绿成求天香楼帖王画
律六书及前日　国和谭家书刻拓本出售归知丈在其同钱写云将试在育牌
已见旧文　店小木末出纸料　背之　树出不售晚去　郭珍之未来请明午饭
廿六早柳匠叶来看树六七次富雏皂逃去洋户不见以善生子合宅惜之属王恒叔友富嫩
片已剥去之出易佳六一百于朱纲匠取遗证壶讲我司六十又请邸马口铁嵌牙简子出城出恒叔
以易俗坤之菜已过午路中茅陆生过珍之亦时方早四千余援健兄书持以珍之来追我
出至其店已申刻为之生茶读下席请公说在王某处亲之似方云郭大父身后计欲六七百金
升李桂轩有厄抵吴有生升有合抵王小黑升陆七之谓升徐蕊亭升周七亦升钱二之升
余交了升之到入席在李桂轩有生之二七徐以稱七年经及余郭大云况信利郎在接本
民而有生不悦余以为伊已保宜故人皆无一切数议而未允也饭后和平地未大范口或少叶达蕤之
归丸还腔知灯年已不佳扫树归过娄昌一之线宜生木匠话四如见断绝厌
廿七早阴雾花雨午前说范圜谢话西方客出片八蕤杉楊四木作问归欲出门向出昌坤之取款鸟不见取信
查未成被人之谈钱财之数家至子细邦具恒叔要灯侍桂保不见子如说所事友仰与德二之说床
丹至闲街四过陈某店谁到楊四昨杨荀竹云柱广和二十两兄云之夜家多事时行以检
宿后入大床

二月朔日雨，看書及夜。借一五楊荆頭見楊四借之，又約其情極然實好用而自隨其可。相君來
条借錢兩色。陸（鼎）彝仲來，告初十考姻，詢名，余（試）書楷律詩一首又行書，觀詩話及文正集
高以夜記來年舊句更改五再
初二雨，晚晴。晨出君坤三不值，取酒費未做，過悅林閣，說開書畫，若常大入浙系茶，久之又之公宮
見李季寫作之回，君會來云其病開，待煇之少間來取且三元，乃歸于楊，故意楊四令悅欲
不可使救人吉生悔心也。看詩話等書。晚靜見四亦而七填冊（許）序大雅甚乘。從門向步風
還，下見張庭一談而別。天晴又歷亂，胡思竟是魔障
初三陰，午微晴，晚又小雨。午前未出，看詩話。午後臥，醒起出至蓮清堂首云（今日）飄別，歡然極雅狀
出門悅林成吉坐，談中與方卿秋來長談，友道不元為欽一片，歸至西雨如絲，更許後又晴月
不能往，自慮極不時印
初四晴，在向去後街詞楊四款許初六之不快，應未還樹與使四手睡醒去令使之夫
官見四惟付之將過西卿楊湘文一西謂談三老壽說信言與羊之道士一陰與章七茶話
不甚合去致中，其食內點又過友卿之惟下，隱隱飲酒其夜聞和者之精誰之臣寧付之之用
四頃狀五弟入元為與友飲，將畢適變臣玉又來，便又鄭（秋）園至，乃出一坐談天，其加一半[illegible]
初五陰，四至門，談陳廣見過令話，但夜膳，後燭未寸，楊也說高陵飲為以
初六晴，極溫和。辰理以李付權眉玉恒祿余即出，時甚早，在恒談久待乃行之[illegible]

〇十一 樓下舟遇儒仰蘇，說其之羅羅及兩家情形，一共山兵卒共五六人，至郭余船，登岸匆匆
訪蘇驂伯，路遇告余陸蓮生，僕其人已死，故不來，且明日王荣玉兩約來余處，余止之
約舉內四金，轉郭乃別，下舟。又斜川沈頌見程稚吾等同舟一路，雜說一女書，猩猩，又聞城
鄉近習程，得帘賊族中作理者，且數數，而賊未免止何耶。振聲時日，正衡山先訪何圃，知無宿
二嘉日成，寄舊送月收青魚一小壇，其高尚大見，所去皆本國馬大禄，大兩并及小侄皆睦，欣然
話舊，呼酒菜，并有頤元、叢友合生，特讀書，勝琴室長談，月光說及松江有一頂店，中忠業四
以時至三更不睡

十二 天氣更寒，雨止，日陳，東山有鴻壽收戲，因之飾探亦雨，雜一雙。欢欢訪蔣季伯于晋源，候其飲茶
話于其門，長林約而不來，今之者不至，求人而人遇之不知，伊等昔日扶求于我，又豈不記耶。未刻
与吳素蓋偕之富山觀刹，殿甚佳，院辭朝白蓮寺，大猫回。惟風雨如織，衣濕淋漓，獨自下山，君幽
別，侄至下東街見錢某，下[illegible]祿家，人士之謹，与彭[illegible]論市情，出一局，程又樸、趙丞山談，四嘉日城，月後飲云
松江谷橋與茶鋪，困少錢小性，且歸行，計生財五百元，貨院頂入者，僅宜家有古頂，共卅三千元，不如雅閑
余做以力不至，乃擬往坡楓涇合股李莊，江也荻江，做者宗炎，月子存至奎其店，而兩好睦

十三 雨，夜雷，間雪珠，辰春軒來約茶，一康少間，久大陸來，又柏桂兄來，蔣地以市去，余与桂兄回興雜談
柏付鉤余移負，疑北之源盛堂，因訪桂兄，少及鄒欽，同至西寺，訪林觀市，華祥茂戲，于
小肆告其子種痘、心情及霞，豬真而是，而自用種之，乃笑，其浸瘡之而已。又同余之嘉伊面

早□寒，意殊鬱鬱，與子靜談人理。夜同叔惠、祥芳、某某共飲月見樓，王孝若爲予陪，女雛予國倍多
初八 雪花片片，彤雲四幕布。早歸，與書桂棠赴午飯，與月之下東街伊宅紙版訪客，定遇飯。歸之東風
余與月舫茗久不來，月見爲余規畫頗論，飲而歸。不過大元衣莊老甯陳雪几，恍惠飲於，歸並與
孫壽兒談鳥大元東人俗程 枸卿人，晚來訪壽，相向見于伍店，晤之言情。夜飯于謹吉，書森伯來
伊等談莊業，逗之而飲，邀歸。夜寒，日本少衣，□衆。夜大雪，頃不能料峭已也，大雨水厚寸許！
初九 晴。料理赴蘇，歸與月見令赴市，年肉而歸。付舟子挑下舟，布市閑時待舟，此外未與雜某、陳某鄭州人
並與郭蘇李某湘州人、張某不字，街人茶久。舟已下，船已滿載，兩開時又將午，乃苦抵竹川飯，徐某並頗雪
高捕夫閒說種種，飯之下船，以一覺已近郭店，又上岸見王昕伯，寓信談意，苦終伯，乃與硖川吳某乃之城北吳壽
偕之南市下船，抵城時夕陽已西，呼夫挑至家，進退陸鞠栖、岩王子乃一談。抵家飲說，而夜傷風，備進芙之至
初十 雨。風夜雪片如鵝毛，寒甚，又襲之，傷風痰咳，午後歸，晚來背誦，頌曹訪師，晏重來西
犬縣錢某與弟珠趣頗佳，徐鄰飲於，閑談以雨不赴。夜飯後挑燈出之，木鐵花風光，將次減
撲里玉魚花避煩，及於門，樓孝者少，及訪存田師，人言告，檢冊及今談，往赴孝性而去
工創老布至今，伊樓孝而來，今去又往樹前雨甯，去其息，更見談舊友，話談年聊，又
往陳根之處，想見待敘，頃挑之久，□又入大府宅，少坐，風雪二更，復挑敘，去吳及去弟
十一
白 均方靜兒等已去，余不見，爲詢某某及乙者題目，許佛後君，余云靜已告□，諾惆—
去如校之人之有校 □□之 就下 二本 去之 對 □花□

十一 細雨濛濛，竟日不斷。寫殘月波雨作寫還窗側一段，身重倦病未已。

十二 細雨陰。早辦出，于魚巷寄蘭生舟，加盛油信北至，寄帝蘭，牧法悟与方四談久。盛吉一週團中向桂翁作悟，夜方某送來小桂杜鵑而刺三本。路中轉桐店，樹人之又寓，坪作逼樣。又桐家与佛成背誦所事，詩入周葉夫宅，瞻爲談久。後於行至玉久，余爲畫策，設爲代擬而胆小。埜錄大又院與此石瞭孫縣，擔了兄年喜侵雪玉好前而回。大雪家已飯，旋午後如丈書名戟少久，以之起，入陳廣均新大兄均談。少向女皇茬飲，至夜太巳兼出槃需時入孔房，見調梅子卿、印霖十餘根，與餘三、二、一，丁寶特意向觀。時晚（偶爲），至午及夜而返，意已定。靜兄與陳錦兄談及與金匠運一千兩。借回路過燈夫，云朱某前送十幅來，老往王后巷根。家已燈，飯今靜至師處約定於而內渡之。余雖然緊三更，同二碗。知某出，得進場矣。特不知何人居首耳。

十三 早晴，夜雨甚。族兄去之族，陳四弟來。出靜兄來，夜邀倪兒之，湖莊香齋君名在第三畫，而陳郎許戚，保立三四畫推攬菴，去遊十名而，某背李銘嘉，東城在鄭老陳幽披陳尤孌寶陶鈞沈對書五人而已。走湖濱梅尾常水泥
保律甚。李俊、右錕鈍燒麥兄來，探雪、沈瑾吳揚雅、竹許鍵卿、屠屠諸來。繼大仇去村等北入工罗陵中兄，恭秋山宗王王如星孟湘茶于陸屋玉久，爲及五年。余擬陵府了久之，別而歸，偏向午矣。午睡，拔涵衙，乘舟小木，悟務屐，從桂樹弟指之盆盎。四樣來知靜以老在保，不住寓。

十四 鎮日雨風，間作懸書高臥，間作書臨帖百字。倪研侶來，讀雨村詩話，身體疲甚。

五情太寒，北風，早爲先君生忌市肉物于路中，工石盛去，小覺陳琴巖屠則行未來，晨返，向楊四來，近十元欵不值

午作緩中刻琴徒走謝前佛桑未出贈米芾去今行陸舞欽之扶保來找與余甚力而
如中追取孝侄陸理陸廣見誦錢堅詩四絕桃竹亭詢其和零題云
著明晚 謝勤 七日來復
十六晴陰寒凉冰厚及寸早出市蔬為先七叔祖忌辰也孩中一之篤禱月陵佳其楓佺夜來孟本
约月抄去官恒稅說陸慎琳二兩千金項片不可咸者乃子壹之開田事每之四知丈來為薦壹標
等業原後靡漢乃不佳去知方原栗陳士甫來科且二更 計十五元先撰去余上樓作孩瀹九任
詢其二匯款上下 錢情形 謝前和霞案之首陳尤薇李銘之修俱遠到左右名間而我入古
華遂來抄出金王祖生然公二處尤坦亦不是情千晚携大条美渡來住然已後事不接沿了
篤植來臣妙粗甚佳西門雲游未野望夜三更濁不眠至天明
十七早陰晚晴 早訪燧余空丁送礼資出孩中不占咸去和原小住北入竹行与三兩先語今之南
推取扇假未合程只錢之四封楊四款先出附贈沈芷翁 趣入茶話堅懇 趙浮閑之暢打石山茶
其荅屋又同少白蘭舫石堂事一襆山山勝一陳芳生聯楚石談及其畫稿時別 大來云力辰
机柯共飯去 子刻來燧夫來乞楹書供聯 玉東宣生來住至晚与徒光圭宣花小飲哀
餅細四書陸肆後入陳与平京郎俊似誤是日又携序夜占二聯
塞懷一依信宣勤食徒 董蠲起寒士如孔苏捌楊 芝西房宣德西殷本湯

出又四野農桑清寺 植 古街 萬枝正喧鬧

十八早陰晨雪正來惟未積夜常雨黎明起去路中公岩兄坤山大溯走茶食色子閑說三友歐丁夫之盛

余兄正乃亦和保取錢亦堅望持條安去應保信閑下談鍋錄五錢矣遇此號高間巡巴來 [illegible]

以雪早歸正吏亦蘇以雪止工未許米上國而國為亂偽穴走底通乃情補之余為葛華青城隍廟

三大山寺約大大母又存之城隍四字其作三四邊擇之已覺腕弱腕失又為煙雨中東門對吳祠設

枝萬王會供聯語 報賽頌西鄉正鳳楚翠通順 供美六分

錦鼓鳥今亞巽袁双祠壤地相連供數百里民康阜物阜

尚順玉馬順之苦千古春桑大利郡廿四多蕭序 以長 重陽

楊蘭高 李東郭壤一區

十九雨早陰晨著展冒雨正謝前輩業將明生四兄某之陳汝枝王康等皆去趙瑞林二去為兄閱某肅先

可作在李館皆不足信為據也 借玉伊室小坐 桐店一松等北市書畫小鋪四年陳宗兄將之澤林玉小憧去

十千 而玉吏等以雨稍工為李宗年樞陽聶聯語維揚四可秀夜作捆玉夜會客能合薇生夜臥眠

二十早晴先處徽午寧大作玉夜畫到有錢偃之清宴生宅見只夫歸並往內外湖付去歎請高司畢梓可

夏諸淡久去北路中桐店一麟可熱向之一語即歸未刻即國末夢甲吳起說宗八節並作代可做作

字亮不復理稱能等玩書寶甚玉要債麻宝生宗年栖傳烟仰田呼玉因思的明日未

廿一晴積雨霽富不出理業為人書聯作之玩古錢陳多閒研稍又閑写不足午玉吏等在地

一 平革年以以後起者每傍夜打使玉妙居看三啟業不欲千錄兄子京楊四路遍仲甫帝夫兄來

廿二日 晴。唐於錢入市，市花豬肉，苦恐祇生閒訊。咸吉由三廠衛之甸不通，昨雪而後鋪有曲園及
許小平聯，皆隸書。還錢葑卿，云有楚書古聯，聚山水同り十廠之，南訪其家，未值。伊京方丈以中呈琹書
杏中幅一幀，清坡上作柴門一丈，廬一掃地，居一老，右左書籍，床下瓦氣鼓鼓，窗間一重之，茶之茶
具。對為方，列大石草竹茆蘚，上有高小峰，半有雲遮華。抱茶屋細瀨，大似呆一版，墨情其借
工者山舟學士題語，並原款已失。山舟與楚書不師世卅年，乃為其徒請書額時，嘉慶四年也。
翌尚貞自元聯，甚方，聞者錢其伯滔云住彼真所公漢楷點，癡宗未皆是也。辭之之，前歎知子湘
來訪余，因西房宗徽一雨日生而歸，與子湘談，春田辛巳何子相與諧語，留作題，然余已辭以樓中
子即拜客，醒時已未。未李姬來，門出晚棋，健玉梅余風甚，屬使靜等王同局，不來可恨。

廿三日 早陰，十時後雨，近夜少溫和，鎮日唯步不去。材送居靜山女出閣，禮你與相卿程集。如午後燈兩封聯低
未閑六來，約其丹之杭，嚴嫗來。檢何舊鈔詩文讀之。晚靜兒棋，棋王同局，室只談，利十二元，其談未足。
保恒夜坍，多致債。

廿四日 雨。自朝抵暮，飄搖不絕，人之愁煞。特春來十無二晴也。早出至子湘，余叔佳洋十二元，市物頓有某氏
惠煙徽心十時歸，咸吉之子叔子雪談，隨而居鎮伍某至，余出訪綠咸諧談又之，柏林之家不值，欠其家
留茶待不至。伊子棲庭，余約為江國女作伐，事如未由，更為遲。林朗珊說定，靜等與伊即同舟赴府試於
余住周六舟中，午後者三，內兄來，請人付一元，市春筵四只，請姬飲，於送子湘家，應陽生樓，論文也正集
及諸妙子讀課，健兒神童詩，夜連頭痛，孝多可恨。

廿五 陰。萬尚午前携梅舟書，書帖三紙。丈來共飯，涉及宗常璐。陸門弟子來，出集閱，靜在子安
仿名夫乞拳贊不付，去又作字。為權森來，座談吉甫糕了，邱了而伊又為邱特題其為人，幽而聽
宜不協，于人少當意，身不適。學健兒書畫卷，市餅里綠鐵，同歸。小話移時，將晡去。夜以疑食，惰睡
课兩孫，看曾文正古文一卷。其沉博古茂，可與韓柳並驅，近人不逮也。讀之有味。閱李幸存 十卿 丁課 新任為
陸鹿坐太守 孝烟試云便限達而動身，尚不甚決。大陳去植蒋平劇云尔也。

廿六 晴。早出，園書會致印園，為毛猴女作錢事也。順稱小生公署，市屋璐中，順術文訪一一，歸飯，又陈氏遂
荷種鈕甲之舊泥，易新泥，力已倦，而又携河泥去，得一竊狗毛，未得也。往費一番功再作字二百，再擬聯
蕓話，夜仍看曾文正古文

廿七 晴。晨至園，為印園芸歲不可得，便見澤恒稱王某煙泥金二匣，花盂一，並付余常十許，乞畫燈作人物
琖中一生三元道蓬夫柏若謹居印林上至晚，讀印歸，研墨，書三联，三聯
烟上春叢 利待經綸 蕪共保津 四野農桑占盈 六街簫鼓正喧闐
佳氣喜行風清昵步 柔附市更烟四田春
相實飾以祠膽西郊風華 匿詩歌數十里 桃花柳綠 晨漁一爾 老東郊高祈歉
橫說廿四分蕪原似去
周六來，筋取河泥，得兩去。王園寫來的初一日借讀本半。芸再和不佳，性小生去，四家乞猴雛毛植荷
夜仍夜看雜錄，并看文正之家之久

廿八 晴。晨作字，檢舊不工字焚去。討与健兒識。又得留書集中有文告圍報名手了讀本因诵

午后玉书锡吾同仙兄弟载于柳福紫玉同伴行七里许之左少间偕变臣来茶话傍设饮
未半甜庵侍同院偕尚华吴宣卿来访因询姓氏鲜并请同饮也久之赴书院顾偕去及晡
晚至将灯赴洋六并上谈赋烛出之楊旺楊四并宋松谈诗洋玉丈宅散会久之合友来步出而去与沧
大呼交君院涉会事并入宿赖大雅闻声说石瑞气犹再盛甚非所以宗家庭骨肉之道余尤
甚之风变已久之收洋入帐访阁拉些你二摊廿九日卯回二夜合得共拜乃入席请人老磬不厌
六时归大醉毕而席静见抽烟出归而服陆匡玉二更后睡

晦 早雨作字访文丞庐为王甸男来约初一日和尚来所法纳因拟约而人来付可其写宫雨在杨作
烟心兰竹六幅山水三幅未刻睡醒陆同来薛琼毕持盖胃雨衡风徽水兄奔涛之叶縣二
三两幅兰女海抱云青颜不须改作将来得好馆润以盐代之少久北之恒顾家无心乃出馆白玫瑰
花一盆皆以香用劳手而钱口同耳后岩坤三不在而负亦不付市岩骗以归夜看文正杂八册

三月初一日 早阴晚有雪意至雨晨作字玉臣丈来说楼居图而留得之图白牒帖子余因福把钱不肯为
说合也因留食饭去余小队出之柏桂兄出去顷出其坟入叶见陈又林吴宫卿又有丈说藕珍兄在吕
北之相启勘共摆借珍中见纸蒿导成吉同于街未吐瑞写见帅三责之不肯付之元又阁二表之又拘穴帐退
园中政借只待月望退程移市纸非还逢陆寺之陈镜原约与郁赵杭司晚搭藉老馆玫瑰
是日内子使儿为之挥之叶 三月在书大字为宫御访书楷书一条作

初二，陰，晴。早早葉氏為二內甥入祠也。入門，詣戚將軍島，因借吳宣卿物，撲鹿渡淺處，又且陳

又牲共六人，由後殿之西廊，以次供一大碗小佳，小菜內美盛之，在場彭吳祠，供金谷之類，材均熟織

殺他牲七兩，東王老山呼雪者，惟一豆佛手小佳，乃由大東門入城，至二廟宜宋供，大香爐佳，石瓶六小佳，惟硯

多而次矣。歸入黃叔素勝之，後至儒戚宣卿又特之居家街，香供以銅羊，又石物為嵩石屏，小綠瓶宜窯

為上品六佳者。座中即剌六佳，祠前匯為林，亦本華十餘葉一段之，入城，全未橫塞，大快，孤宣墨高老

以相并乾，并任伯補匯初步宋朕，還路中見恭綽棠兄弟入祠，店見王禹功在歌，亦與禹功廿六七年間

友，均相忘面目，語而共知之。訪九內弟于玄與其夫人，談病狀，既而診采在祠宅，樹人迎去，說至五旬匿狀之

門，並會相本古玩與禹功品評，至久之，丈宗英語與諸人諧說，至夜送庭入席，少飲話炬與夜

歸，張六弟靜兒併題盦，歸，三更發病因事吃力耳

上巳，晴，陰，夜雨。早周六來云，有船已放到，余書來珠瀍區附書，報也，付靜兒瑧卿，勝保三令，其約佳知

及師處，家人理小案，使周六催者書，出待余聊，而諸人以為有意見，別加，考是實我無有之，雖而況靜十不

異乎余六聊試其志，其才平，已刻保成來，約出西卯老會，因出所帖相玩，留午膳，借出至大荊場，宋供並

一佳物，大南益平舍與張楊二人及僕雪陵於陳及星伯，會乃赤蘆，佩成鹽，上海依田旅秋，田廟路七八尺

遠，送從東天風，復之，海山蒼蒼，相與其觀，遇吳宣卿，東收作別，伊四月畢，見白國于廟，士女雲集，公公僕

至，此後吳西一四見飯店，一古盆佳，盛某佳之北之，橋下飲茶，乃別，往北隋金水門，第之向汛，路細草，塞心為悴

是進整頓大為鬆困久之還北司乃行居路至張家石橋一路野桃正放風氣融和古人所以修禊于上巳集飲
并賞王右軍所書序蘭為千古圖而留連竹樹者亦舊時朕襟以談柳堤對水以映澈深至林山家
石橋至東倚枕亦薛氏宗祠勤留更牽若烟火歸興々殆亦桃源中人柔麻雞犬描其出政又居新禍家不
得向西李家角入成法寺小坐由經化甲橋以歸　保成借元穢塔去別　詢知靜晃已行語了皆未遑恐干
是日行十五六里自去年來所未有倦極痴戰了不自覺二寸許皆是困狀人不得喻也
　吳價卿送我告別七律一首
初四雨達旦雲印屢陰未晴至夜未休　春寒料峭花信未催張今人憂歲晏矣不出戶庭　偶作塊字二局
兩身體未好兩日以多行牽動舊日烟痛相擾　談疾求作自晨至未竟不能來即大榜痧少眠而月更重
之腰痛々痛甚痛俱未夜尤甚深悔昨日之行已晚又慮似此狼狽殊不得少動作事如何々々
初五日晴早程政殘臨蘭亭帖五百字午後四濂接眉陵知想替居不果晚出于三眉張三元坤三子帖瓏園小坐回
是市未石完　惜五四擡之大原筆一局　入城往什氏問丈前日似借至杭也共九人不知擒擒何似　然非試以人多不往何
又段議柳塍於未至待之失望歸　訪保成去鈔詩頗佳　天陰又將雨似又許書出借　聊而去弃五冊以歸不歷
閱之勝與讀談也　夜仍未讀
初六日晴上午我所前市墜　十時回地身發重作寒　百計莫移申刻只開行步至衢于瀨矣若借烟快干以為適
至申三兵大小飲并緩飽點而冒大作不適尤甚頭暈々腹痛々而臥此植衣仰慎溫　單出覺書　附許一種
忙往跳踏而歸々則大甚快熱以床呻吟不已三更氣通寬且熱退狀也　甚為自悔也年來未有如至一儘々爽恒
美是是多恨已
　周公未共括陪快早春

寒食節，晴。早看茶市，紫二眉，剪趾，兩竿為諸神祭掃計。健僮少，病多，只訪黃臨三百字，閱志異。

十許則晚，撥料背病，夜足冷，三更雨聲，發熱延又寒熱作，極甚，即。

初八，清明。早令往糖市，出市魚肉、菜蔬、果，由國充及洁硯兩堤怪孩，發中工昌明一枕，滿篷邇桐光。

出浮大小獅，見示（向）傳蘇氏之物，鄭直而精者，若常夫、請夫、列卿、十瀨矢、著語精於門。

諸神。家祭畢，合嫂生光來，乞書信十封，杯與永毛姪妾帖，即去，周六來，亡般肩未顧

又錢。燈夫來，并二扇，乞畫，余僅而遽即圖來，留其明日祭掃。寄夜身寒如水澆淋淋。

然蛋夾竹蔬，熱氣間時時塞，氣納納下，圖則嘔，撲一身如出五三更，大汗再淋淋，少轉，汗濕周

體，熱已衰，頗不堪。

初九，早熱熱力為餒支，而船子陶映苓已來，擬使出門。（存者、第子入）二獲六往卿，北至怪夜少燃路，即陳作辭，門不應

還居，昨卿知杭事甚詳，某家以不入場回，為說庠案與奎等告伊係為之，我曆柄之，勿此告偽（之屬）

竭力休養入場，以此為大為笑柄。午餘得此者，慰而悵。俱下舟至安字橋，呼萃夫久待，抵條橋

上祭高祖，繼至曾祖墓高及玉祖父墓，慰及圖弟已候橋邊，遂令祭掃。約候，抵溪宗橋

掣蘇之北，石橋西北路間，遍西山墓。至橋邊，佃年栽兜家佃云，耕田三世矣。北去橋，樹故次及漢宗

橋西坡去田，撲地角峰，崛不能拜跪，畫自嘗昨，返令卿人佑去壇，四周矣，入舟開畫飯，抵園之

廠，估硯畫之。至橋西上至王父墓，祭畢已向未間。少風太狂，抵鄭店，訪秦庠，知病已篤，憔英

後以舟過見房屋燒燬僅存一株竹炊壁頹垣極目荒涼大可憐也予穀人勸郭鞄來舟說遠實狀
煩我作札寄周玉徑步楊四姊四弟上岸二樁下舟玉宣楊余一訪桂舒逾病慧玉兄出七能述一經由
徐于北門艤舟送保成去杭乃謁桂桐應陸楊兄榮材人皆爲之屋太過語意太弱乃至打鐵巷示陳仲夫
家蘅閣三昆季俱至保成亦在得出有中實言最光既歟柳而目不暑用詳伊等叩聯名字諸公
亦將益但甚寬耳楊芝呼陸君憬加健足已行不得矣二更安臥諸卽勞而不至矣
廿六細雨潤作陽光早蔣宜生來以雨候稼桑檜渥以作竹成棚薦于陳壽田師過訪琳伊先生要公不值仍
攜入爲言至新歸靜兒子榮文學往清後臣家云陳君舟昌黑黑識實固有所在諦成不定乎坐久之推
許使來向兒訪之由未叩復伊君子佛書指出初稿少宣宸近閱未定故仍另作道兄下筆之難
陸君來刺楊四兄欲加拉不允柳藕以延宕仰保成來嚶嚶難語叫許當另稿作改後日榮文往
並論靜兒近來寫六未完故靜兒書字他觀書了無記性不恨毫矣
廿七晴早讀寫作督靜兒共三行寫擬數百言今日字復寫者貴長貴祥貴暢照諸之卽付
框芳快婕道坊藩華僑振渡區甥小眠近來移步至北陳宗康門並一約四訪益早累康來邀說
爲章父兄具寫至有通勤步請至三計語七八人皆允余然他諸計議余無不同從之之書店乃作
稿長乃先東生又復同日邑應此北之恨程成去長談本紙而姊懷亦紙美寔信于弟信
至叶溶雅出吳宜鄉焯許汁七律三首七絕六首鑑盤來至溫兆漢作戊子丈爲

笑泥去追今宗范還舊債屋事畫八幅合仙題之錢蓋我應咸豐十年、六年前許廣甫數次程祚玉數十千，後以存業抵押自來，樓准還業究辦，逐及數年，復逢坡智乃一跌頓覺玉打仗並余及陳與蘅閣及李三人之事，別等已月上章畫已不見，所歸詢麟兒懸疑遂況欲寄生便肩竹竿釣竿，應同做，又擬稱州把柄蘆物，夜間猶不得睡，三更猶起呼之。

十一　晴。玉堂偕來，仍工余屋，遂浚以瞎工，看簡一玉樹還小元同約赴人會，晚歸二更，天已大溫，雨滴即失。

昨日作和吳宣卿詩二律

宣卿蓋然來游歌，嚶鳴猶得友吏求，到門到壺屐先例，清言深情韓不留，雅度清風大度，就詩和比鄉中相恨，隨葉令良兄弟在，嗟我雲涤作別然。

不堪時將豆麥，猶光戰劍米囊羹，浩傷狂，老石未君仙居宅，歸定（出路）今日夢池塘，憶逢君古寺漫晒別將我去坐，去任方多詩，晶鹽淋漓書，擬將歸白墓矣。

十二　晴。晴思慶涯作書，詩未完，靜思撥回（國已出）知者少，求取園鈴鎮，目思據作，困功于平日，妄言自為之，云敵及玉昨場撤，撤者葉甲即其之名爲作但于有同之石明，實界而滋自用也。已刻往訪壽田，晤，伊卑遜遇書，合玉石報清史，嚴飭用功。

述陳仰康種之兩四，午後又來讀林。　弟陽三子來訪，應崇隨園詩話有味。

十四　晴。早去看新海物上市，得皆眉魚銀魚數六文。取中字恨裕錢，姓表夫在杜風茶，西歸市紫一元，是之吳陪慶等上也，到渔經往，并附宣卿和詩，地工稚簡得半行，庭前海棠垂之向矣，玉秀。

今晚訪寶生，取金花六年作麋蘭用

十五　雨。早起出西大街，雨如織，至晚不已。定生打捆芬梳篦，余作字十數幅。食山藥，以鹽焙之，略
味。夜閱隨園詩話，津津有味。

十六　陰。早出過楊四同，在日間逢余浮北市，酸肝十只，君見丑八酒樓，至聚丰孩外吃茶，口出狂言，竟為
攔住街人，勒与茶錢，乃入余肯，無人以為異果之極。詐今猶不已，且索詐錢文，為首如是。泥狠即有緣着
不能借貸，貫士等亦不以為從無此樣，乃能已錢。錢氏手坤三來，謝園許其二百文，伊狂妄想多金，即出一跳
跟行玉桐君門，樹人逐之，伊三等跟桐兄，又為許其所彌，余則且狠且譴，吐玉行甚，狼狽而脫去，復回至院，尼云際
閒茶門，撞進不理，而吉大約此等家極無聊，而又克狠無理，余稔余大為嘆。大價渠一住屋近十年，未与另擲
又命也。吾子負孫，終守此知其回一屋，實之難句，原貫陸人，腳而句有而知，即揮手即去，若仍自茹人所不
堪者。晚成節十地作君詩箋十數幅。　玉堂來，夜矣，打蔫。

十七　晴。為朱子卿作扶文字，以錫峰粉作包子。定生、玉堂作工，早剔笋于地，同片許作詩箋數幅，午後
汾桐兄來長談，又沈堯粘五弟子假來，說子佛訃，偕在編麥陸，並在杭云居六路為實安，予陸錢予
維住閒居了之，余為拂山作乞題二十四史咸豐錄，以不值去，作內調會。

十八　晴，暮大風。送清四珠嫂表母禮，作畫箋繪十幅，致余與蘇來，庭追陸達，喜相午前歸，雞于白北
柳來，劉丈來說，居揚煙了了談，而余抹眼，置可讀實楠。晚步地邊，實笋子桑已隱隱垂綠。

十九　晴。早作和吳定卿七絕五首，成三首，輕輕塗抹無佳處之情，寫景而不第，耕古之格。

詢楊四姐廿二聞於彭三伯家嬰孩災甚盛，午後始至，見未識所書而以以不賭，晚杜中笙為倫兌索書不少。是日又以諸疾之氣伸縮難安，入夜太甚，四更天將明，成一絕，致康三兄，乞國石錄十月昨中寫去，第四幅改詩云：

已失書類等之驗，為余接任比鄰西，推君好善經優理，宜許參觀代指迷。

廿 晴。早小步，至老市內書，餘一尾，又劉竹蔗作飯，寫四詩致康三，又和讀宗卿詩，唸來穩麗，以古人不喜和詩，蓋為韻拘，不能自攄性情了。晚剃頭，楊疹夜忽口渴，燥甚，抑食湯，湯有熱地黑棗，須名眼係色不赤，須藥兒係熱品，御城均代作稱剃，實亦須宜余係昔了，甚悔。四更在枕上讀雨村詩話，須作山茶七律，成半，蓋欲以詠物自攄胸臆，況可見性情，又足鍊筆，極有益也。次日讀成之。

山茶　一段紅雲下九天，火齊寫映畫闌邊，環繞鉅蓬三月色，孕春光又一年（已先花發葉時已見萌蕊），萬木如眠推不醒，衆卉皆辟讓君拚從知，純歷冰霜劫。

和竹梅花作次肩

廿一 陰雨。竟日，早讀成山茶詩書示，瘦夫來，共諧譚同飲，書午後作畫，畫之梅一枝並玉壺劍筍，干地內五斤，新雨後簇簇長，惜無人侵觴耳。王壹陽卿，借樓作人物卷

穉柳三來取樹翁不服白

廿二日晴。為子友作煙片春風得意人物，然韋侍穉弟稍覺形似，第今之善人

物以己意出之，自有幾人，蓋亦不過依樣葫蘆而已。我既作自愧，又胸次又塞茨于此

仍為前既夫手不得不完乎。午後貴臣來，又到陳春生乞畫二扇，久之去。又晚歸成未

訪長談，話乎蔣姜留飲，歡然去。于府貲問以楊四鈞而不來，送至秋家四他去，伊

書令拓縣若母有四罈乞為題。年底借時光景，恩威備至，因此寫無賜洽致，屬齋內

望約五月俟棣蘭旨還任，搖來令歸，其利不日付來矣。晚間朱家嫣令朱押冬衣

未售年九錢附原契而償直三十元，以於清氏將有成議，家人勸壯留之以去朱張雪

無完膚，苟以一衣藏之，被人水火無異也。夜對四鑪，諸家人亦之為談押之有故責

理，然亦難以一面論也。　應同來云，前少樹寐已。　玉生去

廿三日晴。朱家嫣數往來多擾，余亟接畫人物兩幀，將成時又畫以樹叉至地，夜半

一半為人家剛子，恨押以識者，諸弊皆能適朱來，即遣去。成海棠七律亦不佳也

夜反側難寐。　湘文來，談時已半，又談久去。　煥夫來

廿四日雨。看宝生織業小廬二代爲指揮。午以不逞擬刻，另指明己酉年舊詩藁，自知拙
有不妥甚，真小兒語耳之耳。

廿五日晴。早省新綠滿翠悅目，新笋簇簇，半成竹矣。宝生作稿，抵午入，陳与平高談福生的隙
至到廿二丈盛店録二印，青条皎抱石見，寄恒升。上樓改舊詩，錄靜寫，並爲宝生子寄名条，奮
金安陸，榮印門斗來招之。靜至，日以外府，渠言彩元珍也，朱子雲梓子從西來訪，予假之桂軒可平
余後桂軒來會，付周六家國薦岩，子雲告談田事后，轉金理送予桂昨所失之察之，無情但
亦碰論。　宝生去

廿六晴。家人收蠶，摘葉碌碌。靜兒未到，館陳氏送麪，小以廣夫人卅壽也，亦報送。竟日病眼，六年之家刻
改舊詩不成，書帖五百字，畫人物以柳莊作稿，屋後地中看笋。

廿七晴，大温，至晚到未着絮，为赤膊汗流流。早見新笋成竹，共數十竿，長稍粗以釋力，爱劇笋的二斤，甚陸姚
陸殊甚。家人市小雞六，毛將去，花已落，翁中伏擎俱出，大有夏意。擬作送春詞，得對句，並挽丟雅七
雨後屋長夏人少出至襄缺，不能一年表先後为時去丈也，以是感歎。聽兒輩出採桑，夜雨更深
風大作，夫後雨陣陣，向晚。　得句云：風來樹擇人難居，雨挹清喧石作声。猶雨篷撼鼓，狂風樹擇人

廿八雨。糙去未不回，出城边看新綠，見洄舟一二擘帆，取子折翁釣篙，庶同家天，穆抑不費

阅聊斋性理魁十页。天归宁，疾稍轻。苗蓋瓜扶小畔，採桑剔芽。夜坐写题扇，拟送春词七律四
首未半。

廿九 雨。完人物册页画。周六来，扎铺，扫殡房。晚寒已眠，雨匠者雨中採桑，殊苦。夜作送春
诗，两绝句又建宝卿烧炉诗，以中数起句作。

三十 雨。连日连宵潇洽，已盈秒考五渠。辰玉招呼陈司见常夫，眉简署已平霄，半已成
竹。竹筍雜十五枝而已。写改各诗，洗研，致朱子衣书，荷其桂树不活，乃来就储又路恒敬
焦已市，花宝各往。策墨有风致，又示坤山杂条揆日文静书，取且恨上月诗租不付各租
大者，说为城上常益以日见其贫未到，剥放，检旧画阅不数帘，大已暝色而止。是日寄作炒数极佳，
一饱。夜看雨村诗话，夏浪从来及夫须又睡，后怀澹佳叠前韵，不尝怀三叠之。

四月初一日 雨。竟日霖雨，雅以[circled]势稍未已，地读旧花鸟，以竟文而已，楷书
不解屯之虑一至此。三十年者，去于人情，不安不者。但和半人物改而修葬不下
五六百顷，上由比下至时。其一不善名之，自课华，纵不佳，益改不成家数。
又其次以荐异使日习一大字，不致失，今当作索诗，他处亦甚。

不書十字一年矣十五六日不出衙于樓，老諸侯要向吟亦頗不眠

甚矣五之材下不想法前來盖為真八加價畢陞乃夜課如昔

初二　雨，因六來市藥行豈以手坤山來條理五八託父轄陽撫付二序，余理不能

益坤之說，屬中文部門收，將來仍畢至虧，固不之理，作初唯川之翁修二十

寫難對藍菊用色持無序，是為桐兄畫猴之扇，未成，仿耿山先生本也

初三　又雨連綿六日，首發者桑為若乃吟，有云初夏達畫者雨園中鼓頰…架安云云

閱舊兄舊時二十年對洋水仙之本，一果一白，直幹甚厚，當時甚貴，今同亦為夫有…頗

至端云

蓮華白仙玉（作）樓春曾見寄…來二十一年清…取澄…西歸

寫畫猴扇，又寫江之橋山水扇，似佳…日中少與余抗來若手生，又連…文…不厭

熟之首，第兩日近十日來…異常，無手處著，不想又不能細視，閱…圖洋綉人物之光

濛之如霧，柳…近…詩話…花生卵至程，仍若兩一復著至地中，竹新抽粉籜之…

竿…圍六市釣具

初四　半有晴意，而陰濕非甚…亦熱意尚…雨矣，天微明…揉桑以身先之于…

聞…即決之有…流…港口則…下…如…葉如…四鄉皆若…圍上市…

竹孫來，觀其三四書，作松心閣之二三，石地擬之，然尾滴雜甄，腰似損矣，務静之以為斂其收
午後為陳春生寫山水扇，頗有生氣，惟樹法稍見拘滯，蓋以此種畫識者雖不重傾
倉之石四石并加焉，六兩書廬山二幅之間，第六今人識别在寫，六法由畫道之高，息使然也
作吳君桐居寫山景幅未完，午前無成，其雨り退無佳稿，書畫抹之不存，抹紅葉，殊笑人乎
睛霽。余後雨不止，竟夜淅淅，讀詞余，乃譯兵唐，未傳也

廿五日　早雨如注，大雨沱，李膳舊迅驚曉，屋漏數處，起以盆積乃燭，殿殆盖雞墻腰流水漫地如瀑
檸聯麥馨，洗畢上匯水，檢蹤而過，時為早後，登撤聯，其志異於前則，欲作書扇以脫帖
不成寫數，欲臨之，適諱其帖，盖余向臨皆碁誌碑銘，不宜于扇，頗跡底者晚
寫印撫諸扇，并題跋及三四紙，始知用墨之法，用墨切不可忘，記此。市即吾侗與予寫扇一方
并想串扇，由于用筆太忌不亂，不濕墨宜研濃，然濕則厚，雖墨飽淋漓而下
紙只粗神滿，如珠斗針，亂則滑，筆鋒撲而入，亦見力量，且見筆痕墨紛
色余書宜于熟紙，而為此，然每于書性之過。撲了作信，寄坤三弟，仍談月杪自候之

廿六日　晴。早劉某來，作數言，陳摹健玉店刷印，是日演保摹朝和台

廿七日　晴。辰起，撫出玉葉送，得泉大内兄驗，廿早甚北之公屬取之鈔布，彈市舊物，北之恨話一談，冷

林酌，又劉星甫、福麐兄、梁山舟八言壽聯，系寫生，又新安吳某隸書對，中有楷書一橫，又
卿說畫八百詎盈八屋，侍余於懇于往祥寫，向揖余要禮，焉託設人勸解，教而後扭衛人
不服，復至福山茶店，將（兩）辯，信任吉言，排命佛，知（是生之）使間人買屋已加價五六次，黑絕損不休
未信十二年，存案擬伊收買，再來纏擾，准其退業，查究云云。設人皆非，只應出畫，八不願死，信
買者將大益房主業以保正少向子研，未肯，否則喚柳泰數云，惆悵伊即肯釋，將以為死之計
余即復理告設人張敬，嗚呼，嘻之哉！任此屋業已費大價，吉義許擇血汗，又值理不賞
負，設伊不肯，芽六七次與託，含糊未已，言之堪痛恨，該此孟子孫，幸勿忘此語，能守而勿失
○將以我作余之宗祠，是在後人繼起而思光繹焉。 入葉閣，清泉、雲玉與談戲，詣清仲宸
言，鍊石于初二夜一宵三鼓，于市實里賽心，過桐漢，榻腹中觀，旧不全，帖（素），飯于廳，與保臧談
又林之收藏，刻。 泮陀園，葉大夫西關山、風凰山，印，泐城未完，而去至家。補發拉碑，鈕請五六家，子款
初八，晴。午前既刻二斷，與汪吉甫因說兒佳也，傍晚至翁與郭暗川，問其要銀三元，不值，此至桐，少談傍
諫甫來，勸畫八百，壽兄與桐兄設歸，已夜矣。 夜余聽李擬野，犯佃至葉，並來，云云
余又又訪瑩侄
初九。館夜內早，晴。是布置一切。閬六來，又來，因至銀三兩，談畫，對楷之四倩又至孟元江代吉家以
與畫八，據不便，因之羽仁范朱，寶林代索（切兄）硯耕公雇告，其性（行同行），午至茶店，敘及回對

理起置稽以以与静儿出見辨大于刃仁庙一读共面于王茶店候宝林不至呼静生鲲一道陈
伟士适乃与之见孟八伊去劝勿诈实来不久与宾林佑而俱来继又加十孙见后齐乃约晓堂
此相后来呼即去孙肖士在刃部劝阻惜材君气实撑帮孟八实为勿近因相与孟八约须诈
十三日晨金即出工留杨萃楼保成等亦来继相来请适不久乃借肖士孟八来分保
助而由实始终作乡需余寸心不甘而伊搜结之厚等遂来八称呈官司不畏而借余前去不携不服即行
拟往伊即雎缠辩结事福若根缠待笑保玉乃告诈路人情形亦气愤填膺口指供痴
汗瘀之下十八申怕朱子近有业追之折只额也继见约保正偕云山鼠然自下因其为相推不理遂往
八玉南于定门口喊冤传值日差押稍呈之差玉偕等又系诈难合犯为代书未去称又
久之而未又久之始去赴他家矣青为宿留条极不耐玉报余门传入谈之遂少须始况亦保出去
余匆匆复去计只许其保朱与陈行生去解说即能相君与肖士前来勤其转相而去玉桐宅
在饭甜谈事极懊恨遂归半月　二更后不寐　黑室卸送盐十斤至又为人包作习
十四日晴早陈行生来谈朱只不之其狼狈极尽陈亦来陈以共来吓作各恶状约去出之相又留
伊等在家之诸许稽狼毒骗孙堪肩肖士又故意中伤相怪近致保成陈又林
依恍由性不嘉至午相劝嘱与详十三日始末中保陈出于之遂之投于其店

加申一元作筆錢。桐代付洋，而羅嗚呼，世事之逼余者，大抵有二，小伍去
三姪了忌，即信俯（况思）细矣，乃以其理數日思忖中，豈勝反古，是年至桐宅午膳，心中
出向無似，只中轉折者不可默，至桐兄著粗網信，擇好（圈）傳為之譯，乃不
自好，乃古俠者，原人可重也。久之，姪甥及仁范訪朱宗林，不值，至王茶店，值馬
余一談，得而返。晚輝來，芸呼剝鼠未定，李桂舟來訪，家與予欣作閑容計返
歙匯硃，伊只工有自陳。夜睡三更醒，不寐至曉。
十四　早大來，余向內子借足洋一元，至送付桐兄內當支。重來，更續撰書逼，陳某生一
路談至刻字鋪，因付訂金之不交之桐店收執，五元之約，還其字，付洋十四元，予又訪清渭未值
與歸，成小摺，即出之，朱宝林宅，假譯付其訂金，原來盞不收，付其，伊推自辭而付其也，無甚
見其如即由南門城脚歸，闌六來，洋大圍六錢，去午後小睡，起書扇二把，一隔壹重一健，見西文
作。晚詩七絕二首書佈，挽九內弟也，殿詞書為佳。晚有桃某來，餘錢付其與甲。
十三　晴，夜雨。作致子湘書，幫理壽聯，午後小以起，出訪繁臣，不值，至方卿略一談，遇只見一向入
邑，娛長生班演，請日接。呈蔥株甚出之，恒諧說小戲為見白，日香鈴佳，淵子雲家付湘作覽
笑見變回，入洞（肆）飲，入桐宅言談，身四留夜，飯回，與挽譚身世，至十點，後西歸之已。

雨夜陣甚嚴　同日抱子佛同中進士不實正黃鄭君府陳乃廣去知孫然屋

十二日雨竟日竟不敢掃葉之時溯浪潮退如水晶宮待玉將夜抵借題押一玉地号

葉十許斤風廊飄軌已自溼泥濘不堪其苦余身患病坐臥不安殊無聊賴

十三日晴早封送禮印玉朱厚重寄年伯太夫人北去與鴻舟弟去路讀玉葉入謁畢即赴

挽額四字請仲容書余訪姚陳某新店遂來肆看名商之其家為禮述之入保成堂談論生

段三四之相店入大宝公司市布襪與坤之請收成去為朱子重係與朱為三份胡店主子

又有銅物還價不成恒秋見湘丈遍鄉人段　來局借玉件不見丈人復北入觀劉地借不住

是段借丈來附城鄉一說未安入茶肆丈許四元局則余加一元乃了許明日付也今丈有則相店

兄小疏遍池趁市爺衙丈墨秋丈遇均一談入吳九向弟籍梅草廬讀人順馬夜出訪與保成

大主至夕八點鐘歸

十五日晴竟日不閱書不作畫僅為課健兒而上生書無事較是子疲倦甚怪夜

剝雞送料早余攻漁經過之半後其如子角付伊租晚舊葉于地余前日所斤

手習已痛挽作胯薦其寬國亦來又于治河打刹九頭以將文滿告人去而插風

也亡第撥賤斤十文業斤十文至八文

十六晴 晚陰欲雨 居內竹頭數之一以茂風一步人家也未來借閱王閩昌箋段葉于醇
長話兩段 殷根性復攫信致以八斗許約五元外加湯三元而余甚嫌其過 武說勸停
伯章去 故居買金以六根詢之 比不理 乃往識字乃與丈及閱昌會談 仍如余數五元付之
而去 余致意閱昌談定林欽白再延之約審往茶樓相候 暮二在離 面均如然所與
大夫后去以次起至衙于柯店以半文得一瓶歸 久談此大致中友卿亦說押冊了無以應
過國吉兄會榜 然西人上仁居十二吾卿往一張 乃覆于恆孫小坐又之相居所顧與涉笙
復之顧道樓前秀顏所生說及郭快母病雜 遇晉華查園 會為伊鄉陳三保
許村場 老程泥 起已呼保 致該余六保哀 快母死如是到而且若非 而不
能保 其悅孫為 汶痛乃許歸為料理 甲道勇葉于地 又葛竹 夜秦極 多收不要而恨
十七晴 是日發病 楊 伴甫未取 扇 去 蔣 養 棋 徒 覓 玉 典 苍 市 照 了 陳 唐 兄 詰 歸 夜 月 而 眺
五 本 已 大 眠
十八晴 病未已 時 拾 三 家 欽 成 市 集 觀 之 致 二 文 居 去 年 欽 扇 條 已 還 書 又 致 紙 于 鄰 瀛 洲 扇 條
是 夜 眠 多 起 少 班 瑰 花 開 甚 香 曲 致 蔣 葛 出 于 湯 又 藕 評 兄 許 家 門 對 朱 方 楠 字 與 之 一 一 閱 報
又 朱 居 知 二 十 安 史 料 太 信 早 六 元 可 謂 虞 矣 借 鄉 所 余 掾 多 過 行 中 又 昌 恆 孫 市 錢 于 典 店 了
年 仰 二 十 一 金 所 直 求 欽 未 許 也 還 為 早 寄 此 中 收 票

十九日陰 間晴 早似往田氏蓄桑園 半日前功盡對 河呼應諸于楊地 郭乃捐資費墓 乃作本之代 [illegible]
說話又云相為收買殘缺 殘與捕人交至 又一段也 與約快暇借至郭地勘別 晚以上[illegible]
你摹佳之史卷 戲紫以歸 市紅至五文 至佳糖并加種 未半夜夢遊燕若雨矣
二十日晴 晚陰雨 觀戲齋集 作楷百字訖 離離文也 原刻訂于后學使去史卷 詩全 二九去蒸
金陵以題畫至 錄成重文後 見收稚作字 能排暮時橫若無氣 筆力上不逮子矣 自作雅
版本盡保成作子虛才 推用意通書 其文草二請子姓三回 錄好某 子沈廣雪席至[illegible]生
又相庭又致心曲 館[illegible]試藝成書見 莊仁子實小謹 但欠誤人皆道地推桑
廿二日陰 午晴 辰起由中作 乃調停于桑家人皆聚于地 竟日都為個事 未去獨至
桂師送題文齋集來 觀西園[illegible] 乃竟錄數之 不去 夜二起 個者天微明又下樓
再上樓以來諸在此吐血二口
廿三日晴 竟日以晴西放懶 陰而加速 開有時不適 頁痛若楚 難若乃尔不害 何故一叙
至此即靜 覺百三字集十五頁 復能明去 晚地頗好 採桑一五已是 氣但神疲在
次題願痛於劇 似中秋夢者多
廿四日觀書為眠 晚摹使是玉卷 市牲見諸宗一份 桑葉已全 丟特鮮異推
以本人春楝收倚故回印 此外百文一番[illegible]日 衡山篇尹卷于地 金多萬不及

一斤。傍晚下山，于剃頭處有數一套領葉搭之上山，衛以不赴計，僅一時許了。
西時賣與十二筐，接棚上山，性甚平和，故不惜桂花作為作伐。了善處以詢伊
家中公務，樣夫未叢價做，啟至千分一，於夜十一點度起去，分前山至二，稱以處
至于棚三點鐘，雇以勝疾甚喜聊中，座談語與澤玉。至四點鐘說沈近家情況。
山頂晴溫，歸甚晨。出于東店家軍，致中門，見鯽魚甚一尾，不過二斤，價去洋八百文分領。
貴品以寒，貴多力不市，只作罷。更法信矣。又留萬里布二尺。於市內遇恆禄之團大
說。又往訪兄一談，入至桐宅，見舊盆保成論文。大之。歸至鄭路三隊大姜花姑，欽利[illegible]付
伊托詢陸屆業錢之。振家午飯。沈鄉為窗搂嘉茄，其能用，鄉[illegible]三數。布葉誌歸
女之棚處。山勢頗强，其余書致函保成酬，佐付桐兄處。性病余皆健。為此日至夜
腹間及脇下作痛。三更大甚。或者是日之寒備，益一錯，柴一二尺棚，停[illegible]一陪。又帶吸印
其陰。晚細雨，陰收，[illegible]登山，燈夫來。余仍病二聊未已。衰陳四王集數頁。家方燒二字而華見
下有我與伊小舟為人[illegible]，夜三更聞北[illegible]佛寺閣。當其火光焰，不知有出發起呼聲只全[illegible]
北生往大街，川抵南小橋，已燒去六七。起雨西對街，信和怡升，下罗山岩[illegible]可危，此分怡說。咸青六位一
海及東城，边至大街中，立見火势方止，而归。過橋四[illegible]，共[illegible]廿[illegible]间。其大家市[illegible]十之[illegible]
初十日又二。年[illegible]高收租，度日亦不足。[illegible]大家更[illegible]，欽五[illegible]也。如更以又[illegible]

廿七 雨,暮陰晴。巷中市魚肉祀虔神,計用六千錢。子恒補杜鵑,殊失慎,費計二千一百一隻
廿八 晴。為之張羅,中途遇雨,路中小憩即歸。夜不適,發痢,殊甚,天明又轉乾
廿九 小雨,陰。浙陽店採蘭得七十斤,晚陳耕兄一談,午後大來,事無定。宗市虔神,楚力雜重起
卅日 雜事來,晚閑以事。保生閑來,午楊迪生,張新店問楊四,蘭風,備款兩四
初一 晴。整頓起坐,精保生出,桐宗來,春田來,畫箑。瑞桂花石價極佳,處置之,與保誠
遇陳又琳,令之往三飲,以乙斤 帖仁物,黃豆麪與鈔三萬六,余嘗情又與相談,儀以天未擬帖
家宅之事,回錢款之恒祝一堂,雨歸,途遇楊四備款,已往劑通蘭家,思佳 宗 今四不合,仍止還價 初一 十
余偕保生來,與論其家務,俱陽睽誤,怪其祖即蓋宜,談 自 隨得皆係計左道,來性情
之执,大甚,雖為導說,終不能身為之一聽,未刻去。入陳與庚兄久談,市精家政,事無來
出兄家,市四千以上元,取七千而去,即為衣出,由小園之前,為與坤三約,云止即烟,又久
大泉,余許與為途用者之四宅,過北慎枝成者 和原 知桂一竿已付,裁艾孫江陽吉 以
即有難悟桂,驛,不值,至恒祝門兄杜生,福虔,貧店,與楂朱 瑞生 劉談,街人云悉福寺
先生撥物,時先生以花箱為媵之 先生 來謝先臣,訪朱 宋絳雲,打朱孫 珍三節禾之 松

窮極近烟處，竟背藁橋，示兩中福使人碑之樣，又伊店老者之送衣，伊以與北
又想華匠畫著柳伊見橫街人不服，關垂右近余兄即上南十五日未
一語之桐店，述其異，不知桐園有甚年，說了告福老主思計，俄信
呼又狀喚，伊咸至其地，俄頃見杜朱佳行而南，金又去，隨以去為詩
丼々如口寢々，以為枯死，至衛所旁，借日些押余，歸已上燈，更鄰送物
交之抱扇，往堤埕，隨風又東，宿設米，財評去
某日楊某，伊還得，罰之，劉報，又為周六擬姚府，伊文，贊器，家人保
然一不住工處

為地棍[illegible]告欠患詐[illegible]捏　逕批道案定可了

竊查光緒九年十一月間

作[illegible]何[illegible]係孟芸如兄弟住居一府，其弟孟八即孟芸仙于光緒十年四月[illegible]收三

次經詐[illegible]銀俾。于光緒十年首月十八日具呈[illegible]案蒙批

本孟芸仙告你借債，既[illegible]同[illegible]係你孫屋抵

既無[illegible]存[illegible]來借據，准予投保[illegible]

附記孟芸仙思于光緒十年三月十一日于街經詐跟追，又于

十六日。于路中行走，被伊捏住，強留吃茶，勒索被人勸救，並罵

初七又于大街攔路生殺，被伊揪扭[illegible]，[illegible]辯駁，于伊[illegible]

殺[illegible]加[illegible]街[illegible]喝阻拜[illegible]

[illegible]借[illegible]多次[illegible]日[illegible]紀[illegible]

照舊革職
侭嗤僭貫虐天理何在〇而此明諦並捆案送究
大者理直隸照例必嚴辦以儆効尤頂佳上策
四
世兄十四星期二下午信十一年正月捆案送
左海青箋

附秣陵游記

~~壬辰~~癸巳六月廿九日接寫草日記

光緒十九年

癸巳六月十九日　早晴，午後大陣雨三四作，簷溜如瀉。晨飭周六照李拾疊而書積文物叢積
不可爬梳，寅生在戟門借舟兩人搖搖赴泖，為平生陳吳余欲而未見焉，蓋當是出外，性決不西歸。
謂興人挨舟睛水兩畢者也。君諸筆精熟，以素將書同百花塔，敬又飭周六去問訊，而天文臺
色節雨乃開。查遍評畫，其為王熙甫宗之作扇，仿寫叢竹瘦石，題云：細竹微風烟漢漢，長
橋丸曲月娟娟。後又記云：光緒癸巳六月既望，過周氏蘆座，見戴文節公臨畫冊中有此幀，
蕭逸神韻，愛不忍釋，因仿寫之，以誌嘗見。一齋戚孫世之衛，移以問訊，與硯仁談，留之。已赴孫
初赴吳少園訪緣成云。廖事竟以秦園成子謂保可無告論，先事于門見文暇，遣一二干刻字
衛見熙臣家門工付扇于春和沽酒歸，已暝矣。健兒讀書瞌睡，三更後氣壯不眠至明。
北輝母來，所壽貸同其家田地僅盈畝，一子耕作，而母子三人衣食仰於作傭，能繪繼子徇也。
二十日　晴陰，冥濛小雨相接。午前偶輝屢來乞讓將女祉洋，至不能理喻。早丈人來
安徽館赴滬游，并告一一。未午後小憩起，既出拜孫仲苑，晚家宴甚好，輝及朱亭之中
事。郭紫石蔭林橋訪久未晤中。過楊飽閣假扇攜，到虞宜

葛子雲語出城轉來太原茎燒船于水次，蕭仍至恒裕并同馬爽查舟，及晚訪夫子
家書渴雯梅田畑生去向舟已閘，逢慶然過之，暝矣。夜計申之長江廣稱舟天難
態乃引李，為夏文蔚合一隨人寄買加信張贊周集
廿三日　陰，午晴矣，加趙寄多料陸蔚峰鐠等，約携之浮道人之之煤周之佳金石塚，談賓野家對
旧尺蔓瓢安未自王格。毒目睡不穩，晨携使蔚蘭蔚訪濤黄臣于少宗，不值，入珍之
佑題至，李條見寶，少小談。發午後携一略，列店轉少豐，仝往何，午後至卿賴西心
惟名之天又無燒又銀米將告整，而于精且頌當一二等備寫致予浙行楷出指子
湘佔而見，相同我行未穿，查輪詩且徧緒与伺。　讀孫達江語楼灯归
廿四日　晴，早至北店，劉藝頤将振之云有舟可附，遂北小路中過不徹主，論奉与陸舟翁赴申
余到乃許四條日久之，陸舟五未來行，余先至探主意，以天氣反覆，七十高年，祥不
往，遂观与楊月湖娄一切，局又与舟人合之子仰許，议舟价人概之，速缓定明早開
余日来韵逐是疲矣

廿一日晴。未刻雨，夜又阵雨甚盛。出门于俶寄谢步，归食后渠亦出，晨间丹斗来，张惺堪、
兰棣先后留话。出又访笏斋，韦斋薛妻伯来，骆伯来，知其谈田故王禄伯、王兰卿宗两
亭于限三日来城，杜小乡来，偕赵帕罗其道于北塔，笋书付之杨，女晖诣其谈，只比待
八九十丈。大性，晚树人来谈，桂轩来乞篆古钱于烟，其令小蕉庵之，薛村伯石金玉子兆
兄弟至辞归，辞十舟于丈来，坚称有一花牲，令苏之若度，前视俗，与余渊之，令之工
微官余叔许之，了乡议谋作之，两相趋，归久，向晚余归。午周小胍以本了下舟。
廿二日早阴，雨三点作，早湘罗天将雨之，诸苦望门北方广店，知子微以病不果，偕张鹏飞诗陆富雨玉月
于云至城南周梓和茶，付静先那下拜舟中，会引，名乃苍，金荣其外宗金牲，令及一子十岁来
余有夫妇二人，宗汪士莲为凡一尚窜，贼乱被掳之安庆，这一江北人其，直皖杨院郭
任信武职，都司，身亡故，家存产资甚多，妻子前年以母家之故，推继子，今欲令再归
于乃归彼，继子之母弗也，今日其妻黑母家，就人暮切之四书俱故，留其宗来之申附轮
余送舟至中间之所，请一上岸，晚苍村日比其欲来焉

園中徑曲了斜川亭葉欹岸歸飯後飲沱醉一以玉磯三四下續泊舟看客見訪加圓
陸之月詩家與諸人談訪留兒承洋與子梅留兒至借之第一家後約我六正推及君
子至又約晚乎趣葉之詩書與楚客談有請借其廿之必有難色遂以推辭道出子
雲與合倩余作書據云即寫作付之夜燈獨話病寓了遂留夜膳膳畢即辭
主留男又飲茶于對門余訪仲衡于利男予生舍之程君生宅上樓晚寓讀心久之
向之金陵寺早進午西門回本樓與江合館為道惟原保詢及靜思者以不佳伊歎
稅君人贊資助焉蓋與衆遊甚利益而我受子十年樓語於生似兒為有人所不肯辭
之人初與子梅留兒談論為予所了留兒又贊頻以書記月乘月擬作近余下月之感
共早催甚除午後晴登眺淺月隨湖放舟兩山積翠揆舡窗數頃屏皆綠水湖
南門回王店市夜飯進店子花金使即以之起舟過長水橋過禾郡已未
雨由塘匯得美葑門風勢船唇他舟已葉之帆丸奔馬疾過甘令詩指之解也
頭路自計卅行之子晚至樓前舟之橋康已夜泊烏工岸市帳

廿六晴。晚發上海，早八由黃浦開行，于鎮泊，市解纜又駛常熟逆蕩河潤周，卅里一帆
能掛。蘆葭灣灣，江仰如虹，抵常熟關上岸，與花金榮談若干，城隍廟前屋長
樓乘涼。夜暇多，是夜不寐，身安寫信，身心俱困。
廿七晴。早由西門從蒲墅至周太僕之館。名以去蹤山陰周，他為松江守，向善淞江之
民處而他也，若江陰水淞府，務談談。
廿八晴。午上新聞，訪洋房，高點與敘，已日晚，晡後于秋橋泊上岸，訪崇禮，垂問
另借收吳少翁抵
相之一生之鮮，未發隸店，于四讓街付首元借，
與舟子華呂恢前
訛伯倚貸王獻相臣家，村越合之
一林，吳蔡語園借諸廬，星弟恢的書
許少蓉羅人
來留兄洋家信，道及市情大減，往烟台
法大原，致書和白其伊付物，四以弟順領之，得桂取以李，重日柳世諸子老開瑞泰
不明案未悟
光桐兄弟一收，諸又合公，又合之排票弟丢古玲呼李之，君園少好，退郭十里

新洋樓，如入異境。入園，游客徘徊，行忘情，四邊環園，地大幽曠，白蓮作

花四半已，燈耀四傍，夫入至前和，飲相見，多掛代呼車送別，歸多慨

其置以有飛不雅，出作壹持杯付靜，即步由浦灘，才抵寓，向碼頭登輪，今寸寓里

無從向訊，旋歸寓，同底至上對門，同去茶樓談，未起前權來，來入座，執手向迎，況伊雅御

試四星之借入城，揆眼鏡，六七星至史飯，乃至硯農家，在道而余茶局衙，硯農技來

林翁寅子余畢，戲至，並有情誼，入門一揖道謝，血筆將其七兩，陵懷父面目扣

朴墨盦達，並未時許作別，余出大東門，詢弟裕碼頭三義棠行，三十餘年舊地重游，房屋頗進，人民

金城昭浦向訊，三五迴環，始同買當，入三希同訪杞亭，去指云路去，但凡紙之脫佚，飯畢

逆去，余為畫，但云缺而來，至對極觀，伊取檢出畫，但又云波多接，說及會，但由雲波

首集該異法說，所有余收以作唐紙，云十五年前事也，余對慨然，筆雲波向閒談，信未可

武同騙揚，且性蓋兇，有所有得世行之又，是誠有心吞累，居以巧獨矣

大概往行伊處談背心境又惡且兩日內未飯祇出手花衣街以銀二枚上酒并食菜豆腸
出路入城觀由四牌樓數之鍛傳市鏡箱一計五角又木梳二付一黃楊五支計洋四角付洋一元內扣
又手花園後磁店市油粉缸盒二件計五角以手不能攜倩其代送出城即取脚錢付訖
呼車之美順號廣坐剪紅花花布三尺付二元即加致家信語又知桐之來又呼東洋車
之老閘瑞泰桐已他出乃出伊店作別奈萬家觀布鞋襪銀器三件乞其往市衖一碗飲之
甘少偏窄旋走出御街書記約明日寓林四百兩洋大源至萬順米餘二百兩寄初五齋乞其
長館雅齋一坐訪雅但店門來去空記園惘然四路覓之再問之大馬路第五係与張同集寓
去雅之太麻昨謂幼余車兩次請其薦譯余蒼述之出門覓衛中劉帥許其後雅談有他了
余余雅升在額寄其史与雅少飲于王寶和多陽將暝議及御史多感歎余計後之
桂陵川弟今日不搭船寓江永順明日太古等輪又昔以吳嵩船 旋同至萬順与廣生

語余承女星留未允，乃飭司看行李下樓。余雖細推路徑，精力實實難支，渠其徒市保鴨烟即清其棧司呼車送至招商碼頭，雅與庶笙前送登輪，毋毋欲道謝，而詢未備，而以旋搖搖不食，目瞪神移，祇強登之。入輪舶夜艙，上擁擠甚，未幾有西男乃覓手（竟將買呈推）慢房，免陳陳，強之爲一席地，遂手樓艙茶房鋪蓆，放（住三四人）臥几，始得安，並放箱入艙，取銅牌，又多周折。其時已十下鐘，以其煩，棧司未妝，庶笙多情，致足感也。旅作別去。既而中問及鄰住者，一二金陵吳以左倒仍回去。托爲互相照料，又時許有金陵下關學員彭鶴翔及劉公（令）玉林，又相約焉。輪舟中往來行人如織，言舊不密，扒手如麻，不可究詰。市果餅遊戲物件如市，加之扛夫客送者紛紛，攪擾目不暇接，仍一點鐘開輪。駛行旋覺風濤聲壯，岸間明（燈燭）如繁星，亂雜殺（居）席，倦極倦（後）即將。初身時業一覺，不禍矣，黃州，庶之許已存存，東欣夫婦。

是日棲蓉村伯（函）致祿樓三三信，伊由（存之不可）庶笙帶送，子根。庶笙又致函莊四世兄，陳圃兄行。

並順信司駐云：物由車佐也。

廿日　陰，小雨，昨作時止。黎明，長江一望滾滾東流，風又西轉，一輪蕩海，破浪騰游，殊大且喜，不
覺舂撼。至通州後，劃船撼舟，往輪上下。留閱午至江陰，西山岸環護，江流一束，向稱天險，此不過 鐵甲
然砲台不並修利耳。又過天津楊，江北鎮東界，又停輪上下。晚雨下，抵鎮江，時將日落，以小艇搬下，船邊水尚未開
停江心，待時鐘冬之泊碼頭，又人聲甚沸，上下人叢亂雜如麻，未半擱，由岸邊來，又展，葉負倒，渺為
又來張保卿，奉文兼江北參宿，未遲渡江，今一僕赴毬，相來現任寶甯府不到任，相坐，留住倉巷
司刑名一兒，如舊，又約今為照應。三更聞輪，余一覺以不覺，天明催起樁，小李
廿一日　下舟，隨使送小李于舟，釋往閱，至邊大通，飭候之，帖房寫票。余由之，計九日一路上下，本
本均收票，寫票到近鎮江，惟房多人，來于每人查驗票，五千乘從以申論，則將南京未收
票此之例也。有本由通州、江陰、鎮江等某某某處均有償例，可謂使權而可恨，於手令
茶房亦不服，每日二飯。余早取房船，包之船也。居不錯，仰高不二人，婦女小子
作道雜以竟者，高唱作戲，亦有人病悍於其間，天知細數，無異茶房工人

时刻收帆，余少因饮酒闲谈，少腹出饭，而眺望风景，此行真觉士君子集

七月初一日 雨 微明即起 南徐山水欲滴江流，气势雄概，惟清凉山乃出江 俄顷抵下关岸 打磨内於

雇人肩之，笑应之，实支着极 幸有刘少峰随人帮肩至大舱 并将四件肩入，力乏 风乃

旬吴陵息，费少李而沈生嗣也 又雨打 似足雖稍少饮，蓋船多人，搭赴競登 仓皇歷乱

雇工去，余手上蓋舱二人皆携一人 雇划舟少步码於 幸得陆以随人趣去 久之以二百罢 文達肩

送至水西门二人 共挑往 诗 久不至 寒急极 略膝物託人看视 生恐追寻 将划舟次二人来，乃复至

萧衣取物两回雨甲 衣 鞋去 上小划 雨更甚 吴君早别去 住石保卿说 幕府 去

陪诗论文 未 湄 寓 岂余衰 去 顾行 时 住 所 一背 心 实甚也 稍 不容 识 城 衰 懶 天

大雨中 泊 竹 衣 解 夫 先 洋 觉 俯 太 常 去 来 吴 幸可等 著 之 辞 罢 疑 必 要 似 有 意 气 不 道 去 唐 多 多

于舟夫 諸 服 余 共 借 植 杖 极 履 竹 上 雇 轎 登 岸 投 四 象 桥 謝 公 会 馆 衔 市 不 甚

热闹 人 户 大 极 萧 條 比 于 謝 公 会 馆 下 與 吉 共 来 意 门 者 坚 不 纳 余 又 为 千 里

漫游至此置身何所，夙气两语，仍不名，只唤与大等别君客栈。并又行里许，于状元街
广声楼（什已九下矣）楼中下榻，付与金钟去一名升。满且瞒空楼上陈状，隔楼数（名戊男，火燃也）何在
天津观罢尝先来，蒙遣下榻。何陈芙山人，午后仅来芳菲练下咽，倘更而物画知
且去，将居觉遥静，谥旦作，如佳饿晒物剩头，将身保雪，明日概谈一词，能然也
涨　鹿
又有罗薇姓（左）湘乡人来月丁　宇俗楼
输与卢家一妆楼（闺有芙蓉，有慵妆，旧名公子上和中承）　芙然湘阳，了浪说湘名，头头芙然多髻，[illegible]我将去湘南，雄儿女，千秋难（此未千古英雄了，莫当安）
石头城　看插直疑下阁东，十里帆添一舶风。找照眉城妾很照，大将（名）
呜他头石燥英雄
桃叶渡　刻怜江左萧风流，打情来君称，分湘东晋以回还门福存（借得男儿百代可，更有一朵传扬门，说个华存画；共何一个闺画家，女儿倒英雄）
惟余野渡（自凄秋）

初二日　时雨时晴。读所经钞程杂也。晨起心身稍泰，而值不可言隅房，借镜揽之，瘦
削黯然，正若秦目，形容枯槁，面目黧黑之色，顾自愧又自笑也。写字作并砚恰
店笔毛封寄家，出门市茶，访陆南彭炽光，遇之，与厥君一谈。午饭后偕同四子仝访谈
上元黑石校帖，制入久之，门生萧奇、金来，为陈闺寿出(?)道生主人，性亦并有拓印石一种，争逢其三四起，即
同而又蔼然有可于。晚与谈宗晤叔谊国，余虽谊异常，而刻去似无傲吏，余亦于此
饰亦不深求，多年久存所牧羊，何足追我。久之，拜出，行近趋道，善寿宫及文西祠於
市，君府原址。过承恩寺前，独游甚在区汗，动汗淋矣。久之入寺之大殿，皆家富，西语甚多
僧去者将近，家自于雨庵，回见到钱雨楼，此在市政司，储道寥，又来半里许，出门
记夫子之殿，乃学宫也，棂星门外气象宽大，有泮池，背后有灯船百十号，极似画
门前栅榻，宋多，余设可戏，唱书，送相接，热闹异常。东最美者有一女子，娇骄小色
庙前亦无老人，在其上，要我此辈不知其可，今亦不之，谁也。始近贡院，见将恩科厕所数百
间，地狭，由小门进，步入，前后会，背坚，实可避风雨而自照，遂楼，出在中，不及

閑寬居内有詩二首又李司馬一首讀院風清多陽已下鋼君屋路每每錯走但寫法甚
六六上之所出命案係唐李姓學師之子時人謀財害命現任知縣文不爭亦無怪小民又無權
日任那縣之子被斃詐無抵也之之書閱之歎耳夜小飲即睡睡起一晌春雨日見晴
望之晴早起余乃游攜夏布游記出之出西門大街鋪市闌闐極盛川之淨土寺市紙指
賣物指身帶資不多不能購需之物多矣歸又大便主側房中惟此大不便耳二點鐘
從背心子中少向陳圃精來答訪對吾程述來謀復子俱應允諾之也然後辭去余
午獨游大德寺下相寺高院一殘入方院鋪内一見程書讀兩大冊一作書係諸其件攜寫甚
賓訪之怪石突起中雜樹如寺左山本樣樣下鶴鳴寺攜雪中直題言四五峯錦法荷
之闌處又兩株檜樹中一宅中有讀書之處下一枯樹之旁一種其上一種太子八一叢太子居宮神不以為理神主具兒筆法又見一幅之殘作
理六已小墨人物一之芒殘手株金芒之扇荊蒿之旁一亮長題下寫雷風古人極筆墨意
右又見一花卉識杏時人扇牡丹保入删目大雲院丙辰玉以書作微紀雲内錢桂森陳夏稱識
皆仁饒人作墨跡壹順寺地又仁和寺自閣一幅述伊正四十二年來者廿微經有為題名

佳話一至誠坊（由義門起）共六方楹，兩旁同孝坊甚寬，分左邊勝坊二，直方樓，壓面嵌程祖伊等四石刻
內李合肥相國一聯云：白烟虹明文典，錦書雲霞化氣，陰虹蓋因後二年甲子科去（六月）後題。
十八日，聞孝通雪下，世登明遠樓，四望雲山城郭，南流而北大，長度卅里，一望無際，負山帶水，西面
南屏台山，下有洋槍火藥局，楚東首大山曰鍾山（即紫金山），北有清涼山，林木葱翠，樹丛如墻，長堤（江邊）石足，
挂了城內萬家烟火，鱗鱗，不知經何數。余亦多行間，西不過三城，遂聞譙鼓風，數數然有清響，已然
遠過。利涉橋，聽見兩樹臨邊，柳陰夜曲，鼓舟還歸，而佳三三種船，游甜耳熱，笑語游清，獨余細
揣側成口占云：
暴雅淮南樹云　楊柳樓臺畫樓影（作者），水邊亭曲綠楊陰（隔樓篷）（甲生錄），閑人七八意風情，減利
涉橋邊怕問津。
暮年曲釣與巷四圍，然不見一枝柳，小史時叩史地，即于去年廟樓向，揣度臨游碧波，跳跳（有刻碑廿座）
以舊歸未久，得上燈過，飲燒飾薷坊村斤，未松，使飯，余飯已，同談不佳，其時未刻，續談，夜
早以某甜面，飽，故隨柳煩，携勞掀，夜華家中二房，老大沒道，寬廣，數縣稱多，雜材曲
一房兩二挂，樹枝植，相某一，內養肯牛馬，旁有田疇，似余之文書、畫子等，為余 □□

者二未平也又樓作五月詩湘溪也湘日而歸在

留早晴巳刻從賢作陣相君至賈長沙台趕并飯又茶于新四庄一盞游雨花台于岐路上一來

章之得之行由南門城圍極大石橋（分長）下見舟楫風帆又二里上山高不過尋欲憩于第二泉內

喻若以懸有許楷祥聯云猶携天上小園來月來試人間第二泉泉後依山為也又第二泉欲而蕊蝶

書又傍池中凉歛甘露樓若畫十樓借石于靜佳亭乃走雲錦殿望間木葉有皆大蘇蘇樓作一

湖仿十數山見以蓮葉上佳余且觀攬四圍山色來畫荷花荷花平珠余景象不知何以得哉

名道大報恩寺向長干塔已圮久矣佛國未毀之作雷雨仍晚寒雨往中午饑遇午過飯

林鳴騶來相對之辭乃竟直登上樓排雲之欲談書辭之辭拉余遂入署又許免飯而辭

玄荷陳又來談　江南主試正　徐會灃（山東翰林兵侍郎）　副　文廷式（榜眼）

補北安湖煙雨樓（六月廿四荷花生日余適是日也）

綠幛青曲舫，紅蓮白板橋。雨住晴亦好，愧我客征橈。

楊小舲夜泊

小市競呼米，蚕聲喧到晚。橫眠愁不斷，還怕水收偏。

蘆墟

綠玉欣堪枕（此菜最長形似枕）紅菱月樣酥（鮮足）（生採尤有味 馳名）涼（秋）風上月（別有味）螢飛朧菁蘆（是夜繫舟 月已滿足）

（下）朱家角

旁閘鎮　（上）下山如畫長橋濁水堪低兩岸行宮樓閣在深處艇縱橫

過萬竹篙有處

卅里平湖鏡未奩中飄一葉（絲）着豪纖（篙竿）風力僅帆去（須與）羅山人未拂拭姿

青浦

田似棋枰挂屋為鋒最多　此中淳樸之風得異讀三讀

黃渡向雁港

市集雖未湘湘生生市便繁　村童無嬉閒了　牛背以耕

楼上望钟四下禅门无元著入帐房阅书他去修陆山寿观提甫西畴识〻一西余范韩山
读久陈前帐房同人顾赴又有东山人谢之走马余书弟收辞底先往往实付洋又射时已上灯彼过
夜饭以天欲雨辞去不二百步雨至行半路衣衫已沾湿夏巾沾泥涕倒以归归后补前诗夜衣
金陵怀古诗
巍巍自古帝王都六代江山付画图识符执计伊昔胡恩国挂北汉从来陈名士聚东吴朔
谁谈累误苍生事草诏何因赤族诛孙子楼景落花残碑零露也慕
金陵王气那全销虎踞龙盘瞰碧霄得失是非马哭庆残萧
娼骂天堑凭江剑玄门台城芳佛谓毫我同难摸起舞数流去街欲回唐尧
乌衣旧巷夕阳斜始信钟山郎掷故郡内观宫数弹棋谋付不往书圣烂温
由来臣林病偏甚孤光国便自尊翁雅是年〻新舞孟多菜还觉旧痕
随家游以后另诗信胜儿焚萱观于金粉探香思名山春树千秋荒塚麒麟又几时
王济般为鹭水遂闲即火计借风绝才人陈书将军挥洒肯联名正调

初三日晴。略涼。起遲，午前未出，作寫跋陸園書後附名条

昨華生信道曰公出性然，以但昨乃家　家大林鳴騶管訪流袁石館訓之，又獲仍假續情

若孫重金敦孝，諱爲說項，費須群喻，特出宗大林之膺，然劉氏兩家，類戒其記寫遺誅

特聞在京以求，詩達鈍才，新任高館，年甫弱冠，位置一席，大妙。秋水蓮墨，小帘茶，祝才有餘

公務理，性所似之熟手，如能早得一枝之棲，則李翁其隱更善深矣

申刻同陸宿汀走夫子之廟，登河月樓，茗戰，茶在暨錢山栻畢。指孝陵衛，言須廿里，河水清漣，芳風

拂襟，路見蟲藻，並與消長日，盡興而歸。趙燏古兄來談，夜墨作揍，可恨

雲，早小雨晴，晚陣雨，夜熱甚，市茗記。午同与彭燏之合之伴，橋吃飯，鈔坊間走，回道墨前書攤富

多古玩，詳閱其中小路，回寓，申刻与陳叔山已一晤之，伊要鄭之安叩，前往上元縣，坊所林倩伊加意

乃至，又出走夫子廟，遊行天後，雨回寓，即陣下庭中如池，背書程，畫須冊作擬古詩，均未當意

初四晴，早至晚雨，作極近雨，墨雲陣陣，晨起遲，早出，與陸園書來，先之，蓋山許久之，桃余病小，借至南門

下江南貢院，考棚出入，左程子祠，香棠，內有靜室，旁屋權借作樓，調四張，入考棚，規模不大于上海坐

差，內爲林蔭，蒼翠了綠，樹蓮一匠，乃工繪作隙，而蒼翠，玉文爲叢，桴殺等竟，論其差始而亦

此校，有原，須有藏藏，經穀不然，餅不若數名之區，過午憊。饑，出六七，食末和余於師，太

易刻蘇子由前後飲酒餞跋踢蹴至陸前歸晚君而悼遠行仲于山東京卞坊社

蔣常熟老生元通鑑輯覽廿冊史漢三國明文冊董侍誥疏四本冊五經類選社大題三方社雙辭社

明局中史漢三國社作社

十九日陰早甚涼申刻至寓寄代令靜明拜年伏入闈不得出來云云又致簡伯儀招一切託圃書家人和也甚林生來

將午一見鼓樓至旌至大街市大關東腸州于蔣同寓見來書午飯後出至上元署點中遇安徽以有吉

吳入棚吳殿模同人來京西里而瘦其相者癖與余加甚此余同藩司以下各職皆面圓而趾高矣入

署與挽搖夫請陳小壽棚四少間上階而微笑矣陳伸士一見詢訊乃知去年月來錦吳于和枕人住居庫

府伊大之門人對之蔣子去有長飯金住欲林求文先特薦之一也云云又訪于刑部李倫入談又晤李佑先生

伊林在紅道署第中談次頗知晝理因歷數君人甚洽又與伸士談而君別路過夫子廟見夫碗云豈知文不成

二十日晴夜歸鄭房沈道仙楊家人並為幕府為金橋去又見請客後一覺之更下樓何倦意不睡

二十一日陰晚至已刻去南門同訊鈞魚臺海罡與廉每去錯路至撫湖布公館至矣入其有一葉

牲余出庄館人至永禮同其畫船至磯約同兄寓信住少甜去至下江五柵大門已閉回西前大道出西大

衡于藩司前午飯作于積店見司馬錫蒼大屏六真迹一桐鳳一翁鴛鴦一菊錦雞一貓蝶一八哥

柏靈芝一紅壽帶芝一大鯉甲以石榴凸石楠拱棣現存在棚

玩之有味，嘗之不盡者。旋走各古玩鋪，均無當意者，歸店以晚。與欲雨，雷電交作，擁截賴，無佳作，如遠不能
動筆作詩句，夜早臥，鬱鬱難起。張雇汀之畫之扇
初十 陰晴，微雨，半日未出，食飯後枕鋪腹悶，得午，到彭熾所于濤生棧，有客在其旁，攜木之夫子廟，省食瑣碎
并市酥，曲未到，同張雇汀出市紈扇，半金之粹，正文隨樣市英碗未成，堅實歸，由烏衣巷特入荒
地桑池叢圃，惜羅嵌躑躅，塵無清氣，然入街，君原路回，開作寄眼，嘗已甚累，及假了寫手
心燥意亂，竟不知何者為合，恨不伸翅，青金穴以援，該當惱，夜尤難難，不自覺，即作詩句以解而止
十一 晴，晨咳嗆，多痰，身似寒，嗓乃甚傷風，故心緒煩悶，情十前為張雇汀作紈扇，水墨山水，雅草墨綠
淡荒菜辛而，布置用墨，尚有意境，口手皆酒，絕少精漬，丹曲刻，將未陳之，先以自支代市英碗，臨書云
遂去，由四象橋至王元罡家，見東府壁，以作手招代寫，舞兒隆山壽，攏推，寓馬陳國書，談家冷，兩
抱扇無佳，有劉節亭，執道旋，今甲一扇，大書，綠甚佳，諸某人徽并，不為招呼，故不知其為何人作也。乃
等去，原路歸，市鴨子晚餐，乘蕉近邊，和布未石子心安，作夜，數起，敷藥
十二 晴，早市溫蒙于街，難辭。欲將書京，午後陳國書另來，述其已同閒碼，幫和等，年其他必昂貴
易談佳，預楼，統數十畝，則僧將來伏利無窮，金鐵等之累，伊為附，遂而止。又去已為太古
買得興圍，偶談之謀者，雖蓋上寶卿下鎮江，嘗有此群，此言不為無益，又思及某保
洲不十里，并滿向鄉，作傳聲，有利，伊亦莫為，而無堅志，而尤煩細，手續繁誠，請明

即偕叔言下江考棚，逢陸蔡國卿與之一問訊，遂入考棚，陳孩已甚，午飯後叔云出
不歡，陳蒼尚先在院來談，佳卿復燈人四刻許，又見王友芝，金陵人，來談林西帖再略問里狀而已
日將晡，以歸，又見周卿于達田房所五百文，獨走夫子廟，文德橋買鏡畫牌，又買蛇面，以為獨任
向刻碓齋萍仁談何長成詩福延，指田摩沙芋，圃只述般狀云云，歡餘懈不暑情狀，再三說余辞
以田耒一摩地說有楊稚竹寓間晚，又辭以住京歲，不再周折，不知明日竟來否耶

夜作詩　擬呈安徽學政吳魯來蘇還　吳閩中殿撰

皖水遠羨待網樓，乘軺直下白門秋。聖恩優渥同奎藻，學志清勤凝
補袞，曾王母會瀛仙作侶，文星朗比月為談，從來俊又播時代，花甲年周盛可留

贈相士孫厚培　丹徒人　是日來寓談様小道為余謀相頗有驗

江湖四衍醫卜星，惟有相術存典型，嘗讀史漢紀傳徵，附留侯貴日顯取形，羨歎
更敢飛食肉廣額大異，持簪溟居山墳起徵文聖，饑紋入理果飢刑　孫君相士云云
空軌京師大吉一下，告曳醇醒，伊某人科名壽且貴，即誤何異逢富而窮，知渴內清，空我面名

士華澤雅垂鋼戒閑少言，豈是驗，惟有着實二語，言可聆隨心種佳程，是江湖風習隨口諂俗狗
勸戒烟寡慾，乃是不刊銘。
十三，晴。早陳辰君出薛聯平拓本瑞陽人，畫未見神化，僅算偶合之一，然已名利兩收，正堪懊憤。又去
金履泰省板，楊花性靜為吉鄧際，杭人，曾為閩典史，其狂蔓伯金石書亦頗出秘，又直言心識，名筆
不愧名士也。一出街市烟寮，午後歸，南洋錫人來許，逸入署，並見之，少間打疊行李付機房，租賬
收回。歸五房予飯。今日共出烟少如缺洋，加照擇挑力，打付佳蓀而翁，與孫厚培說相商，乃付相溢
中刻閏大挑入上元署，圃兄為料理，住錢蓉之姚府，金雅性長，堂主師傅花子並一衆共為無事
家書予倩。東行裝，令入房其僕寫料，為閩，李勝、楊兩人，烟兒各散，雖作狀史，午晚一塞，溫上燈
後欣林歸，逸入簽押房，任膳同座為注，經聽長宫，湖兩晨寫煩，次海如閩，廣州，修責閱
君談論風氣，不但名士偶見，精悍處看，玉雲、清美者，又沈佳卿、鳳金、魚人，出示座向設及法
及書累未書不能息，又不敢贅一詞。飲早，四房來，蘇來，以筆談，既而六弟同鄉小飲，以邦閩舊諸詢
某家世傳藝苑，其書法蹤又一第，居然生平所好，兩家敬服，未能道其宦，亦為許其作雜，伊系毋縱往在
思數佳理，要此同予究聆先之，書法甚速，亦加勸，不宜為此藝，是筆墨纏繞，情真簽押

夜已亥初有大人來事未竟談及二更辭去又與兩兒一言而以杜工部

上元署課題

是夜夢火焚大寺聽之遠雷因憶閩之五行山坡見仇實父細筆壽上雨濛篆廬

閩江信偶一篁詩可惜余未曾往仙翠蓋也若秋深叢蓮塘者平彝僻多

信綠綠仙巖不孫到來隨粉雲偏多 深 秋翠黛色飄香蓑笠 蓉

西晴起已辰刻与葯月泉綠山中園之兩人君未一面邀沈佐翁談心午時房師田兄同坊卿 名盛

長亥八說佐翁談午車帳后飯之後遊燕邸与佐翁來出齋花八大街出縣西門閩訊之莫愁

湖在街後乃步門談華嚴菴入角道竹柏森之陰翠滕樓憑眺中山王像多聯

向尚佳 讀 莫愁小傳書給若窗間一聯湖湖莫業約十里遠近山色由涉城堤風

景赴 松 西湖榭覽清 水雕正 隨園雨云西湖不及頗少風帆葉之耳讀隨園可善

然湖詩甚苦之半旋登岸出園文昌 名 閣 大板巷 登 欲 上平臺臨風遐眺斜有天際真人把

臂與採碧夕陽在山遂歸歸路行之憊 乃 行 鳥星到署上灯矣夜膳膊陵 兩后

二更与伯行 右 書請王民

中元日晴節未家上夜接祖是日祀神祭廟令人至家未見誰情之 早 与佐翁 干 以修纔未適視植樹葯月

亦云已請長歌諫師諫之雖

登勝棋樓贈中堂像

颯爽英姿在上頭，贏來占得一層樓。誰知此局真千古，照代江山仔細留。此局大合全曲

已到胜家，垂詢及書目，該次對知辨之篤而愛我深，乃農並此目錄与看，再寫詩稿數之實。却之盛情

頗惜慢欲絕于膝，後為之有石谷畫在祺宗，余望約借看，未到，查三山街一路留心古玩鋪畫肆，一條在玉胡。祺宗則石谷已被戚取去，嗒焉若喪。尋里間大府，見胡雪程鵬人物，雖有小疵而筆未超脫，蓋已闌稱墨定矣。急別送玉工，花苦捫久坐，談心，薄暝歸。晚作家書，閱蒞書。夜膳後，辭中悅來，在談，二弟君擇四弟。

吉王論書法向難辨，賊出殘淋漓，余大言放論，至不可遏抑，真情酣豪，頓覺狂妄，後悟退抑，因語素懷，莫不自惜耶。既而兩人去。出周松竹子、人物扇一面，張紀榮寫綱之書，扇作兩兒文采，觀接著無未盛，笑共前寫文采只詩稿，闊流物咏史詩，作佃意，熨貼妙語環生。在咏緑楊烟自出，薄霧迷離江上樹，碧痕撩亂雨詩入白李之流，桃花三月浪楊柳武房畫，不愧名士吐屬。眼花耳熱，興勃未已。佛士來，竟少周旋，辭為歉。三無二更行眠，前所睡至明。

十六晴。晨望畢，即為沈仲鈍寫摺扇，墨色亦佳；又為陳養山作枯木竹石立軸，纖李石尚佳，悅翁來嘗
觀覽，以為歎絕。隨手為楊雨人表弟作平遠小景紈扇，筆纖着墨甚少，閑逸異常，頗自欣許。
新月午後悅來又來，到于子純紈扇，書倩金壇人又周培伯長安人之殷去的，又來續作立軸，但寫訖眠。
日而叢儀又集，中心殊游移，與陳偉士約去茶話，遊去，而余既早起，不得不一知臨惜
入簽押，抵齋看，許贊伯來，二更時回，面以武而病，幾不相識矣。王純卿刑席伊以案事久之去，乃與欣
然對談，兩家境況，余勸一學未子才一不急私欲，移臣。又言及細微了，勸以獨去京師，為之不已。
先劉憲精神不能動，玉亭遂游無可，乃出山人紈扇三四十柄，內有五六柄極佳，圖錄步於諸淵
錄詢及蔡君順口回話，而先欣然為詩，以善寫蘭出題抽閱，及欣嬉乃出見者餘慶為賀此滷
為取今日所無者與相許，為極取其具，玉三堂寫一蘭石一梅，而未見神逸，時已五燃而止，欲禁
文理合採世間一日得釋曰一往精以畫名則之不利，遂偕夜小飲于帳，頃歸與雨人暢談，玉之
更史呼酒來，與悅翁、偉士、佐卿瑞臧二五人共飲，謂以笑謔嬉樂，不可支，飲竟三鼓為時
玉亭更腹痛，欲溺無如廁，從園而獺犬圍而吠，哭頗危，既登廁，則又為莫要又為候之
病矣弟 出見才品不羈 偉士 宗學藏 號漫泉 山陰人 現揚幽文 摧為畜舊中孟守之康 自稱才仙 隸書珍比珍邑名利 心泉溫和之人所向者

十七晴。昨夜忽然患痢，自晨至夜，计登厕二十余次，每次腹绞痛不可忍，即欲溺状，乃于刻水下数滴。
至久坐桶须侍起，不一时复作矣。后已瞧僑，晚两更，乏力，早不食，午饭下一盏，夜如之，腰亦觉酸软。
自计病之所来，或夜受寒，或先受暑，或饮馔失调，或因多食伤胃，固甚难揣度。是日不出
门，亦不作一事，仅仅以数次早承小便分候，随痢药，上房送薷香叶，阅思书。晚伟士代买豆蔻
糕，忘厚五国，悦泉送汉画，悯不寐，半夜二四点，承夜语，只得愈轻微一点。伟士来问。借得杨公揭出模
十八晴。早接静儿、契发家书，稔知到杭试，后四家书，家可陈，赵金患痢，昨已痛，两日行十余次，殊不
解何病。未写家书。陆读记惦加常，计五事，并没甚依等等，午后略出，又写琴子、佛信，寄杨东山，内
许以饭聚，连内述收到信文，未复之由，并望以保藏机缘。刷又致余朱彬用非觉馆地并托之
为家略扬书藏，又述静儿试四可镇日偃，然乏力多聊，山寿六说二或廿窃九难前任，乃详告
廿阴。错于监是日维勤述堂，抑亦人事。路当瑞和、当前悦泉论书，阅读最久，宗契夜东斋以
手读至三更。　見清浣仍付信乃思金了
廿一晴，晚阴。早饭痢只六次，不作一事，将午抄《金陵怀古》作三首。午至张府与朱鰕历同饭，仍傍浦印，兵以向往。
与锦付欣特协也之，次张逐清缘，遂约乃于张之间，马二匹，四房小间，两人由大书跨上策骑，
由府学抵西城根，沿城跨入山，山不甚高，树木丛杂荒榛，遍地亦七里间，既抵山下，马先之

择业楼并宝头楹帖，生起遥上山入清凉寺，清凉台一上，以为巨刹，此尽则寺岂不宏壮，分供地藏王
十百内点烟甚闹，而僧众则口亦俱取香资，而绝烟灶，入窗里设着砚庵，僧陪谈，壁间有薛慰农
观察诗，字佳，又读无僧墨竹，及茶书，均可观。向之读画已阁办久矣。茶罢即下寺，特入一啟桐竹
来辟舒气最豪，惟远望江山城市历历可数，遥仍揽迹，按鞍以剥转回，惟近界见许余马太跳
前下而与马夫归，同游首之状若境，余独步生趣，精询精讹甚矣，此向今之不良，掷真下未识路，为紫云
古衕六文，以旧佐卿诸来问话，余依作情古诗，为两人并见赏一二，伊亦出旧作，有如依人，谁肯乘书昭
慈幽仍堪已白阮，向又入世于今，作折磨，均情真语挚，惟气和平，气骨亦大佳，借贵似到，午已
后佐卿觉雨弟亡，悦泉说七律五首，又说王元章儒林外史中节，余偃以谈联，侍不能尽说，三更即寝。
二十，晴。晚欲作湘雨阴，夜同浙雁作声，晨仍病，不以遍，午同与悦泉至陈戒三房，看其篆刻极印，多物皆
未尝，余喜益未深，尝最中甘苦。李入悦泉坊，见金陵人芦雁谱，极佳，与言多为易悦。
与入陈作士谈，见姚莆经，湘南长沙人，谈与佐卿绘画书之状元晓，大碑书阁四史，须不见，还旧五四元之至，不佳留
来和君作买书，栗以有人在局，止五旧王府，余腹痛，从阁此剑华，见侯郎，排有漆砚，赏之，余玩事矣。
又玩锐碑二佳，仍王夫子庙工昭月楼，晚点再游，伏药付作，由小路旧王府，于四岁时以偕两由，已暝矣，墨口境乡为
留遇两人，又来常十年，祖二四弟长谈，未而中为具，情甜之况可掬，悦泉保谈，看理至夕，歌贝谈但吾
知将来定作名手，可畏也。

廿一早陰，仍旱。起，洗硯，理書具，為于子純作紈扇，并中秋詩。錄舊曲題云：堤上沙邊下，流田出荒荒，泡合傍煙烟，
夕陽秋翫芦花如年，鷗舍宅宅湘放鷗鵰，
筆致易達，惜芦太卑，用墨未佳耳。
題員偉周壽仰同仰國父傳閱了
高閣臥烷閑秋風葉戰聲，騰山角格鳥出僅意日數鳥不面，茗香太冬舟白起。
午刻為壽仰畫中幅，循麓作竹樹，高林樹下一亭，閣中一老人左行，一叢下卯屋小書綠玉，晚而畢。偉士言陳瑤
言夏七年，蘇伊晚在二書觀寫素一幅，此力健，訂了一月，了悅泉云年前有一女卯往，年老橋曲園所子
作夫于字封，冥以與玉不語不飲，先是設擱，鋪帶于地一雛，女捧二大幸一幅，帶大觀以筆，醮墨收帶掃，殊見
腕力。天山于云：傍洞四無自云行走五看三遠，閒其文章任江當時沈伸寫中風，點以三千金為醉卯之事，誠盡致已。
廿二早雨，擬國書徒硯，作建午之扇，小來綠仿，翻稼補下，丸之青梅工，竹中一屋，邊一溪，又為王存之刷石，擣海西作未竣。
作水墨雲山。題匯山遊而草草畢，為有是家一立，偉士題一律，悅泉晚與佑卯出訪，來三山角，丁郊陽市
大街由舊王府，龍一頭，鮮佳物，旧飲，境佳，應寬飯于懷，為老碑，見夏七年見道其家，卻遊新城，八人同
詢陳鈞，居黃井胡同，而待坤，予與多厄運，其為顏良，不三拜。去二四年未識，悅泉在床論舊，余辭
中一僕未，言皆原，陷曆楊楊，悅泉狠狠不知余意，睡七矣，一覺則三更，燈火寒。氣通人，見非寐
廿三晴早，偉說佑為余之內揚點，饋琺臨起，餘作即西性拾色，見悅泉未，偕至入三書畫，欣抱中，擲帚作竹枝，
又作菊中屏，並又為壁，昇先女帝，作小橫幅，獨士幽篁一幅，柳不宜悟，意為欣獲論書，窮佳而並英貲
午飯來奇賓，叢山卯至，并究欣林讀一二，欣林乞畫四尺條幅一，遂又惟借，未筆至夜，倦，作一幅未完。
長松僵塞。歸，入晚，渠雪山菊，楊州日日未能完，財收擬後列為敢蹤，而未饅，廿四莊子一副，粟外

秀在攙筆君樟二尺直正幅徐于山壑乃見陸稚夫山存本又劉錫少尚世二玖長辞叙女時府
與多碎語少庇周蓮田番東叔來語余役床佳撰書二夾以補六家四執夏珪畫三里圖陳儉士檢雲
兩人對弈代冊玉子交　倪魚子片佳色　含江懷佳
苗晴早歸閱舊卿所贈又錄前日錄四人與悅泉李佑之論畫頗皆見古用柏仇扇有紀重樟條待以刻記　內辛
午後以上吳照家玉樵具于家看那口捨去於又為錢克弟寫宋東壽作刻漢法吳公伯公常有之寫字橘
既月又為佑士寫半面山水佛扇又寫楊柳借請屏未完天已晚同悅泉佑卿之上江彥擱轄之文臣於陸
內前一堂湖雁空窗中閑一株烟暝天更此聞自有次即西已夜既陸二委玉又與悅泉之湖北洋務總弁
以順天才又有錢天津倉運吾卿牛鄉人金桂姓佯務製造精造且營作甚多今太之巨賛貴也但
二事之金爲伴學鐵廠此種人物宋書留嘉之二更去在同藥四與兩人佑卿之名號周讓初館外科巴
宗六事　圓來未之初憶系未小對　夏七平泉坊僕石墩見遊墩去去了為
苦晴夜小雨爲悅泉書小聯云予國雅補城之邊荷花世界柳節句未桓為偉士寫半面紋之扇以並
頗易為之擬帝作屏完楊柳和燕又秋景枯樹瘦樹之悅泉兩畫既句於西過書佑元之有功之不當
六為寫玉暖辞蓮與佐堯論畫兼王壇之翁出柳查屏作玉申刻又寫　圓來之翁平之完此又作畫景
屏半兩人道赴悚情拆後戟格飲許亭庭同偉士佑卿來建午後成三做藝搭兩人去玉如向我又二
好之六列其入席計以七千小顧西大山來之之向前力口來細誠說笑買又看陽廣洪榮　偕補查伏光之與
任堂同常乃席來甜我成二之笑執來已玉和更拈周全圭秀陵前伊二人來未西御書語未中次

去又呖稿羡將家先一事枚文仙隊窗烟閒燦段即四子桂子共五六枚綸梦横請余以表馬素花隨步在水峰
採花情閑而花借有菁有奉去落花無主物而撼惜先與佑伯偉士三人归于狀元境市饼市燦四冕
归又久之伊三人合至共話悦泉陪偉人季依亂於市玉包畫共論畫時已將三鼓諸人去只儋余独坐去
计设明日收画是市物打叠作归计
廿六日　晴。早为飯林作扇余惰未完周宜四弟又借作摺扇未完正午飯東觀之编未自吴湘冠之名士也畢
与楳泉約出既而以余腹痛不可忍如廁二次檢帳檢庋未列由内楷椿徑去狀元境過大啟堂出四
史屢屢返相仿以燈成付余送來走返貢院見建午弟又市金陵笺摺等二筆畢又回去狀元境李竟明
家市疑市玉堂板言板甚佳罗字問名路中見女新和作為山水扇並乙乙枯木竹石乙乙桐榻小坡湖亭
竹逕茅屋甚遠又于隸宗兄仿東坡竹梅均佳芝蘭板紙向他价度店向厥訊試价未成去大板
巷于臣承謨堂紙店市五尺帛二一米字一宋人係鄧請吴字台書去今見其書二扇佳獨回見對門韓店
有綠花農果詢宋四山人花卉甚有佳致錄君子枏樹珊瑑兄來談排陸侍儀書捲圓上又為右乞
畫夜與親去王周眉生同飯飯去甜店與魯泉為余理書殿卷兩人小病東林送往劉張時錫之處
廿七日　陰。晚雨玉孫尤盛裝為欣甫四屏收拾點後又即下款用印與中推身最少晤又為周宜市圖書下款僅
撤收拾壺盞而紙價日積祇可任其自然早王存存刑友過談又属其寄之見士女扇佳又過梁
泉不能午後與沈佑翁約之街洗沐一下錯去由而檢採詳之瞬話與話多只五日沃分付然耳

由三山街轉入大街，街內有耗來泉魚湯，吸茗洗濯身心，俱爽。適雨至，狂陣如注，銀河三下
半餘，少止，散市，由靴巷，衣半俱濕，迴至寓。前坐街積水盈尺，蓋雁動[?]，人行[?]以歸
途，又遇雨，比抵屋，適阮水之太守階吉、太令已攜鞋相候，寓間無傢俱，頗覺難[?]，何擾[?]。久之，同阮君開
州之，暑日寒，別情耿耿，坐帳侍座，獲在悅泉君繆進之，余為作[?]批評，作詩不了，石阮之兄戚三捷千倍至

廿六 夜雨人病，余即辭以告。三晚[?]園扇如畫記[?]生晚店物
早陰，平明，余至床頭，研林，着入道金扇玉屑，寫女未綠，寂寞，撥衣起，鮮青研綠，抽寫，合碧山巖
至午留竟日，題一詩云：秋來景物未曾綠，紅樹青山色為鮮。一幅天然圖畫稿，惟摩[?]手稿
山樓[?]佛士約之來訪夏七舊旭初，乃走三山街訪旭初，未訪，偕四五兩門沙灣錦川[?]
見假扇表弟，係伊介開之，茶[?]知伊有經綸情[?]，以申之，得[?]抵典，[?]日備之，久不去，[?]思以[?]
他了，伊不甘作詩，議着抑佛士為見主持，事實理，此應為之理也，說宗師以了，別穿街去
橋頭，院前[?]現，無詭，顯[?]物，山積，士賣字，勝勝抗[?]，信余以百文，市一扇，鄉蜀情狀之境，又去
粘情利口[?]樓間，子問渠，茶園茶戰，居名餅，佛士什[?]汁，對酒一壺，柳絲[?]，隨[?]細肉，至了
歸，至工燈，士帳房飯間，知院陵二弟，復問，查一家，業于三更，宴，次知沈風吃，渠等二人素[?]田，大偉
士房，與佛卿等對談，利房二弟遠，早往卿伝，元索扇觀，替不[?]，口余與二弟服，其[?]未，以了太
蘇寒，余侯孫伊[?]，然亦感，心殊懊也

初七　如前（雨止）送區鴻弟登舟回，余已睡，僅皆夢中，雄之再乃知，當以待飲言序情摯，可感。四兒出指小便兩屏。

宣卿送嵌刻甚天平山後趕出，而仍淋漓不止。

初八　雨，整服欣林送讀宗翰之閱，許為名筆，又出淋目錄及日記閱，為之日記須認真不苟，實至要之論。又及族譜

及又為余讀試以數扇寄去，係墨林看，力要絕了，後為留住，意甚厚待。又之閑之廣州百詩筆，歷大江南北

去之，去余仍熟寐，與兩人對談，匯了（談）平生，悔了。取衣加身，以雨之像似深秋也。爾仲深擬買圖書

之月推宝，祝艳甫已小橫幅，先為李佑禹作長橫幅秋林圖，至夜未竟，筆墨淋漓，手深自愁許。又為

艳甫作杜樣書條六紙，神化，惜無知我者，恨不起古人問之。中刻沈服甫未少來（同其旭初）否，偕至南門閑錦川小去談

次公伊家還（少方）入滬花宅，請及伊好話語了，書符女度度跡一至，維評書，又作書至夜。竟日雨，至夜風動雨橫，扇中有

常殺不能時煙，百計以東幕之狀，但如以。君擇未來在過閑談。接憲到下同未臨照，暮山說湯中一秘將往不

望之子千純（全協人手啟）書沈扇

晴

八月初一日　早仍風（大）大雨作，宏中人侍入滬日錄，四方寄遂午未，假雨集至辰巳午，收拾昨書捷夫佑禹款，午後作

字五方，看三國史七張，四書京記書戶鈔出之，偃以一晌，與兩人語至久，其午君擇從鄉均至，艳甫來拉知

許小如林至自鄉，十年不見，而與今書殊況，似六國病去。初更未存，手勢淺去，二更次

初二　晴，晨與偉士偕至品松茶肆，致饒意香於錢出廿件，去茶閑之八十二，閑談心曲，伊中心力純了，懷之余

辦孫之子價之五四多携懋江金錯綉走戲台來唑花屏捅多騐的肉有一少年任犍於人又有一婦生年情房執子
這他去也　是夏爲之斜離美刻有假補古家宣作房子也四已已刻午在帷房罷心如林請蕉秋詢
米氏狀并十年來請景僑之伊卿觀卿房又長談觀卿以佐藏在此須證名　在廿年許說及美缺爲召
四以通妖林以翁赤加紅墨需來乃約沈佐爲令之府東向訊王金姜區字入大街市雲物精古版範邑
宜美小飲半斤骰鶴鴿隻入罷東市碓砂林橋四夜在兩人壽同建午佐緒四人共飲君實四五弟共樂
泉桃烘閑說執國公業并多笑語余先睡矣　是日借畫字五萬而已秀院陰之壽問者翁染
初三晴夜小雨早取桐爸緒作熱樹油甚以鬼水漬之不言張帳之吾佳只閣者乃加欣怵金扇紅葉之勝
水于樂泉觀其畫孔查松幅四扉欣怵綾帷扇繪之玉神刻間借墨四月共半竟難作蘭言得獲圖
侍從霧多加人物妙不拙夙雜之壽晚爲偉士的太双和蔡并鼓讀及仰子并孟朱之家子由署設盟
由橋同在大石本售在在作而不能運載可惜在在雨人房飲酒君摩士論世故余爲爭論咒与雨人說閑話笑
壽子二更睡　早料子市二三保買一　于子繞扇寫來佳
初四晴蠑螢蛛甚赤勝着單衣汗猶珠下白露之遇天時不正也鎮日爲欣怵作帷眉以筆勝四象諸人言
須在古百餘人叁之在此玉帷長一間內有加白眼青余深嘆其異豈此處終身存之嘅嘆彼郎耶　四男子跳
圃者詢其價窩乃爲代錢錄之十洋以存此生林　住對門一齋斗大一繖竟群下栈兩一兩談論之多士兵夫詢來
卿黑辦進五子沈版齋象來報之信有坩西訂乃約和再定与雨人偕也　王蓉之電程耐夫相還之後熟謖

余謂不趣，堅請伊言，伊不出，余復戲謂：男曰奇，女曰吾，二者太誤，黃者畫武執贊向維俊倒
出矣，應當限以書，不可過從，弟勇話早於床，而睡不穩，遂三更後一聲。　雨今乞書扇
薄陰細雨，如昨。驟寒，而穿棉衣。早為佑尹長幅及旅林帖治下款，佑尹屬，久諾，借四付畫。佑尹知書
畫，已付。函致馬益棠（伯）、但遇黃青，不見，以示之長短，而揮斬之也。又為蔣四生元撫寫扇，筆堅勁似少鷙
又書兩人楹扇，凡十幅。其傳筆亦劣，不能使眼。厚金鑿去，罪孽（?）兵舞，失錢于蔽陣之中，左右皆散，惟
悔文乘不若妄加墨。印時亦置眼間，然絕高逸。前此為田梅摸有友人楹。江漢寅蓬集，楊君在桂皖
游者有學寫文在詩集，樓亂落，晚讀數首，正如紙蜂蜜味之沁脾，遂借四方種府東王元美法話
游及家鄉所歷見，而飲水甜，旧上樓。是兩人爭飯，厨子一來討厭，初更後與出為談詩，讀其五酉年。少作已
覺驚人，集名《檻斜偶吟》，又《藕亭小草》，乃摘其往向，有武花因寺寺門難，且柳似舊多劳未應　汜水宋云
枝叢　雙三赤泥柴一身黃　以扇云　宋塾如水流雅趣，扇胃逢秋得宮光　被岩云　難日宮塗能識我悦兮長物
轉勞君　寒雨斷桃云　豈有相思子丹年何金　俗晚归　鳥啼夫外兩人釣水邊空　述懷：世推時宜切驚蛇，盛閉向此
手汗馬勤，嗜清鈔，後遂學問性靈，而有之，其他古亦氣盛言宜，愛不忍釋，並及備錄十余詩，閱兩人
此意乃出日記中，未見名詩，自覺形識甚矣，而無一篇粘換偽。己情及將三更，後床各別
知醒早，該陳請寅蓬集詩，對十分，惜不明，經其什五向將已洗漱，前食畢，余寅市入
又東午生其乃入

晏與陸雅夫四人合出，觀主試入闈去。狀元境入廣昌閣帝店，主沈雅延茗，壁有九谷志
王筆芦汀柳岸，信步崇正小寺，帥讀書館主，帝日王筆法高奇，隨畫奇趣，化乎內更有意二曉士標
為留江上宮鶴林書社，扇里破之甚，迷有南田石谷跋山水作米派真蹟也。久待余一人，廣竹坊陸
雅行一訪四來承恩寺，廟人海中，擁擠亦難，攜肩錯趾，遊入茶室，書大街三山，由貢子巷仍回廣昌
三三在介賓弟之摯友，談談生也，鐘二下六，歸官走趨，如向江甯府前導，往內監試　又徒
步往調布習瑞璋　又徒正考官汴會讀　又閱文　庭式侍聽　隨監臨炽楊奎　後惠從各多
執事甚少。餘謝有感，半世人業如賤，余為人擒敵，遂獨由貢子巷市寄物菜餅等，又市
姜流皮蛋始。鄉試大板巷于宋前退其，午雨歸，三人復飯已飢餒甚，少想，茗以其味，出酌糕
宮蘭四帽圖上有陸季直畫，魏來渭璞，論園序卅　蠲陰生　在談題　是日為枯路二弟子
○議圓硃狀家孫同人生趁，禮余色，圖書附後，及夜入，性廟席上大儒，春山主，即是詠子而許心
光視祖南陸誠三世建午，蔣梁承，世東南林乃宋也，東世，探述不厭，踏珍畫談，業趣鴨少作
遂醺酊大醉，罷行四鼓與沈作南宋派說，又入兩人歸，大与二更。敘論說哭實，狂辭佳甚也更
端書俠以回史題，与寂卡柳得句，有云
乾坤裙帶裏，天地江根究，漆里一不迷，色枕若又點綴。　行更不堪結，又權

欣情毋舊佛芳宮蘭四陽繡本 此生二月云
瑯閣集才光啓多處生腕底安幽思 誇庭福摧君修了付與阿連好護持
與花宮共多情歎 海上萬聲第一題 向在滬上將書畫蘭會列第一 我繼墨香留姓氏 畫微先壽錄
湘蘭 蓀
洪墨睡處筆樓之 君家本三徑之宗風 蓬萊舊諳未嘗逸 日出遙澤行我能覽之 史父自省 墨林現方晚
霸陵四果不雇改擒向大微姻物出迎也 秉所改 此株起及請閱制 改一二韻 許可旋因此物本
范壽世 通州人 許君文稿借閱繡之少選 此生與建午得杜出雙行葉又合題 自得拜物 閑語侃侃訪
季介賓于仁昌典 設之漢西門內 痊騎來城 由東大宮堂抵城山 行小逕由膝 菜園向風景殊佳
固言于四牌樓共賣一區地而託之邪 蓋城中屋院之多 粗又少 蕪荒亦一兩與一畝 市價在通加數十倍云
為之之回里 疏商有一區十數畝 價少太可惜 余謂境佳 則此作壽亦以合文 證境值 則出租合與紙
廉出 金為菜園 超與大笑 豈真欲為賣菜傭耶 行行三四里餘至典入巡 先見有客 又見某
除矣 嵩移人 稍之踰距 知只屋臧之價四千元 池盆三畝 並書書窗六敞 入園花廊
又之看 晚陰清 出泳園大素 園小池一 視此街四入 檢出色 奇洞黑 蔚之祥佳 市入齋

收復葉緯勝豐、合畢俞寶名福基適來清源山游詠篇武侯縣與文上又入菴曉武
從保俶詩社張侶堤過薛廬尉農太守別業楊柳千條長湖西接臺掩映桐楯
環繞倫又祠陷隱廬蓋墨之仙都也從埕去歌魯祠旁徑達大路叩黃文正祠至右門
東轉入沈文肅祠蔣莊祠旁即薛廬又曰小西湖榜眾手便嘗請作之案了久之始回仁
君典戲題長缺崇福寺碑風有碑二字曰宋宋石刻何人所書疑是出某書某某叔一君六行殊多手
合寶西作示妙楊本看蓋碑別歸墨西中斜矣正在坊錄范文正敍林王秋情懷士
三詩並梅而加異措吾即俯仰垂不器柳方與陳雲秦煙鋤　及四生林小飲已
甜蜜条又請圍爽計羽庭石叙善飲與汎詩進席之帙房勝之畢四有與兩人四林詩
四林出與諸人手稿有卷　圍羽詩存宿詩字冊佳墨俱加　青庵先生騎字亦書成有過客作
仙之跋將往李卿亦少佛人也途出所又會詩只以篆作十數幅初識士子及陸隋文跋
皆有國世道客不存稿乞其物所為題字而題之又搜訪君卿傑士女楊浙孫字冠
春在堂四卷佳墨現住某門卿人撰羅孟昌為不知何說也武夷又教天文算李壬林蕭
楔士　陳子仙　茂叔吳老林　金石陳仲魚　翁易以存生沐

又説無名氏同多未知者，傳書録名字也。又言近時海寧西硤人出十數日如人物，蕊用筆

目四五人共飲則各投入瓶，探之闔之，若如漢指太祖、世宗二人，即帝屬一聯云云。

聯云：二世江山歸赤帝，一生名節誤紅娘。又如鏡子與雞蛋二物云：生來昧，如好煙，烹煮

元黄混沌時。

少間與雨生同讀巴狀然集詩七律下，已覺後遂不屏，及讀趙陳子昂五律四首，

則五體投地，疑柳地作金石聲也。四將歸詩則李依死後來讀太樸詩，問公因

於畫而感，轉然余花卉未暢正理，抽轉引垂因緒論及理四説此。

漢西門城根有豪石如拱，名拱當石，不知何用，千百年物。四井巷有四杠圍杯，

傳向有六朝松，今亡矣。罽内秦園劉三先生教書入試。

見煙由之亮日未出，録花蕊世詩古文稿，並抄巴生狀詩。辛卯鮮聯四署，又為兩人書小楷扇面眼鏡袋也。

猶是手便日眠，甚矣衰然此矣。五筆秃，少間澤老自知福少，澤矣，惶愧汗下。晚來畢呈論

一過我朕證及揚雄，並惜夫先生乃惠之誤識，然無文而自立不朽，慨然生名望以四六分勘

屢敦胡夫府，偕同人為賀勝口識，教与一笑，留条致四妹，余先行之。晚偕仲士、雨人、伯兮建午廿
余床吹同窗唱雜曲，頗佳，冬冬四妹四出，溜雲雲。老父同往，夜去，雨人請飯，未果。來談未久，偕入伯兮
室論詩，倒低，余不寐，乃出燈幅袖四先，細芝華說明年約訪薛妹平，並看意園，自石高去史詢
沙中王山行樹，果如所料，好書故未就。初一下行也。四三更与四生茶飲暢談。是日冒昔微疼
初九晴。早，偕仲士起床，令老之双蔭茶點，路若祥，酣久來，雇与良，色子隔座打牌，賭爭鋒尤
甚，風雨強悍，概可知已。归巳巳刻，午在性房飯，溯偕不適，便以一覽，偕兄未返，乃至貝宅，貝兄
南窗六兄令貝坊。友山由南橋赴三山街，甚開。諸市絹去看心園，煙室入內，看大石在庭心
中，高可丈有三四寸，大八九尺，天下罕僅見。修跳來立，再下大石，即如佛書道層疊，橫之埵，有神護之
又其高不容以尺，且其石高大，德畫谷聲，底幽歸并玲瓏，玉然為人有佳為觀，青石離百步，有小石橋
主弓石低碧幸之秋，觀音擲所侍同異，不窮尺寸，將入衛市，肆間邂遇子佳橋三人，偏莊已久，隨同
由此之境，是火隈園扇亭，珠手愛道归，庭在仲士房，吹洞簫，誤傍歌和之，和与為樂，不覺三更，偕兄
又之金扇以細志墨四妹，建午偕彩芳健談，余小飲即眠
初十晴。早起和四妹詩未成，珠条偕兄喚其飭使未暇，甚是既乃服其書，直仍好作中幅
青綠一幅人紈扇，半面均未是，令手介寅未為以老少闌，詳詢余归湖南舟子，約不來，及姜光畢
老友落来詢之，及為上下江兩棚，學書予手。習程，初四四料，世先生性疾手，覺題目單

江南話榻題　子由山魏魏平齋與玉照有文章　上律大時　臨碣畫千人而羅之，聖人與我同類者
江上飛雨來北固　江蘇學案詩一良　瑕藏寫宗吳魯　均四摺
蔣華摺扇內播中寫物于張家見贊　華甲蘭石　蘭竹又走里許許太守炒憶祿宗揚柳谷曲玉臣摺扇僅
吳元震澂樵　蘭石均佳　因曾史襄公祠極雄壯華麗，行入而天已暝，止於四夜，三次飲極醉，四五次使然
此林建中宗説笑話，此林説三事，咸咸解頤，又如國賊，如五七律，曾純季工部，極倒，至玉印覓睡目
王晴華作和詩，將脱叢適術，扎進入舟，去未久，圖書適此林到，上江孝栅，余偕達公丹栅，極且倦伏
雜物至姜壽宗借居知，姜壽宗极模极似海神廟四，帶居廣，見學究趙某，無三四子，無一物可
愛任一些，又正書院，指閲而已，吉府此家，出殘硯，仿左家圓瓦，碟中略之，硯面有一兔，中月，月仿石
眠之中，憐殺之，有兔銹銹　字跡下款，乾隆御銘，一印篆，陽文云
念不遠齋際，有仿宋玉兔月顏之硯，文字石呈，丸鐵色青，鎸在小半，四雅印，此搭同廣，刀分分
珍藏之，去又出雜卑，北子廟碑，隋八分漢隸，均佳，手餘羅圓，此冊另又原合之，下江孝栅，轉由拙
政會館，伸士别去，由府司前至栅圍滿等理料，批大清來雜物，余甚笑，官了之，雖明見上
下方禹野業諸物，猥琪煙燭憒，日將西傾，三人合入張崇笑素業館，佐臣煮筍，味甚可口
飲佳三斤，余已重一然，碑趙畢去，國夜什鈔，知此，惠來子廟，伊等看花向挪，知路者
甚廣，作揖人而不知何處去矣，又入一齋內

坐久雨未來，月以歸。雨人建午，程調笑謔言，語乃入魏源也。夜二丈陳慶笙留余少
來，自飾梅静畏彬大。晉字仍歆，由言深我祝賈生，静石起卿識無瑕，佳光使卿
共坐古內，羅綠等日晚林，誰期由下賀，與誰與高，雖己三鼓矣。是日夏旭初來，石住為樹也。
蘇西生烟，牀見燈四絶，句有佳韵次和
一别金閣十載，憐心雜憶，以轉丸車，仍明秋雨白門道，把臂聯吟斗室居
官轍經多少山水綠，君自言所歷甚多名勝。將素墨記古今，賢蒙君已寫鴻泥録，後題名道老玄牽
字樸城，栗門同以歸，大名題繞班，書岸石以奇，臨波柱，同看樓廬水石間
流光客易換，新秋酬唱，屢招合，迷經閣，風流貴新境，界醉槤明月上，奇樓
十二晴，華小雨，地絲早卷，陳慶荣未晴，典林起，讀詩字碑帖數二冊。是日蔗林謝辰，余題於與
兩人借入上房，祝賀上壽，又以寬廣印書，兵題晉萃盛族，余七人，各具以大小大號，漢本，送之老劍
寫詩與典林評論，為言易第三篇二句，伊出鈔録，與錢中有閣臨易故之稿，出余七書乞
藏以備余待讀之，入馬成印成書，他日念之，石易佳集，乃年代無郵與典林，約閑來剪子
梧大樹卷，入大衙市，考物，予狀元坊見舊帖，收漢魏碑為世業，選十中二三件，書家借之不堂

行笈撕内有一册係唐鄧讀寫近地山撰，係古道作傳，墨跡學趙小名家而一種清腴之品，不易及前代，新求正於以
天雨中小憩，申進，訪張敬思得之。又十四翻格撕後見張叔碑。天不作好，急促以歸，憊矣。張思皇表云屆
孫少甫陸人夜在帐亦任泛以送席，請余友凡十三人，設席共厦坐，為東思宣師與生、樂泉、陸山舫、雅夫、
陸誠三、楊雨人、陸園喜、余、大人，以半席分，大内至延待，鬧拇戲不已，竟席矣，盡哭至二鼓矣。余與雨人舫雷
不肯，談任局而作，投床。
十三，晴。昨晚有湘卿老表喜來。訪衛士居沈伯征席，攜有唐解元麻姑仙草，佳未真。又明人林白山水冊十頁，
真而不精。余留以反覆玩之。遂別于城之居同樂泉閒談，見申報，并見芥子園畫傳中所有之八宋院之之
石釋牛左以養至又至帶到米元章墨武摸墨跡勞。又王烟客山水一幅，又危君行陳雨跋，清真而不佳一屋
間下并還之。遂回，研墨作吳澂甫征收席未完，思林与戚臣之孫夜茶集，剩談，設余其不發又
去墨前得後吳野雲世金山川之墨餘至暮，盤回不能至之，一夜歸于城之居，見申報，惜江試題。
孔子曰：見善如不及。上党先生人也。故君子以法，志向學，壽秋亦是，言之矣。老烟秋君寺和山，又有
得閱湖北一冊，有題袖，得芥子園譜，與餅之人名字也。樂泉裁帶包袁四幅，又君二開，并節錄景嵐
夜，以東府二林生辰邀請飲，其晨中颯友的卅作人，計三桌。余席花廳，同吉為主，張喜周、壎卿、陳慕山、秦
姻錫、劉樹、陸西夫、周喜如君、余及李味、葉楏、陳腆，係有条堂廚備加以甜點但
是已不勤，掌記。李林壽年，設遊席，公記其人

十四日晴。早起，午後過西林，及雨人、余四人啜荷茶。趙諶罷，至吾帳房，見有爲難情形，至爲憫歎。歸已
午飯。查帳房飯，小半碗。歸房完昨日吳澂甫之扇。雨人約赴劉蒨予家，呼與至余坐談，蓋于是不見其
棠從歎圍旋數術，程程之伊等之說而建午提愚西人責備，逐彙之，隨往古鈞魚苑，入梅桂子舟中，桂仙揉
詐情。譚彼夏文節函，病中雙眉蹙損，徒而惜乳急月銷瘦一枝，食之半，情之難，後余言萬年有久，寸爲
若卯倚欲之，東閣王後書，定以存之，痛也。鶴人笑與純青前六之，書已張灯，卯母之歸，月桂林精炊烟四起，四
更相邀湖月，大朗，如溪冰壺，夜與雨人設酒內建午，設鴨請西林等共談，盡甜談君之厚誼高情，包
之不答，坐是常情。蘇中歎之，而免嫌疑。三鼓偕雨人出井來漾，後兩人挑淡
中秋節。早起，席友均投片，余亦捨十數帝真賀，并持帖往？子門出，見諸君一揖，家漁遇此不免如離鶴
行動。華止諸君人午過偉士兄、夏旭初來同談，至帳房飯，天踩換衣，御？爭衣獵汗不稱，乃樹筆
爲西林寫滌煙詩碑。滌煙者，東樂群有二亭於湖，如此星亭有東坡碑，作楊柳中鶯馬狀，又寫敬
亭碑，敬亭即蒼嶽巖成山頭雞冠付，新亭山宮城之宅山也。夜和欣林出簡，招赴？署友，逐出花所
峰，余信一席。西莊作仰慶業，棠東建午，拒南成之漫談人，至之席家，候叔余，肆其仿仰西林乘出，鐘月
王己對蒼抱未，偕出棕清樓，以墨分下煙室，推伊俗不以，復由本院向暑邊轉一回，又以書院前玩月，甚
湖如鏡，明月似銀，烟水蒼茫，天高地迥，境界寬曠，極悵惘，遂雜笑諧，肆談林滿，入房周夜，峯崇
詩人作詩，語以吳殘虞嵩，余亦狂擬湯許，卯占四題，曰秦淮仕月，石城秋色，雨花秋？，病後秋花樓

华余主阅三绝句，二麦不知，诗一步看玻云：晶然一饼挂长天，争掬犹逢李谪仙。汝借诗篇情侣满，湘秋永半湖烟不过中秋。适向石回，余读不知在日，许惚两目瞭然，肬飞瞻雨地间。四球四诗成，均细腻，且贴风趣，落直掩晚唐。惜脱桂二题，乃余史人之诚。一首第二句极得揭著，惜之未成，余仍赠入里相去。　黄贲、曾葆诚、柳挥孙

四秋吟，与生侏原韵

石城秋色　一角危城倚翠微，几行疏柳护渔矶。有人驻马坡前望，黄叶随风上客衣。

秦淮秋月　一轮皓月板桥秋，靡靡珠帘压酒楼。今夜几家欢梦好，他欢喜不知愁。

雨花秋树　风急空山噪暮鸦，长干古树郁周遮。坐久甚惊伤古寺，人犹说雨花。

蒋径秋蔬　青溪何处觅遗祠，曲径依稀有所思。流水一湾残照里，蓼花红衬柳丝丝。

余云

秦淮秋月　碧水间中板桥边，夜色苍茫月影圆。将晏夜人长不寐，半湖秋水半湖烟。

家家灯影照当秋，一夜风露不胜愁。长天明月情如画，撩拂天香桂树头。

月圆花好露团圆，秋清万籁肃清幽。相期果是风流谱，有酒相邀到五更。

未隆傕秋间，早与四林读诗，并读其元唱，诗作讫。余诗又录其佳句为图，为诗代书。月挂余居友部中帐。

落第者，书斗牛膝之凶，王刻以之为说，惟可之离如考已用五千五百金与之，谈枚不玻，然多得剩，挑灯夜中阅。

不满掬一往七封，俾作归计。余又往图书房说，根天山舟构，众亦后后是中从者成，不许闭之一车面。

题仿我量，南人窗扇款，用钱物韬，较其之内，候前上去三山，太街一洗，市恒嬉。

他有所要，而遷不能，紙蹤蹟遂迥問。我悵悵于府東大街遇森林，伊亦種烟為之，信歸已
人。每伊有感懷七絶詩，余即席成兩絶句和之，內有一二句是在此，久未孫嘗回句玉魄等向偉士
呈句，則風微矣。知余女從館歸，未易見，信我奄持去玩，在臉從飲烟，據稱余陸曾吸烟，曾押濟飲
因屢索烟鍋來，畏皇飲烟四烟，勸余不需少飲，挪碎食餡，魚于忠美，大便滑。腸切片素帶餐
于營處，其談五人余又與畏皇談洋醫免賭事。久之，閏蕭塞侍見，飲烟伊即鳴臟也，余與四烟出，復至兩人
處，說出來卿等十餘，附之三枝即免賭，而四烟，於為舊慣，被來切戒誡之。兩人交到，刑友王純卿之扇
飲烟之來，秦烟為烟，為屋扇，而余亦畏皇書扇均久之
十七日陰。夜風，向早食，餘過飽，談和燃烟，元韻得四句，未成，此即研墨，為秦烟鍋寫團扇山
中，採桂千，沈服齊夏旭初，在偉士處，題器詩之，在情頗見談，釣　伯硯友小琴子，今在佳
數錢，店與人為厚實，與之談，概四人，偉士、朕旭初，為之出來之，客而係屢見，每為推余，說項實
于情，其情于力不逮耳。四又寫王純卿扇，身突筆墨，責觀趣，誰獨行，神化于惚，當
成三扇，訪訪南東旅，說詩了的，備之三山，街偉亦有太雜，去十餘家，臨返給成，對入之子花一瓶
古玩多真僅在，于當友書以得去，得恭子園一二三集三函，收以丹半，使閱，其一書上人家
華也。一路玩碑，以兩旦名帖即歸，閱江南吳政府與門立支書，收為難夜飛出井

雜記九種二人評論，夜雨覺雨至，余與四姊房燈滅，窗裂急，爇燭，燭滅，案上書帖者
溫廬理葳他處，而又升而溫太多，二兩而紅札字滅，物多飄落，乃亦以本原圖兩廂之寫
如舟行帆失穴，然未已。雨夜中仍枯韻作秋雨感懷詩，再得七絕一首，惜文如五四律同五
律二首，又續一首，則亦五郎秋雨懷相類詩，余成五律一首，先有未韻一再改得不佳，二更即臥。

秋雨感懷

夜中窗帘為風雨吹裂，案頭書札及物皆濕，因感賦，與四姊同作

夜雨穿窗入，殘書疊不勻。頹天思枉話，老屋慣鏈籌。狸札紅綠印，鴉塗墨有神。四姊詩中述案頭亦有陳君大時乃余塑，妙先一冊交其送鈔題字，余爰為畫之，別後猶未寄去。豈慎枯瘠出，開澤到書人。

六月兩淩晨起，建午開說詩，詩友陸律起余作，和四姊中秋夜四秋詩原韻

石城秋色 紅上莓藤蘿綠襯，微風吹古堞，瘦損衣襟人不賞，秋光去，惟有前朝舊石磯。

秦淮秋月 桂花風，流水邊，樓臺歌吹淡淡秋，可憐月圓金餅缺，相思一樣兩般愁。

雨花秋樹 遠點事，傳說雨花迎人，老樹譙台邊，秋老葉，戰兵山，樟細石數數點點鴉。

菊徑秋花　百山君圃有佳祠，移性風流我獨思。偏地花持秋九色，三三徑上亂紛垂。
喜閱畫譜一巨冊，士收于此，悵以有宮隱其名之，未披閱，腹飢矣，午正飯，留下扇頭中而指其安聊
得雨三分均。　出談余偕偉士訪衡生長沙人，同之貢院前興市，常自箋墨寶物以上兩器，取嵩回之廬
知歐林來訪，取烟而吸之，又屬將所攜蘭扇加筆，或石或坡，蓋燈墨並次，臥即令入內，隨院泉主
告談積積，於蘭墨，況果玉身忽曰其理乃以數十年擇一石，當不致頑，晴中悅泉所抄出在與依
鄉建于世，贈一玉，偉士房嗜嘗感三房亂聞之書　雜談旧小想上床与悅泉讀話兩人四留而去已
入睡卿矣
十九晴，早敲陰雨，陸山邦（佩霞）到寓一談，天氣微寒，未甚徹，晚身衣倦加，與兩人四點建年，說吳君屋謾麼（談）
嶷士原旭初來訪，知仍未移見已列寓，鍛與知論閒居乃棲旭初談叢地了其是，欄其進退為
雖強寺情想年飯後即与建于世西內揚傳到打銅打鐵菴遇新搭到鈞，出泉房遍印泉術入
入室長談，以孫金好寓田來，泉孫之。　与細泉細述無情，即看重新留口往時什静見示之書
役之罷後動身，收色餅兩盈，竊揺久待，中途泥旧乃往新庄见談均。　據入一世市寓物旅署遍
知為人有著了四生非止他去乃像余书名之，即入至柳与腓欧牀出非為金之腑仍往宗署依我看一又全
老房一面学嘉積，國保甲請云寺也，见果皇煙鄉之又又劉怖之　上打令面餞辭竹女即為男人代作
積殘渾水，實全從書寺寫之祝待寺之法雨兩人书之新来入体也先倩談之果四仙讀君均归圓居
六月十余房帳文烏論法以樹蘭作念，今梓的一段言又　彦一財備办，时已三更，業移以已植言之一篇传前

二十早小雨寓中罢雨稀夜未被催起圃来伊设法題以叙所謂笑話晚先時約之篝两人月廿日世
圃也午見旭初于竹房知道八元四里状告之有寫東雁家機会甚为喜悦春作字如常寓偕慶榮四星付
静見来到在佛士房談有存所甫到在四楼房子两人許見東林至请至久亦能成至人物有矣晚出谢見
洋布两黄物二十余文見陳子瞞等富琴意無備横之聯与四楼飲有出又路会但与聚夜请至伯仰两轎
前会寺園主两人略建午未也席設前堂酒甜相對甚多余飲之四大觀竟未以碑序斜枝床不知所云
四更醒後陳氣壯納之不止乃更問陳夏起程天明後之氣稍下得能寐
廿一陰细雨濛濛之間作熬心無那一了佛士請建午進出談不往再飯于雨人房出于内楼凛在路至顧料坊戲園
李依秋先在指上色為興見南宮貢華又共伯往此道界童毅廣顔自薛精神费録隨雅演戰豐
河　程放青　玉堂春　天龙会　萬郎舟　百草山　面有補捉　演竟捷後两號门余稍门后归未成于個店見陶
之楠未他人徽商精睡達午烟了一同陳圃吃茶别去由鴿子橋归出同歸後燈四状以患病余即床後罷了無名
友情形知此状另次来於建而并问余夜睡後一至花押前精建出行为余之太息似甚事五六转橋花
藝無昨特往萬大和見泰告限即出科亦樹萬了伍求玉成田見之又彿为了退院而以建午了三四次
学雅而人六副之底岩为伊主動大恨少年因房好將前長来不能不壓的康但為不明有间之夜是不能
所以来世之徽以家之雖也三更結死四妝依仰五日奇间之扇並去垂旧面请间余稍飲至三天
本中夯

廿二日　丙戌　晴。四妹患病，请人诊之。写款。晨写欣林属写山水之稿，须细致以待玉岑。宗师也，厥祝大寿日下书笺。
晚雨。拜何以楚甘忠，愧惭。午后写未竟，余还嬉。俯丈读书馆，情形佳。欣林至，乔余。即呈余，祝以照胜藏。
剧胃之由，又属余遣铺具于内。余拜以住多日，乃嫁四妹，而人皆惧。遣毒为患，因皇病忠胜者一开，以原役瑚。
家人来以遮，未完之间，待之久。幸少迟，四妹以病，使索遁入内，及夜皆不果行，而是日风狂雨骤，然如结一纸佛。
士许告以唯乃于中断憧憧。夜二更五，雨入四妹屋，卑说笑，并约共舟而归。随以作腿瘾论，余倦睡。信夜时以药。
憔悴家卿珍，焚弟晚之三。馆侣伤秋病呻，萧籁萧槭，一灯遥映，同吐秋怀。征帅吃
摇曳西风大道边，依芙浅绛乱。
伴赭颜，为寄月拘牵。蓬飘萍聚，总了闲愁。当时情绪，年年。
廿三日　风雨连宵，达晓。书改作秋柳诗，述午去后，悦留未，四妹一孩午饭加菜。湘甫亦来，入署桃树书田楚未
刻拜孙子仰泉，次写其庚，词毕西再去，陵日于湘间，日间当傍晚来山之春雨人立不开，午中刻以西山之病
情雨人声，随来伊任余寒与仲士合住，叙之。秋叠住纸窗，幕底别具风致。夜安楚诸与猖甫饮，酣饮。
韵唱当曲一览，晚去。两人来，传唤拜寿起，谈谑久之，甚度三更，而以风雨交加。欣林如驿先宅，视海门弟民
廿四日　阴。欲雨不雨，心绪摇摇。早饭后，熔去。归遇余以市饼不回，饥甚。迟三日，经将至，乃以呈春诗。摇
悔偶写，怅怅。午后至仰斋，见朱君闺情诗，有未说出中意，立身孙有罪，虚而已
城池外郭，荒残难飞，怅怅。饭后至，午饭去，夜饭余门司

風雨中遊市東邊屋看戲作

岸上一年舟一月（屋東西作）行又移破硯隨檣居（竹）籠困雨深垂話慣（花）看君風（散）以楗插酒百為右坐中妙

生靜有關景閱重門閉多隱一壺春酒清曲辨生漢消夜年年劉歡隱將傀儡錢

景閱灾上元二更回名也

近年身實不過加重稀不出路遇不正衹偶然以一覽而病有雖極隨座從內隴以呼吸吐帳戶山並

訪子若關書諸物件療無瘳天又恨恨雨愁心攪碎待舟子不至偉士言無能詫料不能支持

因而多曾南北號降於下之旁夜院陸雨多又向隴怛外葉一往昨之睡以為生之夫若人薦伊弟

歡腳話往病起來看余黨語以四余物之無乃由高鄰許總為錢添請之不願貪事而中又微度

已銀退很不家已余歡之孟茶特繳了不及完了程紙的怛病塘傳士同誦吹之久之德語滕牙

熱又至而今坊物今招那了出行之溉又屬作起夜而以待之以妹閱後至夕四旦一更小飲曾以

以中多眊珠茶等覺反夜半不夜不安 稍若之後變風之故

若待細雨向作日君本鋪丙之過晚住此呼動甚還珠誰且陽廊以時等若病中皆中心怖無為設法鍛刻

一過四牀無中高戒之一運語午飯圃之者茶內招進二更歸了位卿來館假律至新楊廷遠新店的建

十五夜高入誦讀的 東點陸入詢知早四舟為接家無暇過歸庭著直而以言不果來心

以為不復能附舟矣。晚雨歇，雨過即來，然出定不佳，遂返。市粗物，布舖立去，衢大大橫蕩

以待。歸已張燈。陳雲樵來，相與飲，殺棋，飲之。雨又大，至刻三人坐牀，與四椅，廂中黯黯。與和余秋

卿、陳蘭、陳與伯卿兩人共談，圖書俱收。未讀，以其性濃，因備倦寐，直至是生，就而坐牀。以

未到許觀卿。　強病起與余持紙，怡為之。　點燈，兩君余筆，坐看余久之，又讀伊宦

游病之由來，其語肯羨，聽詳著雅，至戟言乎，書此畢書。

廿六　大晴。早起出門，格官湯園，即歸。作小篇詩未成。午十一點，兩林病稍好之（兒進午），約金台館，訪弟陳，詢之，欲

往直陳氏處，遂偕出沙灘門（以卿），南行，往和茶肆，及余稍了，莫伊的寂，多方欲歸，經廢作客，李附弟往知其

月底、月初，留以待書。見孔之前已發舟（出）矣，附函搭寄，詢以晚宜，每每歸來，信任留書。沈信前去，而人合修

梓不穫，乃以飲主。及試三四小時，樹叢一簇，由生路沿河，晴中模糊，勤向視，路路之內，稍停，入許家

廿七　晴。梳花，早起歸，待粥，熟未，踏起一回，笑（圖）手而歸。已二鼓，是日奔走疲勞，倦甚。

廿八日　晴。起坐寫，披衣將起，有將帖書。有信

寄出來，付僕人，扇依舊情，作光漢集，起余未詩，不能而作，十與查以謀一二席面，余果以

余前筆墨能成，因盡久之。接之署若以手，起只能作樣稿人，風趣縱橫也。步向後，始令讀

未之，拱游劉園，更之。晴，與友乃久坐，新續之，已倦，待于于子純同行，乃入吾寓與成三爾

名談秀甲根有催開同弟子丙愕放乘輿出聚寶門入小巷西南丬里許近山抵雁飛门步入園名叉
來主人劉桂（生）約同前庚劉印公又未有號 為秩園樹芥翳紅葉楊爲竹花四面步上劉世墩向南見
人劉林向又云亮達（歎址）杜雲有詩 姆址明識志伯有題名石之隆公剡 法綠甚了入又未卅年欣然話人
（臺）先向芦亭望橋高曠多悦餘英語山之第園周不二里復一池之勝以起亭樹園中花木陳設鮮潔言
者四園那畢未到設席又來卅重二桌 上席東畀皇周庚卅劉 秦炯銘 柳堯 下席 陸稚夫 于子沌
余及劉世兄周古四年并欣然爲話某以家御厨人亦爲佳菜嚴茶同諸友論今日之會推蓋以名石記南園
雅集余翻以（雨夜話）詩登高欣然倩詩人作詩余作四佳笑謝行十許人益興登而托於想子第二泉試茗品
泉冰枝惠山而絶美也然之名情周來等拾在于山寺时計歸之途然知楊稚竹文四自晚有夜
能同見西湖陶林琳添其飯之羅飲于四林房説寶中子之更查向查果此一崇絶大題係久仍未
見仍寓余以夜深歸以又爲李佰宪族見其無月李 王純御攝中扇有王廷訓其藏子南月李
楊山之膜同造枝周陶桑爲勝 欣然云作方之又渠以扇倩其寫舊專與余戲又不
於談只飲克苟 王則作余詩印泉市此詩多而當靈物所门其四行
六日陰晴辛起已十下鐘佛士招赴狀元境買書農點市葉匆之歸已午而鍵鼓于帳房向
園稍高寫怡 伊以病以而推文入其病 余出王存之諾 而人來招游秦淮者那已

待裁十批茶後余以倦不過瓊林之俯一身僅兩人昌黃心嶽詩之四房僅出出陶林琳也
擲入巖一笑出破舟三床睽佳僕稽之地已倦我與嶢峽家談書卻以余稱林閣殘
從歷一爾四邑出非語未竟而戒之為之閑中有影未若詩元寸橋之
口橋蓋疑之門生十載余寬睽未札稍聚小梅門門夜無與有是僕到閩
手云抑真日要了郢乃更畏我院傍當邊積一刻候之
已恍象諸公我遭棄團毅仁律二重帖文議為了自忘蓮柳泼重懸之夜勝問知所寞之到
帶影往樓之巘巀芽花亦陵陣之名行向李大棄整刑不吐二手雅什文素談及閩林琳佛出談
不厭三更始寐
廿日陰晴早建午未同去餅眷共內橋陟夜辦了僕家佳我痛為佛出語責見佛出錢
泥金油常所鮮膏排菜物背倣太痴宗林細點其無玉中和寫之遺者澂人張很補各玉
佑君坊余退出為諸友儀游出內猪川表狀之境于書播秀宇典之辛一春古今表人鬼稿降
其函佑七角至八角未借堅要九角許了由大子前西縮田鳥陵前入中西藥之娟內有河舟之菜不
因于內坐無和催兒備茶菜飯借鄒緒佳之平談風真日之情(?)楊正同王保之酒肆以冬春而
市寶物歸燒酒一杯後熱巨上燈矣不一晌史回莊病而兩人佐卿以蘭公指飲務過大鹿(?)

舍中雨佬翁偕兄偉來圃中，予偕恍惚登分分攤搖櫓竹林數三尺者也。四妹亦一來，中途遇梅，我今雖勝已
遂飲十餘杯，醉沉沉矣。那至雨一過，見欣林與心莊談，乃共入畀寶坊，唐升朝均在，談談書畫久之。
余即過四房，倒床臥。　四更不寐，至曉而起。

三十日　早陰，午後雨。梳洗起，食餅，偕與陶琳琳偕行至狀元境，予先至坊市隨
未成寺市，出覽閱珊瑚，談夫子廟，轉入鷹目前，望雨歸。　鞋店市半雙雨靴、雙價，以書典大多不入意，請歷十許家，均付一元，今上曲軒藉以
避雨，止上大街，走回內橋覓得，至德有歸。歸已午初，至遊林居，知兩人以病難得歸舟，午風雨無聊，就史
二十餘頁。傍晚以過遇遲以談，以林再詳余言，指目以豫事為得，遂兩人至寶和興行，乃同往撐船下，水平不
得。夜飯同一舟中，報雅夫一面枉悅，泉評全局。夜二更兩人來談，力說詩陶山半絹，以快闢簾一刻而歸。

九月朔日　數日風雨甚驟，是日稍間，作下半雨止。鎮日閒坐，吳三國史半本，一遇遊林，并與兩人談，行期定初
四。晨發圃，李雨花石，寄往李擇十餘小粒，至學以錢，又入子純處談，數書多。
竟日身重發病，家傳撥步矣，只坐以當禁，靜心緒思焉，益亦復飲二三次，稍出內橋市買物，依濟出。
夜稚文至，談兩當至花所，向書案以神論不甚勝，但與林琳詳論舊案，二鼓後歸辭。

初二日　晴。夜後作小雨。上午廷于來，午後同至書說以後，又至許叔鄉處，此處讀經之至，談說知以抵暮歸，
鄉寓入茶坊飲林，與四叔與兩人偕館，勸村陪評送雜，俟陳義，鄰至即歸，稍出買肉肉橋
渡子媚雜貨店中，遂自簡小犢布帛廿三文，小文即小錢，到鈔票，談切樂，遂歸寓。

擡至床，服沈脂膏，從柏林送了，未正一刻食後入，說明此播弄了，即歸，未飯，烟然於五點，每記得
一元模，刻未還家，收拾家私，是晚之後，靠十點來歸，過舊日茶館，飲靴呼，往模糊市，寓所
備入雅賓店，付銀若干，雇驟，從大眾物到買閑稍，眾皆未覩，商量，欲於明日赴陸
舊業，數起，夜餘送到，旋接，歸覺廿七晝夜，附于佛會，外省物事，如杭州科場錯雜了
并有，校人聯語，刻而裝之，此亦進場常事也。既新買，接之，付兩人典殊，抄寫文人，觀競傳誦
也。又入學府，說林為余設法，落于五圓，又生出書齋，餘錢歸以　四更後起，發，一兩點史
子御任之，左臂攜子，小歲以京，西講開之，務為成
主試，解老師，周錫恩，聯云：解元不足織，然附老儒。史識文事，畢生大人，周任之，生曰眞
科與榜　重騎（居甘）　承易，度金針
上科，徵聞　李端遇　費念慈，　本子覩本未成之，論與兩帖是保全　李端遇，　都史覓，都為已
主試
恩照，賢手，金拉處，葉大，念慈，詳　不能諱，而達子
聖嘆羣特，出自湯圓，市小販十年，粗從雲物，收拾行裝，午後轉，佈七書三山街，市肆鋪，已，修駿，帖
又年未聯，凡換儀，茶四已，寄在瑱小路，去則試實王作之，以為學，瑞于子純，偏識，然戒二，為余飛字
例諸，御揣，雅竹，陳圃，書送余，集諸，解楊，說抱去，陸山寺，權大，寫作信，倒空寫，錄寫信文別

陳蓉山至，約其來崇皇前山下，宗别書，伋兄、吳四甫、許霞別、周彥卿、孫錫緋、周夢伊之船
別，送余於舟，邀入城，與伯情、厚程、王國恩、堂侄、陳侍人物，談久之，係伴來送，抗别。三點雨
以下兩人設行誥者

初四　晴。未明醒，煤煙嘈起，打叠行李畢，已平明，見兩人廣未起，与槐云、佑卿談，而兩人起，欲出去。
送前論開西，乞綠写，後呼起之，待兩久，偕夫至拜魏侍前，以筆錢並送兩余三人登岸。三挑
今晨直北行出儀鳳門，計程七八里，未進鼓樓，正下一路，山光竹徑，行城市如游山林，殊
平疇，櫛葉千處，四面與隔，如若干村舍，待此事，輿夫以去，三人各又行。後上艦，待江蒼，不
至。此九下午，雜此事，衣隋開，計二百，詩人後登岸。兩川兩舫中人爭麻，難而惟開江
景甚。吳一批，龍夫送上船。此等至鐘五下，江水稍漲，則諸人慌忙，以登棧，徑直擠，更入艙上
後，追余者此本工無，須上及登上艙，此事最在窗舍，絕無虛鬆至，特多，又条占不窘更
與陸錫三族婦自蕪湖至，亦口乃逆舒，放此事于其船邊，開已張燈，留被身，飯之，菜尚好
二更，艙短，頗江行，輪時停，後又難開，不止。半夜醒，又鼓輪，余夏晚矣。西人以偏性德未
留一房，艙下面隱，江下一，推二百里，推尊路，余为樸懷，兮足不得与西平分屈之，对付馬至，而
村舍，通既和好。是日起異，概歷安協。

初五　晴。未明起，余程又小饮，已近江陰。張江一片，兩岸微茫，水流湍急，無舟，帆收，機川

黄昏八點半起一鐘十分抵吾溉磯台九點半案廿里同帆樯大議乘船從邕甘漢二梧從言
鄭四少陪抵梧州而以有碼頭江福不得抵岸泊浦心隨命人佛栈友星夫抹攬付
獅究余與兩叔併從張迫三四憤恨彼夫惱怒又自相歐擊不得已而輕舟指話
皇濤江岸人肩物自剝擁擠登岸兩人失去烟袋雜件以物不能免失蓮呼奈
洋車之後與登永保棧友人陳孝蓮接入待行李又一点住于丰不府與過同鄉俞夢白俊（加又人）（余樹搨）
過談贊育荊撫府幕四鄉試畢今日抵桂行李已下萍寓道家狀家況渠係三年不西人
照院看性六和各手矣夜餘未別去初更兩人出永行院剩余以去它一路所以醉三更兩叩門始返
訪了余條起時三更後飲睡至晚
初寫晨起閱新聞報出訪稚伯于南中署見實鏞來又見秋匯非乃合稚乃秋非等之一樣老茶（此本）
述大麻擲為道地送入樓後而益四人一粮分之十長物矣真可惜不留情去矣为述精為并撤的軍
四保舉為一免陈少台名士等傳稚實二人之機乃合之就橋會實倪羅去所遂飯需與与談二橋（婧）
說許興中情形并述觀未能逗余欲去別全與人出市山果類色洋布各物并于同芳菜夕陽歸遂得
小事送樓而舟子已待乃收拾行李付府飯日本舖發舟子押下此夜餘稚伯至話有一切隔
既成行甚世元為抑世元余不勝個悵乃同僧于兩十元既而合之匹配稚留余与兩下舟此下舟

舟子正在驚惶，蓋兩人一大箱爲舟人搬抬上浦也，兩大箱，余助止即將十元全上岸延數，付洋兩元，余共
驗東洋車三，實爲行，天僅就圓，人已擁擠無可住，即得去四馬路桃源棧書房十五六號。琴隱
三侄隱兄爲唱京調，人倩兩人疑鼓瑞芳，又將向書院，說而未呼車，回兩人又哀哀十數，余乃付車錢
去。狗歸飲于新楊保驛楼，其軍即照不能通，乃稍待之久，而至，令下舟以
初四日，晴。早起身已重擔，不適，計須上岸，亦然而不果。至孫五雅伯康詢，正貝四盖方進，能以此數
子密孫兄之在公實家邀來診，雅翁雅之母之辭別下舟。大勢病況皆不能食，反側不安，病之
驟至，不知何以，午間船由吳葛，廂東鴻要許至浮騰泊焉，呻吟不已。
初五日，晴。病甚，今已身熱，頭痛，百萬語作，以多痰，痰夜泊嘉善城外。
初六日，晴。病少清，而咳痰大作，作大便二次，側船船畏風如昨，到硖，晚往王店。
初七日，晴。早扶病上岸，先至嘉興生衛，與月一之，陸之請去一二至人和訪留見，偕其十元，西西
兩款也，留去後了數數，這讀去，即移伯，談之多節，嘉興士救花信物下舟，閑已午，抵城與兩寺
信多，性泊小闌，余以怕風呼輿抬家，家人多慌，惟余性悍，病亦之去復生色。
初八日，晴。以病一日，靜日不出，鋸匠作工。

十二晴。署送桐鄉肚并送伊卿禮。致子重信，附名紙，寄廣生附知硯印存，秀深成試三六丗。

叙洞泉來，通因長談。嬰青來，楊稅來。振彬中為繹耕署正，寓融拜，州劉嫂來，知果介向四月五節。雅萬

復致李宣向紱陛，致陳仲環仲士信。晚，田言又按硯桑并雅伯厚信，沒加六元五，既知之。

寄穿墓　櫻亭殷林大帥，又啟雪卿，均獲中，惟小甯轉而寫居士甯者干。

兩日病未大減，閉目閒坐，服作雅談廣一數百言。

十三晴。約靜侯、詞珠。蔡夫人送菜二盒。

十四晴。子研來，柏樹森、泰元來，均長談。子張銀匯全罡古物，贈之。敝生厥君過子周，賢治病長方依周行。

參苓解苓一劑。

十五晴。半偶成來談，為寫書扇，憐子研來。肩之來，乞寫帳軸，借靴。樹人來。尤楔來寓。

病體稍減，加膏廖。

十六晴。早尤楔談。子文來談，出事為書楹軸四大字。星畹來拉子午共飯，索作寓雅伯信，靜核書。

寓附四元交敦科正字李本青夜館餅。子來訪，告余林叔介議道中有楚事而他姓出頭欲

障遏，因屬將桃卿生深堂項抵事信致諭青，余代謀先收，擬股吃入其底帛署伊之

寫寫書信，致彭寶伯，備由多情。

道與贊庭託正函請帖去拿就睡

十七晴 午前游衍雜閱各書 午一至西门 遗書店松木作 晚偃仙不時 精神疲損 吞南華

經 據公臣畫百餘字 閱稗有 仍典衣以狗書 將日需二百 中心弹憂

十八晴 早桂軒來 訪仲杭後赴硖 晚仰琴來 為说庄事 四婿來自双仁巷 余呼張某薙頭 以发

受風頭痛 旁夜 楊雨人來訪 談不暇 有借艺 不知余境迫 余又不能騷謝絶 只得应之 兩乾之項乃且拔允

代筹 借燈去 飲輒醉 登床後身發熱 病未消

十九晴 復雨人條 以余絶 請另設法寄恳 留伊十元 託仰琴帶硖 並託市查楼中現計 午前桂來去

未己午 湘梅丈來 坐久 指出寥云 點模和源縣下 修改基卿 然湖閱款 早用楚路 此來新詩定

有別情 余館之益庐 伊侯病食 致意也 讀信來一冊

二十晴 竟日余家弟 僅宗才來 徐丈來 陶工西门口閙 市庭秀 假閱叢話 莊子讀書

廿一晴 韓日病 體未虧 兩淹經不已 日將以兩夜不寐 百晴 肝旺動氣 看莊子 及之假閱叢話

廿二晴 大少亨 穆兄來 來為伊子 記恢 究烟 請伍并借燈 張虞堂 女遺周氏子 同宗才 沈侗來 今來借車

有晚 路觀性齋 向仁和橋 桂軒來 而杭回函 讀信後 遍余同之硖 余病謝不能 乃久談议楣

婿致卯舊扶信 携以均德来 来云十月廿四入贅 杭垣于分機坊 趙女今四做

亦甚備，並聞自三要歸，亦笑惟日矣。夜少飲，不寐，至交四鼓後飲，夜更不寐，少安，腿中作
痛，防患生瘡。　以宋恬庵女婿禮。沈孫婿子對英要禮，尤一亭孫要禮，并饋，頗忙。
廿三　晴。早大霧，陰。晨未到，力疾出門，之廣生與硯儕、薇棠諸人略語，便飯。硯儕爲要楊氏，余不爲然，店中添徐
作帽。子雲來，說告悦泉等爲雲之，爲太睽四林告家爲明杉岩一函之和保語，杉岩湘子坐久，後回廣店。
一之快。孫俄樸卿來，談伊相文孫，楊鈞友事，伊有成性云云，并述桂之店事，去到尤宅，一局太翁少局
狀恨均跟朱雲之話。　讀次久至陽鄭陳二方家，吃席，待桂，沈叫之久不至，入夜至，余與交之等同席
更許，後回廣店。一夜江布橋中报。　借竹静見四回，飲滌以二更又起，飲中寐
廿四　晴。早未出，病仍未退。借桂樹孫手癡午以之起，已晚，有三客，余呼伯挺，將衣帽交走出門，外
由鹽化甲橋拈背門入尤氏，爲我對岳，後新人出見禮，余以頭痛，即辭出，到廣店，與子雲、硯儕
雅生一帶，攜訪桐先，說別來之，伊以頗同否，陳自去，伺夜即辭歸，頭猶發熱，更許，以二更後飲足寐
頭重，並難過日。　晚田使手八母舅來訪，以出街未曾晤
廿五　晴。早欲出，頭疼忽起，捨頭家以
廿六　晴。頭痛崩裂，戒絶烟、山藥，久之不止，烟癮燃燃不已。未刻桂樹來，上樓述其姨留三日，蔡許五

意尚彫移，前説余紋子由住説頌此款，余昏沉中允焉，而支力。夜痛更甚，宗館無術，肝燄尤盛。

更餘，請二猪用針挑二穴，角眉亦再後十餘處，痛始少定，亦以之碍口，燥神亂。

廿四 晴。晨請朱子園診視，用川芎、藁本等，又聞嗅鼻藥，益頭痛，大蘇頭，藥力不易施也。是日寒為抽搐而痛，眼中平恍，如天崩地拆，無時不適。夜仍挑針不止，內人為掇摘喘頭，始稍輕。夜乱夢，神思恍惚，模糊出之。面津黑無生意，身枯槁，無聊，似一病幾不起之情耶。

廿五 晴。未刻桐先來坐，贈藕去白玉二斤，閑閑説，頗詹樸言。晚桂軒使來送皮蛋、蜂糖、棗、桃、蜜棗、糖棗。生病景八、璧甘餘雜談談，旋子湘來述桂事。用痒又桂錢衛堂請杭信加去，并詢及予盆静思精密。頭痛仍發，撥強頌際。請子園亦是日事。

廿六 晴。頭痛如昨，上三日乃是日事，以二日不親筆研，别併誤信多。

廿七 晴。夜雨陣陣。後請子園診視，稍用補，而傷晨嗽，咽痛，呼佛不已。午後仍廣店來，仰琴代寫書樣并。芳伯照表弟來，請并細梅生。四嫂而后陳雲來聯。雅卿來别，致楊雨人書，以病不能往候，抱愧，恐其誤為怪怪也。書裝而桂軒來，贈樓去話。玉卅餘方，改寫多圍，乃余代籌一一，并作書與之。杭交子湘託用款七八百，進此款，并託余為之碩，料其圍業日益去。送沈秋伊夫人延神禮樟去帶。

十月朔晴。早問市花生每四斤，已擇同年三五七帖，皆健兒作影本字者，有生氣，此手字學好。
未刻中陰起，晚仍頭痛，痛裂不止。
初二晴。早使人問恢，借付之。取洋大紅紙等，避不行，只保靜安樓，以不行還物且索多誤。此午四點取到一事不由
余手閣抄此，余病益漸纏，如是難理矣。夏景葉未刻頭痛又作，恍惚快至晚，及烟事始上樓，未以行以前多以前
不印行準日。禮部催宗祀單價料，其乾隆不錄，百長義是不加急，於聲色俱厲，伊云久之而余從儘
自不能離，而往來滲滲，從病乃夜足冷如冰，以爐暖之，至三更始覺，想殊不解病。付送一元高樓生男氏陳云記
初三早，大風拔木，又雞屋瓦，樹脫葉如飛蝶舞。請手圍診，開用鱉地牛膝等，而午間痛仍如割，未刻
少止。早丈來，上樓說陳烟事，伊也未能圓。俟以初七以前行禮，則先爲代開帖，有及諸務，未刻間
了急結午飯。寅臣來，坐未刻，蓮溪亦來，向病，同上樓一談。晚間綠成來，云到蝴腹兩面板
枕頭風衣。接到雅伯信，述順順附到五品頂一帶，張曾士帶店，店未付摺。
初四晴。早柑送印章，林伊手蘇贊，乃伴芥似加一以行寫標，出一不樣，至頭痛發作，仍上樓以抽插
又似肝陽，至申刻少止。閱黃文敏書帖，又閱畫譜消遣。三內男兒至，未將宮論余藏書就
夜與周子嘆嘆，談論瑣窗嘆嘆已已桂據，而風事結家，交互質于余前

初四晴。早余往鍾毓岩同欸，又往子園，余請改方，又寫東帖印，偕靜去北市，下樓，陳成來，請及時予
早去，憤甚，因難說留飯去，偕又往假。耕森兄來，不適，痛少止。晚步庭中，將雨。見灌花掃地，至是雅
以至後，披夜服，少飲，課健讀，上樓，與方東對擬，議掃子二更始臥。　　楊伯龄寄札來
初五晴。晨丈來議及各事，午飯去。李留至午，說及臥恬了吉及各節，時許，將午送步，遺之陸家
押，告濮陽寄伐殘也。未刻印園至，上樓，說郭店李靜夫人殁，其子儐烟予，毛婦病不止，四時許
去。晚作字三十，內口閑少見字。　　飲茶汁，夜口中蟄熱，頂心仍際際痛，眼赤紅，腸痒甚
初六晴。病少愈，下樓游觀，茶未趕之，長安止之不理。　　夜靜風到，和風外以名刊單來岸，余許子
不寬，少緩也。
初八晴。余靜以恢，市米覓一元，付余找市，落雅肉，還兩人七元，還下借三元，詣開始，出晚剃頭，夜繞夫蘇陳
太夫人之留飯一日。夜小飲，指揮錢余靜，步之西巷遠道，唐三一言，抵店飯店，祗三內兄先生、蓮靜
付洋將又許人，經隆至時許，將閣搭以換次搖，點八人共搖，余僅以點十九為郎，合余搖
以入席與泳德，要店請飯畢，與丈人約，而歸，路見子康李村吳。　　丈人歸家，少憩，以不得會
中心，厭向即以
初九晴。午前游至城邊市風景，九丈午飯，內抑煩說十二點，日余告以統領兩家相詳，元玆同

於桃陣叙西來二人陣前花第二条勝用一席靜閑晚看書十餘行書三百字晚又閑
出西門到馬廠謝客歸飯
辛峰高成衣來工作裁綢不要斷約加剪丈來留飯檢點靜覺書帖余出廣生園油
衙箬荷深人住羅院積舊衣在庭夥件布呈緞十羅即回見丈出于地僉留請對一元亭緞元
晚往越山以夜右耳中作小小痛并眠睡遲
十一日晴早寫給族叔函信為合知桂軒可也耳中惟小作痛畏風閉門而已晚樹人來談良久
杭杭陳倩人去卽去
十二晴早往看並月加料納綿褲與工人陳大歸順去二人陳深所多供燭截已到葉丈家有頃頃
閑請伍東（名魁杰）前預備四盤禮帖及全午相桂森未見家請送綵禮送一擔即去午飯後謀猶四快并
押抬夜來興至四擔接入僅未禮准錦錦請坍帖加僅仁扶言言者妝妝辭宗一司閣仁另
每禮十二吉均加重上彩又環錯等首飾兩匣衣十件一箱惟禮陳准餅僅六千元似太輕余意怪
請坍加金准舊今代買嫁妝銅錫又及家人均勸謀怪益不已謀議言說必葉氏要陳武家加

帐餘而催緞中余需加色紬余加四元方稿去滬封对江備帖中翻末 又只加元 走催紬炕帳 而少一吶
幫不允糕點信說累晚無託多多許以補加納幫 即四盤去余眉二工人 送飯園庚帖 往計我付
芳使力金而男婦伊付林庚以使力金等等 工人四二人付各事去萬 静往協利由坊圃七桌米全
斷戶奉金收知照 四百一束 接扆硯筆信 雲桂軒為 夫人共夜飯共記 嘉暎市物桂竹灯去
二更計料各司木泥成齋
十三晴 早至午收拾裁縫剪衫褂袍料 午後出至 桐廬 樹人出示砂瓶大似銅 蘇走記詢余銀杏牌
通桐廬允歸成繼桐出允弟而新得數石二小方少佳 厚南粽糕單見價未能即道且候道所宜買
閑坐 兄出誌篆對佳 久出至萬周南楊柏入一坐 到廣店取細布與子雲等 母留江邵于松風閣焉
雜詢各司工芳夜出城陸同收取布 見出伯英兄 初六十六赴就蘇 旧在杜晉卿處坐思一面焉回
廣店取棉柏市粽南取名裁而歸家中已飯矣 少飲後計料上樓 閉室十某字
十四晴 前夜天點淡作雲看產意 晨即清東文來帮代並送各禮 已刻鄭大官同陳
玉乃為定屈以傳一撓 罪六大日中飯甚難 與業仍往之捷升做價至久後以難始而去
後即未返室廿二未工作地頭去掙葉桑有被攀 ... 記情仍至此亦

是晨至大栈，偕女来拜，女作针黹。
十五日，阴，数点雨，数点雪。午后出至剑庵，作帽，出至甘湖，候与莲舫谈，见子云、笛仙、畹秋、屠琳生，谈久
谈虫蚀烦四兄翁岩敢回聘帛货。饭，晚又与禾云、伍子远、太兄、桂轩过信玉店，说杭事，乃同略日借跌
申刻访瑛甫，与方伯谈，见秋琳，而别，归家借枕。
十六日，晴。晨，李圭至大来，取被包，交取五十元，印出，韩由广店市零物，至留椿玉宝陪说，午李桂轩来偕舟
午已刻登辰舟，赵舟行，过印店，余闻烟气中作恶，少倦，以致大便，行舟出野，菰未刻过扈(?)雲栖，便山睡
抵硖，将上灯矣。至读书贤楚，查卯，静老庵子间，士乡、良友，各谈友与伊声，谈谈桂轩出之。嘉兴时(?)
月足等并市菜，川烛一元，晚饭于庄，谈谈印宿，至子夜方寐。
十七日，晴。晨至庄呼羊驮，食佳，换洋之陆弟买铜锡，棕器议价，拣择至久，共廿余件，计洋十二元之左右。还庄洋廿元。陆庄学生陈并承康瑞
鍾源顺银号文市磁器、灯台、茶碗、面盆，院子借嘉兴拜，又于玉茗买秤、物、评、线之，次亦滋，市牙器、篾盘
肥皂、蜡刷等，半元入人和同记，于祥隆皮店市皮背心，统院公四去。嘉兴已未刻，泊于源发，点馄
饨，往过庄，议桂西贮契，并立契，抵五竿，余与子秀作中。已同应与沈少耕市茅文甲五元有零分宾
宾、茶于雅宜并伤未吃。嘉伦倩张言舍匠也，回入庄，时黄植见，更访印圃不值，市料糖、巾、烟等回
入嘉兴，于庄饭，夜眠仅二时许。与姜伯琪谈
十八日，晴。子刻入泊，起，嘉兴包茶二泰来，市肉、蛋、糖之色院，访印圃，见又访凌孟三，因而一见并请马

十八日。大雨。水果行市梨、楊桃、橘，至正西店栈，使嘉盛栈司挑下，市洋曲一箱帖于順豫，又令桂卿之庄取物下
舟開。近午一點，樹日寧林、曾樾野鶴跳盪，山以後與桂卿同談抵寓，橋已上灯，因令桂至城廣店一熱
留江勞足，傍晚已至。知鶯香宮只有退至于雲蓋嶺印璧之下。市菸葉、菓物，模黑歸宗飯。
九日。晴。清晨早，舟于三大挑物至即起檢，少付力，致廣店，余遂繞至字界為鞋、抹桂各物，裁對半交帶去。
一元，買市雲物，午作四碟饗飯。寅生來，出論橘雨人于此後，睡讀久，計共四五日內動身楊堂
住徐宅。寅生遇桐店，出條程撑送，詩件議價之未決，詳真鄉一西家舉琴，乞諸乃傾囊半文與
之。雨，次山椒夫人病殁，五一人左右，蕃及雲舫光景如此，真堪憐弟。至廣店市花并膠等，匆匆但僕
人使叔牧為徐大談人撰工殊人情難周也。夜為設將歹
二十日。晴。早雜理諸物，皆裁而當秩帷挂料。陳晃司到，剃頭午後去。至桐店，條程撑定，用益之定
全年敦貫數卅洋，發票現至卅日。伊久賒，遂市銅環。午北去廣店，見伊作殊不情理，出城訪杜蔚卿
于來稼雲宅，祇見如意，寶知之甚，而唐甚遠，如押將棉衣偕稀頃皆，于魯泰保四林爲之桂林之
西扇。又于店穿衡，題兄朱六琴又兄子雲于源閣，李吉甫米店，適雜米一石，怂到店另市物留紅
道入杜風茗，語為座了及硯了也。又之茶莖歸

廿一 晴。寫對聯五付。印谢來，邀徐賡兄談。借物珍三來，取去洋什七元，送戶至城邊湖上石。

伯往点芳人到。

廿二 晴。早偕毓夫人來談，商修結緣事。玉泉訓去。余小做起子，研末拿步于蒲惠兄流丈。

于店主又買子國火燈兩只，計付洋二元，收分單。託子雲借大鏡于細川源芳，記準米糯四斗五帖。

地鋪店主算帳付二元，小舁店兄洋五元，收窗油花修換与靜兄作背心，知又買棉衣件。

乃至周筍供客送信，留在鎮烏指燈歸家，候小領以。

廿三 晴。做護書，用以藏東。未刻寫致杜夢卿，兼照片，請律澹庵來談，並送徐妝擺設。

三兆雨，精神多頓，送不去。　玉雲馬閣通來，為售墓地事，今擇借去。

廿四 晴。早去市東玉店，還綢并找洋四百，揭取錢歸，并借新板与市水仙頭三字文，四兄王野居入世新。

居送某洞費閱教候，四半兩點，報家丈在閩錢文事。廿五去余小臥，晚潘花陶借李細川大鏡至。

夜為碎健兒腹痛。　是日新設諸橋崇正講舍試烟題係。

廿五 晴。早料理過十月朝節及年祀神祭祖祝壽，昨飲，去掃墓之後步橋過廣店，見印琴

信香泰兄四林云，石門道上被鄰火延燒，幸又楚卿兼送傳甚也。又過宜橋，重余一生。

至萬西靜見園，已待檢樹竹存三十株，于墳右草地見鄭姓六人，對以竹之未給二文，乞其照料
培掃并竹看，後故內之粉園，其餘則未，東張二房取其地租四百年文，又東之七屋見二姪，四市歸，仍前計保照
家園地十枝給于王，擬計理，聞步已葬，舊仍四達之泰庚生一憩市，息瑞空一升三十，知印七兄請于庚
庭到審已時燈矣。花妹母氣急病，深恐不得求治，粹夫衷言典賀，孫兄身寓，候其付以旧袄而喉少
止，但竹嗜孔多，誅雜園也。
廿一日。晴，早丈來會商，開語卓濠偕出，于北寺閱鐘磬，光知禮懺房，踪入殿，見內有祖母牌位，奇
借日殿楣，印北入廣店，与子雲談，出城訪居白老于家，先見儒雲，次晤仰一，刻仍而別，于途遇素
坐，少飲陳慶之居士，穀為之購子布菜一桶，晤陳肯士一談，談後往廣生寓，留多了，申刻，仰靜
過訪，因令之於風，茶局之，精楚于余廣其壽中，洽作何踐訥。伊仍合而不露也。至店天已晡
至七姪家歸。夜檢陳子馨捷夫信，並陳翁二揀焙一霞之，並請行誅，稚鏞十斜，擬請樸庵于長安，請
昔伊寄庸丹未城。仍家人議論紛如，並震一月，而又無空見事之難為手筆
廿二日。晴，未出，料理各事，玉雲來，郭木匠來工作，修椅各物並做箱兩枝等，封力包，付禮罷，帖工人
陵譯來攪，出言追無窮，其往，氣人言，而以光景拮据了之。徐喬尤多不厚，家人故之無

年家牽制，兩鄰大叉書乞一錢乞之不止，眼花有多，蔫去，動氣無日，余之一月，聾俗人
雜之又雜，恨不能入空室（空山），披髮灑清泉，以一洗塵垢乎。
廿八 晴。寶生來。許之來，吳保興請安。寶濤、寶臣夫人并寶濤內姪均至。丈未其子綠成來論書。
黃梓楊陳玉書吉付梓未得見，平野懸吳嘉成石借帖，寫對聯十聯，未畢。閱九帖子，新來。
廿夜飯去，夜料理明日祀事，百十件瑣屑清雜，極可厭惱。
廿九 晴。丁湘抱孟嘉錫如斜川至。丈四林、桐君、玉壺子、研桐君均來。日間料理見多而去。
寓康蔭同來，將往杏茨耘為調候，余大指責罵殘神五十餘號。四夜來，珍三來談。
務絳畢，煩繞紛擾，四懷煩擾至。夜設席。
卅 晴。早起詣務畢集，和圃挂孝子研孫成四日至書，橫磨去輝及行二程，如家壯母，前女來安[illegible]
至百齡巷歸，未來，諸人畢留寓為午飯，祀事畢，未來并指[illegible]母[illegible]日，程又來，為[illegible]
為之子情至前將，於天空為之江該，稱寓壯申刻，告達共工人十二人，班卅餘人，送之[illegible]
初一 晴。暑，[illegible]墓畢集，送祀者凡多，惟[illegible]隨人向斗，過于較量，將剛錯石收其聯，付[illegible]書性
房中[illegible]，[illegible]子研之，詩人晚[illegible]，文[illegible]太[illegible]及丈人年皆七十至八十，[illegible]年[illegible]

道步將西渭極盛，姜麥兩新親，六來賀，往陸沈[鏡芙]陸，華士許賀而[未]不飲，未刻松并辭佛。
辞宗來，家賀者百許人，夜設筵二十席，又陳所二席，廣店二席，又吾家東席，内筵五席，新陽人茶
爐坐手三席。及更餘，佳極熱，爲以不穩，根大子佛子雲、保成、吳班、勤生、議料、佩蘭、女校書備[曲]
陸二更許，喚余起，[作]扣戰，聆音譜請，高嘉道從後不休，[吳敬]跡陸闈，余又後以三更後三四點人。
喚起，余備長衫而新親花轎已到，迎後子湘來，向列門各擋，伊來八元，只加二元，[是晉]嫁妹接進余尊。
中飯已卯接進，余起已四更[時]。諸客輪流出謁，合室内外人如蟻聚，群耀達旦。
初二晴。黎明催妝，趙親石臣兵人去，陪送女書拜別於興。兩家二人理料諸客，勞接如昨。
初三晴。早間二子請諸陪客，又宴[坐夜]帖子，靜兒、佳雲、玉未。未四申初，新婿到門，迎，手無一陪，入茶筵。
兩兄各人禮，諸客又澤姪玉，夜設喜筵宴新郎，魁梧瑞毅，為善言時得冒氣，似屬佳婿。[首席]諸客
平座緑成、棋庵、靜兒，次席吉卿、沈仰林、廣三、子雲、齊陶、蓮清，壽席以葉丈、吳臣、子湘、切圓子
研芬弟兄弟也。上[四]扣六六八大二道点，早甜，猜拳至久，八九辭筵席，送去新郎，共興玉女維六辭。
去須日應酬，殊煩向人。

初四晴 還物諸帳付工人錢 該女婦緣李料理完畢

初五晴 與樸庵諸談 午後送其回杭 係回去相霽翁 宰弟來乞助袁乃斟酌至再付一元五角 桂

李宅六弟談未到 仲篤來談 贊楼談久留點心

初六晴早 結帳 同包云甫訪門成李屋 知霽翁合諸子又來說留坐 歷日余出謀之 踟躕又知雨樓之

女 至閩妹丈劉雅賓延平守任須需泉州兼百金 弟共人李泥最半年終窮流蓬人負多無錢物又不事生

產不謀生計不知俗畫稼穡組雖審弟至極不十年家徒無聊屑未投余諸借多端此未畢

至長孤卮付五賦知其住後先付洋作住資三元又緣後來令餉至我舟人又索横無理只以索當

夜付五元不足及翟留頭條書又借三元可研送余至蔣世榮擇舟中付之惻而隆心柳氣以擋訴

黃丘中錢不適家人尤恨憤也

初七晴天陰 葉內煙等去 晚丈來談 晚一至廣店取砂金石子雲談合談訪桐君知病子湘亦患

傷風 晚天陰雪

初八晴 午前將周六畢集諸物 午後將出族弟穆堂中華分春來拜接入談少頃茶去余出去

至家蓉兄寓月泉地保為房向付二元完 伊以墊他人米完脂價故未完 已須入此書完余亦

肯之之桐宅兄保成桐兄告談多情，穆雲又到，談兄爲書之廣店未走，至楊入其內，前書中以我家

道及不到兄處而誤責之（過祁村），詳東不知兄處，請來亦均不復當也。其保兄与笑入湘府，兄与次高

宅業申左益接，荣甥四斜三人談，次朱氏子在泸四珠为說入樽，保府伊既不見，反以入其店任其

不情如是。令萩梓日西隆（斜），宅業出余之隨去，別去，後至廣店，与朱六琴、陳厚夫說事情而

归。

是日如狂書。楊雲雨斗來，据夜而去。

初九　晴　在作書，談諸老林談其煙，覺其甚，託其送飯，又到陳甸青託其吹燈，又平談王瑤卿、周培卿、陳雲眉、

山王印芝來，君皇王存之、于子純、楊祥符、李佑丞、沈佐卿、葛西平、陶味琳、陳伟士、陸稚夫、珊綬珍、

子山、楊雨人、祝挹甫、陳成三六兩桌，共廿一文，午後同六林抄帽之多福巷，頭龄宅為排遍不住。

將吉亥出之棄二兩，搜大人遺，遺語潘說居有逼，廣店与子雲等談，子佛到至，語向借之三元，然說店

務多情，令去將萬一題語問，不覺伴南留伊至家飲，諾笑玉久去。　是日玉雲華為陳縫□□。

地子來，來成余与去面。

初十　陰，晚小雨，未漏，伏，早出之丈實坐其病，尚以床未起，不語，与潘保知其居有逼掴店与材人

赭十山語到店，中之和，孫付臣票本春小談，去時与居花生語運，孫頭不見，李士甫，四店備飯

各函似起予枘芋诗料，颇多为之之益。致杜福付钞蒋书庭处未。饮小雨，雪愈归。

騐伯云有田一亩八分在蒋家桥东，以十千赎得，将来归贤云云。又托赎绣谦租。

十一日晴。早饭后，学元来，集午后出访丈见子研、芷汀、陵仲、蕴山，禹昌、桐宅、得成、桐兄，知我保和宗之并馈饼，又闲杂谈，至契老，又知子研旬以寅餍还读，小琴于途，欣知其事已当，到店予湘亭元宵饮。一见太仲、仲仰、仰田庄，借子山为瑞昌，借与印契，李英子椒解之，思以请依呈诗仰而无为有杂志，又再议已。往之使铭，子云扶田，来月旧家。是日送陈斌梅、陈云礼。

十二日阴，大有雨雪意，而后晴，竟日不出。看陈净斋十页，书刻朱雪街、董在长身、使大之册，子拆信，令工人来求救援，予为屈子之败垂成云云。余实属为探询，适已七八次，说者看匡顷，令实力尽不逮，二子顽读诗说不已，乃偶静安书院，看大与之，而言其人之不谅，人之苦，而一味眼用其执业矣，是愿伊等侵善起色而难成也。夜，余已上床，相桂生来，来上楼，呼予于帐中，询之，孙之孙，而家人及友留之，思作奉地友而援手者，其实之意，言之于余，并付欵，戴余余话至栋，是为写好，仍空阔，花盐川人，说若家中数之事，中流屡不堪，设想曾就近力图为自也。不知为何适，那其意似嫌，似梦不解之之。

下半日，为蔡子纯傅勇点谈不适。

十三晴。早出市，鱼并购鱼，到店，见洋火纸，知和保装若照用，须一二段，拟加，又转至秦四琳说，御史子陈小饮，归，为田庄经印契书，来会市本年闲六百八斤，我先三元，直花西伯谭，店为桂生子，不谁子

并邀庭石、馬少頤回店。子彬來，告一一，乃令之九府前孫氏宅看屋，係小蓁借陰開看，原吳氏屋，
隨之至五橋之進，前加旁屋，又孫氏新屋三間，另二樓三四平屋，並大樓，樹下坐談，久見重墻，爽
朗。并將和俗子少保小蓁兩屋，可合而寓，實地寬廣，而現園中菜地六七畝，計可廿餘担，城中無此
多地也。肆步子湘謂難得，余信之。談之某屋借價約十孫屋七百餘，須彬辦，以千三百余允，產可作
堅。彬心君少決也。不雷。未，未刻回，至北市巷，知蔡秋棠父明日入祠，回封送，并往店取多帳珍三條錢
旁夜，剃頭。
十三日 早陰，晚小雨。至夜。午後出之店，子彬亦到，以屋事心未定，且候之子雲已向周屋居宗衡並上號
返源大和談，發山石言，楚伯昨來，即返石厥，謂已談二勢，言之堂春與四林見海，恨陳慶兄先代揀暇
十四日 岩小飲，即回。共子彬之照料，將晚小雨歸。二糖四石門　某日借四百五，此帳已用，計洋元
十五日 晴。早理各帳，午後出，到廣子彬、子雲亦來照料，一切出城，往市廣橋等不得，傍夜與子俏飲，余
付鈔，後來樹人共飲。鳥在廣店飯，夜談，仍要汪帳了，子雲與李吉甫約，子雲去杉江加米，初更乘月
歸。後飲以
十六日 晴。午前黄閃，下午舒午往去于順金作看桂牌，到店以起子彬來，出之園，雜年太運煙局
付洋式元，斛米五升，與吉甫高壽，換租來，回店照料一切，夜子雲來，回與子彬飲，談間

閱桃溪雅集詩，事如本，并并畫小畫，均為攜之詞，而實足見利也。初更雨後歸

十七陰。晨見靜作課卷，不甚愜，而詩尤以草率戒之。屬而後遽去，恨予研來同飯，園八事飯余

即出，過閑中寓，不值，見子蔚，到店閱申報，低然眠去。燈紀詩，雇予來，與子雲、子陳論崆峒真性

精意。晨宗衡昨日生，以未見士穀，饒之伊家，并見仲甫，書状，謂述之秋分，驚云云，茶而出，予

應薦季吉甫。源昌一往，見之，夜二更乘月歸。

十八晴。早以信即出，市寫閔，到店，歸入桐店。桐為告女房陰事，予帽名之，論丈，予家与三府，惧說頃落

以官事又久之，歸店。來店午膳之畢，閱申報，便以之起，予與雲之為理，帖多事，旋在拉予雲館出城，呼同

六僱頭租市，蓄寓行小坐後，回，有人往來衡，想予順和，行見命也。詢沈錦如，他出，同說家米，爲

茶而出，語寓宗衡日生。源昌又小坐，歸。予雲成書燼此。寄箋予與之入元茂飲，見錫廣三，捕佳桂卿。夜飯畢矣

將歸，而過留仙，候至，又邀予與三人入松風茶設，店主持之，見楊者以笑顏。回店又轉歸，家月已升，萬近二更矣

十九晴。早台越以語陰，以楊園人來，陶米聚廉，家人多幫理，午出，從四官借粉印市，幫使四幫磨

惟留仙語雨，予照料，甚吃力，北風勁寒，甚。借仰翠度桂寓，回已晡，夜深牢米畢

廿陰。滿一陣，夜微雪，君理作，新桃當人，往候，午後庸候來，爲之予予房，支要予意，亦入試廉案

日，輕夫往蘇，乃借之其家，仰崇丈人予研等來，余揣劫解而待，予之夜下樓，不至，乃入桐房，与談

既回，入夫室，請之，收同入予房，伊告以被歐敗，徑太悲情形，颇不已，入寢，請購告裝云云

余明知事不可挽，而我实悔于第一步失。叶氏家既刷落，而上下不和，大甚。彼有时需日七八钱与
瘾，但模糊而说。非炭来人，七七八八，迁不肯多，是以次叠具到，粗少，间相见来者让七吊，指至大楼下
一下，足闻钱若许大发于此。惫与予俯走出，二戚亦知，是居家御阵，同堠，纸栈被失，慎之，阅店者子
细看了一查，同店友中有成玉，场有祥钦，钦家结遗状，已宰门，昔在同遗，切川栋云等，又为指示一
刻上，然回店，适予微赴肴与留迁迁，登航回店，领四有以懒，坠不恰，数谈，休息。初更，陆顾归。
宝生来
廿雪下。及寸早，书三条，偕取各物，并料理笥篮，午后饬周六挑二篮，升桃粉并金附屋
桂糖。余乘轿随之，至厥前婿家玉门观家，硕甫接入，谈谐，继见婿女，又见桢儿及季仙附许
局小帽，登楼见女房与玉女谈。仲策附阶，谈附走说说，论别来事，仍俟楼待筵，席兼设席于
厅，余辞之，改移至宝。朱珍三钱，剪纸及桢李又小孩七人共席，看馔，携来闲谈，无事不觉到
更席散，与夫来接，辞归。雪下，如茶白铺如银世界，抵家上床，更余忽有叩门，询之，隔邻陈均甫
令大人知我屋有贼，惊起。周六上楼，西照，余下楼，业检门内，同陈氏云伊楼窗被撬，阅有
逃走，继约工人访，令于明于屋上西门关，又至许以为房

廿二日 晴。快雪時晴，微獨少淺。晨食粥已，刻子研來談誑多已，得拙閣之，乃歸。果于蓮所歸女兒痛
而後及其夫，子謂彼二人頗于才調，不識子情，益然上重，深為阻理，而女厉改不惜于衆，又大喧譁，
決難阻退，而果丈人出理，與其衛改，而蓮仍去，云又惜其利害，此子固莠特甚，伊雖悔而無之。
於是留子楼，花樹是留子研飯，伊出飯罷，余亦出，先走郭宅，問見不在，至丈人處，與談，丈不為然，恨
蓮決肩（為先子）子研來，又與為算子，拔少向蓮田樓，梦無云，以丈出面戒責，理明指棄，乃默松，後至丈處，
委曲勸喻，仍執固以為彼等平日于家不恰，皆令入以決斷，毫無回意，少待去談，仰棠命到店踞
積以益事中，報晴（以）飲食甜，回廬桐宅，設入子研處，仰棠至，談多無成，出條戶，出已上灯，仰棠之店约
晚（若）粟留房，晚未澈議，理而店中以地保，燃防費，待余乃付之，又以該物許他萬物，穩遣留（宿）飯，又下飲，和
更，是午來訪，述金陵為事，特烛归，富子研合粹，作归，兄伏多情言，余飲而极床。
廿三日 晴，雪消。晨，偕子研來，將午丈來至，重送櫥來，共午飯，之後為勸丈之素戒，蓮犯以出名，且至苗撫穩
苦口君氣，國反覆詳言之，又向子亦再说至再，不允。吉卿來（集），刻出至丈寓，見諸樓道，雖彼無西意，
狠毒甚甫，必死不住于七房，見蓮面无人色，只經氣息，死勿食（粗說了），丈孫手此着，或上堂，或睡寓，須私
理料之，見一無穩當處氣，不欲多嘴，徒以寸數至伊房，相余往辭，所見所未能，行久之，仰棠來下
樓，時述括之上樓見丈，兩人蹈勸，账久，鞭偕蓮至房，伏地請罪，[illegible]乃出呈穩，余仰棠先往

令題篆記貲畔均字句使物前代筆善段店語人因說張白為告了典玉云散殿值一席等者勤
店与双恬等一語謝暗中归家飲膳　佳玉書書錫租
廿四晴　早至大家湧泉鈔單略余路稿少間頤光来入前与語閑說伊約劝息至房談了二兩樓梯
登楼細細閱等哉及二時初無回音并訴伊等不情了戊一再劝将欠与俞宅高再復旋于七房飯
余誡戒湧泉等為人任保誠未共語未刻說伊等去即料理書而子研以呈債須立吮吮余甚不欲之計持
甚戊憤恨填膺哉有共髮衝冠之概世性情澆烈氣盛無此将来恐仍有禍又力劝其夫人时
之警切規戒為要湧乃去去倉于二鼓膳即索遍将画本与其事兵索貲證册付之余为太巨之彼等哉
令乃以為十十詳之余代謀之云云大之論說而出仍至大家廣回照等逕了一不合氣急用武玉兒胆小畏懼之甚
子為笑恨双乃文件件中出之店久之走悟猶未畢于丰太小飲見蔡補清之齊暗四店飯畢留江玉讀及鱼了
子研来之乞余到店照料余飯之又件照料更深持燈归　子研去宗勸理一刻去

中西偵敝攷

院郎繙譯書目

總理衙門同文館課程表

光緒十九年子月至二十年　歲在癸巳甲午日記

檢寫青　廿四日　晴陰不定　料理箱篋　封寄各人札　檢舊日記　見庚辰辛巳
二年間於蓮陽世印錄庚辰除夕詩　讀內目見兩二知清絕趣梅莊題於楹
之墨　兩兒萬附聯語概之　今人無復而了無多異況念自下　田之當年之
似李泉年　讀天寶遺事　兩時令芸之感已　午後付梓未完　一言去之友鄉唐(?)仍
以者臣歎不須留飲　科而長談　至熱田見之　店松入知康了之善保也　到門乃借熱到
格茶肆談之　階役以為集之法　等付家閱評其閱畫去　以如玉斤　船上差從回之葉氏
鈞文大叢談之　墨寶與撫茶功見議　玉再生宗林六玉延赤實之遺書飲與文　今之
陳已排了熱又損留差等收貴寶之請托於擇去　數懷余不怏他人之姚孫兩雅
穆年之叶報與熱等共飲深成之業　妙絕多論　和東指揮三內兒送歸

韜生即别去。呆留仁未食，命送陳益風小談

廿六 陰天欲作雪。早洗衣，到店，遇魏兄，為言所予當并成議，既到店，來馬暖暖，遂有午

源知伯嘉亭族兄來，世其手扶來，葛青翔世虯弟，昆又弱一个，兩悼。又送弟車知單

三物。坊四日，薄于陳氏同座飲，精神尚健，不知上年捉上街，西寓病而送下

己。義八八兩 楊月灘、朱少仙、張克諧 月先說一戰識實与某家某派設肆，繼而合

今本合貝助兄之某家姪生子，而家益窘，某且病死，將其妻子付托要之，其欲之及

期，戰經營辛苦，以力而其家并母家皆欲據之，有媒議說，戰當託不為然，頗卻之

而其妻以處居說曰，汝戰也安向我家，今予辭去，戰操其頓，且訴推以婚媒擇稱

而欲我既兩姪店及妻子不全，因於三四均相諧。兄即日滅續凡遺合色單，家多

道賀戰送抗言，我小欲要四分，乃拒，老友待較人為算，實不合。見動欲合諸傳付

家少少，數又為其持門戶，垂三十年，其妻垂垂老，為其子娶婦，畢。然處已

書以挽霞水共戴於高風也讀之，先建午至恒裕晚，夜招飲，夜與留話子樓中聽門
修金商店，夜與子康飲，又子飲之易歸，免以　蔡麟生來與俶夫觀光甚暢
廿四陰。早出食茶點，五鼓中堆血豁和血飯，巳赴店，云尚未諾，且候複　又得斗五叶
與陳諸助西行，橋頭田廣之資約了，余約飲之，詢其屋已有招之，因之歸飯陳耕
廿五晴。赴店，西飾四首形考，向送參字之，孔樸西付閱，處送印書之，候秦雁燒田一瓶作招
樵小吹桂新來與談，君輝頭斑雜紫胸，徐摩斗撲，夜與留先談，雨又硯楷下楔三局以
廿六陰。同一味早，早西下街市菜肉以歸，以小家捨物取洋，訪閱六環袋之，淌涂老坤子研未得十，到店光之
先付舟洋，到於廿子之，赴店談，色葉氏子研漁仁，誼蔡田，晚一人飯，隨飲夜睡雨
廿七雨。同作謝伯子雲，以陳田靜安到店，云小來已下舟之，捨物行之，茶店知誤，候西舟來去，遂為之惜銀
釋借袋于椒深深曷并燒米一斗，市賣物下舟，船戶乃丁德王也，彩阿七開之，郭茯雨也止
蹟泥濘着，訪王敏伯，達卿今之蘇錢伯家以東地，待到惜借之，敏伯家伊有了不胀
同赴陳處，遂與驗伯下舟，開小划動物一詢陸祖之邸，壓石徑茶十銅畢，拓金石擁

东北新开河岸家木桥西吴家浜南侧宅，至其家，寿生以收租他去，出（之应）数田约计十五亩不足二
亩余，少向寿生田议收租，以来开粮中人来，说伊加息，将来年赎归，而所付息仍许米六石价，佃恰值
袁伯不情之甚，向旧欠五元七角，接之作为王老坤谁赚于身用去，余（推）情允其付息，廿六请年底应付
息，去元角相欠，能共廿四元，角一两与议，伊以稍退方称，于脚面相争说，而余及降以相
皆由其夏向原议，况至今半年（矣），收租加息之两层，真无意耗情。至理，极伊犹未喻，其两强词
夺理，一以难旁晓，一的内实（不足）是至米单，反露搪塞于田塍。五人从及上灯下，饭后（而）至者寿生董兄
厚生来舟，证询其田多叢说，探本底蕴，其人似能识实，为之（其）田短不足亩，向南赤坍田二亩下
偷伊先典与寿生，编及农桑，不觉夜深，二更寿生后来，语多不实，只许现付十元，馀在城找
乎。不足，久之未允去。骏伯周六静见同往，以谓四更不寐。
卅。晴，少寒。黎明寿生在山岸间候丁桥，继乃九人皆起，上岸。寿生亦来，同往街，入其家（一再议），只凑付十四
厚生、骏伯劝允，馀欠十元六角，约定十九、二十日来城付清，余始允。遂收十四元，七十，遂留瑯琊
于明寿，奉严实回赎。勿下舟，开，骏伯去金石塘转下舟。至郑墅庙镇，市鱼菜估值，上山岸，卅
（卅一）年未经县镇，现至市肆，较前增贵，（饮）价酒十五，众赤东步见先官陆友，布小贵，兰生，至杨入

庚晴，卯下舟，煮飯開至新橋，陸樓附佃岸。飯畢上岸，墨米余走北佃姚地田間，見姚嘉順子談田乃畢。
佳佃，佃膝玉其家以租米未妥，即諭陸四佃米三石三斗，久之居灘上，米三石一斗。茲過開至夏家蕩
姚佃史姚二以不家其人又惡，以前人打架踢將大門，因過後開拍橋，已舟之不變，撥之向訊，退步至埔橋，手持馬
七毛家其家章碗，其母允付之再四，待來代市米二升，乞菜一來，見馬閣慶歸，饅菜祿之，夜下
舟，飯閑談久後一上山岸，馬云昨探明付三元米二石，送下幡臥。
十二月初一陰而晴，馬七毛至舟，次換起上，星租二石洋三元，又匹舊欠糯米二斗，後加五升，送開至有仁橋舟川
多說，抵管家木橋王同呂家，其人不家而米已存三石五斗，洋一元，余責以舊欠不還而試洋又私
存于崇，厥官來信，俱為諾而不到，今又扶病不能大加詆呵，乃還舊欠，計早米付洋，尚欠米四
作價，付約十日手交年 陳信甲，送開鄭店市，菜一生，代米店，下舟至夏家蕩姚，以順以順見家
華之盈拜不給飯，肥粒蓬陸原可惡久之歷，租只石未已，晴飯後至一石六斗二升五合，至
家且病不願，晋其來，彩踐仍付耳即開，到店時已未刻，日晡時抵城上，米現，泰宗呼順之
舟看四店，夜付舟貲廿紫陽坍，二更而抵灯歸，說及一日事。
初二晴，早寫家姚魯周中信，未去高坑，訪饒未遇也。王二姑夫逝世，乞金于孫子拓高坑小評也。

請寫云云，于地中帶來蔡寶生玉雲所抱樹，巳到玉女歸寓，頃知一大陳氏與賈兄父子談

得新年未出與姆母強結婚，遂步到店，巳來找于源昌，飲源于豐泰，轉和源房，復與樹人嚴鑑

重談先人時光景，夜夢勝未告與王吉坤之槍，既後悔初更以

初三晴，黎明起，步向出，往尚園，于店寓衛口回，市買牙叢，寓寄寶生玉雲蕎米等于封

門王緣二姊，見陳揆王四照你與陳蒼人，力促之狀，為之一悖，回口鄭

年之區區，楊卿捲眸河邊之樹，巳見其夫復同之歸宗，掃戚素長談，留飲饌之，少以

出訪周蓮夫于宗祠之，向陳味根，朱又家在座，閩粟小舟，聯縱來朱崇談別

至店，夜，留江倩安，地契

初四晴，晨訪朱子卿于家，偕玉階利源飯，余蔣和談，陸同賬，收取申報，即發還，溫暖，午

膳，已早未到之德隆，官三房，偕至上棠，詢以了畢，即回家，見玉雲回于路，寶生望地，并夫上棠之

口棠，隃栽葬，計一元內回錢，圭梅一抄，江瑞見鶴口，庭方隨即出，鸞夜食膳，小飲，夜，擔目墮，睡，十刀

不合外談，從此不見，柩帖之不用，以做其伊等不自愧耶，留江子雲未說，與公宗拔了，話余究之處

作來時方擋抵我二更睡，思料一切不能，周玉陳自怨耳

初五日晴。早赴芸芬閣,余七刻回寓,路中見　尚存古錢。惟又從張某處得古銅印又古銅鏡一,未挈歸。
瀾可玩。過鄭清卿,聯穆經館,可知此次被賊富禧宮中雜物抵家者,偏尋觀
我覺了莫子集便午飯。申末之際與潘談,又至敦見,今之法律不太備,尚以待于將設來,定至
保身道入相宜,與保成說,儒者經世之學人物,盛用力之法久之。四店子研一來,留江來觀
借之去。由三條衖一路步行到店中,詳廠,講首都,遊舊步與嚴錫堂、周仁甫,談此中訪詩綠。又
東顏之二廠,訪切要不值,隨即以所託書之首檔二紙,完之,因又九留帶,與罹子又有兄,十日郵託
其禮甚,所當係予而歸,見批幽字文一二,晡獨歸于公館,疲甚痛甚,初更後就枕,支頭倦睡。
格子誤作附及助,伯三十二元,特稽庵完結來城,不能知,設立安滿女生辰、吠
初六日陰。早剃頭,寓中來店之四卿,于道,來子延神祇等。擇切要住所,宮楷,雜無定,往來定雜,以程
實清未并及中事,在寓未出,飲謀竟和,補陳相文官,再詢余疑惛,於病道,分不甚之症,命供書來請同
可以茶余于分之敦見店,因合出,雅集茶之許,共二元而遇無定議,勤以兄善肆說又能條縱精術,旦寫
主中未多,萬觀故能條瀛,善竟并時詳,剃余物之應室館人已照政,衣而四夜,核而甚痛甚
初七日陰晴,晚大雪。主事早市魚、措四宗與粹華議定二元,此即于四條市某處十文,寫飲小以子研來,余
出君郵太不見,至店与印琴言,特存一百五十條,四夜之家取之,并寄御狀,預作信寄了敏安

札店中致寸儒米局錄稿，又致渭臣信，附吳復佑來照所詢帖，此上樓陳貢之即門

昨熱，業未過長談。許貢月、星林、高孝、吳鉄、謝桂庭、壽卿、乃廣、趙舒翘、吳鼎(?)

初八早陰。付靜之條并致市頭，正待阻于豐泰，午後邦招小以出訪勤兄，云將阿華族共出典以逛到滬

姐兄士穀鏡田而阻，與三六來小叔即卓史與語之，而男好蒲樓，此甚難難，不理，可為長歎。蒲苹出

以有奉要欲往，陳貢之來，後飲，霞阿洪來，望稱說黃等，需不慰余，住與勤接洽，局接茶往(?)

為兄信所寓借，此迎胸多不平，而實未識余之況也。　未刻之豐泰，夜歸朱來(?)

初九陰，晨子刻雨，午散，後一陣陣惺忪，即刻見李及市之二屋，归宗伯良，理料家事，午飲小以，赴市內(?)

樹榨權翁而欲未刻，出知吟兄談余迎市，檢洼吸而而了事，作信致佃圖，附錢乞其市糖四斤(?)

夜，六琴、孟書生、柏桂兄至。二更後樓下往友分紙大燥(?)

初十陰，早過擺與金吉所借，計米二元，并吟崗韞云，只借月到即，市雜一四斤半，李四(?)

市雜子八七到蘇春霖，廣貴來店，張本性固留酒看，說樓之，晚將到子義隆與幻孚，市一壺(?)

豆斗六斤，合書元，蒲蒼，庭貴復來，硯雲二人偕來，若語余作詩，雅甜兄借持至醉說(?)

十一日，晴，一說乘之歸，市柑六斤，魚，夜為吳回家，三壽等為年糕，輕暖談以(?)

俞怡琴来信寄廿元　　信批卯十八号去

十四阴雨。此次自九月初四来陈许玉公百日，同不往，问道令汇礓要由起家，以徐将回此之类
碑作炊烘，不往，植以照起宗广，至打粮拆粮，余管厨，到店，近开照见，令之店内续居
宗街地，乃去申刻，粮子佛，乃入读，到此碑，病后景况萧条，作当时同事之法深法伤
西之照壁，并述两家乃去，乃子云设身处地，夜趣先生子来信，述店乃树少，择来宗相
接幼园信并粮，夜留兄来谈，二次廿文计十　三更雨甚住

十五阴雨，趋读晨宗广取粮，交一千廿四回，已刻着顾仍家，楷打粮，家人理料，乃忙脚乱　去，陈陈莳来谈，又入陈广荣店谈
市街桥十八午饭后与宗广借胜还沉，来到之作渐宅谈，子研亦来，谈其派款近年之
言，下午一见贤庵，桐兄到店，乃子之云等谈至黄泰之或付桐太西与孟太疏其卿之之
本油来晚，粮先事留意初又才乃彼躁症，修少人左右为难，将来伊亦自悔不早理乎田
夜腰以胸作痛

十六晴。午前至报关行玉僧王之卿来，还租钱千余，看春报一回大之，惠店云乃从宾秋理

至邑廟塘下見寶臣于肤雪居孫郎字禧店　秀陸傳仙畫不佳　蔣妹棠丈招入廠不写賀
敘其謀棣棠并及元白茶弱雨中入倉式廟訪吴幼棠内姪倩略写　知我肯構柱定佐
了并知廿四日馬橋東宋比退出情形　見陸雨先　陳舟泉姻妹于蓬于星寶見菊生觀　吴壽
仙蘭竹佳　蔣柱子雲欣于達泰德未　午後全兒妹上玉　峯橋話舊　太吴浮白至話面
叙　余付錢州　夜以無寓說桑叶　今把六角　昔日王女生陳　姚春之說鳳存之高小狐說逝世等
雨後晴半四更雨不及寸　早歸家　五二店　借摸見母挽聯其夫弟出名
為顧抱冰請家塔陳雲庭經綿函睡偏係游子厌
一程　買米出執誼料寸稽滄州傷慮有事陪兄恩
數之改寫作年是受只寫工匠刻夫來話而家子將午陳萬生來因与丈六人出飯七余
小說以遂居以纸夫人表礼出四店取信查于店達泰法匠昨鈔收王干林租三元正和
孫分我依性到店寓桂對以印润補請臣淳陰遂蘆瞭佳置橋入其書室与女
城師言其家了佳而陳兹庵來許表林來　燒炬入壓　桂兄排入烟切酒以狂

齋相戲至十點鐘君始而散若庵掛灯月朗風和春興無涯亦竹醉卧桑林景
狀殊佳歸店蔭庵篠書子雲等笑談久余易睡至二點
十五日陰雨勤陣午後往訪于佛君於邑廟前遇之偕往恆升見張君和記家因說及子 子銘已訪卜家合又訪余于店均不值
于佛黃靜光不在口茲余有在監年須文字光書不應主人者推而師說顯應而是且原之佛去余又不
而無人口到田已動也知而已來了到桐店讀一冊家与保誠論書法至久出見秋崇丈于酒
王子與子樹家攜餘牧種植歸店伸節來談偕子萼遂別去已晴美夜挑灯
歸家理料家事
十六日陰夜雨至晚偕洋千文存五元擬葬沈公店到訪店夜報畢已午一時恬縱晚飲帖至自店留
江縐至余店無聊之事以答題近不以動中心惱之晚稍大來特訪曾陽騎寓洋紙衣服不付且
遠談話余答彼已欸果真之業較之尤已夜留說素花揚歷事共以計假世尋常
庵待久之至佳利而余為二絲沈達生托畫合作二係以明詢知壹亭舞生擇云王鎮
業作大東門徇拜店且見華說乃楊逊其兄夢之妹不知去向其兄乃至嘉公友左

羞肆設詐入使利害會既不查其咒王四七伍　因事該會不來乞情于蓮生侄其弟訶
或茲或否再以空兄該會未兄而德兄情尤難已并畀空收是會為子要安會務
予素不能識雖辦憤恨殷多會已茲二次盈計已十三千有零嚮亦今旦飲席
昭足約至大朱田茶識是君遂勉為約并具單別田

十七雨亮日已覺你遠弟三月將不雨一兩恐久旱滿滿市人收帳悴悴畢怯怯處千法清
以松丈四爲是日迎神設位　陸同砌棋搭孔　兵中根大苗仁來談　蔣再庭伯來代田犯地
租單

十八陰细雨午閏以來口未兄不知作來也空完否卿人到否為憂杏莊之和係知敢出否約
歙三千并知作可又匡遠太查咒　蕩田閏以來將來已挑運之倉廿同樟咒來收
坂田之倉見問閏又彩存蓋迷完納米悴之并以三石來約數并田兒菜
附等并兒來因合玉二一徽　印榮之女代耕田租石三二庄共知陪擒庭

余到德茶社問訊，又至東倉弄王書坤不遇，適陸洛如談樓屋事，四店推
客留吃麵條，又接留住兩日，却往荒島即返，並出示諸貨，但秦長甫之侵洗
屋不給，狀至此矣。

十九日　陰，小雨時作，相錯畢，道并蔣葉閣旧家，將宅出施。蕃來，靜覺所往陽城家，以市
秘李浮書，共之欣然。樹人至，話許夢花接葉覓中，妙正爾偕院董山查收日睢害
作了不寧，一賬名報可買，留樹人吃飯，去料理家了一刻，即出，晚茅料撲伴求詢去
談了，兩事王書坤可換情形，不之有尤為成擾，張不能族婦出來云該款又限廿貴來余
先兩擘其姻弟妻逢相一至，綠葉伯有說媒，伊妹財親道破了，去城之私係誼，將出名不即去
款乃往婚楚鄉石門，伊之不理，他了大佳可見，四夜來逢回一見，仍圍夜談，錢稀稀徒然
人意。

二十　陰，少寒，一出看花魚，橋大舟順巷，恢談有二元，日不符，午後之倉君四廚，所需并入東倉觀

覺道沈著，筍葉細潤（居）完，根已秋葉大門，遠入詩史家，細頭（正取近旁）觀者福自虛多缺
拾陳葉卿來取閱，助伊參道（以），晚仲篪來談用功之法，集一冊為代筆，備言之，夜寫於雪樹燈
歸寓清飲，以　施宜卿家宦生時，著未完，夜與家人談家事
廿一日，早，陰，雪至晚亮，日霽。微積有三四寸，等風生館，臻林玉蒼靜齋（白之），理料工人飯，浚士作畫跋
芝舫由浦逵王子坤祖蔭家買其孫百帖（大二三）　晚芝師來，由內拜（寸家送朱芝九）孫健午遜禮（脩）
時于廣居精讀書之趣細，伍子坤處借不到，特請　蔡子舫來而至今（瑞照書）
然此人甚善花草　是又工作，似有識謹，作押，得觀，附不過，初今更加甚焉，明知其　當要不過，休今
工作，理知伊為店讓之，符張地帽，賣出，得揚，未爾，要一月，伊以支有其　十年　思集得自
快雪霽霽　自居清勝　於宵伊當以收
午後到店，晝晚至和棕翁，當之北至已到，而又喜吾，情合其志，不果，春亦說此也，冬之四喜夜　一兒亦寬，財子雲
王子坤來，伊為捷訃，會端且不服，稿案乃去畧，因宦廿日來，又相借去
晚雪寸許
廿二日，陰，小晴，余示靜，承傑溫士來帽靴等，去到礎見古園，六去作錢，居以題夫人詩畫

往森甫壽春宮仁甫魏財周合肥悟禄兄錢健兒合肥古園買橋寄未姑文惜齋訓山嘉
黄耕葉子訓常四四林來為稍述鄉欲其八許付一餘並未及余擬前議少生並
静兄一來對門店飲兄居茂生腩雷鳴片片具衣對對來宮九宅道喜與鄧仲偕入新房煙案十
許執方曾廚雨語又石夫人病瘦若嘻九女亦述仍以歷唐氏健兒居静甫兄孟過場旧
蓬陽路屋上煙入席余坐四首席居它山楊有葉茗主人盛山席叔君入新房而新婦為
坐其中讌諧與仰園吉苗同新郎辞征卡賀鼓樂踏雪归店又聞出示作為宮搬店佰
論星减价二百用信茅作語四來稿作作謝露古荊嘉道壽生言不比瑞君人人知之山真片服
素不自知之理至其恐法他家系而因伊自覺不美焉能人人討好云云又況子術兩年回根份
法其未免粗鄙耳仰吾等特延設店不能連余議安仰卯睡　四更五分出游
廿三日晴　晚諸夜宴　雲翁平兒諸甫筆嵒之隱指宅不面走大本門石漢雅漢騰雨帳地程四二叁至平
象環壹兄壽生來已晚蓬生詢及舍綵仍在延客兄共拙出紫并及合肥回已桐店欠
樹人知縛職石家归店对门飲知桂生生室脈已就諸晚店中祀宅余拜畢衣一七鈔若啟

時陰雲四面，朔風甚勁。擬寫各色已備，乃招人送寓。和靜兒爲陳成甫詩未就。

閱四隣四圍二子隨拜，合家歡合，至正飯，食後飲，飲畢，定更送福，仍例鉗墨，省元宵入

灶，分羹果。靜兒出觀所得唐鏡等四拱，讀畫，又看譜云記，不知何許人，俟考。朱墨

書針，百寶也板，床以三更與吾妻隔床語，瑣稱吾四訪復以

苗長我當爲香雪補寫，子許即如陽曦，我得年後，陰雨雪起，理各帖，即至甚

寔兒靜兒作集古挽聯，毫無意來，乃招筆爲上古

挽陸姻伯夫人聯　並　國維出名

元陰名景雲看，已家安傳，重青劉闕海姻長，偕徽之淥筆，影可

墨不積，從母來出清河，齊眉七十歲，具風格，學潤堪稱，鍼且神

仿字受喜書閱，麻姻壹，依續吾姑儀，矯表母儀，翠際

來母我姻，勤修淑範，獲衆口之崇乎懌，悅慕惠恒，則佛望

詹如貝周孙繪臧襪膝下二鈕求賜生辰帖百尺布及厚席以為由西
朱姪隨以何夫子一卿較筆畫何姻一幅羅線縣畫筆小風執拒絕
言家已滿佳不應滿留發到女籍壽養實買之當言備畫粗
細勞謝惜
工料理送醫發送子佩師借款又送伯兄府禮米大半元華甫又為不佳諸一大箱搭
送又詹女到店知留米得以為東衣箱中芳積祝殿兩岐侍讀無重王
老佛不至此二人無信也未識在飲于元藏店中餞之寶鈔余之之宿兄大人雅意
二鼓閉夜下分祕信孫懸少笑
芳草情同叔匯伯仲這和陳泰書摺今鼓罷登收八百付借件以又至丰太對及者讀
昨據繳又奉正甫朱神堂一談恰稼簿楊同年計芳條之陳婿簿見女及仲萬於第
談久又訪子佩并見其母太夫人子云靜兒下去旅送供金如不要語又來後辞甚堅多中間錢子仰

经谐说许以稿并兑账仲子益生经次属余所藏陈某留案子。余辞才不及，再三请出（自图书）

子遂送来彀作录一函于佛言一秩，生辛生时（案与生骑为吴），挽一联，说已嫁为女嫁为邻，出掠大也，辞之，东来

怿去冬之泼科生猎获其珠卷语刊碑某氏女为大说陈而生进谓于店执皆礼其恭为悻都

不面乃付高于其卿（门）某某合议以生院登一第人才为不畏将国荐本未之今之差上刊分已遍本伟再合欧

发于国其男为将计触计之高于是价一两请而完烟了生乃能书并其资三年联捷入翰林宗

形识之是已两次来。一数生官供东于杭过于兄于连润知去年登贤书于黄子兄同行某怪子代

三三有友也。谈其同行为理者多吴人先生家所吴在供价父子二之百赴友人召叔郑一卮仲女郎

乩安二人有论问强合第而西谈计以游之谈遗迹同而毕挽联说已仲女婚姻成了应已阁月廿七槐玉

宗丞其吊稍觉泼而该物并要归计女固识字大异语向将世实益区仲宗已英为伤

已花话父母之归晴时门饮阅读并令借与息五元，五角为五元四角于云集园仍未年之官

来收付桂将来，若未付来价后饮五立桂森说此赴旗了夜秦恒为芳洁堂帐五二钱于云

住之与　梓铭付来五十元　付西大泥油泥

六时半一归家而灵陆再雅来静觉不应不至余知及许尹已刻始转中付怀友卿

樹人耕廿一日浴訴回債諸分角角印之店未讀之弟康之時見金稱出出的鐵到其店租二
和保欵期又改還已來大小飲並吞燒去与四粧談及欵子四百錢伯來佛夜田子已桐店
付條粧世元為里需找一元与保成諸學問子伊之學情靜書夫四過大付竹帳悅又不過
召付為貨性又取糧甾尸養生合共元周之一斤我年物性不佰覓性以請年神收小洪兩未上床
保俶来来晁印題會說知為依昔若送以前途之茶之伊亦性只無理取鬧也而要店和年
神諸友謂[illegible]畢靜廿至二更各題陳貴山及周秋大先玖陪性貴山同酒叙二更送神
請友後飲另有福余鞠以一篇王非以元洋一
廿二晴早市魚菜之午飯之大霖家用記年神周之均大又召望夫之均均數請女夫習若術代知東賀到
午程午理料聊年神西一歸家向鍾江教雜聊神拜兩次隨出店覓六琴店飲之盒要譯貴
三來廿飯切分年一數以伯枝肯末醉而打燈因一路爆竹者不絕到家後神拜二次送神陪
飲
廿三晴早出市雞二對羊肉一肘並鯉未魚一尾二千五百付燈大洋十元
兑洋二
周之送信不家贊省市肉斤計元鰻魚一斗宗用送字子年庭飯湘大均住來為禁師百信
見來午後香于方橋人擬擬桂另廿并赤省眉未子一只付桂籽糯米價六元由田理生

偕西泉往午后至佳晃區性丹柴程烽 蔦陸偕和炭棠 民可 由都司前到家知子佛僊收到
一瓦尾録仍都蕩准蘇准未理料送 弟子淑宗午飯小飲每々出鹽至 付恒裕德隆號 周陽叙
性郭野雜州 主垂大冲橋 民收解 和保熟照淑予旋尺揚寶業不見 乃年刀庄 店中語了歷碌
三人下鄉蓋盤未回 夜年書查拒諾 夜三更以樓下有老呼待 不應 後起出
莊陸早一返 恒麻淑丈來望畫 松鶴茶陡而返 許三弟及四妹至 度匠來一屋 以和保春歌
得料蕩 物々 屢不已 因滑詐不識予理可 鄙甚 又紵刺之廁 出過 猝鎮語人 淑々妹
雜膝鬪而集不情 望過入和保 殊不知由欸小附 笑不可 士中 仍大忠 至十四妹家 相架
蔬飯々 問根底 本語吉 一付年內價 謂 婦去 和保取洋一數 並與敘 若說 又予 四百
至吉一雞 豈罷過鉄縫 衣 又付 恢吳 厌碼霞惜 說々言 剔左付 伯蘭 俊性 五十五元 惡山 性十元 又得
也十元 五號錢 付陳亮起一百元 百度得 夜隔闋未語書予秋棠未久 請淑予
年書為人來算帳 追二期以

漫步還家中午至靜兒來取一對歸付之店裱如舊裱如並請同帳始結了賬結了之存而已

默言多憂陸一函同向訊知捏致覆收回店用一百元令靜於明晚往之心欲葉補墳祭祖

於神主閣家圍聚飲數時後床一覺即起時二更囑靜於燈後出正酉三刻惟旧於陸

祥寫討旧帳不面到店時西之北玉欲剃店久時余文姜着無候等約四日事付西遜取

急之六街燈火往來如織桂卿來告於今保成隆低價未談於以議價一元余不懌

昔冬之良趣諸妹將臍時交五更乃復於燈歸家明星爛爛東方白矣半夜雨雪一陣

光緒二十年青龍在甲午春正月梅樓書

元旦晴。日色曈曨，雲氣氤氳，正文治光華、年登人樂之象。且也今歲為

皇太后六旬萬壽，壽宇宏開，天下人民咸登仁壽，是不特草茅伏處之臣幸得親炙承

恩焉。祭祀後，拜上同叩門者，知保孫過訪，即起具衣冠揖見。乃齋佛，接宅神，謁神，並拜長

年。兩兒亦叩謁余。遂與保兒清談茶話久之。保辭出，余亦挈健兒指香，炳之南門祖廟

指香。保偕人遊謁出，之邑廟，見有耍戲諸友，挈賬取神，見子佛，遂一拱賀。指香畢，到府

今健兒隨飯時，許由北寺過，但家小兒取鑼鼓喧鬧，余為一擊鼓。保戚後至，在書屋說

學問品行。乃久之去。靜兒出，為戚友不拜年，為其歸。余又至北街，散步見侄三杯(?)

蘇船由上海歸，一言別後，見四種(?)權兒煇等念佛曲，羣坐地中，為葉茶話，已粗之，無不

甚安。故園樹已有綠意，庭稍暢濃。三更後與妻東隅床說舊話事。

初二日陰雨。相與晨寫工夫，多暢詩室。接前函，多多信不爽，寡嫌世風日頹。余力持斂(?)

材挽況隨波而趨者焉，不日下者哉。想盤記理書籍，一室自閑。已刻乃研素與燈有(?)

詣會館飯，主余菊屏、許振翔、黄友圃、聚卿、錫階以錢，而後同見李玉階、階蓀，少同許友患赤觀劇

俱，後余及四弼、葆伯、太年約束，即晡後偕歸，即擲骰戲，遂以杯事。　俱同歸，四下手書半一百

路而桂盛余百文，許友又來，擇九余退去而進，出過大亮，瞥十餘元，端甫、子雲及桂百，諸人皆輸

此余未便止盡于此。夜，層層亦不能免，但止有數十百文之戲，然竟不能辭，爱也。二更睡。

桂孫來店，賀說桂孫了，並云諸伊米非妨二百制文。許友云擬問狗哭果否。

初三　陰晴半。徐丈及胥翁兩店鄭來賀年。盤理貨物至晚。李樹伯來一見，許友偕傀應飯晡

白星市、橋兒、四妹均至，途遇泰號做市，志一切健兒過年，書白呈兒錢石匣等，余亦白之，許友抽糕

人物以古文未得印證，爐加官，夜小飲，梅戲徹時，而以二更後以起宿睡，許友私日斟

時閉絕者，乃起于當陽窺見萬以年知未便何止二顧情面，難上一段等語矣云云，契已

二更後重話數次，閲狗哭，又閲如百古，老生再次，果有話樣鬼，以中不不能寐度

初四　晴，晚陰夜雨。黎明起，徐丈來，偕至十江以米洋買一部，已到過家，主翔霖來賀，祝華封弟又

芝舟、柏様、春兒均賀，華封以黄買後，就學桂兒言及開店，彭租基鄉，諄伏

積租春屆了。余整傍往說，後再定。上樓少理帳了，午飲飯畢，訪徐丈，約之

廓寓荷根来拜读悉了。逆澍宅其家以尝孙满月邪神因要入禺谷招大座 和
似许荐附伊鄙言 责非诬其不至以争氏不为伊扛帮藉端讹诈致尔提尤且贝
素诬浮夸之乱耳不君聪时而捏称骂詈带随刺人余幸谈发论明知伊人
素便詈字乃借他人之地称说已根毒害人之两借思往与妄人口舌往自捏造
毁不堪亦不饮腰中以恨恨甚不能 然毋共见诈骗臣闻座罗饮余私告晚臣
伊所言甚仰该欲系出省狡同骗诈骗之获该笑彼我欺帐于我中人侮犬（岂不大笑）
而虎之焉于我前骂焉果争于骂我也贝人礼鸾先我余乱彼善事人失余一拾向
之尤可恶伊嗔怪补琴要娘生死（子而）补于死我痛恶其狼夺窃并其孙不谓么在毋
家之逐害送物出名金琥鼠蔑谋獭矣不第此也大之与某滥我之善与安载
晶顶庭饰语 逆为今华专荣书我与自戴官职族一胸随唱 替挑而出之 桐
君宅 保成理 桐之拜之并为围树各到店理料接财神 跌马为物门口柚粒
书名不只

诣友园抽得二大品一、又并一加官。廒字谭丝喜梅在懈盥恨，[彼无识]何必与小人较衡，一笑置之。

夜饭后打叠祭抹果拂御神。东西邻用乐者数家，锣鼓阗咽，杂以礼谒。诣友处拜

二十日 天阴。至马应奎家，子谈茶烟，甚倦，[祀神]至二鼓饭而返，后颇倦，即以

雪雨早观怡为之青。饿而睡，兰野今萨市借谢余，勉尚之。

弱妹下昧来往而借票，郑即借牧时及其节

二十一日 到胡玉侠园，华春和照在城，为药铺饮，叙旧启，出门后二鼓乃于小茗铺饮年春付

钤高及诣友联席等，乃某在娘陪某某家阳某在多时，某在柜上经管茶在

糊磨碌，计行空，特于英航取货[不及]书，偏请之兄年深家务经，余望辞不胜任，甚

余本欲辞去，思得馆地，即不走在店，无益于店。在家者益于此，快不以往为佳

而细查此以后，服目。诣友店乃又亦经不掌执理，某某一任自然，经一般算帐况

家性食少，稍积累入，以为何余甚为难，乃再任劳理家用度，冬论之，因是推辞

然之归。观怡果遇留叶话谈，退旋。伊到也，园拜，又帽司陈贯律等甚

湘蘋剌故也，申正俠蓀及夜設席二鼎八大家，許伯甜楷戲十號後館
未得雨，諸友出待之不至，即睡。

三更始不寐，至曉，千霜戀戀苦想，反覆床榻，甚苦。

初三日　陰小雨。晨過硯怡處，不斷殊覺學，未幾又為僕煙，已刻拜詣先生桐君店，談入
岳家見丈，賀謁并謁丈母，神色尚好，見德溥出之，桐君携伊父子三人秘密茶話，觀畫，玩
石抵暮，抗論尚靜，見自仲衡婿家回，因在桐館陪坐，桐出有手所市物，并有領袖來
語至三點，携歸店，約硯怡之松風茶，半說店夜店子，伊輸身情，余聽其行人尚健正派
惟口讀說，雨神不住店務，據賬與實數，於道不爽，一一清楚以回，即送葉丈以六兩，弟謝
舊年所了，并請余婿靜兒、健兒、燦來均到，又偕少泉及貝弟、德溥等叩上席，余及丈
欣同兄、變臣等陪店下席，飲至細撤，戲士商雜坐，叱喧囂，刻始散，歸而一夜睡，更許回店去
方飲之與其兄又邀七弟均辭，徒遠之，相勸去

初四日　晴。晚陰，夜微雨。與之晨送別，吳硯怡、劉蔭弟回瀛院，帽同伊共往空店取去，均須過到
已刻回家，拜年，至偕齊，保成在香岩，細語至晚，了并示課程，付信王梓樓帖，觀抽舞書

要因與其(留)活飯 烟内經一案經同座為 楚卿使盈甫將片來請久(訶者了)卯刻往又兩園學生後至
適送併成書理下帖請新婿并鉤送請帖印書到店 將板寫格已來收少些(完) 賡春腴及楚
卿言告其家二親店務爭論射度不已疑園法塞 楚卿夫人亦在座作嚷嚷訴述各結
渭濱兄至告靈種種 接云兩面均不盡實 兩面眷陽勝 姊經不和 兩書兩須分 接議承
均作安了 來了又爭論是竿姊嫂(其) 適其書招 搪執中剩桂舟 與沈益三至 余與渭濱說
伊了楚卿說收了 桂舟略述情形後已上燈 少少談 設飲膳 益三余祝四兄(在坐後去了) 李大兄
(益大管了) 渭濱及封面買王與話久席散 桂舟夫人出告自初五至初六夜止 其母子娘二人
謾罵不已 氣不能吞不顧其理 又向余及益三詢兩邊曲直 查詢帖招核對 衡情審理了
家頭話 兩廣嫂等情出言語者不近情 变爭執又起 處止其同須君氣和睦 然後可
情可理 第彼婦女雖于勸經 益三(渭濱) 及明日三四點鐘來 益三家 會議伊等執見
見分招内其書批及李夢記九款詞其入 遂呼僕照出一題 與渭濱語 吴子 祁 世兄
不甚明白而來(云在坐) 談多無厭 云云 夫之分別到店

檢燈未案宗函　朱禮卿二次來店　同侃　云有子方不及面　請大為　辭行之祖

初八　陰細雨　早見示對　過頌孫見祥麟　又已方　情慎身四兄　飲茶　晚　述店　子由三廠　謝之（丹拔藥物一碟）

訪又石家　弔其夫人　于論吉典加亦奎　入謁　問見棣三及二媽　秋棠丈陪入南雅　與楊月樵施

友卿　陳吉堂　鄧樊侃　徐笛共飲　請大尹　慶甫　隱孫　澹丈　調梅　雅　景康　數十人一揖

飲罷出到店　子蓉五說　運洞口地　云伊留易揚　野程也　家新店　言五丁月　柏翁無二煙

使傳攜雨衣帽回　唐鏡甫令第印甫未曾物（鏡今年）又存杭三元坊程氏館　朱禮卿　張（未看徐）請帥

子久之主過桐店　證見二手　午後以頭痛归家　夜少食　與靜見園亦　吞玉　沈蘧三宅　靜吉精燈佛

余留見蓋三　桂軒洪其家　子楚卿　瑁演已去　近云宗議　蓋留設膳　余已飽　歷閩

兩代籌冥將房產物件告予　斷以墨（桂）皆為文　又半時許出　于踏坊橋朱子星宅别

煙謎一精不中　頭痛甚　即轉乘月归　夜與吉弟談（長）　宗珍三個付一千

初九　晴　午陰　夜月明（日下山）　早同第請家研堂寫　桂生來在甫　人主致對寫只是亂　玉書未午　頌風擱

訪沈錚玉，三下，徑湘丈来，一談去。陳成、修潢子研、達衢、緑濤、玉晚後画議，變又目不玉意

夜設席内堂，張半日不亦矣の豆。行宮精校二冊，又行西游人物。緑濤處借咸，咏嗜笑語飲去

散，少弟諸人辭別，送去，另理衣席，色即覓睡。三更理談

霏陰微雨數点，夜又小雨。早寫玉堂圖六幅，展乃花臺耶泥于城边，得一石來步我，寫生寶生送糕即作来，撥田換

程孟杼、沈手吉卿来，緑成来閲帖，修莊詩，蔣眉寫弟伝伯来，賀君，記余蕃生意，字伝伯

荼去，陳伯梁来，令静含一入陳，与平無，又談，未到歇，出店，接子微信，知旧歲去在錢縣言

四月撥玉，蓮玉店朱禮堂来訪，談詩，陳師乃未竟，李桂林并談，渭濱偕来，另說廣盟

昨又寫一又一沈某論和，萬東又玉談，向送神去，另往緑處，玉一談，覺召与開

桂荀請先生晚飯，渭濱七陳廣三一玉堂談，晚飯後去，踏坊稍積瓊詞，近不展兒

静安猶中一二三，余仍去十許人，以早廢，頭痛倦而归

十一晴陰陽未請，中来談，說陳弗卿撥改詩，陳蓮汀談久去，訪行一玉，和陳詞譜，静山君作

柳岩先前即去，辭莊舟偕往同桐店，見桐人程小山，過貞家，静緑俱在桐六玉宅

赴省，晤吉卿、六玉，晤叔問、西甌、陳蘅、宋澤，請康十二申刻，余不往，条付靜盦，又有書答
竹人，又桐笙，伯渠來談，對門飲，過星衍，初昇上杭，明日往楚復，并託亦梅留江，來函即復諒
夜，看中報。　日來閱《木天錄》，其人苦久
十一日晴，赴指畫西，至家，晤袁曙春卿來，共至飯，綠成又來，與論字畫半刻去，晚刊
庵弟亡去，飲桂軒，俄漢漢，菊生至，談閱桂軒三人，三宅三更，庵去，約明日往拜
未一，錢士蕙、鹿來，談謂來[illegible]，託轉下桂[illegible]，堂生、秋士[illegible]
十三日晴，早過孫中行，友卿晤，并吊[illegible]星子共來，于李鉏共拜，晚去，孫荔璿從城出
赤誠，友王巳刻至家，理行李，靜兄赴杭，與緒成閱樓，夜，直卿邀一日往周三
夢航去，付六元，本什一。漁汀來，西之取蒂，出午後歸，晤覓陳安伯，計偕入京
未辭去，與耕農至廣亭，擬書見，中入京，少坐去，向珊瑚店，云林叩卿來，搭論而
雲浩來談，晡，至和原，泰樓仲告說，聞始約少向，渭濱來，祝曉[illegible]石玉桂，面議
寶頭，緒余[illegible]樓，仲歆，伯議陸績板，四[illegible]
四日，上樓，海向、靜兄來，叩別，赴杭

戒論務之歸或樊侯至店与吉卿送別第不知其行止學于考有益有何益耶

虔報　即於樊吉處賀西之

十四晴和暖如仲春早文石至坐談印圖六一絹信作楷詩並額半帆一至悟祿歸家知四種

田契付芑翁修於黃山以借觀租帳為帽修腳以土蓮陸西山房依依西家發茶兒某某

卿至潘經諸田店知懈來抵梱見未談未幾閑文詹晚歸至一之桂舲杜岩又談至夜

飲未了少溪來元發飲至全盛又合協興一叙于儀卿玉叔三了田店發報去俄頃　贈盖府芙蓮子于計款

十五陰早欲不能至酸甚冒由微雨兒子如田店一至悟祿見錢九　約茶不赴又至

田往矣煩母舅父來中指頭腫午後侶兒來取蓮附雜了茶葉餅又來糕二包即

之行行于三內兄談飲啖菜奕仍至蓮洞內拈陳秉才田中田某家叙話退田反去之鴻舊男氏

回店茶保將甚痛擬治指補舉月刈林辨撥法數兒葉楊半去子芝萍桂珍之

託其將祖而去兒店茶生至和保兒楚卿至鄭吉甫手拈祿之又梅兒田德文

于松風茶棠處席胡宗兆人及朱銳甚精陸琴士藝輔諸君陽甘陶一杯
辰歸夜獨步月至小瀛洲橋遥望鏡面得有光束之趣又程出林延暑遂由十景坊抵
烏龍橋出太素門錢廠前諸陵乃儔徒視廬墨不利少諳儔朱　精一是日貝輔在
○初一山陰人曾延（旋）又同姆罷放煙火即賦禪堂一聯原視秋篁月明人靜御鼓初催于
（四）于省宗楊見悅泉藝署坊人拉入店讓知伊為出生厚局指之三河而楷鐵皆未接
○初四生春因從上元欣壯予詢名故友顏末而詢遊涵得之矣仍往我久之至而更
孫上來忽同學大叢荷葉拉窗閒訊話友攘亂攘之我出門不知此寺小木作失情
中規中間話友修律歸余雖（年）棲惟寺矣友出（諸）自不慎甚矣嗟生之至實識也而致
（逞揭）是日見偃字地上梅花樹盛開樹大徑尺餘惟此一枝黃昏時攜歸至孤山
月下也
十六日晴早食粽即不適已到俱家三人修律出門（張莞）游一夜一登樓晚中出門原推痙也　檢書月蘇
太叢乃擬病不已門前攸走孫之問此喚偕在唱入其室見足依尼（云）傳福已而安　與陳廣陝
謀之既至味之月又周備遊歸然之添小詩以送安伯贈似照離等便帖蓮粽二色平

河貝之仲身寒，背後小復出之桐庐樹人云桐括語大貝家出吉卿求乎憐言，兒中郎有古本特不
名書者詳無議價值桐兄議之照仍不諧，卿魏唐氏子惜不才乎不然，一旦向以子盡以同好仍旧以應如
是今子出問吉卿來詢書情形，伊查過史記眉批，其用功不可及，又極與杭論别書已將上灯到
店知李楚卿一再來請在讓，伊又接來索，乃手澄予弁以病不能往，至于所議書沈語之
此二議。病人如何，余從同也，寿甲頭可交，竟以後留到店閱讀為了。

七 晴。市擋求從胞蓋接取筆。附去原帖大七九尺又二節為靜微小引補。

代切圓挽其岳母唐太孺人

方七旬壽字晴臨，謂詎料一病難痊，視蝦翻然成永訣；
闌廿載東床，來到從此長暉遽謝，空堂何處覓遺容。

吉卿交到端甫書三本之目
抄本 十六 出存五府目錄
唐石經 楊本全 精鈔
校 書 補 一冊
校 吳紀集解 宋陵正鐸合刊 二十冊 附冊
校 說文蒙 十二冊 過錢批
校 徐諸訂詁 一冊
校 劍南集 二十冊
徐律書補遺 五本 至
書 補 一冊

標韓文公集全　八册
甲元白長慶集　二十册
〔〕昭明太子集　一册
校渭南集陸游　八册
校杜工部集　八册
又中州集元好問　十册
又中州樂府　一册
元遺山詩集箋注　四册
王荆公唐百家詩選　四册
昌黎詩集　四册
古文辭類纂　十六册
道古堂詩文　十二册不全
夏氏遺書述朱　三册

校權齋　四册
唐駢體文　二册不全
董方立遺書　二册未全
經部
校太玄經　二册
又詩經合刻　四册
又周易合刻　五册
易經三種　三册焦氏不同
鄭艾菽易學　十册連視子女一册
水經注圖　一册
抄本
九數存古　四册

校群補佚錄　二册
校班馬字類　二册
校歐園隨筆　四册將缺
又崇命寫　一册將缺
經天該　一册
天元一釋　一册
加減乘除釋　三册
說文逸字　一册
荀子墨子刊誤　一册
黃帝類政　二册
蔡中印學正　二册

三刻偕兄携筆至印石寫書對聯并款，午後至沈仲彝寓，訪說綢石齊話，其在杭照料
靜兒說久，府連兄來少留即去，訪吉卿于學衙，晤沈完在荆話出，若其中史記金陵局本，雖
不舊而朱墨校其倣汲古宋鈔，又先生原校，其劍南集五色批孫佳，太之任等孫師
夏校，莊甲畢、君素集等書皆佳也，并出伊舊藏說玉海中急秋扇，方壺集梅舊
本也。坐久出至桐店，知孫植卿明日上省，以附書，未乃也。到店見錢氏函，以端函一生三隅屋
卡羊來書，道別後陳抵皖情形甚生可感也。桂卿來請神蕃來，知已請堇汀事
楚卿來請留之談三，牧太一乙，夜飯後與留江碼去松風茶，茶未半，歸悅泉來，找說南坡
人之將其藏物明日往嚴伯家，丐撫之，桂卿來謂至其家，持燈往一門，復飲一山渭濱紫六
非均在，席向至三更四，本世以時局屋推長孫，所欠四百元，但謂宜找桂卿約三更告
慶丁貢南酬復等嘗鐘圍，不能楚卿材性，搞四五端，寡，余亦敢桂棧對庄看接実
至又勸容推于杭，服其中契病目謂不力，四更遑得，五更以覺小飲，都自吾斛
待徹明，一其而寶與渭濱一席，以一山令命庄來因稍而起

廿八日早細雨晚陰早往李氏會葬得雨途滑道阻難焉弗能往旋歸謂淡書叔出桂
林之弟慶璋偕杜山來余設酒留接上之手仍元甚力詢二人來往問之桂乃知早已入殿且加
保升洋故貫問中人言語等以為力兩相爭執至久申初始僕來請謂淡余旋借別歸店已
午偕奏留江頌聲談店而遍述各情印國來取駁詰並說回悔了印學相傳申刻
接靜兒來信謂他家已無屋罷惟住閣上當文西畧之擲入乃見衣冠帛店以卯夫人
喪入謁偕兒饒甫安伯諸叔一座二年二月中性挽聯從一三佳印歸去胡君知看家祝行
印華上余村靜附年壽余兒地九點鐘去竟日將之薦子可已頃知耗當旅店包
余中風陳起不起兄屋切望去續莊詢桂齋家內囑之經久接子淑來信孝完庶子在
苗復回悔了園中報未來門口試燈念揚燈一盞請買開導懈有盛笑再更為檢閱
陳大陳貨位責其不允不為相已付約限去之勸兄之語未嘗出勸說不已余即免睡將吹
功翠居杭四即在列隊益之來
廿九日陰雨早到之魚巷不在訪氏話悅余石值拉家沈鄭訪之岳母葛氏與內子談其家事午後
少睡起去健兒敘紙為一幅宿杜桂軒楚卿淑梅印圃均一時五留江遲甚快余欲子之家

翁謙同館夫等六五少以夜閱報未完試燈

廿日陰晴半早出過偉佛士畫大松風茶說林別子出書四入帖存石胡閱視祖易

中風狀將午達徽州潜來森赴鄭壁處未悟局郡行路午飯與留談至晚詳去未回

家路已錢宗卷五猴熱戲相字如桐君六訪不值詩華夫林去與楚園以事所得五元

付留手陸同收情理料閱手日日閑り　吾寧至夜飲令使宏生華輝五街于是處出

㛥少讀到店令伊等歸　夜將以

廿一陰小雨晨餘盞來茶胃永生意完與留江高午留來談之午後朱浦仙渭閱揭印兄開

付條發之吳可奈洛閒据主兄不一夜留汪未桂于阴四面以陰六店來俗置之

　　桂靜吳第二星作語信常文日三瞿素葉五十文男令周六備筆人卅文时沈吳夫過居

　茶代去戳別伴到名秋試之去了汁　桐君六來條令永兼記與吉邦至

廿二晴夜雨慢松一陣早起到作實路四生心亂而居溫氣近不成昨把工作論靜讀書

作似有數百之及起又不好告之已到四字至沈宅文作五訪悅泉已出告其伴至家

取書燈帖　易衣蓋日來風疑生風盈襟痒痛第か　靜夫时亡甚𢧐　自六未五生特之

什又隨懶而已。錢甚葉葉烟瘦日深，牢不可破，東及予於，我其何以長川。唐昆嚴霜卯積積成
言。勤多慎恨，要留內向，如此奈何。小飲午膳，便似搊向一晌，起而內子為健，漏驚出。廟後
車不至，所言殊不近情。余買醬以去。擠史記五冊、玉堂例，沈宅入京，去卿並騰沈子梅去書，擬始兌
秘奉告無賬，略與之述。相宅告男女所話，及古玩。但令撿，手撿九發，存古經天讀。譚書
詩書一晌。七到唐，言味乃已。夜君堰，伯又君家，詩家教之，獨與又言，是吳石儕借來氏雲山二大圖
幅，墨暈甚佳，惜其傑作，略述所以。止印別歸。夜運墨，談及許帖，似尚靜，終進退不定
夜讀兄柳燈，過台，揚訴友，輕出兩無，歇枝卯
廿三，隱晴。履石宅上一集，取書帶，走文，意遠過長川，直之，平湖梁坊學業，午後之葉宅，應內絕云，明日
到義學，假子斷訖，搖澤前，圍之內，增訂加絕，問生府，居子桐兄東到。朱健午來，餘胴修十吾
其人保冒，先辭均離而饒，泉又來，是之之名去，付擇辭，未請理，宗子沈益三，往到，使先川
持蓋出之宜，稿，遂逢譚，振李氏桂辭，邀分與唐緩，雲譯，與益三閒擂，債未議分
賜損，患絕，及夜至南唐子。慶樓譯，卯令多方，直是無編理而救之。里隱仍四山，靡及
夜桂斜，備俗葉，呼輿八。楚卿所存與夫人服帽，以不甚，而吳其母里留三人分理，又命耕

非獨均推工款數債，而三人面面相觀，不能著一語，既而推益益，年高房劍論，而想其向絕。依違莫決，渭濱明日赴滬，行色匆遽，而兩造執之不已，只可留初更，渭濱去，余乘輿歸。嗚呼，大凡兄弟分晰，較長挈短，至以一著之微斤斤焉，錙銖至極，一旦為路人，不肖敗之，喪名決裂，祖宗父母之不血食，人見之猶能而惜其終于不暇，世之夢夢之者比比也，可勝歎哉。

看今古奇觀數卷。

廿四日　雨。坐意清，寫異常。看報，常紅字附來。郭木匠做工，指點宜生來，付洋先蹲。

秋雨綿綿，看今古奇觀一段。

廿五日　陰。晚雨，聞雷轟轟數陣。伍訪未娶先埶人，咬狗食有閒，得穿穩之說哇。宗呈換手之到。鄭吉甫來，剪物與談，此即赴杭為乎，伊歸家，復欲為開。主家，但以起草未，以索錢少，纏不已。中刻，陳三官又來，推未報，伊状仍累病。發于殘倩余，措執哏喝，似余掉，蓋此人不宜多說，但詢此後繼遠矣。

并十九夜趁暮雨强孝荫同其来耗前生菩慎其孝而余及　先父曾常扶
助今况传而遗咎付之流水矣　夜为侄书中庸半本
　　夜雨苦浓　数醒与同子谈
廿六夜雪积六七寸　午前至楼栽梅开挂红　午作襞　先人忌辰也　玉女日除
归宿　午后作画　药熟生三两爱为侄　又诸静　并问用功　乃计六年以后读书后
已申刻　伯舅陪来　夜寒甚
廿七早雪至夜　伯陪北乘安作信益于　今夜人万物俱静　侄话相与已是后
伊述与吉师伯明夜上有招余借意甚挚　夏小正子二本　谭校同余西次伊归书存
写但在者与两面雪泥涂按界行书画鱼苍踏雪讨苏帙余祇见贵仅乃付其生往
令将呈带出路水滑难行探家夜难尽还栽纸作画小游帐梢已申刻夜
饭小饮烧间课健儿读收毕三更与内子谈家事
　早朱礼来来访谈至久去

廿六 雨，晚雪至夜，旋積旋消，幾二尺。存如在獄，反不早以舟作篋，已託書至桐店僕貨
慢行不勝意，雅勝樹人，愛其靜住坐，至郡扆接子淑作詩用韻五律，函午飲，既以
雞雁未取，撒起齋夜，畢勝垂林東一縷。上燈後看報，至未寢，早得傳大濺經一
價亦謝，畢留江行無牘加多，使行指只發試
夜雪下如扯絮，庭屋積積，已草蓆渾厚，積盈堦膝。更許狀二作喜，余中
心殊悲起，誰邀從遠至，不揭帷，轉為驚懼不寐，乃至同雨去，聽之，知雨甚不
後。實非人之夢，一晌睡，殊今古奇觀。　最留日後陸也記
廿七 雨雪，日後大東余諸子，偕不及甦，亦不識飲也。午餐後印昌雨着，夜未三添衛，今邑旅
從門觀判（余中），雨雪泥滑，幾難行，鞠得傳衣錢，黃昏而至，付八文錢，召對喜，擒庭，家已滿，僅人揆
生見，誰盤後待久，同唱班，俗鳴秀，衣飾鮮艷，歌喉做住，繞梁靡惱，出其陽場
惜雪冰滿庭，看其欲息，泥滑滑年，初演大夫官解寶、牛頭山、南天門、劉智代首、勝虎
余先一刻下樓，想亦欲離宫，勉力擠出而回，已將燈矣。應加飲，而更加函，鼓筒足詞

用李宜業函謹洪及上海同仁輔收

二月初一雨仍竟日上下河水已平堤闌上水退如深蘇晚來未市補子午後至和源究詩岩　夜雨未止

詢樸齋事料書不用歸飾八日甲振中載有古今朱梅致數資致証錄午後國和原

初二細雨竟日齋贈歸家冒霜雪　夜寫玉山李處順志實均和蓮舫賀　函

夜譏世還理料書肉多爭夜課健讀內書不熟要每悼大勞責怨伊執拗之性

甚望每恨之更良田仙方　門前積水未消

初三早小雨晚隱至夜早晨深市肉午省三來多宜子屬代書璞庵信寄因加筆詢梁福　泥足　貝

小止結上年帳並騰簿接書錢案作摺錢　旁夜以鋤清溝并水并一行竹樹向

北拜撥晒日書

初四晴早撥請芸姪女到家居刊居荷悅來來　朱屬生來借葉說漢學師郎　由　可出寺孫人不知佛　陳玉生女

五泰兵超居寄甫來家兒侯說玉考翁玉一詢切泉身後事探云願好長幾果京

寫願堂張石潘平午後丈來并代書張珍載伯桂兄信與陳廣見來為桂

程陛臣去，同店備作中小請書帖二　兄來擬在店來，尤恐收拾未能送到，至家陳
〻印泉負叔事，林兄又來。亡程契押方在桂林來，適葉陛臣同次孟三陳办相
共談。偕往大六五啖諸各葉宋胡汲蔣，店已飯，偕去諸葉冷飯。未晚印泉往東陳
○送其子耕七弟業于雲五，悦卿來，復與于雲論文，旁煙兴叔儕街，如慨談友
半多出奔，余獨能倦矣，怖二更睡。　孝見宰國兄詢琴帥云，十二都為操，從其子于蘇城
初五晴。早雨，過王子如適太公壠館，葉典友卿亦來，余亦假伊葉亦陳果飲
丙二十隨意說述。又今〻樹人來陽庄談，以託友卿亦為餅葉十文所到其店
說合做對，門〻業茂，折烟面，余飲兩蔣葉夫。伊亦先之約，明早難往別
陸西岩來，葛梅生談布店十枚。本以午後過恒裕一坐，向闻店由韶在過一
晌鈔中指事　稍理田文館課程。偕譯書目　杏鄰書今時極之急也未到
訪碧生于五土廟前，不值。路意其家已暇。看廳一院，果有梅花石刻。行

萍侯来，晡至家，定遣陳邨来稼丈書札，即擬挽聯，聯稿附出
城見謀，小停，程節府謀健畢，早便見，喜翁伴德來，云去衛
識姆已回，小東門南川遇丈，即回塋，以移小棺，小立與點梧時（下王祠供橋人
梅樺甚厚，祠墓堪以，倒米為陳及李崇，而去而清，嘶嘶訴，而向門遺火
將先兩宗相二首，乃陶荔之三人，見姆還與點橋，上門所遠望，軍化等處
悉悍歸，余與丈說伴至伊家門，首到鹿山，拗怀來　　西半　姆來二首一聯

宽許年六十時逝　友卿哀人于陵利亞題　交浙　愍丈函游於茶比後（已他寫）
見周丁妻内子君朝陵有士族，從別回寫挽聯
二千年來稱桂林，懷往時茜栽鶴湖，數城下望其信根鄰近
空匡轄棲回德，慨慕廬境
一千里舍金陵，侍薪殊歲，肩星書讀，涯白地誓，伴告箭
是日比見肩下，點目人呆書

午後閱報，仿以漢筆兄來，照相中丐前悅泉來，因與子雲、葉子松閣翁々
送，行之二房，去識瑞之，以三嘉名丹黍母，出同四衙弋氏又一局，太同伶
二房債，余乞之，辞丸千，隆從同與紫猴孫，久々四。夜大嫂病，小孙未痊，灯
草述，抱瑞鹿為其男，捏名桂，生某。雖桑梓中提倡，以陳紅忠云々。雨，又陰。
閱周王廟南閘祝君布，行陪同戚花史、蘭亭來，贯寅偶之，只五元之左
主 印章主不行料及布
雨。往黎明去，購大風之光日往。早來，徒出城搬之，陳氏至弟橋見桐之于舷，登岸
吉來，錫兒、植卿、吉卿周六諸上墳，述靜兒及春弟約其於杉樁葉，墅說居御莊
旺又雨，午後宋 許花之 橋善偏備 等入之別久之來，家角行由呂同
寺里，祁至其地，葬沈揚志，入陳謂，卯泉靈三房，素及諸諸一睡，惟夜內局桃
橋尚局，以離房來，西之於詳，但睬日，半財許四金，廷兒大太局訊順等唐兄菜茂
閣兒來，代不至，書樓二房宰料，朱壺筆代寫寄信二位，霜中報

晚于坊中与秋棠丈長談,將揚州府藕香過桐店,述孫成靜芬等湖上情形,望其歸[illegible]

校本史記,大料半價歸。查筆審定七十七寸,且云係之金陵購取也。劉之歸。夜陳君

來,漆葉後飲。冗玉堂

接璞庵翁有三寫,劉麻等屋子至,致書以錄情為子玖

二十五日,陰,晚晴。午前出報時之記,睡,飯已早,不待飯合換家,尤未過午炊,如陳菊卿家借坐

研墨為仁對八言文,理家用,快述西山以起食,粗收拾畫帽,揚唐拓日晡以書先之

又林卡來

夜飯後,打燈之丈家,信同大成,欣往二孫玉笛范口李麻子飯店,芸會拜五元之,錢為代

窗帷料理,又賄縣指閣探掛奈僅得十三點,為二十六點,璞庵賭房得去,雲鶴臣甫三,甚遂價佳

乃丈

共兄弟一桌,他又一桌,菜尚豐而味不入味,地揚楊探齷齪,不能睹目,乃与泊同出另話

切持燈歸,已將二更,即以 三更不寐,至天明而起

初九日,晴。早傳將來付賬,并網去取報閱,諸友甚是不循規矩,作稱倍鬧,不顧店方,又復說人情

嫩性成,不能言,怵謂為可恨,奈怪乎子衍等之不肯多做店業也。赭植卿去,世旭來

大東賞物,因緣心稍感,甚。乃又六元下日還。五妹去長,午後出城,于書店留衡帘作坊,陳松山詢丁宦深

生原甫、曾人店信，伏店已閉，而不來。請賢文遂往莊鑫于杜，雍出意，双談辛出金錢之。又說伊西街看金地，拜售之，出至和原處，因伯洽何畫梅功，而爲好作，仍不可緊耳。晚楚卿過，我云其瞞產，余助其假已上情，將與其妹再議，出張湘帷原兄妹爹陽騰，因拓雲弟，謂余目上光也。又說子依歙乃將以捧轉而了，許久言陳松泉來，先說其湘士，了不語，狀徒之陳地我店的，云不肯復租，須環璪以百金，勢壓人之，悔吳壽山與陽葉之議，說了又久去。店中以薪業細出，賠生帳而久不算貝來，以賠本思很，徐弟兩腳圖男氏只亡產而欲以，不果且爲莫得究。樂安、渭泉等言語，形狀如孤，實多題賓，細訪稚査于理不協，義于蓋契情不在吾，主夜不擇手，書益前悠來，敘業均認是中部，青不合，狀疑之乃心傷恨悔來。你店壽松成君，倘懺肯，以將來付之，評沈兄並，陳聲連之均來談。

是晴，二人徐進喜到工，芒長楊人送呈秋，友義月二千文。

廿一日　晴。晨，于枕上來語，燦君家快慰，昨夜少臥，晨將晚，竟至七下鐘，焚器行起。一，出市遊宦，與午前察招鄭杖崇來，未來，苦物開話，猶之，欲洽至午膳，出而歸寓子行静思斋。晚顺归家。

十一　晴。早起于门首闲步，剪荆棘（茶园豆扇）。四朱露芸公（石）来，朱二辉门入门，说在长安作伪保子信始上任（屋），
七十元年前已用钱，今交族中发来二千元，现在又要借款，相与茶元，少间又子来二米五堂。
首似非户亦所作，名佃（房租）标，又言请为设法，身又维民除无半文，然一若之债，又加认诸余逐
争论数之，留收其需衣，非我所事。余待之晴时，睹其情形，又欲据心书借以达余言，说
者余事，诸余行出矣。伊露之余事，请出稍久来，又为向邦夫书借此额，并出伊引先
印点破二只相余了所来请，又为君罢了四报出解，请不止，君家之人译尔宗翻懂依日余函。
此告（余亦如）知桐君欲见罢而（友夫）等八。

十二　晴。桐君托余子云至家与论，伊赖以安而为计，出此如又被之，余归亦未，出见日至早，
与丈借访俞五恬于家，告说前节，伊设告人笔总不堪（理正）原请官究治小功人为不是盖。
此笔批诉为书（此）此果无之底，其将本何，其之所有底，看见伊存高山之高辩出归，又许高山
云使桐根叔劝彼，不知彼计在伺其宜，适晚仍出来，烟炭二百文三家供给，伊易大言不理，
台此快属余出所白，特余出又无话空谈，只诉愿不之而去。晚出暗旅见子仙子云再。

狀瑾屏飲于鄰，偕兄及妹葭留，以子術作述，因屋地另
十三。晴。早迻丈爲桐議，但未，彼去訪韋子培于家，不值（在江），兄來，狀女語種種，四家要兄彼詐，大三買（金三千）
（弗晤）勸謀，予告余詭詐等等，財而訛言，財而猾，亦乃擇（然）瘋，我答不能代謀，否則妥（否）不得已請
自三思，伊言烟館以語余，入內飯，料理首件，借刂襟補登，陪了姑，晚，六人一小時，姊甚有分性，好（極人）
儞腳燒鴨，磯球，御屋，撤時寐，時醒，上半山已天，睡三四條，眼壩水流淌，些前工依十日
平揚救深。　撰作上河水利議
十四。晴。午刻，赴葉市橋岸，隨丈玉茗擇鹽茶，又入飯店，後付舟錢，行由摩（入）花清仮
巨家，并見玉樵，巨丈留余稍坐，厚記見子附告其事，付洋五數，并根又易來洋
抄節略與湘舟，其園說，五子陪和坊唐話，出布綵，并有荷慎，來莊兵某同店飲甜茶
美暑容，想際，別有寒玉之漂。　夜雨，晴與張之，務王卯，渭，沈，均一同訊
十五。早晴，晚雨，否與翔南亭談，歡覓周禄，雲游求詐，可否。鄰合沈維之，打銅墨匣
由宰並往寫玉山，約和來，廉作之行之，稍刂接院前，往鎮東樓，轉遠街，隨刂回

出大街出閶山門，問之紅船，有三里之第橋鎮二衣等印回，又出大街而回。午膳後印
出看扇子巷張宅，丈等已下船，係前招明巖臣諸龍出閶金門，已細雨如絲，清廉趕划
船渡湖，一葉中流，四圍縮望，眼界胸次頓清。于虎坡上岸，遙見文偉世兄孫 見伊
文丈下船，待丈同入崇文書院，君濤覽見課藝，假靜兒詞考列第一，告其親詩有
了計丈先生，余說書字用筆佳，時晡出，保靜六人送至渡口待舟，久之別，搭小划，未半里
雨止，微察風，有半舟可依同舟人，抵岸衣濕，雇轎未成，第下四闊市口市傘，雖川濕半 由岸至妙田口雇此轎錢卅
回入寓，記書，夜飲，洪雞，覓睡。
十六 雨淅淅不絕。早微復大偕靜兒來，余定計邀飯即回，靜隨丈偕說及無須稿，隨同文之法上船
和坊市，偕靜兒雨中，文以雨別去。市鷄雕膏，雨入回寓，記備點小裝，閑談，未到，劉子法先到
挑行李下舟。余亦扇子巷，以釘鞋足痛不止，入張宅，晚後臣与丈冒雨難，雨別下船，又恭
身汗如流，同房船者有瑞生、蒼庠等並陳姓直揚卞州丁及余靜四人，寬居艙大与未舟

悲絶。旁夜拖宗楮買飯卡不發膳，胃脹，一覺已近晌午。不寐，思念家中不知被誰如
何非援，而又恨命不及人，人家安居，聚積多財，居氣養體，而余生平罹陰備嘗厥
以粗飯無福以饗，直羸愧憤恨，又回思天下事平心衡量，世多苦人，何我而身自厚
弟他無題詠之戚友接余膝多多矣，心煩意亂。聽窗中夜月影樹梢，婆娑多悲踪

天明過長安

廿七　雨，陰。晨往過碧霞（巨宏知）逛世景，觀羅羅寄書及郭禹山云似雨河，羅隱又復物故，一無遇送，人如何遇活，陶之可為枕腕，頗傷
遊者行後，自念詢家中情形，痛一一，孫履甫高又與桐侯談，是言良以策王超范大之（議）不能全
半心惟忸怩

廿八　晴。晨至家秀靜，换閱接門計謀（四叔起同茶館鯉聚記，祿不補），或有所見，已郵禹山三次，伊之云且復（似）要不到，理子喚宗
月泉保玉走，見被詠細情，將來眾有所用，乎將來其領，且須勵家人子粹夫，懋有又時

改寫字稿，瘦羊來，子研以爲韓劉甫代書不見，君至此署見四林，相之肯郎于錢椎櫃將述一二，君見，則甫于兵房以催寫了，尚待往陳彼詐情狀，伊既旅進旅退，又附作難狀，固伊等之柄使然。約廿一日肩入。子研寓三更歸，誤計議楊宗傳寫請柬云云。彼詐其模使可歸年以爲是計之良，久之出。廷桐兄到人設燈，雨亦未出，見高陛標仿彷詐情來在述欠缺，保覺情來向澤付彼，文述有讀某。北門外二更後。去生伊崇欠子錢元余歎彼等自罪而又自笑余之愚不可及也，心情更惡，到廣臣。正燈復廣，静兄來字云是晚彼等又須加索厚罵，殊爭執至角。彼言決不得勿內子所執，大加責怒，彼退後將行門閱讀，不與交勝，余因坐定，搬戲而心不歇，愿余去了子研。復來約明日計議，同飲去，子研去，君則大不值，和衣而睡。四更復起，改寫字稿嘉陛讀書，君静兄到床邊告其種種，即起而寫，令回信，倩生叔寫，借至此，寫賦寄來

以防不測也。又念四省四家并擬子研、伯姬來，余云夜後打開屏門，太捷黠，性特甚，少間

静与擬官四條，然實以季記不收之，則夫家伊嫌難辨辨，又不肯提，是只慣作兩難摘矣

之謀，兩人年經為難辨別，遂自備，訪其家與其母接，却直允之許，遂于今晚進，明日君

擬乃付呈費一千肆廿，付侭余辦，棹歸。静歸家，年頗似小，似起身仍不適，月夜偏風，朦朧

是日積詐不有客息。　子研子雲為地者之處乙其任守護日夜回車。

二十日陰晴。早至桐宅，為元之二詐人，昨至彼，狠哀哭罵，極謊速速，桐木之允諾之，代謀矣。

廿一日太陰。經之代為跋書之舊李廣伯瑞觀察藏陳仲魚批課，雖其信息，奈其不信，即行操去。

子研子雲夜回來也。　楊家婿去，聞其胡之流道。晚静清來，擬來何，夜作留信。

廿二日陰大風。早至桐居，與樹人輪長談，又知小二詐之次去訪，未至，出，与子研之商搜讀，留午後乘去。

古香觀兒二十三叢記，錢秀才一世郎書手勤手中，帽皆思禮，以備之，濟樹兩橫，家之垂覺不之云。

与子雲談來文。静兒亦去，来告明日擬往上海，仰山數別，余許之，未幾，燈甫來。

吉喘急转亡为之　大麻和查桐庐两余家语即回令伊子打内查门　谢绝清楼道
请千重四方静见速往又属审友请桐来并专取桂桐到府议至久蹑于轩稚又
议处追贝四到图由甬我卞浦所道已然彼只需大对为思择霍　等处简信谋生志又
玉死而后已相与欷息之　朱家四已楷批铎上
朱老五与谈生基佛依荷词来考收为因愿借以志其然奉子必许不遂所求
概放肆搜胆玩已极假饰其之言即押追为达案完
子云子俩更许到台余之一觉罪请打内附而子林说教详彼追利害嘱止
廿二晴已刻姜浩云排将福寿来言赛已发押回吞晚间会则甫晚君则来余适与留在膳去
与高室四姜又来付其发川戋之室升后午往押计姜五人杜大徐桃生等　其只以巴票办印
出乃五四访是日树人来桐君来谈与彼详谈只说谎语甚两不悖付一笑称之福难之
出之余未知殊不合夜不安然明礼极公生之白趣　又余致家谋备稍之
廿三晴晨之叶氏先父四子……叶济……人拓择……夫之并至桐兄计议待有姻好移因同济泽桐之邑应公
借惟一玉力桐姜佳因由乡福卷回余致函三州号设　子伯烦甫来云姜保得无许一人去

余大骂詈，无人知欤。自事至此，疑了丁有诡计。余欲去一看，念难从起，恐到矣。久之，静儿来，台粒照
莫措，同子研推访俞五伯，阅说以移，善不如一票，行了倩托，我将日至师古桥，燧夫来告，知已全押
过去，差来云可乃令到叶告，索一切并无。桐君杨焜，言往诉，现住天后宫，相说一切，少问桐
来云太麻至女店，即将借了四百并云，杨不肯，言之听，适望控诉，有人指挥，接洽又加托，阿之方能
济。树生、令陈福、舒漫云，拟之三人并叶，阳杖保正，曹发我之去之。议仪许伊，晚与刘甫，将往诉
子云、禹程至君，刘甫适后，余程往，伊即归，子云云已睡，刘甫云明日写付，又与论琐琐
更许以　拟往弟处，五月蕊至，玉琨进之禄宝　借居杭，下日相付
并西吐棼，子湘仰求抵回，了浙运盛，原兼并陈绍人状，留来之为创议，平了静儿来
已刻，何圆来，托子云付刘甫手，大为以若，到房俸如下日四刻甫，要诸加善，净洪来，子云了加如并
缮条注，宝山将来付诉，程诗悝，早代玫料实叶，仔来洪钱似后缓，知了女去除，鲁场四家晚借
子云去了，汤则大不值，程子研燧夫来，令留江湘出，浮饭设之单，程胜问实叶弟来，宿饭言
大麻去冬在沪，对一日如白与宾，不候去合，陈麻至教之，沪出之，陇借俸之十，实以毫
不情愿辞，伊不将憋退，且要借家贷，往实之女，择去自，伊又啖之也

即送到館門內知綫次門出兩節日先偉去不得已以伊隨至里許至草場懷借得四元
錢之靈　正擬買上海德源振精矣

廿五日晴　黎明歸家　待家人起見請人壽惜其以妝世病者食也取得郵冊尋城舊信寅西之文字典
出見子研玉桐君實幼之叔稷子見綠威信心氣和平十近千矣行證激進到上機抄歷年信紛稿
又何節睡但極思以遣于此難制甫中心不忘特之王德湘雲仁皆出乃手三韓茶話家常久久出雲仁叔見
丁賓元同君儒伏六宜約日會隨之松賢及封唐子湘子雲均到相與設飲手晴知北門外觀音橋南掛
店應十二樣祝四相桂森店中懸掛店間不兩日來矣夜與子雲飲靜夫來述相稍傳聞予少飲
去

廿六日晴早出北門齊撫辰兄桂兄祝四服宵談　報與恢嘆磨乳在睹目也下和源號與斂岩淑文帳
為君已恒樣一元到了子淑留江約游上海安定大志出所子研張男王宮備了君已桐說理其旅進
退靜兄去又來謂行陳之沈晉撰多元元與來不雜面叔叔有兄弟與於留設之為請作上學公設
云　由丈夫韓請兄設　初福

廿七日晴暖如四月與顧寶實辰晨返家年族子湘來亦久子研來因留飯共鵲知彼那邊

呈年記不實，未收。

廿六晴，暖甚，悸甚。已刻到戶飯，飯後理料作議單寄來，錄由桐豪書目書，仿代者印，初三周氏與子由，夜果少息，園牡丹開荊狂放也。

留江李樹伯光至，子雲、繼玉、湯崇賠儲王、寶夫至，中末留飯，晚到，乃借樹棠伯贈識稿。

祥宮留湘，叢叢。虞一共八股，計洋六百千八股同樓，二六年一分伯利，又議兩種，玉傳征，余又一至店。

與印孚談，回入見復作大子，待來不至，出北局入和康，偶致岩陵意，捉一二輸，又回入大，已至

寶馳舟六到宮，完後共押，藏入席，你連經手，陳印孚五人，又請一人，余請丈人，並約諸王

寶夫子湘，請樹伯、留谷，請駱軒、印孚，請子雲，共作兄設十人，每執筆，甜玉二更去，散，余歸店睡。

益不支，子由侍快快論店務，余覺睡。

廿七晴，陰，和暖殊加，天氣悶欲轉，動不能寫，已何寫後光景，早見子湘歸，途見儒正審陵杉知告

鐵鎔昨已至，呈假同其作憑卷去，來付乃收呈，細說彼不要多，敷衍之，伏我家靜

甫云昨子綱至往看，竟英頂，初不肯說，安自為大言，並坐獲二四呈來，何今用記係

去，乃收，回寄靜，柳往為析稿，午飯，向印園來，留談，請稿，余信

玉壺招起偕戶部劉筠王大工人來訪清理漢石子研未出夜飯去 三更後不寐聽
三十 起 晴明 小雨攤枰風颼雲淡晨起檢舊信帳理書篋有閒數常別苑執以
為樓仿點來劉琢玉亦來勸其蘇東坡入書今不可也上樓小坐未刻
逵卿來為言被詐事繼偕六至國趙談久之 粹夫來即晚亦有見店
取寶衣贖出夜樓與粹夫商議同偕劉筠於地又玉城來達部後儀子研靜安
同偕玉海坊踏青嵌新緑滿天饒韃水流青暄緣過江寧對嶺樓柁堤邊一帶楊
柳微風扇和山研飄蕩誠佳景也回已大行與子研飲粹夫後到更詳談健談
三月朔 晴陰 是日日食 庭前海棠盛開已刻過子康手寫道案較族重狀及檢卷假批情狀其
無保欵稍諒不盛兩累及于戚友毫怪其受屈在之不得已也約而葉韓田見大未訪于地合入共飯因亡
種之玉申初使北土雷雨不許遂偕玉北廣分路入于子雲請而天忽雨陣之子康未商暗遣應手
二更去支之 夜付書三二元閱中報 巳甲南大火 一路初更竟睡 了

初三　晴。寄勒荏枝早謝，送芗若函，催百述瑩卿今赴杭（云归请极摆一款），并书致大钱，京将函中多挟制语，四皆由陪様。

詢修祚子詒，告之。归店，祀地主，付薇某百枚，益加卑（于此中）資為缺，今午校，詢芳秋羅子午飯後，小以印。

赴归宗，子研長看之來，心信捧札，瞞蔗斗，採椿頭，健足出痛，静兒作書，院中夜飲，沉讀詩古。

訪子康，到廣來（小雨），擬即以（朱友折蕙斯之寫，喜聯數付，仍照到廣，書書之）壽楊四王稿，連校本。

初五　早雨，隨花與紫，心情殊懨懨，已刊出，訪子康來以赴，母云昨為談業，值書至四更，辭事仍晚到。

兩至桐宅，與桐論瑣瑣，到廣店飯。又與為蕙舫寫楹對四：又公云二七言墨思书，其面攤在地為大。

中堀路甚穢說，難以對付也。愧愧。中（条）發之，子雲一來寄，而余夏心如搗，院會而擬又未去，吐氣一去。

之夜小飲，歸，静本（子雲）語余擬告桂兩獨遣此，方擬一函申報，應須從思道，雖要可同，今日見辭。

剔甫云有挑不准，因說內署謝儀，余來之久，借之店（代作函呈）出，擬云：

欽玉臣弟足閱十七年，至蒙之如有一遇，隱情契諒，職在深，時何以默不與較，必待被

裁撤，將兵撫官言，攜挨混恆，況十五年，王對所绍洋二百元，如係應該之款，又何

以甘受日用盤費之名，而肯出之票據，情節種種，支擬謂此節詞，固語其將誰欺，不准。

六月廿八第呆起

讀批內以之，論辨去余，計從此路已絕，雖窮極無聊，故甘一生逢与子雲言及，亦出

〻桐宅告貸種切服余忠厚大度尚望至交約子研同返家預備明日午小飲未畢家人
君及陳鄭偕來訪搭晃四門往訪將兄平甫維允虞光遂彼此談〻實情仰卸保全
詳情似〻憤不平遂雜話一切至三更始回又飲片刻瞌睡將醒五更不眠至天明
初四晴雨微小雨三點晚雨中攜雪珠一晌張天時〻不匹讓云清明新雪今仍反是耶早約子
雲讀兄則尚嘆至老文已到于湘來函見數萬人類等因偕子研同坐論議清世務未
刻與靜吉偕去四同口岸來為〻子雲來自粹于鏡塾所接來粹大述桐在子研等同飲
少刻睡甚入華胥緣備一年未雜得此好睡
初五小雨竟日寅叢醒遲而起晏子研來訪桐兄根不見假作動靜而遊人杏來諸客〻安
睦〻然不甚過也市煙遂至橋藍子雨為起磨〻每夜安也午後卧起檢扇書看閱因出訪
梅華讀輯碑臨二百許字已夜又收錄如也仙事共落荊門行
初六陰滿將雷起遲君到子研來訪丹朱子陳去看桐兄與樹人來星居并對聯大約
安自站臨人云午年後四錫來為告言查店皆業作人之情三兩月來訪墨地係
我才又後那相通以業故孙子為生而今皆不肯付其說升至西至平

晴。至次山處閱扇，携書而往，寫影聿送湯芸舫，札搨六紙送朱子涞，禮泉至，携禮玩扇

兩寄畫，以床一翼付來，嘱其携作，能作詩，以示肖丹朱子起

和來雨，偕湯至，作畫之語，言搨帖實情

不了此等。真字之風石，處之矣。玩舊畫，觀詩餘，王種蓮，讀彝生所付之詩，多支吾

俗而又俗。十年前少有此，思字約買二十搨歸來，而静安院之癖，起上者但佳詞而已

了伊意毫無渾。乃大加責懲，余氣之過于從，詐無子第之，不能一家，終無重之

者，憎之至，庸之，子所痛恨，牢騷捐抑惟止。日作字，只是寒，回來與大家推

詩人酒。

初八晴。早栽草于地，接瓶酒，后卅本日雅。山舞兩扇之畫云，背接稿中，数只与余

昭和詩，因大腹痛，寄于寫兩人横帖山水，草墨何為事，生平以桐居為之多

留飯罷。送之安兒。至夜，桐著人來，邀說，即督静至桐宅，子婦亦在，接飯

聞本股當以明日借之，而自中一字，證語之，因無守自盜，始死勝生之詞，聞嘱之

的業之，待乃弄之，甚訝，而鐸書無以肯，發于一二更許回。

廿一晴。早拜常三相完，作两人画，又写寿之横幅，应宫闱官扇，将借以赠吕子康也。
吕偕子研、王未车饭，王夜去，饮之次。樹人于筵次来，并留饮。隔日无虞，只问之，乞涤子怪
秋将至，拜粘膀，帶之，镇日叢病，夜中尤劇。
廿二晴。早致子康条，送酬砚、墨、扇，遍呈附书与翁，未送。辰刻子湘来，长谈，留饭，饮至申初去，吾是
君以屋静见示四开大册，摘要一匣，子果否。檢去汰留，资而又不肯作书，强出两难
张为胃也。申刻子研来，画王存之横幅，士元所友。
廿三阴晴晚雨。是日为先本生祖及父忌辰。作缪以将手克一画，太守来，年已八十，健步行卅
里不使，留饭而兼收读两家之稿，留饭去。余适刷印也。申刻仝子研去。玉广生代余作竹布等，贴于
与克三子云姪与印昇吴结克三快以手付廿，广生资来。卅钱存帐。两点论理料与子云昇
斋设拜之，夜与子云廿饭。
廿四晴。青丁楊年四川劳物叢灯起，之以留以易楼病弱，令读友起思良毅返湖南僕招
入黎快话多，微词之市，读目廿文，许邮局来，余书题四居，歸家，为周六作夜校本年
王雪送罗纸，偕书仙龚福华，谦亦往，稍留饭，谈书，为静见书扇，唯叔之稿之

生還桂叔，乃示于研來。以蘇媳來，述姪女病。余去地擇桑兩次，查筍，剔筍兩次。君上午拾紫羅把，白沅珊把。
移生雲門（渭以新保）植於羅風處，蓋留諸花于庭。夜仍靜對扇，寫付子康。
十三 晴。早書二百字，偕阿姪出到店。海魚蝦極多，兩錢以出。玉王楊建堂、陳霞，并二槐、陳列生氏，見書生
夫歸。鈎木頁。嘆息異見，著錫女并二娟于湘老長話，並留飲膳，肴饌精潔。午印偕去到店看
議定予雲去殘，余送予雲蛋廿四枚，并市品計枚，又杖不及回家坐。午湘文來，為言已替卿理叔
近到來，與少同桂叔素步談，將甲由北寺歸家，見之。生在寺，寄楊虎儀原書《羅漢堂記》
似欲寫人託搨，書法既平，秀氣全欲之，未開而得也。抄字知靜士舊拙，又子研與焙去舊拙知
不發。子研陰出，余種花灘莧蒲，排理蚕薹已頃，雅矣。宅生來，圍以去宅，明晨由長上杭。夜
徒見不用，心甚恨，責之。
十四 晴陰，兩日內熱，可裌單衣。早兩次到地桑，麥秤，剔筍，歸。自作簡覽名，作上海水利議，并擘書五百字。
移筍蘋蘋，鶯鳥亂啼，魚苗隊隊，菁芽肥對，去春光度，轉朗，但緣踟躕如癡鵝。
十作海甯上河水利議十數則，晚為桐君畫縉帖，款縉油珠皂，刻甜者葉一方，三元題上一方白。
不出，晴仍步竹徑。中予研來，出飲，去（夜）擇甫以予書，始作態。
十五 雨不止，寫出書，其葉渥寫題，直觸嚼同見，尚有是處，惟稍拘耳。并寫致董家碧館

子湘作頤庵扇青綠大合佳處直欲深入石谷南田為一手非自僻萬道本意
無知己而作字臨帖筆墨賓賓殊有廣陵散絕之歎天將雨王蓮英來寂居
靜詢拙不得真慎儀也觀書至夜三更收攤下樓餘香閒之有黃昏起中
上
十六小雨時作夜偕內人達思居王文來同余訪市魚肉祭菜七百五文左料理端節神
祭祖二桌家廟一桌地主一桌以壯母病未起料菜雖起尚不能料理蘇齋為治
雨但不快心胸次為塞過午始畢子研之對陳道庵來一歸未刻訪王偶桃筆兩留
上徐步檐校隨雨覺佳余亦健覺先由和偕園同訊若瑤收子并之將歸一叙
及出門已雨修篇梅庭甚覺比至曲車衡車雨止勉強蹤之徐步檐喚晉城汰
申于墓次神祀后土居扣楸一株地泥濘草埋鞋為泥遮思抄偕七宅而天
霽矣隔雨四圍層巒萬樹蔚鬱舊宜楊全而覺空前余入訪其鄉名不書見居僧室
在其前讀論畫有花二則名林之來告收馬之料繪子根并及餘程一乎歸途至
由月及付已數云云振恒泰鄉偕屋與張陶二友謁葉佑又入園與恒秋同夜

非人到店，應囑小飲于雲錦回去，出城訪陳飯畢，出手殷中門，見駙南道入第五十店歐語，爲言榮貴，戳戳直甚其房，推僞作人，以覺以了了，面而數又不資余，頷而未答。伊約明晚復宴喜叙談，别去。乃入桐店，爲樹人抄辭圖租户付款争。後入桐室，告我駙夫文開詩設館星抵云：詞[置]况連武談，又甚謬不准。桐即了畫題之。滬包之北京以重又之，出乃學爲主，陳寅有自甚辭爲，據以直心之言告之。再勝後回歸于又大之四店，恩之上樓，鋪設數日爲人，伝以生涯且真[illegible]，憐了三更，獨夫獨昭，懶壁語雨，覺雨下鐘矣。

十七　雨，雷，亮日，[illegible]眠。以起居于湘來，和其挽往亂寫，并爲寓代謀，不應，要來到店，子遇之，肯雁逢送别，至杭子雲，囑商一面，况而待子雲，不及來，偶昌來店，見之，言欲生財并及。晚駙夫來談，語情形，觀福來談入店布參，冒雨而歸，作留江之東，東儒，扇小青緑未覺，以久李如卿來訪，談不清，以佳和保，吴保取回財，伊醒不出言，徒余畫，書止余語不應篤畫，蓋輕别，將以毋書爲憑，要挟渥情，無已，重閲，懼也，中間攢入，自取，陳古平及辭之

詢以書法則，謝兄書知以人伊兄請皇上云云。冬之事收拾畫具，已將暮暝，過山飲，出到店
業已夜深，始知建星耕山 別肯兄一到，末句乃飯。令江瑞兄君三四于烟館覓兄于路中，未見，兄在
樹下邵邀飲，辭其留，贊勸書款多淺，又無實數。在館來合飲，告勸數書，並令知許各
后譯種種。廿一 桐樹人云，為之計，人已早店，於楊之後來，坐談讒造，作倫為傲慢
勢，故多恨。桐精亦遣情理言，彼猶不悛，士林言遂欲備中，心又後憤，備歸與細答該居
覓以至四更不寐，一覺不醒，時許心憂力悴，自不知何罪而以至此耶。
廿二 雨後，大陣寒濛，相間取早座理料書了，呼達喜四錫諸子，雪午後來，商之執蓋傘歸，途泥
泳告迷一切樓，從樓滿完，昨扇并題成之。又收拾少部扇已午，以醒了，雪來為商定出多少
議論頗遠，血誠多情，實 真時難得有真心性情者。在家中論留飲，看夜，至謂日回，乞送至家
情寫字三百字，本擬二眠 錦放卷來云，弟弟仰相請，明日設了席之
廿三 從訪太陽生誕，實明衣祖帝横之帝，壹世自蓋不抄，爰戴以侍，其功烈為何已出也，其文昨夜于印某
早抄批 昨夜讀成，戶預回詩其二 三首
不覺夫折，費錦銖年，往事點繁畢，歷化烟，唤手功名真已矣，銘心書熱記難忘，早知遁世

得子東便函，長眠快比仙。余早諒服官附第之苦，詎但自節信勸了。今日出月無墨碑，莫聊識畢生從此去，寘度書呈要用

緣（夜夜又作）信因契結之此徑，識悔非忍抑而然。陳子城有兩狀不勉詐人，拮起摟摟不安。

十九 雜玩，讀王仲瞿詩。天雨不止。三弟覆。晚子研來，面未及細談，即登樓。二夜窗健兒讀三更，輯校觀書，不覺黎明。

二十 早雨，備上不已。晨刻子研來，為之詳人言桐，借之並揭之（不付）情已甜，門前云云，係覺樓之學指三四百字，拾古琥（擷珠等）之之手。嫩未畢，大麻偕同大二孫子，從户叩門不開，從又二子用腳大踏，門之篤此妻財例到安謬約來，財許之子研幫同拄門，兩兒直樓看，然後止。健兒門叩門之間名止年（未開入）家人撈驚世，幸直大危也。三弟痊。靜兒出告，沈係如伊等，後至之為排而止。謂健兒讀以至廣見之莫（九月了）傳，內來並開讀，種切襟甜暢論，不覺將三更。

廿一 晴。作拜觀御函乞碑，承余幅已裝畢，並劍三弟俱謂色功去半年。子研已刻木守之竟日，不見動靜。陳成杭回來訪，細思情形，仍以舊法為良。閱看沈文眉集

廿二 東峯經濟，獨擇伸識議論，遠昭條闡，書為良餡，動聽無怪乎

叙廷侍郎之孫吉城以郡守起家至海名皆不愧乎林文忠最識至閩借增史桂來至洋務製造兵事吏案民事刑名耕植河務漕運一切冊籍有條理且有餘力如馬快不今林而鋼傳止武聞而年徒船政又擢造艦之法述之校如親見焉尤請也此其他識之矣才學出衆而以練達然也

廿一陰早起僅聽曉蕭亂夢多端常夢不寧下夜川遇陸之宗又似南至和保見罷不得又似上海與之以大捕紅灯前之等又若跳生出池之苦以草黄車不得停而得而昂泥星格而得車之乘入幕宅床得禪兒研女至格排澄之一宗从户入又只讀女之動而歸抱主正刻子雲來談諧久今飯未而子研來而其急事心稍力備開門靜讀未來前門而次叩之户雜之申而使息擇ま而其子段街見被詐女子三人來至于地回由陸即入知此乃為預備比邊等至之同大聲橫起先毀去又撻僅撞內門聲撼隣屋陳鄰多與談鄰翻子而發英子如何婦適大麻又厚罵不已鄰説一一被怙之揚劇及歷半时而去狂颓者照來查隊兵鬧事子雲子研守把王者文權掃除不內門撞拼而入更深而產右权修门取板而殊行吳吉毛四庭佳吉甚華使至之已去萬馬懼之中而壯安妻只增病殊可懊恨

廿二　晴。早（二麻松）未作書，偕門付工至陶府，來劉邨為文種種，于是知切生5，子研早到，省三亦往至吉（省吉到）

于氏四官來，晤王叔侍佚史二人，擇信兒於于庵（謄錄之）。未申子雲來，公為湘九和韵付，以中朱官來帖（說運失）

不甚了了，默語趙氏論之，烏與（斜）啟五眾庵，陈以待而牲母病氣升膽坐，山居之不危，而奎事更忙

謄誤前序，又驗第之方，不啻身心俱乏，即罗及海回知照，夜飲以濃與子雲、子研談，瑣瑣今古

廿三　晨陳文甫來，嘆未健兒讀。日長，後雨下悭松

廿四　早小雨霏霏，一夜奔走，二眠四更夜矣。已刻子雲來，因諸事往子雲處到，其半條至市肆，閱官來

叩首門催印照至，呼子雲去，往回，管至采探說，晚回，绵成來為說書法首乃葉之閱，修訴有賞

子勇偕之謁，因去之兩家，雨貴需夜識書紙王石字，後君樣樣如風柳，子勝法歎余子研夜飲去

子翁靜作字，健兒跟于讀書，甚恨

廿五　陰，间微雨，夜三眠。鑄日家人做賬顶碌碌，余帮理加作字，至六百，偕子漁往書肆，我之快子羽

未后汝子補來，剥未代為理書，青夜仍書，面閱葉送夫，礎甸理，喻亦有子思溢，管平子雲等

不來，彼訴亦無耗，晚年渺害矣

廿六日晴間中雨晨刻文來送告陳同知自嘉善以事業歸送歸弢于盧舟在河干肩千余

戚悼惜之餘代擬對予真秋帶中又加慨之也時許去而詠人已刻又辛三人去門改卮角

讀十許語隨之前門去十許下閱約至周堂江又入節杉茂宅去約為講惜刑幸花都

母怖畏念時不許出戲先生代丢照掃予書对去家作畫將書閱之錄而置之雜為下宗

生道庵豆佳靜與諸儒陳氏行走午申風子雲四錫來渥堂先生指西去石值心擾之而午

廟王峰等出戲實為難受

廿七日晴雨陰早茶後陳之同去為一之書邪告勢為力藥頓至知沈先生於來爲告緣由并一至

王西花狼之告知一之比至地邊猶王文堂誼後詳已屋人來蹄窗叢尊余即返身告宗閑

門不及待趾由邦氏鄉路去城分與于居屋告我屋塞擬為西伍郎之歷貫直釘霸議殘氣

意心讓大思猜一唐杜呼唐枉至徵倩貝至門戶地邊探鍾始結動王之文支至誰即被萬名藥

三回相之余傾擬待久乃借唐杜至保证宗月象杜宗告曾還為陳壁伊意吾以云飯罷即來

後回之馬屋令加看向旅思書合錢目修至衛[只去喚人捆送]坪坪並乃陳元面回警官信陳屢筆玉姸訴美
于為男執圖[以力]余看孝君情僅為好之留以后講並告細情子研早至[十]桂沈向園送至看牧母病之
在垂危又閱智訴[係人]及偽葉十餘担其屋戶多者賊盜接踵橫行勢無忌悍中心憤恨不
台閏雨寢至後如子研丞只家西勞於此掛回家亦去晚自葉墨括詐旁夜陳屢葉沈晃生
來坐談耳為閏濟墨葉狠陰理無只能耶耶沈先生誰家迎入陳忠直不似粗心狗肺之陳賊本
以洋偷許存葉汁所樹者此人也夜耕山來話為之余屋得以典從
多作書致子湘一交罗之家版求詐求家罗了求揚
廿六日陰早將地葉葉去[今年為]做果指藉不及半自用之之切盡作三星底[元年底]四房本當書本
向釋夫計設[節]大生銀收且當詐用計惟有售住屋請至陸早岩向益屢[已]心意憤無及已到陳
屢用來說被訴可略貸助[四月去]使去壓力理節之而伊凌之烏倩請不置實其將[兩面無因]為利己而已午後
無聊賴以之起子雲子研之來商計執迎而主點心[二人去]步の家亦去作書致子湘知其母力好訴來之
卿來君及子雲留居自定合靜兒持出并書知留留之來耿靜四紐桐之甚不洽其無清異[十萬]葉者
宴自歎飢夜飯後子研之雲經去回告此事收不留了困甚則夫話程程陳加向後飲之之之

夜唱歎世界之變亞人肩子含笑出人間意

廿九日晴 聲情頓日夕悵不樂人世之苦一至于斯 晨內人以胸間積痛[illegible]西醫隔以為不了藏以睡出覺

[illegible]稍沈□洋海嗡嗡千千哭泣哉無附而夏之惶 狀母之病 來年之怯 詐人之猿 三子相繼 真莫可名狀

粹大思係由桂軒抖[illegible]除屋 玉劍玉雪來和之 其易脫至午 細書情形亦難說始 讀午後寓告陰狀

辰令靜[illegible]寫攜出由何西沿出而轉石咒稍入和原 鍾書未告[illegible]了乃之道稍精 與陳仲甫談 健桂

舒出堂卿約出話 聊假了 雖未了 即有論復余 力勸稍愒 飯了手余述詐了出各件 因知桂 程因洋了

桂尚易屋住豈料陸氏了[illegible]昨日清晨 更說伊在園了 爻出于恒泰 兄留江一路細話上南 知該居已由[illegible]說房

到店[illegible]即出之子硏宅一學入桐宅 兄桐至告知 詐人猿悍狀 隨之 蓋過夫宅不住[illegible]向了 保國談旁夜 萬遠夫至

與桐等談 蓋過勸余 自是其至閩川費 臥校了弟 又派陂詐人長案 其名又義 內署亦轉述此議 另[illegible]得彼處[illegible]拚

余為思不作聲 地處所言 即其積清手[illegible]之甚 兩次門須今伊出悔信至處之事 信[illegible]莫令人道 然[illegible]伊洋不

可許不止 桐兄以約過會余 略坐即往[illegible]桐之 旦倪卓石談 醉其作為冥陰中 權夫來 一路話歸

夜起 飼[illegible]二次 [illegible]刻 之寅怕名高年

四月朔 立夏 陰 晚夜雨 早余請去 卿寫名 職作 余備設 色三[illegible]午[illegible]印令 王[illegible] 隨至園[illegible]夫家 不值 [illegible]見拍

桂來書兒數語云兒之入業與二嫂言慰勸之桐兒閒在店即與之（并交扇）爲論送師（詐）計及早與妍來同又過堂

廿四 早更不能檢事云云至歸在樓作二扇與周西桐處又作條幅答呂慶語至申刻完申刻從詐三人潘來亦内二次矣

問先兩三行細據角以之　夜洗足西更起看臺大明數數肯（沙糖）便血如傾因而血流下似癥瘕以二四次不知何病且日

大便七八次

廿二 早陰有晴意云　（看夜雨）劉甘踏華仙靜與佳來西大眠宗人忙亂理治之夜共見十四八道（上燈後四次 之方夜）

陣雨桂兒來即門即談偷事嫂兩（頭）情陸之來西因留烟榻談靜叟回今日復盛與新陳

陰雨不止留桂夜飯又談至初更王文送書（借扇）到閒陳氏有即門者陸同之王等之不去了之遂即陳氏

詢知桂兒借人事擔誤即貝門爲陳誤作詐人隱之去因何語良久始談得曲二更後

初二 晴巳刻得朝來云周蓮夫相招乃借之桐叟告畫種種蓮借桐之蓮叟待久之談次而從

送佛詐之閒西伊計除欲與送佛留學業兩文與一子家王篠村來（約）當三人川費衣服還隨一

切需二百金與桐議由其補貼不足而之（數十）兩矣于此巳逾午遂至桐處飯雜說始知蓮前詐同

初二 到舍入易室所閒不敢不慌詐謊其實根係且使赴閒曲從而多金不可蓮設未妥

蓮桐仍（新）然未斷　子又之入大室與二嫂談詐畫夜（哭）大喘息來根言實詩依

寄少司打牌，即急請子研、静兜先回，陸續潘行晚，獨標其少同聚，回去已亥
桐君亦來談所計，未便上萱白文，留飯，潘語由內飯後復之，桐議玉和更改同静伯
天將明，玉下飼臺
寄晴。午刻頭飲陌醉，扶床臥二起，房侍寿華，子研來，五弟偕作令三子來打牌
巽窗望之危懼，午七之林之去
寄晴。早遇沈淵字玉說其侍從來接，託令勸解霍伊小舟偕作，又玉侍福家託其回店樹木翁
勸萼子玉桐宅，帰去南樓手人僅搭帽与萱夫閑議及少方洋元了多，借約百元，桐之萱余之二兩搜
請潘行來，偕之伊肯往義侶，由有狂十六年錢氏厥談，杜信出麻，傍午後入桐宅飯，飯後雨來同
之萱話來此戲与孫南語，謂衛其人不滿余在，孫甫久待萱不至去，坐艇之晡，萱夫來，又遇孫玉
復承望寄二百元，此間識余派以借玩，復以未妥，欲亦不足始去，余於之岁欲更許榖夫等來議
言謂明日偕詐以字數來大打毀中心，無主辭歸，多語人言，此謀以萱之事叫笑，又令榖夫廿七搬重玉
桐宅告其種種，伊等甚怒，余等之胆太小，名之粹歸，余留宿，未上床臨睡違之
竟日擾擾，悶悶中心如搗

十六 雨，間陰。早起，與保成談同衛飯，午後保成去君蓮，借書字，并攜一切。少間，粹來，從衙作，已至家，打毀墻不
少，并擲地磚及竈，横無理。如此，粹乃出，譚令伊至桐店，譚桐經來，要命令之蓮伯，命往談。申刻，接嫩芳來，序
根，余乃桐居，入內罵詈，知為詐了。余甚恨，忿于心，何出機會。兩申，過種切，并與桐，計定，令過蓮宅，向詢之。
不值，乃至墨玉內家，序請入花廳，升座，拜出，接李小池，告以朱雪芝一案，余生。余偉生其狀，李彼經訟不
十七日 雨。周蓮夫等之伊芸況，美狀。與至魏且友，欲者借，而目下之沈銀係，肝和力勸，再入出保加恤。
一次，唐使只去，而資出計，至分必重，訊係六收錢，具周蓮之，幫評貝玩，人幫縱，余勸，應共湊，集，玩桐六
代述，幫湊之，許收。余告，毀物器具，打門毀墻，不亡日區，辦摸，不已出錢，決不甘心。又當興陳書要求
了。勸為息忍，平心今日之錢，固寬我，使彼當事出具，證據不負借據，切結，誤告承斷，依萬之廿塊力
保，次日有了。余當任之，余頗再三詳情，決不甘，去取不貸，力亦不周，尊家不濟，勸再三，桐亦勸出了，再
照領而去，仍舊桐處，另已如此，寬慈收釋，而詳另巨中心盖以擺佈，乃恨憤填膺，保成上有令蓮，再
余遂歸告知家人。
十八 早，余市炭一担，付洋收，和尺10 余起作家稿，自為要樓設計，打毀門墻，著令賠償，以儆效尤，予
陰。一代周榮瑞 蓮夫 陳壽銘 玨甫 葉吉林 桐君 陳錫泉 過 葉有為 共事之 六字約 蓮 論理理結

卯請備案爲並呈洋一　交滌朱寓呈並寄再諮均撤復王公公家接談等情准其由大等謬

呈送案完辦公候示　一代批切結稿

晚刻出和原承繳到致宗洋多之桐家與龔宗甫與七署伊似已難免鷄明日去綠城一　並之子研宝與宗閲列名

言知會正省道袖歸静兒以壯母病篤不使我納閲　上寸日挪理摒擋上山計十五張

竟日結携達請壽騷　自不解世上何多意外之耗而尤冤誣多端人世之樂盡侵危局

兰時清泉滌胸垢

初八　雨數陣不已陰霾冥合自晨至暮登山幫明想幫理午後小以起居静着衣出待人恒

卅與陳甫新家閲學列名前肯之謁至廣取八千元加大帳共預款之桐家借之必罷按刺

入執帳陪性出花廳待以爲群來會傳之洋交内稿乃入内稿房一王松林一花清泉交庫付

初九　庫丞一揭三串余並交二宗門要用記立案　傳呈息呈費及高押道諭收乃得應之告其須來寓

情之其轉宗須着會館偕打毁物件並須嚴加懲斥取結等事伊均允即唤飭代者余

桐出爲及二門進云接一銅保和原來去　恒玉源祥庫見余壺山及王恬告其詐状和與欺且

等書之桐宅告語其來室 劉夫未歸乃去到貝店 劉云寄查袖遍送去費 接劉種種 余積下
欠印之傍之門稿王范均需索不已 伊發一息呈費 門 傳呈復 余先祇之兩記四千乃而索改作一件呈一體
軋之不已 作信呈計完畢 付二元 又索前押匯莫集次票一再諾之或允 支付 韓借至兵房用訊余 稿
回鄉獨于燈影微之間進桐店留小飲 飯為言種種 事機之來 吉福順遂 不覺惆悵
此之悔吝用錢無端動輒得咎 勞擾甚勞乃之世人生趣第余從以以無 報清自餘否
極春來正不妨含辱忍垢以待天命 以並神佑而人寬亦人類 訪雖先損 一時辨咎 生味因良 豈有不自知罪
知識印青言警懇今書自思唯不過成若大 欲 須彼作以至之言隨從容為子弟福分有些且宜
自立亦何必留此餘積以貽其不肖者之害耶 四字思之晴中 復飲覺睡
四更起 眉山 來春豆包 天明起 書衡與內子嘮嘮談姑母病狀設自後多
晴 早微雨晨起風 掃地 麦月季已殘矣 竟日 眉山小疾不出言 痊 徑將粹夫擬來 揀 訪
甚長

上年

帝諭伊文：本年六月初一病故次子隨侍伊犁（只隨）同諸王公司姓一切一人侍子文代書清

馬殿先回籍接替，臣之一遇，罪即是兒子，該弟兄等在深不与阿吴佐至迳兵四年，殺兩

素體此房虛弱，終該職初詞稱學習隨文在署　宇爺六部同訪七旨抄深俭荏段

乃兩萬兒至于清查之年四万餘兩云云奉諭　更名思燕去年以来已歷兩次辭免，其有

勿庸再奉諭追倍繳，今日倍繳銀一萬兩，前後已逾十載，情亦不符，該職毋庸議處

同該職員嗣后　業經當追完，前惟王某某以中表之親，留署同住，因而

居積起家，今該職員嗣后　業經當追，念其情有可量，助以示不忘，該職亦當

呈以自立，不得藉此希求，且存冒厭之想，著通飭各知照　毋再違詞，各職併

行

初二日晴。四更起，赴山天佑館（伺候），展餘後，復以起已辰刻，料理屋內午子而来共飯，亥中刻以赴子孫處来

詣韓別府代書君為內署閱籍，並追追桐兄歸之，並送傳去之王姻灯，見馬清、閻仙一面，假寓出

北寺蕃口云：此案須將拜信送交書辦處，惟內丁等既許之，書者辦賄，而過之太急須

今日往返余欽之寄川之邑麻乘剝蝕一縣足出在楊市學巳桐店一間知垂涎張屠而倚待未得點亦學之才不置 陳偉士一律 侯 剝之甚 見情常貴一之 到門橋 觀子恬陸永内兄丁三換吳坤 與王松林 花濤泉

兩氣難讀人索買不已將久付之元醜為鄉述誤太妄 祝翠之忘加乎為不滿訳伊稱我呂我鋪代寺 即此一過之只為付之棍 其未殉誤妄一至于此 蓋逆律之 但家嘆世事 一有誤 而後如年如此需索 詩法者何哉 然門咸世界

第主等為友何嘗有此心財 卻言之 痛恨惟有孫寧世事 實地謀生 或作或官 以達其業為得

內子等亦難息 力勸不為憤恨 被後上樓一覺三更 觀沈又雨集一本 陳重卿胭來 行為于菴 社許子

十二 早細雨 採蘭（佐日）至晚得五十六斤 帳為行未乘返 仿無挑宴等七怡公 在省法河坊泰元昌廣貨店 生理 每余趨之開 余乞其時未

未戒兩去 晚寄徐日心情鬱鬱 剃頭 郵中 採蘭 掃地 理料 省靜住託寓

二方在寄人 寰糕 夜寄信書

十三 早仍雨 理料 蹈蘆花五聖 籍覩 市同年力限花并饗 地方四竿來 剝轉代書日均祭

刻去 大雨淋漓不斷 借蘭去成 除三同陽去 浸車繰之 今年屢風均未見勝 看沈又兩集作

第三日三方 晡着 殷出之大定文查 備去觀剝桐出一懶見 王邑麻水理 敬寸半文竹攬石

趙順 係山此腔隔福擱于墻間 月歸則夫令之 松風茶 說詩了 同丁進來 詠似逸之急

余收不然。又至三情處付四元，又一元加抄四賛。轉述種々云至虞山店，陳貢山在，諸人只恨甚。
鴨通大街，傍晚回，去已亡燈，歸家有蘭客來，蘭未成又小飲臥。
是日五人，王老文以唐畢去。
十三陰，終日未出，請三內偈蕩操甚子研來，為云朱諸人今早動身進去，各性多有不付粹夫
疑詩出許洋不得，懷然遂留共飯。閱小抗回，余燈理幾并看文一時，東樓當陳文局集
靜見上有作，盼綠減，小湘并焚鳳林寺昔微信信，亭方在趙杭去。
十四晴，三鼓歸。四偈蕩上車，謀丝廠，到大人來，為讀詐篆留飯。傍已到，予收三妹來，坐，姑母六嫂飯，余以
以起玉女來望，姑母留之。余至梓作，張雲卿、胡申甫、小青、保熹均赴，屠七內弟來，傍晚已
去後，為玉桂生，胡寶森、韓則夫不值，又之牛衙燈下七內弟寶小坐，出見相見為言局，余事未嘗
又至吳店知會榜發，朱湛卿、錫圍均中。至玉店，約翠撤蘭以豐文宜肉麫小飯，亭方在店
調梅弟并應靜夫來，查中指中人會試全錄，因歸付并自錄謝仁甫六人，陳寶飯，出為辨又不
得。
是日閱小個及上有見用某種，燈下得詐詩，性不閑，故遊去，又康甫見畫扇
十五晴，早上到所署，無所事，約翠花在閣扇，桐棠扇病心

甲午会榜今师十有揭晓，西日已阅佳，十五见十三申报载全录，今录浙江共廿六名：

会元陶世凤　江苏

秦有三　翁有成　林召棠　潘宗濂　朱锡恩世卿　谢元洪　孙锵　李维世　鲍桂麟

沈祖同　俞荣勋　潘树勋　项芳兰　李向荣　冯国崑　杨锦江　楼守恩　胡调元

张启芸　吴东年　刘锦藻　任继　夏启瑜　陶濬　陈琦玉　陶联琇

十六　晴。早赞缘丞作仰契翁并纨扇写月季一枝，又为相富荣扇画月季一枝、海棠，为侍庵。书扇手毕，以趁船小来，陟由南门之娄军眼子廉云，则夫地步异，专为自已先富甚巨万门一响之北入祠宅，交康思求花移，转时转移中到庄，检查报接丽甫信，为托云卿转交根，一时许北又入祠中与姜某谈，委子冀返，则夫回，约翌日挂号在松风入见，语之应而许子陆如权云，至乃遂入杨夫屋饮，如说郑如与崔少周、子崔之光、横并常。余仍钞上帐，乎遂到由北寺前归。月来工摸宗阳之家使小饮饭，又夜健诵读。今年春汛由城十里不过三四分而已。

十七　雨，午晚晴。案致和治取栈阅，查报二十本。楷缘丞。晚桂轩来，与阅丽甫等三扇，云料价。

屢撼之此兩荷官之不知果能仍償以成乎四甥來幫理並晚更切琴之翁竟日不出
六日晴作仿康之翁山水墨本仿北苑太沸路家飛浦信讀之三十行告別來心緒保才
未送樣人此病起搖之困缺無常鍾日悶胸不出燈之則夫未踏之六稿月又京之使詩意
四百 子珩來閱之西家帖又得看四家
七日晴午後甥女自其家去晚四甥來幫理些宿桐君遠帖能繁出時補兩子謨帶入箱檢久至不
能辨仍有素居相墨膏未竟又為舒墨作之扇隨來惟當檢飛影閣畫報閱真鬼斧神
工畫者國今吴道子而古無石印縮法真開天地之秘巧勝于前矣惜吴友如已宿草而
繼起未閱與公頡頏者更其曾戚穀數寫中興將像入京師宸翰褒揚出中江外洋
申報館主請裁畫報為見真本領自有知運豈與翻執筆隨意自然鳴高寫山水亦
因隨耶夜閱沈文肅集繪飲嗷如故而精神疲軟奈之何壯母病反覆十九不起而
筆從清磨太苦服侍者亦久而生厭

辛晴早起已遲醒時母又大病數日亦飲多睡且畧瀉二三次巡染病左本原此菜餅惜眉
亦能復也隨命彬兒渾然撤棠陵大執冀一本伯齋畫幐重寫孫循信此接遇詳並不知
已不深而若以瑣瑣心曲皆非也未成錢神止午後完一畫扇陳書樓太未坐備備說陳质夫字子申刻
出于王烟室見劉夫偕之此高茶室說住達並及鄭仰陵字子及兩家瑣瑣又索三使隨時一及
磋談似須而別一兒子研孫店知桂林請從九十日若洋向余為桂軒借未讀續之松風若語青在
陳仲夫來桂生伊樓復接戳又不能驗見以倩余從正等復理房為設書之竟雖着手刊房已做
楊子寄庵詳付一之偕仲甫至楊大原卿循南許青林見為桂昌不見玉酒甜雜論這利者
飯時能以別青林付物將店以蘭楊查積太多規雖護書之杖然歸
出蕭房來索錄似許契肋司本繹經已畢周來星池蓮生說會款子良屋面
廿一陰卯時早做錢八百屋刻文來又子研來幫繹經綠與文開談少選玉書錫合兆仙坰至
坰留飯玉書仿楳扇十頁若兆偕來之作將午尤姨來過午以粘母病危作示與靜兒令歸并致

子湘作告知情狀託赴區湖上永夫學的此的據料理車物歸括清理桂舫指令來請

申初出由店轉和保一塋來雪恒泰夫同入与桂言朱生之九居士散傳孫一種楚卿如何一時將在

沈一山罰事至陳飲膳孫伯肅父子同座諸人多過飲甚醉慶表嫂出談家事与桂爭論

余乃藹藹言詎慶嫂曾得南壹泰若年由伊子甚加之余將娃店驟然情形報見情合見怪鈍年係

娃店害余因直言斥之此乃係余一个之論正理娃店開口指兒而後以余一人之擇體不為大

慶理足即由楚卿楼予或開或開或睡或飽与人何尤今以年係鈍年數百恨之而責娃士

鈍年天無此理伊情願陪禮言其狂誕余亦從後兩不耐大加爭執嘵嘵至久後沈一山萬

出入其南壹言桂軒夫人出告伊諸情形及出已將二更令沈一山去大玉城門已閉呼開

而店知毛伯長林積欠十餘人財至本財始開元年春令伯君何等並一四抵家時三更

廿二晴早作撿一百餘字家人裹粽甚悟午後睡濃起已未末矣索書指晚桂舫至談并

昨羅叔黄秀淮金珍還菊畫忠玉談久去子研來呈何未枉臨云何印某家甚憾女乃為去拈章意
其金錦剔急勒果侄同子卯枉再上拔付第錢太微我何太急得理累也為自亭亭復以家人叢攘七
七錫兩變多黄大改震火焔又夢勞擾中心不適嘵嘵孜恨在課健歇閃其不能用心且難上
口占悵　尤煩去　四更起飲　是日作篆字十餘幅
廿二晴　風雪六運綜吊墨腿枇杷子　陳叔宗所依信討秀風也　宜生來送綜傑二　楚卿來談羅益語
其母不協致不安　勸其修家事了為書發則智埸數雜飛其茶去　寿以久起子研在沉悶
欝抑難忍　狂芒刺刺在背也　乃約子研借出遊祠　路逢吉卿　説念信趙耕夫小座碑陰名名
主祠居吉説　吉卿後改左恒鑑昇与友争閑事改告抽衡阮臣了陳允正理因出起不至二古錢三兩開
一圍元正文作之變文就少佳　便説祥雲者看玩　又約盛夏玉補陀幽的書玉祥雲見張般士英
直陽佳趙次閒之課錢聯張子祥熊四条幅一丁亥螺二年何海霁莨三秋翁野難對四梅日季均道
蓋生丁未年作乃留生之歲字四十有八集去　又馬元馭扶義山冊一辰一箋一雜冊出肌錢少見耿閘
平一兒從謹甫入松風茶肆　陳秀松説桂弓吊吉卿了　少坐之之茂仍与子研飲　免川山肆約學來拈

到店云今夜起程，倩留住一日，因留爲深談。使如夜知家。夜蘭楊來至二更，仰邨動身赴吉。

談雖而各友咸謂其要 家人云勘叢之病二次未吉賢 犯少寐

廿四日 陰晴數變，雨。深夜讀書起，出卯大門，過子所，文之索題。余與子陽先生見談其高先生在閩

說書畫樓與青及古玩，滔滔不倦。生楓等依書詩翁二兄一冊。王四臣蔡仲甫一與來來話。廿五日 晴

飯。到吳燒香，八點鐘理四店賬物。九下鐘一刻恆說，十下點鐘飯。飯罷，回家見靜兒，校已回，知陳記

家送四盤，桐兒送枇杷。朱稼生如夫人至，有談，桐兒續壁顏色。赤竟大雨，持蓋出到店

出葉房鐘子 話麻子 又 久之來錢一具，植少周六三四將說案，雖望乃帶至家中生

至申報而去。檢張性周，根雨後人皆早臥。 速我來 寄扇骨數

廿六日 雨。昨雨達宵，遲日起，赤頭暗意兵無謀。又小臥，十下鐘飯。吳莞來，十二下植家，知定生此仙

不能工作，先去至重留周六點之首。家人合格取烟燒完，桐兒讀書尚未。神化即下歇，再奉扇

洗研豈痛名幣責。靜兒以不合勸借書，再爲人并責其不用功，而以地來明白此時極好機会

自不努力，惜其隨以混過歲月，將來達于未時，甚悉傷悲，將小學之業年功

者不指宗意不能引宗支世胥在此僧閑好遊自是至契予亦不我欺扫扇借處士
間居何之相付其後者咸許可觀玩不釋卿又少日眼不知　筆者識之書作如與相
樹人之杭租屋書齋寢對店小飲与侄子等數談和更睡　周六上省寓生北仙去
廿六雨上午看書語并南田聘士無名先生跋午後青邑麻有翰生先之班未到乃路雨祉
家小船仍之起作　羅浦作上家扇二楼出雨仍未已楊珍見玉寶等在雨中擱將一向訊
至邑廳薇刻一刻与杜东整說古錢到店夜中报
廿七雨竟日在店走り動黄蕉跋及黄楼識作也字四文晚偕细琴在玉中报登殿試臚唱
鼎甲　狀元張謇　季直　江蘇　通州　榜眼尹銘綬　湖南茶陵　探花鄭沅　長沙
傳臚吳筠孫　江蘇儀徵　張子向謂　啟甫師見早有狀頭之目十歲余畫之扇為陸
書与多華山於柳豐鋭閏厚字果榆之是首才学自能寔價在矣夜節秋跡
凌野杜蒋來譚余倦欲睡矣
廿八陰小晴早節稻雨歸家丈人来留飯上楼兒静是作書之文字是夜指示之獲示

見其工程巨浣，潤使端厚，仍可得聊。年後發錫如回錫，如將回來，家人料理極忙，上到

書之李桂軒新宅，見李四來相如，蕭生從補生偉甫，伊至忙亂，請伊晚飯，其鄉不准狀

出名見店中掌櫃楊拱三要多事物已打搬進宮之，入自到店，并店夥待印照不至上燈。

子雲錫回，隨帶鹿來店，出借玉再言而所說，除多又與子雲諾，付其言文，去中心煩

悶而頭痛殆絕。見店友多無規矩，無甚賢可恨。

見唯萬而樹壁，年印照曉回，智已識，伊乃自做，不與予合，近來議論錯，會尚復感念見

兩葉而多任予不得人，店怪且非為情，借中心到要即市疑同歸，由樓行要贓物，多速上堂

收行李，從店挑回。而又知店中失去節洞貨不少，既偷友已何皆瞞住，不令予知，如稱

店內雖間有情憑之者，不知印照何所受待，真是串實最多錢，既難而狀

出此意事之耗，真令人心厭之極。捨寄無衣物，僅置少許，出去則去手更甚，至不

見。隨在桐店與樹人談，次待乃出見，則與桐門遂往見彼，延留余久甚，後而出，惡言即令

初桐序付伊兩元謝儀，程彥倩益健收去。而霍素門隨予以為已了，只許兩別更與研刀相屬。
與桐室、瑞之至桂軒新宅贈詩。乙青、丈陜、益三、祁直卿、封大兄等十餘人，少待，音庭、仲席、家叔
是夕赴榮泰公之席，更許封炬歸。

三十日晴，終日未出。早作信致兩淑。未守益学小[illegible]盎（早刺枝玉重）起床，僅四更，秉燭作急條至晚，后刻[illegible]（黎明四社只弟路茶主敬伯，僅談田事）
來告店中失貨情形，借予之錢，予以姑病危辭。現既鄧香石店罷，況兩年
有羣然情事，既為言余現當（今）衡底查店所缺完房氣何，敷同檀和共有錢何再假執
其恐接後有把握形此事此人甚加易辯。余只論謝不敷至向女矣。久之，去年度以起薛駿伯
來為言談田價今日內四賣，看走，只息情事，留飯閑話去。在樓作扇小園三一幅，見女二，去宋文又指
春之甸二一準古樹著一人，夜付當逸一行屋，猶桐兄情當也。有三束，久之，印翠從來云查又缺墨筒
續之上事更矩你補為雜滿珍留之，既未至家，商以宜奪。至晚全靜。付剛門隨（送兄家）又令
扮兒作去寓。　夜課，偶俢讀，早指示靜書法。

十二月初一日晴。早飯，燒燭等，楷拭桌椅至庭，並洒掃及做繡無瑣，多見（平順）靜兒讀家兄犀經
平殺太平直四說，自是又責備人，至論筆墨[illegible]，果[illegible]確見宜含蓄。讀此以來發[illegible]（[illegible]）湖是佳

自承妥即是亦有些太費心而出招尤集怨故應痛戒，此習氣仍不改難免召禍耳

韓馨吳來　買乳予字

批唯如亭病棄世未壽世以求晚不遂幸子雖毀國屋亦理今事改上債殘處人之先

先人所給房息所換無多不必再令賠償

又周景瓊等

批接信拜我今之存假諸信致多求以子擬即為之當專具信給他諸批之

乃翁手閱

三點鐘子研來未及接談即琴來面談失家事查係由私所為現查又少紅節之主

告同宗者來之手作元現不止此且係貨皆未盤謀於余作何籌理余雖計及善策

以先友其情而起彼所執為挾制其于店因無因難際此夏貨上場端節已屆用人之時

倘醵發要有實難等之余頗之及待其時許留以缺至因告友商議種種以助理為

宜而伊彼不出門不做了退屋此時再宜一再屢余到店但願余但辭至再蓋以見好而

多詰怨福也多要論説作友商往他所此店難料理伊等尤須要鄉詞使

余記未動蓋爲此店暗中吃苦不少即如結延覆不歸併友人太不規矩者積積止之尚如此此得益者進出爲多事而辭者則必有趣而爲難者矣前之爲人愚已屢悔之矣及今又有可自誤耶惟代設想欲計成出一莊于鄉售布使只離店免人之言留心慮似著留汪未嘗言談久切先生留意反覆將店規之敗壞不可收拾狀不爲詳悉之竟無法想之得暗記有富觖致子湘書乃上樓完之付留附之函別去上燈矣蓋伊本不露面也

竟日欲作畫未果略鈔羣經平議中數節

夜數起看墨林今話數頁無情之況可想

妝母病竟不能飲安將匝月氣升疾腫痛均略去而胃痛如策氣息奄奄真不解又雖以其痊如此真是進退爲難可悶

姪甫晚歸咱呼病劇甚煙下食已問之云只加吸鴉片可止之亂咳痛諸疾然後物早麾此百或收取租七八百文柳以錢二三百以完往可于烟暢吸故爲也并之乃其在周姓門前然余家沖貝奉石隨之談

是日午
得鄰沈先生同年書，以小女病危，與其妻罵詈，憤甚。余寫告以貧不能，雖欲度日，且須醫治小女，向內子借衣飾作書，內有照焉，且其何在五六月內，年定照銀鐲創一只，寫翅一書，計重兩許，予借之，概然去。

初二，雨時作，溼地皆陰晨，看說文解字并鈔平議，西隣已遣內饋午餐。中心竊計身世惟有納資佐貳，試吏而出，差可進級為候，始可畢四百料理，并措資再三有道雖措頃其居，乃于秋宜行，或先由金陵戶漬四案擬佛，然後穩妥安妻如居，似有餘存。惟目下眼字殊甚，老態益增，尚踐思如雲女作新嫁娘，殊覺晚涯有落花猶霧之吟。已飄勢不可安居，又不能覓就以西此數年計後，或稍稍事畢，豈以謀也，是皆空夢想可到耶。未刻以起寫楷書三百字。

附

續譯書目

總理衙門同文館歷續譯之書，汗牛充棟，茲摘其目，錄列于左，方致西學者共知所取法乎

美國公法　總教習丁韙良譯

俄學指南　化學教習畢利幹譯

星軺指掌　副教習聯芳慶常譯　丁韙良鑒定

英文舉隅　副教習汪鳳藻譯　丁韙良鑒定

富國策　教習汪鳳藻譯　丁韙良鑒定

俄國史略　副教習貴榮等譯　待刊　俄文教習夏干鑒定

各國史略　學生長秀楊樞等譯　未完

格物入門　總教習丁韙良譯

法國律例　化學教習畢利幹譯

化學闡原 化學教習畢利幹譯 副教習承霖助譯
格物測算 總教習丁韙良口授 副教習席淦貴榮胡玉麟等筆述
全體通考 醫學教習德貞譯
戊寅中西合曆 天文教習海靈敦算輯 學生熙璋等譯 己卯庚辰中西
合曆 天文教習海靈敦費理飭以夫輯 熙璋等譯
辛巳壬午癸未 甲申乙酉丙戌丁亥中西合曆天文教習駱三畏算 副教習席淦
貴榮編輯 算學教習李善蘭鑒定 中國古世公法論略丁韙良著 汪
鳳藻譯 星學發軔 熙璋左庚等譯 駱三畏鑒定 新加坡刑律 汪
鳳藻譯 總教習丁韙良鑒定 同文津梁 丁韙良著 待刊 漢法字彙 畢
利幹著 電理測微 格物教習歐禮斐口譯 學生俊官中貴榮筆述
坤象究原 副教習文祐譯 歐禮斐鑒定

總理衙門同文館課程表

首年 講字寫字 淺解辭句 講解淺書
二年 講解淺書 練習句法 翻譯條子
三年 講各國地圖 讀各國史略 翻譯選編
四年 數理啓蒙 代數學 翻譯公文
五年 講求格物 幾何原本 平三角弧三角 練習譯書
六年 講求機器 微分積分 航海測算 練習譯書
七年 講求化學 天文測算 萬國公法 練習譯書
八年 天文測算地理化學測地金石富國策練習譯書

以上課程惟漢文熟諳資質聰慧者可期成就否則年數雖加倍亦難望有成至西語則當始終勤習無或間斷而天文化學測地

諸學欲精其藝者必分途而力求之或一年或數年不可限定此其大綱
至于細目何宜與否須留隨時體察酌量變通也
○其年齒稍長無暇肄及洋文僅藉譯本而求諸學者共須五年
首年 數理啓蒙 九章算法 代數學 ○二年 學四元解 幾何原本
平三角 弧三角 ○三年 格物入門兼講化學重學測算 ○四年 微分
積分 航海測算 天文測算講求機器 ○五年 萬國公法 富國策
天文測算 地理金石
至漢文經學原當始終不已故于課程並未另列向來初學者每日專
以半日用功漢文其稍進者亦當隨時練習作文至醫學未列課程者因
此該生當由之徑或隨時兼覽體骨等論以廣學識或俟其專業告竣
而專習之皆可

甲丙貨幣攷（半兩 蕃錢 吳貨布） 申 蚩

錢之制有四：曰幣、曰錢、曰布、曰刀。幣興於太昊伏羲氏，範以金，作龍形，肢或肩、頸

之九棘幣，由是而推。棘幣別其文，或作宋，或作鄴，少昊幣文為小昊，亦即少昊高

陽契為安陽，或作平陽，或作武平，或作陽山，或作一陽，字解幣文曰乘貨金

書五馬二十，幣或作齊，書金幣、安幣文曰安邑貨六金，或作安邑貨一金，

陽幣文湯金，凜或帝有龍馬、龍幣三種，龍幣圓，馬幣方，龜幣六角，

皆有穿而無文字。此外又有文曰闕，曰大一金，古曰武安，古林馬一石，古曰既金古有

橛山之橫如古，有曰田玉者，曰千午金奉，宴醫時代游移種子存而幣論，鏟幣

則幣之制稍以形似鏟得名，其文不一，或曰益，或曰貝，或曰寶，或曰成，或曰同，

或曰陽、或曰下、或曰甲、或曰貨、或曰安藏、或曰留、或曰亭、或曰安用、或曰盧氏、或曰益、錯綜難詳，倘目驗所考皆秦漢以上物。余嘗于梓潼天氏得廊及寧陽圜文曰垣，蓋即古籍所記神農徙之令所流傳者。足二種一具文環繞，來不可辨，惟識其中有金神二字，一字上減依稀似有卅字。至周太公立九府圜法，大小世紀所圜肉方，文曰寶六貨、寶四貨。秦鑄半兩，漢因之。武帝時始鑄為三銖、五銖。泊乎新莽纂立，錢制紛如，有大泉五十、中泉二十、幼泉一十、壯泉三十、貨泉、契刀、一刀。至東漢仍復五銖之舊。蜀漢鑄直百及五銖直百、五銖。三吳大帝鑄大泉五百、大泉當千。魏文帝錢曰五銖。晉錢曰太元貨泉。五代時宋錢曰四銖、曰孝建、曰二銖、曰小泉直一、曰景和、曰周元。梁曰五銖、曰平一百、曰大平泉、曰太平百、曰太平直百、曰大富五銖、曰大吉五銖。陳錢曰五銖、曰布泉、

附呈請

總古學會同人給古習前擬課程表一紙呈堂批閱並遇暨擬館務之者將課程表請譯洋文以漢洋合璧刷印三百本一交本館生各執一本俾知趣向

曰太貨六銖，此陳錢；曰太和五銖、曰永和五銖、曰永安五銖，此魏錢；曰常平五銖，此齊錢；曰周
錢曰泉布、曰五行大布、曰布泉、曰永通萬國、曰永通泉貨，字皆古意盎然，可樣可
徵。至隋以下，面字多楷法，不足備陳矣。布之名昉于古，形如長方，槨文曰刀幣，然並
不作刀形。其作刀形者，以齊為最多（齊寶貨），文曰齊之寶貨、曰齊途陽寶貨、曰安陽之寶貨、曰節
墨之寶貨。擇其耐語，節墨即即墨，字或作即布，集之篆，或證古邑字。莒刀則面文
莒字，背文行字，或文曰左一、左二、左六、左八、右五、右一、右八、右十、右九、右十一、右丘、右行、右
文革平。其最古刀文皆不可識，時代亦無從知，惟寶一曰明寶大、一曰白，不知何所取義。
其撒性錢、壓勝錢、撒帳錢、蝴蝶錢、穿心錢、桃形錢、吉安錢、太上咒錢、天罡錢、厭
符錢、福德錢、北斗錢，大都係一時之說耳，初無所取也。方曰：先生雖精于唐，然借已
傳其學，與君一席話，勝讀十年書，真不僅之益友哉。然嘗謂房洋產自墨
西國，銷于陸地之各國，強有不同，償不敵銷，求先生之高論曰

各國古時所用之銀與今大異今如法國銀曰白耶脫合番洋一角九分俄國曰羅般每七枚合英之一磅瑞典曰列那太拉每十八枚合一磅比利時曰福蘭格每二十五枚合一磅丹國呂宋曰愛斯固度曰秘西亞曰而列阿每一百而列阿合英之一磅秘西亞即一元愛斯固度每十枚合磅瑞典曰列那太拉每十八枚合一磅比利時曰福蘭格每二十五枚合一磅丹國亦曰列那太拉每九枚合一磅土耳其曰輕而立每一枚合英之十八先令巴西福林每一枚合一先令曰客勒每枚合英之二先令二本士墨利堅曰秘淡每一枚合四先令西德意志曰大拉每一枚仍合三先令曰福祿林每一枚合一先令八本士曰馬克每一枚合一先令三本士意大利曰賴克每二十五枚合英銀一磅荷蘭曰福祿林亦曰法利特每一枚合一先令八本士葡萄牙曰密勒每四密勒半合一磅蓋各國銀市皆以英磅為準英磅維何曰以金為之重二錢二分四厘大銀錢四枚每枚重七錢五分當先令二十枚先令重一錢五分易本士二十枚本士以銅為之此各國錢制之大略也

甲午午月初三日晴未明起秉燭數數執卷比黎明僮兒起余就枕朦朧中聞僮出戶游屋池上也呼呼上樓時許時寐時醒頭涔涔肢身重強起已辰刻矣掃除旋坐看說文解字竟日約二卷書此頗深謂作字之難蓋以形聲爲要今初學有志述作者必先觀顧亭林音學五書及江戴諸家說并王氏懷祖段玉裁說文注後再以叢書所刊諸書標海任學諸篇予近廿年見吳大澂史籀補及錢學嘉音韵表皆足翼說文者也午後身重更甚擬疥后少食搞係寒濕不檢所致遂嗔紅雲丹侵以一時許起不書張季直兩詩不愧啟撰手處許動筆作畫以嬾忽止晡食菜館茶聚原泰奉雪渣一瓶　玉堂夜來宿

初四日晴四更起看墨子刊誤係蘇叟山著吳鄉唐伯瑞諷字小玉鈔寫秘本故有此變手補俞氏諸子平議之缺此本静見從陳士卿守德家借得惜伊不耐手鈔爲憾予終寐不得眠熾後轉輾床間三四起坐以待明辰刻晞未于階以此飲甚也午後中暍還原本誤樣雲家送茶湯至　周生看碑匠來呈蓉搨手持近搨幽學各碑求售以百六十文得苑

號所書安國寺羅漢堂碑純以筆法取姿寫之即時三百字又書小篆格言百字寫
有訛處六書之不易驗此如此
端陽晴子刻起看說文及墨林今話天明後一枕惺忪約不及時許而亂夢如麻
醒後如身中常脈血脈行動不知何病如此者已匝月矣而日間加甚也早飯後少游
壽田出訪久青看琴冊到店并與恆禧說茶市困於中華用小諸似有轉機又送楊厚佳
年來工作入相原與諸岩談閱樊稿為金松岑書篆字四店待飯後行宿書寫一扇
以壓菖蒲午初即飯後歸寓飯詢何時回抵家已近午矣市越沖沖犧昨夜驟醉
並小篆碑十三又山冊三通鄭吉甫書訪因暢論世情甚達聽增來精精聞夜以求
為石夫擇得與靜陵館寫條幅廿二軸而聯及紙盡矣上樓欲[illegible]益
購送夏衣于玉如之寓未晤　夜仍看說文
初六早晴午後雨床中坐待起至君出先市[illegible]到店晚為琴扇無有市紙趨[illegible]
煩之北寺忠實處覺仙壇見吳[illegible]湖談玉林于[illegible]取[illegible]出[illegible]情[illegible]

神明示諭吾母福柳線五月某日書嘱方云云。大壇瞻望一刻而回。知丈人來爲不值，姑浣修墻埽漏渝了。午後臨漢碑此頁帶成。乙申未刻，吳在樓檢詞律，檢遺閱，并印存稿帖作字百許。家人以余理了多言語，有遺言不洽中心，憾憾根根。夜課僅作篆，竟無悵惘。夜收多。

初七早起，赴寺覽仙壇，見王仰山招至林侍壇示知之。病不得莊，給靈符三道，以觀生死云云。吳符與上海施少欽，封面匯府者，但未知有效否耳。上樓錄玉林語，讀讀一刻出。又治微雨。午研末竟日不作事，時淡成嬾，蓋孽好爲靜與服狀，思慮又沉擱，實緣病使然，以手泥鐵爐暖銚注水與共閑而煩躁，不若勞倦，精只有靜，閑說文、詞律，檢遺，臨小篆二百餘字，皆無所得。

門前贅鼓聲。見廣之爲文非辭。

初八晴。早餐後桐兄來，心上人未附，璞唐扇已畢，乃閱說。當飯支收小漢碑，表朱而雜，搨本小不甚，但底猶如錄。此說甚爲有據，而反成無用，天下事比比也，豈獨自鐫以爲碑已哉。閱詞律，並畫格，竟日頭目眩痛。夜以看葉氏藥書之家人，殊用悵悵。十二點佳，兒課乃不用心，又不堅志，可惡。

初九晴。早出到店至午，便飯。未刻才歸，陸續與花匠談回。就以花匠人極可惜。申初出訪桐兄，乃至其寓，已開。先讀[illegible]。板面寫數又爲仿篆孟子字，謹臨讀戴東原之書，甚有趣。人間讀書，餅[illegible]。桐君爲之

金石迹之自得，并蒙评左吴两渐作黄石上书日临稽之，有巨眼遂遂，论及辞出精粹，見之以乞书扇，允之。入访李
桂轩，乞余作屏心菊画像，桌作石鼓文，而其篆法深沉尚未精，写毕同桂轩偕余上楼，看其内室中
悬有小册，仿南楼陈撰王屋梅花居菊中，册山水数笔细致，子题一秋山草亭，一古木竹石，一幅张野一
尚同游院，学不知何难仿诗人，倦画下楼，况及金石，余谈历历，嗟世人穿凿墙中，而要得乃見烟传所缺碎古
奇，仿嘉禾四年七月廿造，砖有鸟鱼形，中有大罗，三角瑚横，以归。应以朋多题天圣拓本
十一 晴，未刻出过一陈，草杨汉砖，考之乃吴孙权年号，东赤乌前后，印色为陕铅，法作郑。写兰草扇并题一
古 幽兰生于谷，自欣自得芳，幕林丛其下，万剧棘列于旁，虽有僵梅侣，端不畏雪霜，借以拟本城市
供养，不厌薰，采取不自画，根拂毋乃偏，最寂寥梓，寄怀与和风光，即画之，名所来皆馆，书后起难题
桂森来，见玉雕之种种，作信战鼓帏。夜为罴绣小录
十二 晴，早寄玻店瓶袱带，时静斋辞行，多买墙手，都此是之，剧竹作胸腹，刻刻，画还来，余并纨扇
之趣以娱之，恨本不自成，遂惜，忙懒，俟于东楼，未刻成之，即条复并题玉女纨扇，先致但亦用了
殿帖，本日付仪涣
十三 梅雨，夜时午罢，帘中四匝阵雨，猛迅屋中渗漏注水如银河倒泻，乃理治之，夜仍未湿，竟日

作字仿黄文節伏苦寒帖四條文肩仿芾鈞東學之者不能十一於是見一藝之難成也為璞

庵內姪擅書扇墨色不甚鮮蓋作畫中精墨濃研石故也 是病甚利

十二兩速作完日入夜說甚早夜歸方評點史記 静借來又玩右軍小冊印其跋內書法不能作琅皆

附門之于學法望抹殊深入之不為珍異子澤無怪乎繼起無人乎嗚呼慨哉又為璞庵作

松陰論古書綠扇桂舒本讀君飲青晚出之其家于居松居向其藏説樹法入訪桂莉查仲甫

來工燭蕪茁意庵至入席飲至更餘拙戰陳跡而辭去雨甚乃借辭難語夜記雲邑之語詩向燈潤持

腹集設及之話易語子崇竹枝 二萬之竟年四席之又及周蓋大安新之壽詩又及大曲搶由野草花呂雜

若昔陽斜日竹太子宣南花送與和花六伯宗盖寂後嘆夫與孫和之善今七年曲有闌陔闌一角與之語為

之語誤作蘋樓湘綉鄉人案調也 慈庵云植花錢五色以某色勻水入烟帽中令飲絕晒之孔竅把

屑以拌蕊某花某色以鸚粉于根莖中默其蕊即變某色然不知驗否 侍生西人葉來亦不任矣 瓦種

法及作肩擬竹平安室跋收日之餘者 花倩余畫蘭竹六幀之一題為文正崇敬録雨止無大遂歸

云禮御毋與其狀已四次勤懋喜而勝欵其里而自用 孟夏記

十四 梅雨蒙蒙，連宵達晝，滿渠已盈尺，中涔漏屢溼，有時銀壺倒瀉，真是城市無異田家況味

也。早詣店取官紗來。答施摸田，有樓海鹽恒康典棧沈馨浦來函，附書來。題扇面，以伯塤先生兩匣為贈

自念小暇作書，為呈天甯寺但承識，乞題以代賸四大紙，許送閩南之。述某宗兄遺意，竟日但學書數百字

玩天下有山堂帖，并舊藏大扇冊作叢行于磚識，習力思殊，但覺殊不佳而止。晚身挈搨本

四錫摸紗未寄定。訪章保恒，叫付去要。 五更記

十五 早見陽光，似積雨新晴，比辰陰霾如昨。午後雨甚巨，入夜尤濃。燈下作畫，翻資娜陽，偕偕作書，以

筆帖五百字詒，易則玩叢帖譜及舊書稿，信得思腕作叢帖，及字體腕中破瘁而未見筆趣，但

十筆稍見握懸，後乃于是見進功之難。宵三一來談，余述丁寶臣健見不到諸中心思悵而夜去。

上新書，更思讀作縱，乃帳表之。 三更後以醒記之，雖雨新生

十六 雨仍猛下。上晡少止，學多體帖千餘字，既而以油紙影之，橫書描閱，苦于時上或晚年為先

草稿思在作紀。午飯後不似起摸，筆墨。入訪秦桂軒，出紙索畫，屏乃陳仲甫去歡賜綠

端硯代館 又以承其八字 圖章上，就市中點之三人。下一筆為繫詩服你

此皇帝藏硯也，面有鎖文，匣中也鈐一璽於墨研之上，世兩寶之至。桂翔出一古硯，墨存，
背有吳榮光同爲此山銘，質細發墨，與野鶴相伯仲。以臣伯常以小筆作墨花，竹一、蘭一、梅一、菊一、
松一、芭蕉一幅，中少徵名題寫之，已日落，恨忽忽下，此紙草不能如意，乃是故態乎？未可悔也。
從午辭歸。河水平岸，怵陰昳，旅甚見憫。夜以燈課讀後。 四更記之

十七 積雨新晴。午前謝恩疏作。上述爲謝扇，經堂情緒兩恩不厚。院裁墨刻，廣帝孫芳之畫二
方方扇，此系從無佳者，可恨。午後一覺，即起，以蔣鮑來，作字于碑冊，初出之至葉尊父，庭詢其葉文政
誉云無有，唐然呈紈扇，移去，須訂銅匣之，知邑庶已到，乃駛至一叙，一見悵然，到店轉閱中報，今
千重之戲飲，欠伸伸以此語。店夫婦子，余數與之，命話殺多爲余甚，悵之談，索程詩話，連閱懷今之坤未
飲回店，已飯，母之歸，新月已升。 裝母病，膝甚，不食四日矣。 五更記

十八 晴。午前臨蘭亭五六字，書館宣卿小篆對，向有儀，隨上起，臨松石間意，又爲書張浦云西話
清談閱宋玉得思以飲，報花開，書未佳，淡作無畏懶於筆而止，裝母病危甚，須寫致家嫂函
往宋申和來談之，愈帝爲緯店，詢其兄往諒之，知寫神案許諒一元，到店，致意，差可服枕布料去和服
十九 晴，轉發岩詩話之夜，持而悵辭，回店，閱報，畢少甜。壺料來報，裝母已丟刻仙逝矣，據云申後

亞翁乃揚存弟往來之保〔?〕相壽揚如至室代撥搬料妥之乃小過料爲静招予研至商成就宗包
殿亞之招家陳倍生化家人哭太子滿室即料理時吴宗請板丁夏陳陰陽生來至後村帚晚往約粟
來乃見八庙居陰奈夜佛誦宗請和予湘家四又憶及知棣女家即予書致陳秦函話發静去家取
庚生同共物請秦如向四揚代請大及有之一亭研至幫爲理料洪遠先至幫辦喪來欲乃留久之夜開
五恨居來誦經勿劃三更後上棧木閣寐四更後起起床
南
廿九晴燕假寐即起彭吳祠俱來問之請撒陰陽生丁夏澗撰書至室期早晚小飲明日大殮予電及萊丈子研
有三等紅陳至雇工人四即着市物棺表予批目覽心殊楚之一之理商予淑又送樹灯至如至頭三廳
晚麥揚如至大殮揚如至嚴陳至至雲至足疾峰土工小元又去乃中刻小殮殮後然畢不睡送在
棺堂計擡之夜來又送焰口麥揚至女送尸前纖夜又招居家佛經誦趙超佛晝日兩雨不止傷情哉
浩卯庚小以起与蘇極及至重　諸母事無料理之家哀狀在目事之縈心一之傷痛揚節之至矣
殊不慢然戴其任而難於之去吹佳周到作家之幽不覺魚眼自紅矣五更泳後枕夙一副
傾居誦律去
二十晴起出收出屍倒開起大殮道場工人及羽士陸續至吳司匯來詢位萬丈來和尚又高燈

至翰林院屠石生、陳七弟書賀。朱三姊來，又鄭叔友其送禮七十餘許。午後小臥。廣三、張儀來弟
同館多姓修之，逐之惟兩去門經甫然。申刻大殮，奠酒上祭，設位謝孝。畢，接晤去，同館中排奠
隨詣之，俱陪事，家無人之措，先需費百兩，恨共計用銀洋卅元之右，婚嫁五六元，衣模指揮不出内賬，又需費
迎神保安諸用，余力追索光景，而得已用盡。書癡之計，設想中心正在踌躇，結想無聊，而亡弟在
丙子以余諸事料之，遂勤之，詬誶與慶，先境界了。恨不飛趣入山，與猿鳥翱翔于深林叢莽之間。綢廿七
華令人世事，但能使翩遊之，才為蒲隱，真神仙也。問得鄭傾，上樓，四更起，小腹脹痛，大刻。嗟乎
不少。五更記。余晤于室，託買之誤壽生，取根附往
廿一日晴。午前出，至范氏作壽，王懷鍚為女秀病，為畫汉，前為市桃至女士。陳生快暢去，愛鍚留之
不得手作書，致子作速種種，并託課娘，又催信致陸寅賓，索買舊帳十元，為盖妝迎神應辦用也。晚
赴至店西話，于雲從子，壽庭即歸。午見鄭大均三來，餘去得七八日
早晴。使見至李娘合娛，既見王子壇，嫁之，到店，發酒使出，臧帶李切川，母書見留任樓，伯一初四
為留先恒秋，出佳帖，停娛隨，旋即歸

廿一日晴。办理五子、柏桂生兄来长谈，饭去。其心太巨，力求发达之欲，不为无着。有迹言为唱着者，静儿习赴杭，并嘱五子下二函致静于其行，戴子高致鹤笙、汤甫二律诗字为要。申刻偕梓夫、吉生并欣存程，晚出楼店。伯琴先生十古。之王恒叔谈，怀侪田与子云谈道，静儿动身之杭，以其村等画。

恬甫之南赴子阶于门，会入见大之，呼小元。難諸欣许书，录里遍田漈不次竟以。晚以雪雅如何氏不能发，而母亦不肯之，我家气闷，与余交之。

廿二日晴。早小元去，锡族兼致恒族欠借布庆帐，会漆布牲恒盖昨见者，幌画匝必有之气思虑之意也。

也子研来，谈余作致长安宾族并致后门。二种往于研来吃饭，晚外起小元苏三漈毕之，余频不适之方，脯者之后。谈记付一元间，发与希岳朋三子收去，色顾送宾三人，会川由田子徵到顾，欲借前。

打贯盖，小上坟以其方痛到店，家长往询多事并向纸，邮于花，为询余匡同地亭，夜法母夜饿毕，由

夜四更起，入内五病状，多伴。宝生来。

廿四日晴。晨送之葬田，力向身礼为哭母，作挽联各之，思不厚，盖赴极其大哀。晓富书未寄。

（太节）守永霜更一生，总计此今，何天不祐善人？稽首问天，天何无语。

（徽家）庭苦实从，仰累代仁恩，宠育万物，地划违以恩荫，将树锡所地，地下弟衣。

廿四晴 使兒詣張孝翀未全與諸徒言吾為師所知乎撫惟川函告屬之百言遂作書令僕攜往
陰羅作覆一紙以事白不足竟日被催瞞乎先取扇不得與之打字做本子 道邑廉觀劉暨桐兒
寓王捷生向陳琴借其價 春毅山照例二翰價出兩扇到店云須首兩鋪店以全錦以三洋不收
價倆兩將此控垂朱平 商夜送桐店與桐請秀卿去寫翻及其清吾久別桐僕逢誰陪 欲辨之至矣
燈四 夜笑莊母表用 不錯

廿五晴早作致張雲卿信扇 杉茶之另 并璞庵信 難去說文寫以起朱生慎夫人來持招乞代寫恆
發安公余先生之邑扇 因出小東門君粹夫錫擬為買生財以石兒 王炎源案乃印錫之丁仁和店詢追
又至寶榮 恆極向茶 廣生寸材伯葵舟來 乃偕吉去刻與英語出道朱常夫全入元茂請余
于廣店持印廣一匹并對布 辭 刑桐店偕余小常話歸

廿六小雨早作醒燈下塩水于紅絲 譚吉卿彭宋寄書附金一支詩罪思去以勤作子研付廣生寫碑
我書作字俱以眼蒙無兩隔夜濁眩無睡 三更後不寐設稻壯母聯表揚聯書叢話之說
陰似 勤節齋求靈命寫蒙不休吾人輩能控首問天天何生
粥林荷露冀使兒聯訪達四日內 為告悼無多地地下與 打歸

甚雨並極颶風，狂震撼，鑿遠雷，溝渠已滿。早為傳葉扇寫蘭竹，又為永誠和寫

五月念三日 晴。山水，為雨作叢蘆數十本，中着一僧。書字仿寫懷素綠天庵二紙，雨中臨墨數

有佳處。夜數數加墨，汲成全璧。

廿四日 雨，午晴，燥熱。聞有頌庭來報，拜柔(?)。致范玉宣常船，作傳葉扇字，完，示(?)淑(?)帽(?)另寫(?)

山歸，擇(?)冊，處(?)錫來，王女來，我來，細閱扇，色澹較遜徽畫。臨書訣數十言，甚吳越風

也。去無綠。晚出到店，樓(?)談，嘉(?)生空翠庫(?)的芒(?)二元六(?)。還子雲，説已刊，正拜(?)生家，堅留，有(?)三來(?)

同至元茂飲，復還雨，飯于店。從(?)[illegible]簡(?)[illegible]臨(?)歸，歸(?)飲。

廿六日 晴。早為書，將母挽聯題之。午後小睡，起出，三內兄來，為寫(?)[illegible]張司書剩紙，出到店，遇李

謝(?)晚，益昌(?)陸又還相見，綜(?)親(?)郁一元，因買去所定之(?)北(?)的入元茂飲，桐兒亦來，談極歡暢，見(?)[illegible]

館卿手中，用柏扇佳，借玩之。至雨(?)[illegible]去余(?)[illegible]店，知[illegible]使(?)[illegible]七百元[illegible]年來[illegible]

夜四更作書示靜兒，得八(?)紙。談文詩(?)書法(?)[illegible]天[illegible]

极(?)漏四(?)之(?)归。

雨又大作，风恒甚，多被磬星庙

朔，午（坐）正来，饶又过谈，谈久，写（四）神主及襟　士书以败帋贴之，其山石墙非麻地铁板难坐

晚以起精出稿访吉卿，於沈氏借出刻试草本及诗文稿，（寄）其文数种，属少年好学不□

及也。树人（告）至室，告昨至信，川知大麻作（阳之湖）主书，不往闻日了赎精意山人别（早知）呈愍下流，走和而已

留舍，偕树之雪巷饮，同语甚。雨书之北之局，馆房韩树人奉钞，极不可四真，谢为情，暗中摸索

以归　　黑坝更是热所见书画录

初二晴，早偕（小庵）来作道场於四股塔，廿七也。未来共谈，晚去。一陈并入周邺与明三丈子□生谈西宗

向椎花木偈葛艾荟过询广也，旁夜与怀邺沈镒信士场地谈，并指余八字及相，所贝推若

为不凡，并谈不可量。余已屡言写数，（?）崔之横安与（西）沈邺订青云路责邑院风水作证也，其人

江湖之人，谈之善术，自是性术，自便者之踪　　辨去去尔东门丁宝过生本宝生去搬家陈氏

初三晴，早出之居，市菜蔬，之子钱中账，初始可恩布，将定铸人之杭来货，恒移宁（用）茶片八斤，方可索柜设价

返迤之　留居卧病失宿者七八十年适和侄询款拜问兄宿肆之前李种之路契六来西头不去族之鲁会堂也
四市常过桐与樹人谈其一切归途巨热汗流如珠往见病家人享其鸳鸯子研未都理桂神之假
诸颜余责之领去夜恒家之患走而香梅汝热而阻多不可居楼底亦蒸热终夜不眠喘汗终日中刻
陈店本家庆威及　叩门为阳灵诠册子秋高余先录记东泾堂嘉香涛转得平茶去
雨晴朝钱恒根所棨日晨去于珍之门询成兄爽朗出晋过北寺前口若金见樹人招大谈所言今年非信不可轻
者久之爽臣属之珍乃於樹人去一桌食肉仁汤面久之余独归程石北冥玫中久丽亦毒蒸卑冗叶
熱甚雨之玩局得雨不实真冷人乎申西丁阴阳来挥雨之仍不思得许人坚不肯亦不去恨之
子研帮同挑桌惟金经芳参天热大汗流浃背而患其捜四寂不得堂吴萧研夜与子江丁来
陕经情况徐庆之渡洪业之不枉死不下狱则天下无准足理矣
契阴湘司夜阴雨窥其丈来子研有之来二楼自长来维付费桂五元予而仍邻于川有壮内出西每
十事不计料情化之而仍无疏成此一生之命乃自误之不识也　是日备研风刻七楼病

指著作之匠，藏不休。晤陰陽生秉司，督理工人料檢一切，皆以精省細致，胸無硯墨，唯之之意以法
院之刻之，無佳美狀，諸人勸以兩又照舊為事。家人報揚一函，云奏請仍舊。知府中少失
宿詞之萬[illegible]四帰來。玉書午前來，并還洋八。移杭，悟大孫雲，仍沒府海廟四[illegible]
初六日晴。內諸海迎神。早起，答謝四禮，歷飯繞日。內省去，巖淵，命洗母柏桂樓，并移將者之
[illegible]久，往拜隱左丈子，硯有三處，並玉書四塌子雲涉與雨生，小宵千來，第有廣三樹人于稱田
初八日，徐俊京玉書，齋鳴于世祀，亦于陰學，用陰陽生七，念送俊陸市五等，僱樂人四，輪子一，茶坊一，工人
四名，蘇宅生日，所工石四一，用六角來，持書至蘇鄉，付二元，四日撥上。吳印棠由北塘致書，拍迎
又二元四事，省三以福博僞神不好，共出七八席，用洋陰禮，約十元。每刻逢日，夜之，病痕之送去
玉書來，嘉興趣
初七日晴。熱大至，不能忍，頭痛未已。桂生先來，同午伍級去，子研來，談理家事，付為尾找，俊戶去葬自
伏都[illegible]事，十萬朴，[illegible]之青夜見朱寶生，同乘[illegible]乃陽莲勝，曷必傳諸之毋曷也。[illegible]不安，心中無主
用度日[illegible]，兩[illegible]均[illegible]，還[illegible]之[illegible]熱[illegible]門。託玉書付八元，[illegible]

初八，晴。吴声炳早步先到店，言城六间未作应备。咪晏一名据知我国与日本有怯，盖为
鬮内亂日以窺伺，而我不能坐視。吴沈言為帝师之屏蔽，萬不能失尺寸，故江海沿岸防堵築
砲台，以示先聲。出城题扇，和保單，付油錢，略定年李恒濂付還米保，悅御恒禄全回店回，途將午矣。午
李玉樹亦來閒言，借伊の书校，不知可適用否。彼之坚候，伪书信，言制而卷，悠心志苦，但亦不能，可恨。
○讀静生来，借付上次书贷，言欠我的，今年出还。为会胡约略，存之理论。先七月底必未归。
欧读去若具定，(夏水)摘扒來五元，实不成话，关係大，辨去四權，歸去。許出白頭云云，理屋積掃
除莓藩，御之。喜修草房，扎踢掠去，晴去晴之，徙伍店一小饮。盖腾帆而留待于会阳卧床
也。饮鲲便一瞎话，应持灯之李麻子(留芷屯)饭店，叙金运，先一至地六和兴货店，语话而转，不事大多，哥者
三三四内犯芥濠法练狗之李高阳，及陈卯等十六人拔阑内色为快，内犯檀内，(悦之)为地形勇也
使讯问去，入席，狂饮大醉，归已夜深。东西紛至，家以(扔中)以热一回渒
初九，晴。酷暑，三竟日消闲，当挥汗。欲雨未到，予研素，因留饮玉晴，借女于北寺，适当见乱后

樓居讀兄書招，同陸馬一話，來眺雲樹，近延風月，與玉居還子研鈍一元拓搨之相風閣
來篠論表方人皆談許二蓋鶴兩讀仙山館。晤和甫，惆維卿，探來少陶閣居，互爭以房書名之
歸于寓。寄擣宣畫蘭約至同伯治來寓作鼓盆歌，声容書舍石上無不佳。聽別孫青佬梁
宸恩懶惰，不比街相喝，運花落也。聽月亭風，子研多情，送書至橋（近宅），近別至一與沈鄰，誰知一家張小館上
樓處以　富成助伯荃謝，換王壽坤去上年陽文。
十日晴。熱仍熾。早致相考信，附書八珠、魚鰕、椅墊、麻二、蘭二。難頗以謝，書三本寄以候子研伯書，詩有六
味石所交伊治與販劉鞠門。壽舟來訪，園桂舟料同搞朱袁。畢勵之書。愛錫女之子搞，聘之桂宅閑之。
子柏壽舟子說其證安種種，不語其見萬書焉。
十一晴。烈日如昨。下午起陣，竟雨，旋狂風，陡涼，襲肌挾襟，不覺爽凱。早致佳衛之書，計為帶　富成衣
上本工作宗取廣生寄物，讀其正味之衛踐文，蒲花浣石，經日心傷，為禁付傳挺歸陽，葉勝書換王壽坤
并寄達衛函。
十二晴。炎熇如故。早之居取夏腳羅單大衫料，達上布計二元五角。　印譽為說話上箱之余，佳語不錯
皇遷也。留書晤張之翁平平。晚拉壽舟三更至，告其轉達來。成狀力坐書。晤子研來共次，乃往其館請

柳兄の扇令出到店，言仍要板帀大開腳青一座，報以後言，步月由北首巷迤家偕小飲。
十三日晴。大風轉冷。早天有白晨，涉研經昨夕五点起，令三孫三（涉）茶過堂，初兄桂亭等偕達。談及新聞
又与友卿等說印玉衙巿，查到店未報，日子已定不能不戰。戰之害中東兩敗俱傷，聞誰小節不知，唐廷諸（高陶）
子年一晌，特訪桐君，言與觀書說名情話，孫又玉平別去，訪問周伯信問門，買君余（杞）擇書慣，喜在于二首哭。
年穀不及，予卅三，狂態自主，唐日恨恨，學世無識矣，每玉夫識（鮎側）乎足，倒置世有高識，出乎黃之右。
印玉家乎修竹，慨嘆萬不能用功看書，亦中止。四日中僅讀，有正堂高齋詩，晴日行中，雖（憚）。
西時春燕如繞物の（史）後二起，臥大院，眠記前二日之記，茲二二（記）卉，扇一（許）縮（亦）雜寫，青紅履書如一。（白菊日）子雲
書說院不作，用草裝清氣不傳，萬象呈早，讀畫百檢，還但見刊銀發，晴川朱注世方書假晚子研本晴好。
但書此寺衙市當物，若以隊文桃，若周伯清說畫說，歌丁四武仙說學，拳綱氣闊，最傳（丁）相足各傳，大胡亂。
初擇要之久之，此之店尋相過恨瑞，与桂菊（內）（書）讀言，須以紅入橄，由中理特後自樹，不言雨之子雲，誘即歸。
夜飯後游興。
十五晴，海風頗玉裳，精眼退早，桐兄來，送遞物，不知其何意，因出画請甚話，評論佳惡，竟日懶然一玉。

陳氏顧亭書,酬印色,送吳白叢造祥禮,眉三一本。

廿六日 晴。午起,早飯後不作一字,早飯後作文,至素然,即持衣出南行之大東門(沿海塘),我見其祝埼墻,不生念至念,外大經周者幼計,相墻之大約以壞,共蔣枝亭亭出亭,亦山花之屯,自西大東門進,由北甬道,理料。噫竟日太與陸人見不相,生感情生,福未借,以不與長談,生晚出,到店見子雲,自承共原一無所成,今子雲作于之歲於歸,復飲與陸呈諸完,談把之序,余讀之。

廿七日 晴。吳葉甫來,已晚,以陰之而將雨,止。晨出市肉物,于店查報,見新科主試梁仲衡、秦蕙楊、吳郁生。省湘文來,談之,見李欽,吳以倩說甚勝,柳余與二三談制之,仍力茶(枕風)。余一走城南問桑,逢見潤孫。至善堂劍秋,話其不情狀,以所來,仍指之沸語,皆不實說。回見四妹,仰至雲湘去,枕向,情緒去何(余云)。之為鍋飯。午桂軒至,因長談及應,查書浦西莊,作十餘根,微言,其所不爽,莊與宮妹,筆共談。

廿八日 晴(晚陰)。早,桂軒來過,今春居出,過吳宗文館,陳仲甫之謂三經見,實居之老,吸九十餘人,因筆及至閒話,茶話久敘,仍之桂宅,特到門,至實甫保臣,居人去侍,逆入,招共入坐,牌西福物去,小差乞火腦費,向禱,時出保蹈書之,桂之已談,招余遂去江中,實情久之,去招根余至,共午飯,桂話則間錯。

廿九日 湘之為人之餅,午食,然后已共恨之,余歸小坐,啟應書餅,仍未前往。

九晴　暑熾。應練君起遲，下樓，四妹已滌，乃偕書一向桂至北寺，見洪吟甫、蔡聘傳一二子，寺內掛人殿中
書經聯，讀佛字者百許人，不見寺閑也。四書巷中粹甫出，晤大鐸若兄、子研、根吳、關君、茅漢璋，一筆後至
廊宮窗漆文寶，時時種種寺異常，搭訪西心，很而面之，董網留飯，真者與君珠傾談理，乃伊仍
岩向寺取四欵，票并胭脂為緯，午後與四人桂家根兔、蘭書，偕至北巷黄六，余復飲，諸語久
一日後一小僱從羅田鄉，余亦晴歸
二十晴　熱，小陰，吳曦作約午前為畫小寫，麗甫對弈長歌，又畫扇葉冊于聯上，已至午，宗保西來
訪李氏瑞儀，至雲家飯，良二石至申初出一轉桂宅，知貝保買了北到店，知仍未杭來，又之候留仁
廿一晴　孫子昨日向下到，知弟大腿慣，聊書此。香報杭人來，同至之識，後費於北門閘，知雅若璜璜被
後至書不知，洩簋之形，至余處，宗兄過思，午又四轉店，向歸。雅庭宮雅已夭不合，道卻杭，知曉左
桂家午飯，宗兄暢談。三更起，書寫文正七古、七言，計五百字
廿二陰晴　早書文正二詩，晨作題，兩誠上人中幅蕉與詩

壽師挂箑代作,我乃借紙而寫,蓋余遠墨痕遒逸,深得天巻滿滿。
又作抄詩二十首,陳壽卿侄過書家,攜五帳裁、滙水六扇,致大富秀,頗雨後回頭出晴,知子臧
招乃書畫子研知,將近四刻,店子研去,同張主杜家,携余兵帳,見王吉坤携湯物來,入詢,只不來
且先寫祖枝,伊猶時時粘而仍矣至始廿四來,邀余素帳,茗休,子研來,乃往大元茂候陸雨樵
將乃旅來,為余鈔閑閑告狀。余夕鈔八千九文,持店借回。

三更起,看曾文正文集,書四幅,付静見。

芸階醒後不已,店出三踏二一看,閱笋首人到店,待嘱術一盡,名名收交王生余,桂棺不合狀,卯同至閩
伊殊未甚其狀,仍公論,十個踏三個在焉,共七八桌,皆熟友代付核算,雅年茶五,根諸說而子收
王族次,芸乃府六未同議,未夜了。余不著之蓋然,招尤而又事不為完,知巨而杜口,印角見積積違
之,但余余言三不疑焉,坐屋二(五一)經論店務,余以口錢玩矣,而同店一語了了而已,會修三鼓方什
冒雨歸,午後叢店劃去,振脩の度來論會中人齊集,乃振澤去,轉由店人陸利付保畢。大幕
印圜秋江,羽客洲三夜戲,不出江江。共九人,六大五小,飲者歡敘已上,打十四店。夜申指知嘉
長為日後字料,果然日及其中為余君不共年也。一見子雲面面歸

陳壽田師來訪不值粹甡云為伊子聯姻接寔適公真右右難也

廿三晴大章懇寫金錄石早陳壽田師來談適公要媒乃余因此說之富匠雖許唐而師恩高厚柔
屡想然祇從情告公俟後月且定傳兒及告靜安狀魚厚冬冬去未到子研來為理生財乃可感桂
林送來名子押當錢萬昕粹夫留然從傅健兒來勝之世家徐例此此作為情也申刻仍作陣出先
至扇組告貝洪林填靜一卷樊山寫賞至相宅說尺幅成作扇府用與不信靜堯去使文少不根
金文靜信閑說一切相處來吾鄉精家不在屋保子後欽言解說之話鳥鳥背到店鶴之李極昌
亦吉甫市米不成知不一事杏莊病乃往出紫樂里魚云病陰旦夕寧夕去進少亭料理稱稱
金為代謀之午後知表向佳一房能者人去之使不足恃也少坐回與相兒根與等吃口煙市清當丸
西瓜食晚歸過陳蓮逢談陳師乃丁桂軒宅論其太太婚物乞封君知桂在余宅每回聞話示呈
稿酒在飲甚甜余頗醉矣
廿四晴早出看紅葉早出見唐筱芙杭四知唐為醉醉到唐道遲午去談伊云許藏師已故詐妹
出來案到蘇伊彩依然兩人親問澤珊錢翰云云諸語久陳麗南過一談待子和不至南門
訪潘雁賓同題汗作錢帖過祝唐對對之人皆眊德適歸將午聞陳鄭哭

悴，往譚耕兄之母，肝病甚劇，危在頃刻。黃丹伯士毅、余叔雯文來同飯。午後以地痞鬧及疫

症痛，發作誠帖，得一二函，即訖。脏以利疫，西內兄作字難住

三更，陳三妹殁，聞哭聲甚慟，至後人皆起，少臥

芸，早醒，熱，下午陰，清風雲去，三三點雨作，陣急雨，早氣已涼。晨桂卿來，所談所執，所見難以處理

口，屠居，閱評點，今日在送去之陳，請俾碣文之短長，即回。是日語謂重，肢體身有時寒，勝脫，睡至半日

口，苦渴，粥，午前汗已周身，不適，病未全愈。晡，桂軒借去仍未，晨，趨拜之

廿晴，熱，舊疾復發，氣盛。城中自定。少年吳又存、子夢、耕三母，徐都宋子、蓉陸、蘇士毅、輝等十許人

廿时，足致晚，桂軒未久談。與之偕孝其，至宋一人陳，節棹而上，小坐回

樓，靜，見來客。附居沛篋帷

廿晴，午熱，晚涼，及夜風至，飒然而仍不雨。裏民望之殷。溫習課程，使書字，自讀。曾文正詩。午後桂軒往，時未長沙大捷，金子和作詩

招，佳間話至夜，所招客寅宰，稿、徒、根之、翦、李至，伊為之稿改，劇語在仲尚也。余本甲中人，露喉柔惜

夜飲甜，金碎，狂言駭之，以深宜自德，反斂，退藏不離，叫，自全矣。益見名正，肯之四語又頗曲盡揉

偕間作案材，雨更持燈歸，臥

六日　晴。晨出往訪青卿，詢稽約五初十以前日間特赴石考法科云云。出訪壽田師，入門得伯出，子
壽在焉，請其烟乃去。至衆有五種畫梅，皆傳知乃無傳刻，不及傳為憾。又之北入桐廬，請由北方
街歸。二弟和桂邦仿玉叔，詩詢四弟來否，午後要詢內弟，推改寄兩內，中刻擘健兒、撫桂宗
四弟在焉，寄已就，不留夜。桂袖出金，含辰信寄與仲甫，請待久，桂四又待其吸烟，至夕陽去。
謝始出，來作詞有梅高交熟多。仲甫向夕陽已在雙峰山，乃隨同指作點，其理改寫宋株桂邦
又仔仲甫及金之子，由西寺至北寺，入觀高殿塑像，寫山今已毀，乃入楚閣，之言難奏，余憶廿年前
其舉御先生，長出位易之，不同。桂合健及五四看西洋鏡，即踪三叠，删與話之書，及書印川濤
錄手前照，仰久對之，去研東南座，鴻仍至。上灯仍到北寺，傳雙灯照了，去擁擠大市，會清伶甚遠
德佳乃揚，向與桂等分別。　喜官母來留宿。　四更進書房入臥一起
七日　晴。午後出，書嚴探明聞，筆款佛起健兒，急章衣服，擘劍旅出，至橋邊，天已大明，共五中赴
寺，稽(?)無際人社，指中間有月灯，習[illegible]夕，炤事二十許，舉似念相根恩，該理靜靜，萬乃[illegible]

言也一奇矣桐綠院衛人如蟻登鐘樓四眺遠山肩摩雜甚人叢出林寺荒全僅一觀
異物 佚然似小兒 但見小邨中小戲院戲伶一圍有毛賊搭水上不知何術所以趣于方術見厭佗
卿昇優女少坐掛八旗國王伊又付鈔千 雖怪其太多情不肯延好印到店棲三府即又同苻出坐
來由出見其與尚利 殆再包宴遠道情亦足感 本年出高麗事竟已開仗失利未叶
已詢因我之不利於戰何待非細急然實中飽政疏疲積衛所不可救於時之弱也沈也待之耶
不至出入相語似尚刻字衛旧健兒勝痛甚病牛劑點 尚非未嘗一攻至要來但留宿 竟日
好眠 夜又深 旁晚出午甚來之太東門鶴孫之橋後巢伊至再滅宿作十三元 余許十元
衛兼附許用祈於如厥擇漳紙半之 工如撤力泥墻之水泥比
亦屆衛覺其收其利及其修理整用數費心力 三更起出亦日了
十有一日 晴晚與之雨數作出日為蜚母六七 子御家來作佛事八僧念看佛 出與許未家 辰正為請包
十出錫來剡去四株十海中書 至要往小東門往家伙挑四八擬留航小住一簸尤好貴識摩禱之
一三陳卌之言 是早有兵三二百過來往黃道周防堵閘日執其盛

初二 早晴，午後雨甚猛，從北而起，青夜復雨連綿，四更屋漏如注，得此甘霖，大有上三農之慶望也。晨出市
肉，到店詢子淑，已在三元館，遂袖中帖之，祈杆下。王和加燒青六團，告其接布情形，言渭渠不合，即走
至店，各人店考帖知我。初與車損失人船，高麗只雖即止，不覺樹有而歎息也。歲與歸，老人
在家，與玉書等共午飯。午後子研來，大雨如注，為理合漏，接收綜沁人衰睛，以大東門墻須修，乃出
喚匠。至寶到借，李桂路老貝全付，到店然借石又熱，見子淑下雲樹，但一言，再帖知其。客附偏帶
兵千餘，近高洋面被見人截劫，擊沉人輪，俱寇可懼。日了日棘，倭奇傷一小部，而猖獗莫制。本國
自信雅，難料了，維持進退，致事事吃虧。宜若何轉敗為功，以德法聯合，年妻到，以便求前去，子
以去，雨又不止。與留宿，筱棠告謂榮情形，雅山於人，於茶葉，筱棠來帶一國三公，殊為可慮，而益悲
待棠檀有了，右余不禁大言，非是役等亦張，為過耳風。更餘睡。夜食無丸，糙了更少，歸
初三 雨晴仍半。起，市鴨雛下鄉，子雲來，已悟複包，繞步許，使市鴨一隻，悄悄著複借蓋免伴，王坐
寺若以作，取三盤架到家，刊堆麻竹，紮少費力。玉堂等了，開走扇伏，米一石三斗，年去未來

三作扶以十一元修野序索揣宜砚加椅辛卯底高斤二十五分合二錢扎銀五兩五伊扶々許讓
來參乃謁夫先付錢去　午後以中有山門　至陳偉士來訪棋、書六種諸孔道向語集並一條未了
初三　刻搨不精以此許其代謂心驚之　難語語意要　後打磨為梁晚過桂府知樹林已得語非松
本是一宗無窮排詠合為崖表抹煞原情理詞安穩仍善善協中捨對和源性儀之擬此分
我為甲古文說明難諸義無善無如反他人實不本仿人雅也夜中歸　陳偉士來訪託件書
初四　陰雨晴向作並起改之未即出改者晴意益出到店子書已在乃與僕之珍三美茶館仰山回
序朱書枝均在余與雲一席宮納仁讓二美否彭共註加菜語語知日高事至中程張子所撰
衛諸語紙又知所在衛戰冲坍東語數文聲起壓一錄四店一至恨就玩伯源太鳴之康乃歸陳之
夜以起錄稿東思動筆以借撤墮
初五　晴作付靜兒字附五元又作硯浦信信著述懷錄書　一兩識和尚與鴨下欸信飾書夫之船附小篆對
小長冊用印色紫毛貴手鄉毛年成肅三表未刻書模兩函送桐店一元陸門斗樹人同入桐宜伊
附三元並函至廣店封家全國海鹽晉康各一書六文閱尤一事世道書城惜見謀感
友少坐而歸店與子溫約店少人手使夜勝又少坐歸達月寂人涼風撩影憶鄰小然子

讀雲言招家告訴事。招中有書作峻，余書云：嵗中去，子申以十吟催詞句錄存。

初六　晴。黎明起，出之店，少待，子祥來，即偕之至三台勝子炒麪，囘店，徐鈔錢。又茶話久，而田茂石芳來一話，已刻出。晚尤一去之，雲閒子乘輿往，又轉之和源，告殺省訟狀，宜預綫索之，四尤飯，下至知滿仙樓，遠而同，健兒下往住彼宜山之，即四店，使四宜四宗過店山之，料理雜話，店乃訟似不成，寐起，兄坤三過話，子雲亦來，未刻仍之尤蘭單學健游行之和源，過而飲于陳門與朱，書之兄市言市情，飲畢出轉入店，坐市講，暮歸，似揚州似同。崑山之定訪王韻山四維，去店，話不通，讀之去，向子归告知，轉之訪陳壽寶，同旺財子培倩，詢已來蘭竹，晚飲覺，以三更臥，起擁挽尤之對。

記馬蘭精神共義，校閱之年，卅里往返，健步猶同地仙似。芝蘭滿階砌。

初日　晴。看畫，寫日記。讀日讀東牟陳樸卿來，商多事。壽聯出，訪桂軒，謀久，偕之訪沈協店，飲。子研擇大益隱。唐常夫過，向陳市寶揚州村多人說社會乃余指者竹。夜起看鉄網珊瑚半本。

初八　晴。卯刻出，訪桂軒。床中喚起，至書寓，與仲甫談，三人今去，至許城，合帳，趙藥補請，及陳燕兒等一畫館。到店，伊往烟室，余見泥作工作，詢其形細，修壁而請其墻，云已砌完工。余大異，復請蔣木匠，看拔書，遂大悉，訾言甚怒。懷者之不去，年去之，繁不知之處，抒詞詩數，不得一下詞談，再入詞。

至五龍的四房飯，令郭姓楊木匠合覓鐵搭鈎丈宅，取子研存木脚踏去，隱主大東門外乾大樓

勘驗牆已穿，問人用磚及此錢牆面不過三四百，擬平瓮，(令)拔中間上新者，將舊存鋸作拱，(我)并存荐

着力侍文去點，房指見拼塑已歷修兩處，而諸人皆云(下)須用磚砌半牆，否則半歲一修，萬地竟兩層

水窗烟囱之干，因求匠來，本謂不過而令挑去，挑家存磚六四即不得已，且止一要，片声堵滿池上

归，向朱(庶告)問吳切，不知到家思念，派喚朱寶至此取一石自挑，送至順日全賓生，挑一小鈔，僅以一刻由訓

後出到居，知泥木作并知取竹修子，撤樹去，丈人杜药，乾順來，出二亡抱詩，并申報負钱二贵，夜桂拜

匠朽不定令錢兼付他也，四房穿衣，四日上灯，合命雲鵬一路，請归，將寅三点十

　夜起看鐵閣瑚湖一平

夜晴，晨戴訪以后兩器跟甚不遠，并兩移兩廉帰地，洪麗蓮花未得睡中，考生衛吳看生字視勢尖

葉居坍在此也，夏之贊，使人合空生來詢之，更和書之，出家已想計禁去，惊撥戴身，及拌料房六七間六南

方有移啟，樹人知少移動不少，失多尋一見，于研友卸到居，与子收話，云實榮恰過街，扃至不大訓料

理本匠方好，餘桂窗向接印，將信知已址，苏申办西家，計并梅芬六伞，萬国任查，非多病伊匯用七元

脩面，穿之樓，静炅安，五元已到，报詩了，七年去一来，告以椗，自動作不甚重之，仍用好话，廿請者，坐其下

不燈置之出。蓋恐告賤老已往談，云十六來付息，屋報向青甫子雲來，壽夜歸。

實生挑碍一口，計十担，早因倚告亨易在剔地干。

雨。晴。早衛去打西訪孫吉卿，官起談，出近文堂，石門范仲高奉璉孝廉文章高古渾厚，較諸卿爲妙捷之

其妝學之勤，不如所跡及今之人。遂假伊的章許上掛，倩其帶去，但名之去之。出東門，從作前來，精緻之至，已刻乎木

遠來西夫雅還于從園中步之。談至午，出寓，雨將從傍榻錢以十二文半斤加，拜其碑，又負西蹤，走文乃訪沈蓮生，與

之談伊子九月十六完婚，撥檔財禮課及諸瑣，余使納公錢，云次八月十六應屆，久之很之。彩猪理林付從何三担斗的

雨完乃蓮問循少飲以之。起日衛山腹中脹痛，頗絶。郭木司盾篇付工粘好去。

陸門斗未不值。

夜上床不寐，作咋。楊邊湘去與桂軒飲，余獨愛對坐居回面坐。

買書橋下好風光，多喚撥畫勸，爲寄碑拓庵，樹千葉飲，晚霞紅映仍家廊。

余僻居西城數十年，厭矣。甲午夏，桂軒表印福宗來出西宅衙，字于世，仍書邊溪流速爲治

千門肆中，買書橋係名爲錯，以名甚微，遂以爲近竟改之，於與城於寄血橋去葉也是要

舊志爲雙麻夕陽八景之一，爲書嵯若人叙雪霜不變。上雅聯去，請速莫來志十西南城，向于同到

人烟帆檣有舵而括南內大街，今則坡道狹，因宗市肆寥寂，更因鄰夫久之之

蓋保尚留村莊將來時得世界改不知誰舉行乎道揮筆作圖以志其事与桂聯甫

徵十首 景象此詩出書信不錯說 千百年間得雪富貴 烏能為傳子勝晚哉

十二日晴 [illegible]六[illegible]十午為[illegible]一事[illegible] 題詩五律十韵又代王子培作七律一首 雖然不敢作尚不

至到發打油十八寫大山水一幅未完今去因筆墨生踈且無心致故也

七秩聽陳贊錄乃[illegible]無雙見古人風昭者四代[illegible]身入[illegible]書舊中 扶[illegible]仙[illegible]杖[illegible]

疾痊騰空 秋[illegible]河西路[illegible]一幅字

擬杖[illegible]仙[illegible]社會題 [illegible]進[illegible]絶點[illegible]九月二日 首夢[illegible]情[illegible]仍海

齊[illegible]國收錄 大業[illegible]威[illegible] [illegible]蹟中[illegible] 風木[illegible]麻

衣[illegible]雪[illegible] 階[illegible]桂秀[illegible] [illegible] 書[illegible]年[illegible]少

一書美

十三日晴 [illegible]今年一夏無[illegible] [illegible] 早夜

[illegible]理[illegible] [illegible]

待[illegible]中堂[illegible]

至共語[illegible] 舊友[illegible] [illegible]十日[illegible]

廿五偶訪徵陳吊其三姑，往訪倪佳諸，往訪邵野之，其家之婢誤投告一小蓮姓信，到房與之作見弟語

並雇校舟，養浮、梅生來，出眾同余告訣。四升宗卷由彼投去，請陳不情狀，余均置之。少間北人來和與

料宏語根據王同明進門，喚問其祖不罵，由伊狂怒，其人既執川言，亦不足愁，惟袂且笑置之。王

芸夫一談，回房與之寢，余又錢，飲之米酒，持錢來，說盡其的，余其妙也。借同房將返宗，已上燈，請飲告

諸子，枝床。　二更後起，一月橫參昴，喚使起，侍立東，剔戲憒一枝梅，再至鄰里二客，出此，喚廿，余為

同齋懶而歸。回房念佛，趁枯坐，已五下，多鐘聲，再時許，去，余等接祖回，又復飲，藥餘餅果。

廿八晴。午飯後過說我思諸勝，作字牌中。桐君與吾師過談，評論瓶誌佳作二之情話久，知術未免過世之

桐生錢來，吾師指道背誦課文，并詩紫中肯，談其學術，知靜有文之為，同才氣高佳，而理法少缺，大病也

余與吾看訪桐四兄，繼飲清談，無偶之橋山你歸，飲論識踐之，訪桐，於月十二時辦其說，為夕陽銜山，余又訪

糧稼秋竿收具，鄉景桂斜菊如之，為余訣出，歸房在靜飲，至同人佛聲，出至陳此，户知其烟

因恩拼今麻掃，余家麻油為鄰，乃陳談人畢集，五人上床，鑼之，陳家然，我等已退居而寢，三下余

户亦忽報矣。　三更後起，東際既月，吃瓜子，又坐座久，背王文正平原山莊詩，直一個思來至天明

河

西晴凌晨起，出去，盡內此瀟景，社中之神[illegible]，因[illegible]於龍[illegible]，拼[illegible]物，到房[illegible]山

診，赴中除某之杭，餘俱購市零物，向乃請子所喚，晚上省農生、蒯生、陶木，余合膳，命仍將還吳語
定大概之世臣書瑣數語別，送投之，投入濯素，話良久，謂伊九月廿八壽辰，須擇八月八字來畢，佳得孔懺(?)
君候起庫，商之余，又為陳桂植之孫，孫(?)時伊之余陳為撰詩禁耳與陳府王禹功謂伊付鈔之余刷(?)
歸，已午初，神稍倦，余嘉家人之被信而獨怪楚錢之獨疊未免過甚，以祀先為念不能明步絕止抑
成疾，寫斗以起，已申初刻，作草篆未完，晚於鴨食素佳，此乃藥肯若為嘉唐，健往藥枕，兩記期
枯病内子及女兒，于色賦，書稿囙還，回鈔見周之先謂帶去，還李叔卿來請令之家，陳說，試買信余借之
也，上燈去　　夜，我秋開合盦，乃命翁仙洋摹議
十五日，早起，李許姚尺牘抄本已刻作畫，請毛完昨幅，不甚合意，又另作一幅，研墨以寫柳，子綱來
枚，利保學生來請，撥看書來送，推叶佳，譯未遣，轉不桂與語令日養為以聯，字雖未為偽作也，為仲之一笑，之甚
醇遠了，以不難，書其信，借看，而後某樓右，病以狗代，試医云，内侍臣人中黄，内坐詢之，云人脉挑狗，脉不挑，蓋
倒于，宮閣診脈，推係于別診之，而于脈多首道，相與騷然大笑，此之后，和該信來，子沫之杭，秋掛
洋燈，請恩來，合桂之園，楚卿四枚，價在向湘，不至，羔玉請物淵相不來，余進益書，轉丸，據與閩生久不
四店飲飯，見七年妻，然與壽之料不知我擋撤，子重程圃葉某素陂，進與一之，桂軒，許春林，餘于元武
播入小甜齋，鵲來，後坐店，出與園三伯之，不可淺閩，不過三五日一議，然卻，其早夫，來游石二十五日，無

初五与桂轩持灯踏月话归

三更起看秋雨庵随笔、续文世编

十六日晴。早子嘏寄禅来借书去。试用阁此笔作楷。桂轩乞画画扇并赠五古一章，录赠。丽生刻道书，午蔡春庭佃来留饭去谈

春生同其舍甥来，令以待画，未刻始不画。阅邸抄。三内兄来上庄，邻顺来取扇诗，为嫂但均未留，遂偕来谈文正

补画扇谈，如陵言未补画去。画□候上去补，又未作了了根。四种去信

昨宵纷饮醉，今朝似不起。山阁席与嫩鸡鸭烧饕餮，止醒来饥肠鸣，空腹饿馋怀吞，乞米言怅未

携款使伊舍侄粮来，君随去。陈士说当秋暑雷，早苗枯槁，犯河漏已久，需捆柴为宜，殊不暇出

道将园叶等石田耳匹九楼取笔来，空空云觅生笔笔珠玉在，空许尔。惟陈黄公之理，查书桂尖

午前真到邮里来了

十七日晴。早同书之店看料一切之类。夜话月。陵来借伽衙等之因，留问情形（店中）书店中饭，免对师武元午去后

来孔循往蒋茂之絲（间）一书，前后满出余有三少部送扇，并小册四送阁孔循乞去，扇有诸董石以六尺条幅

作篆每三行（作），间四五字，以示识任余帖。林他要另求附桂轩作诗书楷书，楹有去潮店去阳作七四矣

又去广英商令桂，笺并钱偿的上庄，他年十信到不远也。又来论经六字，眼其母宫为谈子为之大丈

宝敖之细之苍，陈伟生不值，遂归。访桂轩与许尚谈诗去，算以前二张，往少作笺情谈

十七日　乙巳大雨　旧疑迷之小飲到家以之起　樓卿來　秋響伯士又來　均晚去
十八晴　秋陽盛炎鼓盪伏氣河日涸水無一線貨駁難艱田未上塘吳雲卿店已危在山崖已待雨不日矣林棠農
孫吉卿借說貨帶老貝并付静九三節　又書論八月收旧存札半元字孫嘉成往蘇商借局貸款
又尤一宵迎神半夜午小飲以起　孫寅賓來稅響不及之他為書健人偶來家畫額田研墨寫解
申刻步入桂軒爰乞其來一石　繞之過橋挑周說陳介北川　到店見顧人不得照拂為病子堂來在其談函
禱叢橋若為說和更乘月歸後小飲　梅吉卿霞棠
十九晴　暑仍熾早出到店料檢拜之已刻弟尤一老雲只祀朋均一罡嚀午饈餘之和孫小飲稅說善園子田店小以
函族一拜卿令黨酬已未之若為說子雲村伯一之并約來店人雨規矩應酬無事挽四人公隨喜出店查店要
款未收不很申刻到茶告陳七弟　達渠與老嫂子姜平入席店於大燒汗流浹背無飲即回到店回歸已晚
過橋過桂軒
二十晴　大熱鎮日不出作　孫達齋來函來弟之協過札　王叔蕃札作畫屏畫四月柳鴨池塘作揚州之洪花
放晴後復飲晚　玉章來送書後桃米宜楷　沈達生來函言不允
廿一晴　烈日如火坐所不暑作篆六百餘字計鈔說文標目五百廿字和兼錄店子佩操伴小出書甲到有
研木齊悄悄之梅出飲飲甜莊去樹年黃松飲三人共以言暢以歸課健談
廿二晴　妻甚為頭早起送俞仲文頫逕仲礼出畫辭石主子培又石　梅茅到店知留已未和宋將軍達渠往店清談

吴筱帆來坤山送語書和甫与韓君約取款詢若霞至干怛福竹兄應静八來林等四店市鹽肉以應饑禱雨下河

已全涸至郎店來至祠謁稚叩归玉庭僅書寫二十餘字

廿三大晴今見畢久熱禱兩呼熱日與相接不絕苗枯草萎米日湧貴石門正吳心斋禱今日時勢荒

無聊積心思遠而況無事相間當易淆亂是不能不望于有司為綢繆未雨耶竟日作篆三百字

研本同午後晚粹夫字錢去正從伊摟索張畫去還酒仿州前月市柿五斤沈順金管仁得与沈銘冬决

廿四晴無賴熱甚世人多矚病係洪且甚今水合竟用午六七天日不書書寫二百字過嘉善謝捷扇雅數呼至晚

雲昼似降大不雨打書于地一五指市薪

廿五晴酷暑過甚晚雷電陣雨不抵澆花早出到店取鞋不得過陽草橋为兌考生上館之難云達柴今日十

與玉郎雅植一只好過鄉華一至友帰店好入大寶与談次与玉研讀之康字真祥坛見萄升兄雅山及杭友

偶某市物四已晌己取行李于泮向午帰一覽熱金子進甲同降雨少涼早未子培家低素乞畫

廿六晴仍頗熱甚午前作信致静兄達樂等去刻書之桂軒請伊接地收烟仲甫杭刀尚不决雜

話向沈梅卿來共話詢去杭否里向已小跌雖之嘆矣北平廣店來報云今日高多不列戰狀知沈秉成已

故于吳門書和孫取伴世兄兄林仲于蓮根方四華一語嘯晴中歸

廿七晴徽明起作致達衡柬書村静兒信又加單附十之信達衡廿八杭又致書之陸仲夫同律子

遂乃挈健儿至府室比对无言道将为毕出摊画为秋斋而画菡萏四帧与诸熊友十许笔甚
向讯送分之归之静甫述昨与宾寅所款芝令侬居种种语内王氏之贤以存今日今后之情并谢稍饮而
执设房屋不近情之甚余亦书之君静儿抄帖毋面嘱之然不足书篆三百字兼有澍幸亦谈
廿六晴　读日作篆第二百三十余刻了　俞潘梅宝来言许为亦能身体辛日内腾二腕书矣　晚出见侍松文斋谈桂轩
到店知仰斋而检看报　读取雅由桐儿处读　归查尽　于研与齐修一读夜课使读　中夜起咳苦
廿七晴　晨写　读书节　归成静山信　书字书篆第二百字熊光检　闻雨不雨　报云张宗昇晚四月来为其命氏
送殓状　是日不多　市药于门
二十八晴　早出到店　见仰斋　已发四弟书翁蒙报　与子中谈　接静儿书　来字收详喜甚　一知达卿到店
访熊悦轩同讯　遇桐儿　其所言种种　各之而坐归　丈人在焉　留治午饭　余作客　静儿之来并附书于保成
二条　又校远乐荣均记画册也　中刻丈去　于所未相见之菖蒲种与之　送余所画不受　还之旅借书
颜于杨伍归说　杨渭编　梅卿　桂轩均在茶席谈诸　渭儿善诉诸作谜　陕由沈志伍饭四人揭读次
六言有题布郭跋韩中夏令新似记上向你采茶歌哀妻光也　然实亦也　而对绝之又沈某
叶日同家考一云困来切居五似强不适也一云尝与宋楼在宋得口字例言之矣细译之乃
五唇由来因实谨而云特其人以一言而反亦众诵行法所以大言出口人同见陈而不悟也与
而更归寿使读　鬼女然一地以贼之矣　是日又写悼不雨　芽蚤惺痛

八月朔早晴晚陰滿雨。君作揩箋，與黯弟來，未刻，謙壽生來，屏約十六吉來四殿搭匾，不甚用底，討之，望以吉善天

陰雲羃羃帶，龍風刮雨，之仍不得。花夜粹甫四弟、朱五子、蓮大叔坐侍禄者死，是乃父乃兄要楚貫盈，去而即死為

見為飲盜所。六弟入恨沈胃，余止之。　周六晚來，云昨杭來與其房東與斷不制，兩四詢其五節均不安，恰周人之陰，今其即

去張宅上洋，五寫雜付之。

初二日陰，重要之事能內發匯新雨，拔八雲說杭四情形，見許熱友蔡氏神夢孔懺四佳鉛銑委付抄，與孫語言去

朱文桐令變到底，南小揚見子佛道別，從為向靜利杭獄莫蜩當切，云于店樣，發嚴倩未往試，少郵，借刻圖奪

云有嘉田賤無覓而將與訂買語，市情有小入桐宅，與語種之，乃歸王董之匯費至留焉，當寫三百二千，備花池而不已。

崔筆從戶錄其健覺疑力作錢書繼為七為書法。　夜宅五弟備而棒被

初三日晴，孫為蔗雨來，卑士寫新春，早刷梁，畔橫三字，直十餘字，鼓易不書，五年仿已，蜴排挂坡，請覓易佳，又

書刻以題作八箋，裁帛徹長短，賬書笑之。桐雨當作律箋帖，云已有，謙從必於人，王后見留江，許人有也。　去

拈舊獨山水，與書於佳余，以八分文代留江職之節其松，知余術之，將拙滸棋訊。同根有專供杜柔與平旗，內將根

論日甚多寡，其法即自高說無經我，而壯也四川雅，代書一本，仿作曲意，行條于自吉當，得其嶺道，詩云。　為其言，卡

云有多草炷甫來，適之，王雲日昭余于去保，待往見告知，為其二嫂子不洽，以肩待，十論子佛生，若云之倩余，乞

情道情余乞，時往五夜歸。　夜課徒授讀。　三更，承作水利議，不甚比擬，未寫為修以

留保晴晚陰，將雨不雨。日晨出，光之宋，謁，即訪子佛，遇夙石，擬寫匯犁南觀二弟，又往請告之，十點二十正出，與尹

徐勇宇君城，余即回，一路談，于十卅分到，過懷抱，方來三姪姪，兄隔老渭亦是舊友，出裕墨百結片皆碎，不可用，回換
七塊付我，此換歸亦碎矣。過和儒，知其作佳狀，又回店一宿即歸。諫勝兵紮送筆，并研來，特每付其兩，得元上書蝶字
松菩特意還桂軒，未何而去，並見仲甫，所論甚是，兄皆同，彼獨若等也。冬之書家以陳之雲為尤，松時已上灯。
晝陰，終日在店寫大帳，樹鴨未完，寫執衡字扇，并跋後，讀風差為倦，夜尤甚。
又書子雲扇二首

初六陰，晚雨霏微，夜離離。有考無著渦，傍甘霖霖雖下也。寫桐君隨冊面，書三翠山水一葉，芋一石，水仙，并倣古少書追頌
午飯後至乃歸，少頃未到，出到店，贈子雲已了，並見錢仰周之衡，同雨戲借歸

初七陰，小雨濕屋而已。完子結果條，書保柳鴨，又寫松鶴十幅，心佳頭痛，歸出，拿玉送路，隔園之趣，公石許
後京借，又謝之情之，去到店，和雨聲竹花，買得筆，因太炊之，春寄廬王筆來，三千片於須借，座號張，是日又到丝
仿埜用抄洪儒莊仰來的妹而去，子祥扁佳，桂軒全不見，戊欲蘭重來，夜分既，余入桐店，説一下，借神去歸

初八陰晴，多半終日懶，点檢角山樓類，臨撇香篆，臨子研覃，差剃頭健，以多上書，夜課之

初九晴，每日早檢詩，曾讀皆以舊冊撇，祿爲去年日記閲，又念身在金陵之吝也，於楊雄某詡詩，集注意
早出到店，之和儒，兄右鍾馬陽蓮舫，今書之扇，託王老坤細概，之快錢，長譚即歸，未在家，間談留飯，于夜去
余桐冊一另山水一墨蘭而已，澆花放鴨，游行，并擇字句撥去以寫也

初十陰，保健，讀其書，上康闓生之孝印起，穴巾堂北，有太史趙翁雅詩，並二首，後知昨夜山西問望

初十日陰晴多徹，晤澗花果之店，以昨有大幅畫聞訊，即作書謀後揚補傳等宗屬四開店中少羅兩棧，兩日出售大款
舊報与印譜之擬應昂，我可合做，共出千元用。所記得自定之也。其畫每面四作，併册皆木竹石花卉作，王子京
小空，惕甚，傷雖仿古，非我作也
十一日晴陰。作册，仿米海岳山徑點染。子瑛贈並下款，希畫稿幅數，未完。上午李赫卿來。讀全話說
名書下午讀軒集，讀更有無見敢讀。　雍三號題　春景越王畫畫錄
十二日晴。閑寫扇冊，坑寫者若有未畢。寫完松條，惜設色有七八，遂竟。王晴之由桐花長往閩之寓
佳，望不值。到店，悟禎乞維舂根四匣，桂軒為杠于楊肆桂飲，為之林善之書請，乃壽瞻歸
十三日晴。泰卿為架。上午已為世宗正下。午以起四株來，說命李四。佳其未論讀上日讀惟谷伝
十四日晴。昨夜三更不寐，作超作股帖二百字。閱美起所見書畫錄，玉照所起為天元。早，閱執魚賦，且
為年年開之店，徹名之北區方李之四之墨，不合用。從之書見子佛居，仙浦長林同入，松風試茗，錢潤之上
來知。滌塲。首頌知之為知二句。二君臣也五句。三周公思言三之。詩曰道香山，兩山岸影
談次，符卿愛之。王通知朱壽林霖瀚另等廿人時，熟一知半，成十之冊，采世大孑不及返，禮見根多眞希歟
已栽。收大扇，徹江廣東益陽桐店于書是楊卿讀。所之不寡，伴自然也。四作六小冊，供言內前從
及齋中案也。陳臨生母來，言為印五家千，難入義一，煩說先之。又陳史世伏以為畫信在矣

之傍晚，入陳氏之桂軒，來借諸公晤，往門慶仲甫、子向、郭牲在塘港望圍，往爲寺茆，出粗菊甫

菊子共八人之諸游矣。余猜詩謎，去查諸財物陳機務倪倪，不已。仲甫許我全雲門人物並整之桂

陳寢已二更四更，醒後飲，早聞雨聲

中秋　雨及夜不息。雖未濃遭，已覺蕭瑟有秋意。是日作（不）了僅玩閱舊藏扇計百餘頁，晴書先之桐庐詩

擬訪葉尊光唐逸貝七，伊程又元昂飲，告有鄒氏子生在貧苦孤寒，且系世儒（[illegible]）未之讀，屬其携之入義

塾一再，乞之于順長。佳買又讀，諸先爲代附近後學，余作字兩兩，總出勉諸余兩兩，於祥印然情然編

述之之者，伊作抄門道根之告知整了。後到店看根錄名有六題。是夜設席，余其子雲、邦杰出入十三

人倍半相戲，皆致悵惆。玉之更四燭，特燃道，玉爲書一幅，有供大之紙，圍拱佳，惜月晴地濕，踪跡

游人出少，夜宿家，家人皆睡，入起宿廂　今識諸師徒答多助

既望　陰細雨，晴，節氣作。上午閱硯理石作，義塾未認罪數百字，大致諸生賀張佳、興源以詳

議推廣塾設，釋識定頒詳定考覈宗課，惟此三之不文力又不足，徒廢積（[illegible]）平，子研未后讀

未讀文久，有三來。陳仲甫來托定蘇州帽瓶，猶恐庚生。田入西庭，旁若實硯，適雨至，當玉芳

夜宿　庭而甚涼

廿七 陰晴雨㪚㪚作手前作戒烟議以未上癮者為御先居吳宗為塾以士人為會為自查察如
有沾染不盡其類尤宜禁開烟燈云又改作義塾章程午以墨合花青渲諸石仿墨作屋
為桐册畫蘭一枝一菱桃一山水册一又為子路大幅畫墨骨不及半風馳雨驟筆似飄無未到
讀存生來約之謹之廿三來述同中人贖取錢之一刻去擘健之庶堂看劇演劇甚佳代首明訴余
三知伊欠錢婦海關安善事需舊錢很不肯熟思陳宗耕神有幾而反覆不寐黃鹿消耗矣
處可設

廿八 陰晴不穿夜雨早完昨寫降箋四幅玉堂物來手收擘健出西門上海坑[illegible]欄起於隆隆
過如其今因巡上橋南門已將到齒與兩待坑上觀者出幾路白活銀將如亂以千萬飛彈鋪氣
飄天光當待搭熱帶秀豪手嘯乎直返少待見大東門樓鐵牛欲上古樓塔以勝不能上梯
雅觀[illegible]至相影局騎工進大東門過保以市告人橋南走三嘗常健于王子培至看稻塘
廣堂見麦日來作書等游者消頗又出觀劇皇庄一齣即歸繕完畫
閱白活順帖 夜起一次寫半作論四頁仍已晚不寐 夜雨

夜偕小和尚檢架上書籍甚 理自去年 玉含秋免寄書信札遠寄之与玉書輕將乎而
栗 劉龍畢之葉宅兩男陪求陳靈日也謁雲畢見夫人旗語并写王禹功馨人 經坤弟安夫弟
知場中甚不易 善居調格以寫素頁被貼是伊流年運氣使之然 况夢花談協不完者也論
場局影書名之之廣生之代市雜 伴葉代之華升衣店呼字居名之肩胴店見有集印
以銅壽星售一再談之 以辨文詞之 銅有鎏金店 定為五百年前物 諸人皆失之 金特以
之且余五年前得一銅麻姑仙銅色殊佳仿佛六予數十次成莊之人視為齋寶今無意
忽得陳得兩千百年誕真是奇遇今日為此壽南山一杯獲甚之幸 相見是日書玉
兩將 兩玉含國一兩 劉艺樓舊 又得二碗 報陸家 乃借觀之 借之歸宮 葛頭見廣
三手佛手頃 陳宜樓於泗州城 去之 腿瘦 腳痛 張偵遠 擔任壯年 猶然 仍返葉 伴來
與張明農談唐畫等之 撫文一談 夜大廳 因唐六如廷手 在縣陪李大南送唐雨夏
出地隍天 四兩切手使川 難 玉書送兩具于半以為之 歸 麝少 銅壽星 說話為
理得篆字 集繇 玉書

二十 晴。上午玉來，到寫壽星象，以作〔前〕銅象為本。成段跋之，數十言，誌緣起也。未刻后出，命之桂軒來。靜之桐侍早來，之靜作付陶美艾記綉物，云不知何意，需其酬送我。羊肉一大碗，为為奶謝到店。四鼓市雞，珠市合与子雲偕理之，十盛泰市拍賣，兼同諸家同栗，后乃同用吉倍湯紛肆。四補從鴨，錢之傍碗菜与，掛人，飲于歸。陶陳各個市袂之，達衡枚樵去，動身云。

廿一 晴。衡甫竟日不遽去，亦不作畫。偶摩其玩物一宮麻姑象稿，而請內燬未知焉。玉雲來，宣來，約屏與徐步橋姜上。加上子翔來，撥菜偕飲于橋，歸，楊渭綸識，但尚文譜作法，并小体。

暮同舟而回，夜歸。

廿二 陰。黎明，致桂軒達衡來函，飯後出市魚肉蔬菜到店，坐四又，遇子雲，過桐，遇知吉卿四乃許送鴨大寶比照中畫沈石兄話，及聞沈已知，未刻到茶肆遇，偶過桐店，知四田家借連史紙，雜鴨理料，無錢午飯後，四嫂去留此，貼發橋去，子雲送玉來，後達衡來，桂軒至，桐之子研至，狩葯去，後四大去屏花作似余出為藝閣，此晚加席，人客亦亦二柑熟至十點鐘去。來者此收乃為朱棧纏擾，時嫌其勞托，詳之桂軒紹蔡縣之也。夜作畫扇与桂談書。

廿三 陰，夜微雨。脩自病甚，傷風咳，周身痛，腰中不適，偃臥時多，不作一事。四鼓無來耶山子

陈伟士来信大帽并说中朝与日本战事大胜我军前日京借百里某亦妙我武大伸天
讨得见各国石鼓韩偓丝绢诗告为右右不为也谈寿生来自勤勤夏云丞翁兄手之坤田
为廿及家本尊书契契余谈之人为未难陈粹夫四与理约九月廿归补余知约九月初归法本息与
吃夜饭去
廿二日病风懒于酬对涕读痰呕遍地达夜不止妹儿苦矣
廿三日晴夜来风病稍好又患周身酸痛不意风之入腠理之深自检医方论中方用柴胡羌
活防风等一剂大得汗小差移义塾李申刻如鹤去沈丽生来兄至询借金并同嫁粮文节
示静兄闲文乃书家不肯评大加赞美甚觉快也夜三更后不寐
廿四日待晴而起后读陶集知怡堂集各诗试笔帖五百字已刻种莴苣于石栖雅对阅画谱
申刻李访丽农试拱揆来与青卿四兄植卿冕夫在座亭角之出之桐君至戢卿来自王节佳
访众之访饮兄添笔易论书只袖归一事之殊难如此到广店阅报廪兵六板我兵之失守舒
未甚得手即略保江海我亦未见获胜我军畏首畏尾识不知何日获胜物也怅王荣之村人
申后来又送于店同入之藏侣五晚归已上灯丞甫书伟士来借绛帽
病仍未已夜起卧后即访夏录五更梦身行水上冲危殆幸获送去益远初似

至橋半途小蹊橋堍上者知何來輪艘岸泥堆積河中水浄柏漏舟水上行時遇礙航處過路列云係安
慶豐並無此橋，在余望之不為異，快心生來，抹油狀，改匿悻悻，並且不知何祥
廿四 早雨微陰起，訪賓生，囑求予書佛花箭作字，雨日甚勝
得句云：溪深風若健，蚊聞雨意濃。 程侍仲甫來，拉至雲門女士寓，啖松仲蓍并
歸檢詩集雲門訂集示，訪徐仲甫于桂軒，屯均兒寫讀詩，無賦印閒，金雪濃禪藏，查李佳山瑤璩
畫去拓高古春德之玫，係本卷的三尺闊一丈，係至正年王繹舊本并楊鑄代所臨，筆者也
又題之，寫一古裝人物，上有詞，差趣，因說畫說詩，論人才，仲甫乃云李城之鐘之，楊來桂軒
桂出陳肆談，遇楊渭倫，合座談次，酒多數巡之，飲乃七大觥，余之飲之，況醉，知五日諾生爲
廿五 陰，進偏之卷與陸業卿，與吳話生，續芸改作名俗，仍與上人爲人四之陣，不欲笑也，雨
下天黑，遂歸。 夜起，作書至五百
廿六 雨陰間作，身倦不作事，僅看來燕金石刻三卷，午後靜，見杭四胃雨由郵
店簿殷攜柳兩開悻悻集去，運齋來話，存陳。 桂軒來乞跋，韓盤室書什一卷
伊自轄之。 樹人來，促雇文。 晡游去地中。 陳仲甫偕子來，請之，偕至恭林

人云诸许明君古之文王去。　夜起看金石刻，书字五百许。

廿七日细雨，暮晴。作字，写篆势等楷，目眩甚苦，以花镜四字之为魁强也。祝范氏祖母寿诗刷社不果。午后出逛，劝见店立等，先印诗信，雅不知到店，云出，又请帐来，大起色，周广中往周六处账，孜孜殷殷，乃请于云往理。二时许始收回帐，账余尽洋付还钞洲六元戊，来寿工择又至和衡阁，消息均属，入恒裕四店，剩钱至五百下，锺至桐庄，先丽农市，将糖图谈久，又访谅成，不值。归至陕西帐，留饮，袁辞归。　偶知主肉君为谈田子来，不值。　静见毕□因病躯，两游与寒热相夹也。　二更半微来，起写字八于石，看百宋一廛赋，至夜，又小以

九月初一日阴，细雨终日不得把毕。作书三百许，第此。　绵成来，因出多查，纵横，留午膳，十四眼光起已亮，晴。两足腿碧心诸，体得，又坐待夜。　课健书，读其易和文，上床不能二更，两枚检陈神道三石，读字，复作钟字与两子，静照闲法，看百宋一廛赋，数多至天明，稍稍合眼。

初二日阴，早陈二兄师来，参会东语，十一初集，益为兄郎与寿宅烟舞也，读久之。作字，出思直高文，午后迄夜，但一卷，及书字而已。　子佃来，相见，送我小石及庄，又佛手，剥甚快，但无足之，云何极。

初三日晴。　因甚心烦，恨恨，择拣思怀，寿意渺渺。　陈萼生来。　夜起，作四百字，又书条，致勤之。

初三 晴。早涼。案攤紙寫壽星、象、玉蒲、蕉完，然猶未免甚佳。鎮日無人到，亦不出。晡，揀石榴、木瓜三、一尺丈一卷，桐詩一，作供。三更起，作致王毅伯、薛駿伯令讀田另抄横帖三、兩行字，於思道齋集，五更後以雜詩之

初四 微晴。早出，吃羊麵十許，館兒。題鄒夢白圖，讀夢白揚明日去。饒鏡泉紀植遇，錄云云。去到店，見子松致仰，侄說種種，云年壽之付託。早子玫，為參到郵店，信來，向勉兄議，望往自己到桐店，于門見，遂同到南園京歸一言，與桐說古玩，西斜歸。成寶齋仁村硯，正佳。較予石年硯腊。二和尚出來，高十七八寸，高一箱韓湘子又別歸家。午後，題諸畫，寫桐冊山水一幀，並言得四出。梓卿筆術，湘大為達類于林寓為五笑。今之壽，夜題桐君十六冊，款字亦佳，句甚好。四種四　夜起，書寫三百許

初

午後，作書侯稚將賤題跋，雁巖記，夢白于金陵大板巷雪雨隆帶。一更後，作書二條，以斜交四尺寫十七幅，合說也有鏡少，把筆寫也許十幅，素稚極題稿

初五 陰，雨。早，致和尚取紙，並陳子微書匯兩元，靜借又詩又與來。未刻，作信，並壽字四千陳午後，寫老少年菊花，攤紙送桐，並又寫對一付，輓聯送王子壽，真聯，為孟儒又兩尾桐兄錄成又印冊頁二十六方，時已夜矣。初子去。三更，讀梅花之詞，睡以

初六晴 作壽字箋四十幅 陸仲甫來還書 談久之 午後出 訪石農 舍禮 蘭孫 雁書 答

完所題疏遺子稱 倩夢樓題相扇 作余跡 王子培 洗研以玩帖 植花盛開 遂過 郁

潘居 夜四更起 書恩意遺羹文 飲燒酒半盞 家以今進 時將半 下睡去

初七雨 早至閩署 未至 謁壽山 知其王殿蘇齋伯三年的屋兩 佃種田十六畝 以秀田退余之請 勸田

田租至契 云云 處 余我要欲與爾中將七書信還歸見事 向報再信約一月以限為要

共計萬九千六百之之 閩署去 交談 談經去 未到至陸氏 見杜理綜稿 與平當請久見置中取用柏

魯璠 陳培基兩人題書信寄以大版圖錄 界結若 姓陸 祥第梅 極佳 魯蘭 陳關

陽煌伯寄物去之書 去聊學字又來弟書 撥病 夜起閱思適齋集 竹余壽里八新澤

初八雨 早余所靜雅 之之舉 起底地 略作學書 午後知陳廣三宅來嫁女加笄礼 過問之 李樹 等

過府座日尊多 前兄并伯廣已邀接媒 遂四宇衣冠往 余與陵儀至未刻接陸 殺書 讓 陪

談久說 下同 侍閣通 陈 款十備 塘鏡 稽 款息 前書 精 為不 真方 未歸 來又在加酒 情矣 同與 甫 我在刊

談仙壺須之 其云 多內 喜 小飲 余餅與廣說笑久之 歸見沈 達生 夜 亦來 請 係同伯子 十六完 烟 話 也 雜

談去

早陳壽田 師來說 與子壽 聯 錢 捐 司 不 諸 園中 有 患 妥 人 情 美 嫁 女 家 切 情 色 往

帖 田 壽 師 之 過 為 張 太 之 直 以 切 扇 過 之 命 不 想 取 四 金 未 來 任 一 年

重九。半晴雨，昨作晚晴。張鄰借屋料理。丈來，久看田事，云陳一生處是信丈、月桂、汝恒文去矣，作月去

三函至寧。自匯華書雜者以去年成子借來甲刻紀氏書長，談春桂、烟笛、蒲田去，健金生

一同之來。寫扇，復書。午見根泉、吉卿、樓侯、植從、蘇后，六月六日十二月一日方榜，源華、鄭十八、蕭懋五丈，劍崆

上樓與桂卿來，指函出，分號。會者奏唱雲陽、佳瑞五生，與圍頭、鄉華、合生、脩人男女雜還

與居又庸合生北逢讀讀，到店晚留，知未之，方老于臨行開說，在利臣處假影，與知縫事

云余出完前信致子臨及當店留謄于上海問報，軍事不甚甚截，但是緩急進退各樣要

此勝概，至第五子生飲，勝金陳鴉久之，又與小鼎談，秉月獨由來，翠雅曲，又賜號者擇飲

勝韻、紀成、孫英、文炎、雙詩、鶴卿作柔唱小安、鶴表，別秋、此錢，達出，諸人雅擒佳趾，稿也

旧後小飲。 覓睡，旧二更矣。

初十日。晴。晨微有一陣晨雨，店換畫 黎照臨帖五百字 午後一過陳兄、陳霞 覓朱，諸卿宦墨

一生剪桂于庭，了卅株，修枝插植。陳巧生、母來一言，仲甫、合子諸侍來，讀薪梅，送楊孟

生請寫堊字款 王愚庵、武邑吉花、柳擢一幅，檢閱，逸出來，以詩 題云

孫子授持示李若農藏奉雨初晴飄柳併只有山高峯不盈寸兵自龍到雲前
又少穀先生紈扇幾幅畫最佳如田梓華寫秋海棠墨備五花無款天趣翩逸静穆之致
一葉一花二蕊墨葉腴美點苔五處納以筆墨一玉柏心蘭墨光可愛一靈芝蕨金魚一幅錢林楞仿元
一吳鳳藻楷書吳聖俞社林語木集一趙光三幀皆精妙絕倫周漢貴而已云論者評錄之
倩其題碑畫簽魚魚條爲保誠又至四共淺說各三人借入門即飲之與桂軒來又多夜攜去燭化
保兒論雜語甜悔中不添首記其不妥讀入內茶語十八版全讀目不看也又下院許乘月歸
是晚不復寢

五更醒然然后起作字

十一日晴早蔭錢仲甫論費各經略目錄之陳仲延轉文來吉卿劉衣叢來大云堂餘查劉卡領辰多陳
過來之祥和爲向趙次尚撫懇于留二老陳比祖像寓北寺店陸雁筮臣經到店一錢之桐店說在
兄保誠向壽筆伯保入陳操戰說之甜四桌店皆無人
十二日晴早李陳彦錢閑談程鈞生筆官衛留仁來撫俱晃夫植鄉約入店中誤午與月村鄉等
言論祠長夫陳華四人來談留晚餐祠事申刻桂軒來共桂店與留長談在六府陳
是晚與植士留仁桂軒同飲更約桂軒去坐見從 四更同詩楊至

十三晴。微明起，先見俞氏要秋者陸汪二甡，以前擬者許晚呈俞。　六人閑談西廳，林和露自官廨

出問陳大令八之，言見事告云唐明經鏡夫藉中只字已宗者拆之點，得黑工指條，得五十九名。黑一之又令

又執之往看，乃知係明鏡號，錫甫廿父號異之，蓋其文最之高，未甚精進也。該大場本卷中之號之第院

而伯英出亂示，言伊為總帶宏己中，五十二年，己刊卷稿。該人經俸書別閑榜任書然乎，和余同衣

謝玉衲，見萬城祥伯，又本之吉在日順戲。秋宮桂重大庭賦試世美館西署本其冊，許人設說挂之

午印宗茶，余讚禮之，畢，飲所數之閑榜任石偽，又議任語，乃均是實言，西難作資。余至天后宮總

久談，熱度昭云，內斗信帥以中，唐及未花明元因一刻車見保成、植卿、仲節諸人，皆四腸逼氣

石僅我店之何少四人祠無跡暗胜，十六印四桂陳室之居宋陳李動人的欵息及甲漫只君對

之俞五田宗之道臺留飲，又見其二甲陝藩、孫三、湖西江陳葯閩糕，年開之人兩取長果，夜入席東

與錢韵清、村人鄭植卿英陪合合。筵宴畢，執炬歸，已二鼓。夜車精神倦困

廿四晴。早台衙，出陳幫數錢留飯，丈出與談，乎度之知金南經其世兩手走往謝之兩為喚

得余輕告五之衣細賠，不識為已事來見無之案也。至奎巷同錢應耕上謝陳

申甫三郎同甘起旧宵夜兒孔多端夜傳宅來逾入席共六人延青岩與腊壯蒔琛吳劍佳
玉三更来已金梅戰勝此局已盡歡乃属靜閒归　送郎拉弟兄陰雲煙
十五晴早平為丁門借撥二十元桂卿來訪善知伊到曹傳知中書云丁世坐乞余到曹諸行意
桂軒昕與及分析單余諭并贊言十日之桂軒宅与仲甫二丁遊江岳山來封一慶萬事均在冬之北
行之夫宅代寫位過桐宅緑成等語北川店店報兒收天捧又知与日高之戰竟有無窮我地
羣起之萌可不長慮夫息与桂軒等杉風試着同為小余入葉夜佛閣起哭声如佛又為各留出
子研送玉川書椅别　夜月極佳
十六晴整理昨夜收疊樓之少麻玉晨早起桂軒玉親上喚起同出之共宅借一萬之人同之三元
茶并遊鮮肉燒步　訪久余之葉兄伊宅合春偕用兩士七名与沈六和語夏山峯玉一下悟珍与
北之廣飯南叶又訪　勝卷于其宅　勝湖清雅　君帥查　鴨論人物并孫為志為闌
河事原太言爽之　不自胜横幽段切戒之之　梓出樹桐店又入廣　王鏡伯在杉風与談
田為伯翔其北川之相從与發岩語南舍湯與手遊君　傍晚桂卿來闊　入杉風山知
及與單詢伊跋姻山之年其凑之對累　編云刑堂話為于宴玉再四店飯　乘月归

十七晴。早撥衍忠懷一函，陳氏千頃樓、柏舍氏者帥函，話伊先生物故，乞招僧此之，乃書之二冊寄新或廣盟

賡三叩以户持輓聯一屆作輓詩，爲書辭不獲，又撰送吳寶平寓吉江三兄至日人將返京百餘里之輓聯

踞而儀對已先不得，無以報高且更危逕中艱之兵，另有向于閩之情恨，樹屑之歎，因作挽詩三句稿。

代陳賡三子輓朱萬庭

姜里壽未作之筆　君家雲南第　封君明崔時兵難先陳村返樓照四易　董女殉城見賡　王秀冠　王故子信冥和

君屋指陳　君將入仕遊豉　重上相悼以輕屋路　六老皆在　階寄生許上駒先認四子附日照服

電訊服宋山松菊完了

書成已申刻，舍聊赴未訪桂軒，并与仲甫雜話，去同肆飲之甜醴，住汝濤，將歸又外逛。

入後小飲，暢談高論，甜糕糊滿，頗倒不厭，子为粧誕来，月歸。　桂糖糖叠四

十八晴。皇患固身疼痛，臂中掣痛尤甚，偃以不已，晚撰疹。

十九晴。右臂痛尤甚，眠攝終日，神情頹倒，夜難寐，而倦痛不已，將欲痛未遂滿而疑，陳亭術（又刺疹）

廿陰。晨起痛未來，已旁午，剃頭，抵晚又頓，自念無信葉，懷疑不知，桂軒有条去为訂了也。

廿一晴。早痛似影仍在，胸紋不已，減半，從夜四次，區吐力，更難受，三更以大便通夜，苦思時向呈

廿二陰。氣西海中長，有子戎鄉買芒亦減園。

蓋近亂由於學術之撥，尚以民心為正，鄉黨道學今皆未亂，思退到家後宜仿楚軍團練，伍
先由一從兼具者為之，每一城紳富不准搬遷，境以外者不妨各家之逃避。利害合城團寓擬以萬夫助五百人
次遞減至中元義勇，洋二三萬元，存南洋商號。伯魯設量大礮六，設以新式堅利者。林紹銘一兩之中助你為各罪之
再請者各縣一百，城團各練勇二百，每哨勇目人之一兩，什長三兩，百長四兩，統帶五兩，此外各兵五七出伍傳以
敵黨辭課內加團局主隊兼人觀兼皆缺，限以十日會集，首議勝敵之策，避敵船陣。所採者立即
書名姓可考，驗其驗之。否者罰之，或如半用不實，錢炮不足，根敵之損失，當城敵在百里外，塞三門本保
營兵駐城內，選重勇費，客將罪及典吏，日助其將罷，日助二元，三典目助罷，及各房目以里半之法，以半年給
首成效，應載海防營兵兼精之日本採洋上海，博識結論準的與否，此中仍恐多誤，的在加宣於
相識，應陳奏。一採擬百里內分設疑點，存的要路理伏，地雷無數以禦之。一遇海中敵有傳伯應
將敵多少，舟十百者，晝夜環攻，或以木浮架炮，數人司敬，乘中流以擊之，以彼舟大命必千百，論必十百為
抄以數十金架大礮，攻之，而步橫其彭傍，岸致相雨，殺聲響岸矣。三更以至天明，歷四周齊擊，猶此十倍餘
之情，聯絡起而攻多，雖夜俄不於發作徙于懷，仍不自量，乃爾。

早丈來，子研來，桂卿來，為診子。蔚鳴來，王寅君來，為田乃。周六杭來，延弟子圃先生診治，方下，樵診燈火闌

桂軒來，四舅來，玉壹甥來，以手錢伯繙余不至，出來問訊。均一面，均診而已。樵研甫往

廿二晴。早沈地師來，望樓下開，然無人。痛楚支離。午飯半碗，玉未到，令行，嘔去，又後黏，嘔出，疾甚，大便出

士行思以為霜姑全去，而自糞寶林下，晝夜以佛菜六七甌灌飲，此常被而不見效，再加納氣不使出，半時許

汗透遍體，頭疑至脫膚，一覺聞雨殊慢遺，此為大暢，可驗積疾也。而半夜復相見寶日茶香。瑾來

已也

補登廿三晴。均記，桐兄來望。子研來，嘔尚不已。延弟子圃診，云胡十桂軒，咳三日，病甚止

廿四晴。病似少已。四甥來。

廿五晴。後嘔，澳吳植之來診，言請沈月庭醫，以為痛須用霜解參桂朴等溫床。眾兄達渠家

廿六晴。三內弟綠成偕來望。月亭來視診，健為痛瘡，附方。王閏為送洪壽生田帳至，洪冊壽四月未加科

廿七晴。嘔吐漸作，不能飲，可病根之深如此

廿八晴。病勢略退，仍請月亭復診

廿九晴。桂軒晚來

三十晴，薄陰。病少愈，巳中衡方起坐。讀《北史》一遍，自不動筆，未識一句，不敢出門，已十餘日矣，日食半

錢紱之、硯衡而已。　前日桂野送病論二條，插復虔丈人，并轉寄。

十月朔，作書發。晴。早讀晚月章，詩誦讀詩卷，食畫已用補，而力益虛。下樓檢杖一月，接陳寅寄扶往

附澤完乃記為亦舟祝，四錫初三卒，記也固付之。四錫來，借枕烟也。客犯四百，記未辦。晚，蔡書來

俱未坐未面。濟霑上樓來坐，并談戰語，有議以杯醉治昏。蓬大圓，更說心覺實字而未能醒起。

正晴。飲食頗精，力以持午。檢淵雅堂筆記書，閱目眊，殊悲，以眼鏡之之程，模糊如霧。

初二晴，仍錄月巖方，閱曾文正家書，修葺帖，孝經楷三百字。早，玉如來，挂杖下樓飲膳。

四錫來。晚，華大說，今年所乞曝家記，今年第四日已未完，不能完業。

初三晴，宿客黎明起為說。四錫七十壽也。晨萬、周、陳、郭三穉，丹并朱端生、陳二，夜均到信。

起，又來，尋石來，俱留飯。雜還錫后，已覺其勞。晚，訪人去，要以增病，歸與本樓去雜。

淮來，四官來一見。

初四晴。諸日漸佳，病未能脫然，但字整小動輒之，以騰家未定。寄七千三百，屬寄家書。

三侄男來。桐兄侄來送草蘭，錄私精四汝屬。早，幼琴來談，去之甚。

初五晴。早來未回，叔付一元，仲翁贈餘。

汝仲甫来知丑弟帽防鞋新价谢其煖梢询认乃印梅其处午后同往门斗巷荒老至子研

来晚为小官啧啧与家人争论强不合乃肝病也而夜少便强多小腹微甚

初七晴病体虚甚而足寒冷如冰坐床上为唐壶樵书寿对联四首未乞也

鸿嗜 周六嫂小朱门栅办其艺财五千来利子研进来询问早王阁男来谈侯田读早

书舞而子金者然不说余数言怯之去 往厅漆笔为绍棠画纱窗床心布二条 晚

蔼骏伯将来云王达卿之知印书舞田并知照今冬春利难付余为议谐 大为排解

来备至久谈六点辞房往访 达卿房 夜去 言度金保梅肝旺去口伤人也 周六四点以

对之讽来六不去而也 梅仲甫来以大帽孩子不合 吉棣未坐

初八晴早往王敏伯信令其知照十五以房本利归清之之 病中僵卧时多小便不畅

且避宋义君辞总是衰败之象 秀书不三两印烦劳眼早昏矣 夜往见出去

买羊寿街市供灯 阅邸抄 国有喜可点几以又

初九阴上午叶琛保堂借小本钱四挂青 静儿言其去归之樊溪矣故去家

晨寫字排悶稍久頭暈力竭。楚雲來拓副頁，申初子研來談。市中燈興，衡甫約衡山
新出，旋到心畬之以為勉步出觀消遣。遣一書二書而已。物罷，書窗往寄批改。二十七首
潘山處，無無甚佳者。共往邱大將畫園，偕幸尤者而伸入，因其彩色鮮艷可笑得也
新戲見諸班而聲最新，郭有佳趣一。晚到桐生，靜兒亦隨往竹林，桐生已備，無法語，轉回，史子祥
來，燈下，夜共入寢，病小瘥，去矣。乃出門，見廣店燈多而彩尤華麗，士女團止，久久上燈
丈來，耕山王佐兄來，晚飯未，旋四個來，屋四隅呼，晚十時一睡，病已力不勝，少飯，伏案假寐，維七
同坐，松烟煙，鎮此行隨利拉閒聊，逐向上方稿一第，呈輝，雨桐來，同六公住，見至更許，方
開，余以坐少不安，思時柱杖由此街處往店陸行飾店入，並蘭物忠，廉縉至陸，新店，未消
為余擬著詩歌，靜兒操扶以行之，彼地大觀如滿，神疲足如倦，歡喜，幸子研以一記，同行
攜取入門，暖，金鋪中鼎香氣息，僅房矣，久久上樓，深自追悔，安歇，不能支持，至子刻，始得一覺，以
少得良眠
本年 皇太后六旬萬壽誕也，早余錄其松拙，烟一角，并錄其一聯云

海舟手写诸纳出，识中外交起详烟，此以为特出画册云云。静儿检出赵孟頫

赤壁赋并横跋，颇难辨。又内兼仿伊自临写，余为其不必难形似，临写一种起伏用笔

向架一定，则字自进境，若分见异同，辨也。难为五种。至午。暮，桂轩来楼卧谈。

看余摸兄种及旧帖，至夜去。

十一　晴。午前看书，午后仿刘墉。延桂轩看其烟盒，并赠其节礼物三份。不到庭前修花木，三年水

润枯长。以笔稍修横取，满余暇整理，乃知作人之谓不实，际而欲早洗脚，中心如焚，摧堂扫屋，天雨

再不能庭。雨夜体未离，有雨未觉，余深自懊悔，思以十五岁后终静，会于虚，述不知何以安置也。

夜呈余无力。

十二　晴。早食粥。屏石有热，见训义录，达到佩了，议写本县，但余即来问田事，余仍令

来中等即速去揩扫路云云。午饮日本，医生来诊视，方用东洋参、枸杞、菊茶等，余以此宜

不服。寅会周六上省市，会庆九画示并跋，与读书临帖四百年。

梓甫夜归，二日人福灏于收旅口逢先对，[illegible]温近盛来，李天则、京师实[illegible]寿矣。

此雖小挫，而甲兵無損，已成勢矣。小有智力，勝人多矣。若紫雖少，此傳局也，張切於要。

十三晴。雖未必說，文未閱說，況定本未均同，飯後保之，惟地方以手標限，下卯完納也，考古是矣。

讀篇三卷，有三未讀完。

十四晴。詩帖三百字，作致姚慮佳兩箋。晚子彬來。

十五晴。詩帖二百字，閱志異續編。晚夜靜有歸陳說市縣物不給，大動肝氣。寶生致書因歸。

十六晴。過十月朔節，靜夫去市祭品，文未完代，富莊怡又至，模詩帖六百字，四鄉來少，甚寡。

神祭祖，已完。喫午後，極似佳兒，去王橋上叢塚墓坟。華夫來看冊。

十七晴，早起。黎明起。早飯後偕金舟子、彩麟、錦文至，午後挑祭菜。行李二糟六借到，去定。靜夫、兩兒先僱舟

至廣福取帳，市差王綱等下船，開行菜羊舉舟塞，雖少忠佛之，僱雷橋下泊，上掃先祖以下墓

兩姑祖以下墓，往良松楸，悅無佳況。至陳之坟鄰取地租，以之至他去付之。信靜夫上岸，又開船

至市及船，訪王鑑伯、陶朗至東，匆匆行。至芦長橋，着飯，同府市萊抵王橋東上坟，墓次

蒼綠四野，前嘿祭畢，焚帛，風捲火熾，一坟換佳道，開而飯，飯後仍說朕向四卯店將由

访蔚骏伯，见我谓伊已饭矣，请余留。见长林、瑞林（长林并妻携子）作游，乃待久，骏来，数言借同至东乃
至骏伯，伊因子病不克偕（此皆枫田中也）。与骏偕登舟，有一浦姓，祥钧店伙，开船，敦全子（至金石滩骏伯
已登岸）。行至郑家桥，已夜，便饭。月明镜水，云铁尘俯，归骏伯与伊从之鞠说，颇不寐。宿舟中，枕全
石塘浦上岸，至蔡家，洗余舟，向至高家浜泊。舟子言询二弄，作往市，晚市由余等见骏（骏伯年七十，精神甚旺，可羡也）。
十六，晴。微明起，大雾。至后骏伯先上岸，余与两男打叠盥毕，至该处生意店居（店伙姓泰）。其处甚广，腾行至其家和合御
询其祖坟，游移，乃请借人看田，称外别持东李沙田四五亩，再看至大盛庵，村西至塍田一亩，东北事田一亩，人[illegible]
八分大路，横其散阳四其后，生冬之大溪，询其见金价，虑约不归。伊一味游说，宜至抵转，余不可不愤责
其五六真约，今至不顾，缘西陡湾，洽田推托，求价搪塞，岂有此理，素恨而责伊。伊从惧，骏伯遂解劝之
二十日午三申，到成理直，决之于此。约余以舟急归，且看其家，候待以计之，遂下舟，至高桥，又乃沈□浦□，遂同
收其旧我也，至金石滩，骏伯邑洋案事。米一斗，舟中煮饭，舟子言此处买菜买肉，又言三四百，不在则参粥
之后饭，骏伯来郭家二桥上岸，又余舟向上，由诸小桥出西门，归杭城，已申刻。忽惊之，溏昨询任桥寺
候，今由布掉失约保回。令两男往余之房付舟金，并谢达塘，乐与细弄，清知子治已刊，手[illegible]

溧買米出城送居仰笙一談遇朱梓欽邀入松鶴茶話可拜之寓所鄭介臣之樓但去以南城但
故送范四伯吴萬裁來石帥入和張大臣務岩說段某帥再捷二數且保閩汝方之合城洩之廣我報云
旅順口金州不守又云英貴兵六艘至舟山保護西京以試倭倭有南面來其勢抑屈之和戰兩當行
但已將封達可根據之言但達於痒飲食七六佳書以以　三更睡知靜兒寸搖尚不行
大晴續靜士將大公半至年發闢錢付倭之抵送寫時補日記　王研來二稿來　送朱梓欽周孔怡
二十仙雖非的嘯今年舊夏秋芸早農民播耕于田半年之樹　秋事收上權斷識諸山城人
不稍作北供糧于洪灌勻北雖未可謂至若僅見而　國家為救酷寡鄰國至于日本向戰而役
猴島思匿既沒虚有真蘿王陵奉食我蘇州金城鳳凰城逼近京師　郁士向言之戴先生
兵家而海間空耗人心思亂官員既不刻志同武耽溺為事無以安民畏懦操陳季庚北歸云
官撤還都使館恭郎留守大臣米注相向城以行事雖于擬行東華門外日有日好大張告示陳糧糧
什有什中雨下思知殊為杞憂鳴呼　我輩少遠無見今州縣年後遇此難事御頑石無善而協之為無衛以贊助家國深
我國近來國循之棄目前況沉好嗜煙淫巧偷惰財用以匱官不為理　官以不求實諸炮火船

械書以致志，以籌十分周到，飾之極讀，莫敢異議之過。第今以後即使勉強勝日，或再和議，豈非一起而為難乎？安止一日也哉，甚為危慮。

晨到書業街，見史等出廣店，付洋四毫三，合贊與劉翠節、青甫、証陽去，來至一兩花，空市而返，擬續讀，滿年樹人來。請鈞翠偕作議稿，同往錢氏印書館，桐廬桐廬，述安細布，粗粗狀，並知郡人士之議，執而笑，而恨與之怕。市離歸，二時沈仙眸兒，寓出，寓王阿寫作梗家，大生馬修飲，大告乃將談田錢，但半寘家，善國聞書來，到王同與合議，再生至修田方復議，再三過，免下月某向先川量，伊南西細粗後再行立契云云，久之去。

夜身尤不適，又擬熱，精神甚減。

廿上午修書，晴，晡細雨，夜雨。大丈玉堂少眠，雲寬之事，修帖三五百字。予研未閱，飯余身又不適，在腦眼作痛不已，至夜人極疲困，惱悲，時作渴，無解法。送孩植卿婚禮，朱訖，李母陳家禮。

廿一早雨，旋起作字三百，前聞念了，痛亦未已。

廿二陰，修帖書錢五百字，發四橫等讀等。十八新來保前來，借錢拔乃完了，樹戶四上，共計元四一文。

夜腦間況況作痛，點一齋垂不止，根弱又傷愁，躊躇歎請。

廿三細雨之後，繼之以晴。梅、桂行，自前門出，奈店來書，談後，予隨用洋一元千六百，淘去了，余未見予欣一面，且杭欽分拆，本大且以戰了打束。未必能成，余病又對出，中來後一書

卅日 晴 寄石四梯 仲甫 条語太帽刻程未含乃仍需二字 又去
薦董 景雲侄来 持燈五盞 函一瓶 乞書立成明記京書色布 色常肆号 開設蘇州大西門内
包之多書居细 翌来 説及桂轩 訟推 假開新市衣店用 徐 印店人 切筆 統合
房奈携料来 射云云 余乞其致謝 桂轩用 得乃語 久李菊豈 摩挲古玩 閑玩古錢 上下 上之
對陳玉鈺 患病 發乃 悔

翌 雨 早致 仰翌条 雨送 茯苓 孔等等 寄 致 閬甫 扇 信 怜卅本行 為立成 寫 牌 年内 為 又 頭 痕 何 書
嘉 根来 言 借 表 贊 四 情 卸 墨 再 琢 借 典 舊 合 抗 升 又 西 每 兩 日 核 發 為 告 以 有 房 張 乃 懷 款 而 有
力者 立 難 田 往 不 一 頭 封 僕 衍 困 相 傍 即 四 一 為 乃 件 集 乃 待 其 人 不 乃 得 閒 其 要 呆 木 果 下 不 知 何 以 得
乃 也 恨 怡 我 乃 山 中

共 陰 早 接 廣 房 奈 送 李 伯 榮 札 州 送 張 柳 成 勝 札 北 接 仲 甫 翁 麻 言 此 弄 情 理 託 今 之 乃 廣 之 換 擇 不 妙 人
學 雜 物 情 其 知 我 採 舊 選 筆 刻 舊 什 張 乃 御 恨 語 帖 山 乃 字 来 序 也 来 論 之 鈺 豈 一 查 跡 贊 法 乃 稱 恰 九三日
乃 与 借 才 平 高 當 廣 出 筆 四 元 四 蒼 粹 夫 今 往 兵 拔 俾 其 明 日 驗 稍 之 出 力 上 心 者 不 忍 乎 未 到 大 米
久 談 借 去 到 廣 知 彼 據 還 任 設 于 家 乃 衡 不 来 六 與 道 朱 神 書 樹 人 衆 仰 翌 稿 筆 仲 甫 帽 找 前 帖 至
同 晚 膳 後 桂 林 筆 一 管 要 拾 四 夜 送 四 出 不 十 加 吃 力

廿四晴。早剃頭，出到店。中出，隔店乃云昨夜二更，店對門有警火，篆篆成災，開之時擺出和同祠前回店，飯後入
恒裕昌戲目，如叔生吸烟，二點去城隍廟看演戲，班頗好，演小寡婦、走麦城、玉堂春及蝴蝶夢，請劍余坐
吾樓看。請兄仰山請人一兩，回店兄手淑與吾桂軒往，并說及等蘇鹽但到一兩，夜入席，于席次求程
瑞生賀一犒六人一桌酒菜，約半刻，初更後坊燈，但道遠，竟日人一點乏倦。　又付素峰三元作回價
廿六晴。早至出手三元，下淑珂聯已在俄留，把二點談，店前人手辛留以及店務種種，搬樓細談，食燒麥，偕往共謁，金又余
付鈔，剃由後街由小杉橋，訪到店，珂琴等倩寫合同議單，四府怡余亦同爭，因瑞多了午飯之後同吸烟
二點復回店，珂琴說黃豐已與丁益大柳鈴再說定五十石，价二元三五六下，回手淑等原無余見之說而貨係小東門，余
不合，北走訪珂琴，又出內空，住三兩。桂軒亦在，珂琴係代桂軒用，不諳因原意，于手淑請久舍吾之往梧儂
姻詳之，余之廣詢子湘亦以欲不做辭。夜棠家來請飲，余不往，以路遠力不逮也，但此赴席余與桂軒
諸姪，伊則了歷亂竟日，精神略振，一睡四鼓。
廿七晴大霧。早珂琴來倩書議單，並陳說黃豐手做一切由伊主持，伊合三家，余領之。書晌午四鍋
來付豆票，乃係小東門同泰給票五十石，余即復洋共數付三元。余留存院，小東門不合，又係吾買
存實樣四今回換許，只晚出並與書合同，附股議單二紙，去南欣

午後王二官來，余出交議單及應換豆票與幼琴、紉彭、友濃，到少間北行恒泰同泰一坐，云太行

李陽鄭書　御笑店詢使少帝貺以雜詩未竟　与丈三兩易一三幅，和添与羚岩仍欵四店通楣店

遇陳祥還其家，見大漢璧玉爰，係紙押十討元，因論樓上食，不國面辭四家

青坐隆附而數題檢（大台）孝經跋（大）小楷修一百　陳神道三万字，条取唐碑我桃烟市兼舟

少軒先生大牘

重一陰晴。高李丈來，作李（代丈）跋，清信往物静安，爲結爲作字三四百。曾來刻書傳情，我付仲甫内

語一切重為笑。飯後年对談意中盆樹，拜钟指上樓，話久之。令至北一坐，廣生余不豆票收鐘地

和土刀年南花祠市羊閣一隱，計五斤至拜，隱前悦余智由樓北道（記），相見，因道契闊，又不庶堂，報印撥

羊兩性多殊倦苦矣　施保春催地丁，付之元

重二雨。臨李伯表二百字，陳神道碑四百字，作書信未竟。有三來，留吃羊肉，味美

初四陰，微雨。寫才果共領出。臨帖與昨同，錄日石考跋四錯条，先買市孫仙啤共充本。陳少聽母附日以千兵

初五陰，又雨。仍臨帖，楷書二百，什字未刻。有旗人王金保叩門，及延入，又有四官來往射箭處　送私不受

壯楼楷

韓夫延入西廳，為言祠中間通廊後有无一有，乞為商議，余愧焉而允之，許佳

既以芝貲格于菁画，而格唤多以看错人，又不善经理，且阳为善而阴自闭，去年金仍余积，大可笑也。伊许助二百银，余亦如之付去。我绑御塞扶一王于此，实恍无佳况以起，况实地狱，去年又上楼，我先许临年蒋筹由画房，见洋见于云，深雾米归，对于藉悦，疏未伊借去，余与子淑泥于元旦，余将钞杖到店，看报，北军拒受，恶严幽州已失，西逼山国，未便辞，言曰镇远铁甲船失，为于威海兵不足恃，将无长谋，而为长者。且痛实深，体太矣。美税司使璟琳法日为去人调停，不实，有清为答北洋帝京，焚焉如焚。上灯归，月照雪，稠归而徐饮，三更不寐，然至早起梁侦起如古。

初六　阴。早以心绪不佳，出，祥源后三鲜面，又广与纫翠说市情一晌。于俞锡店小儿出名铜小炉，又马三四、阮坑物诸未佳，即出，还还。悦余四伯归，作书，楷二百、行三百字，细细不觉疲矣。

是日为吾母先忌，故还归。还见饥看生以二十文得一样桐，尚小，就夜不致寐。

初七　阴。懒怠不出，作楷似有进，行书则有不能到，实笔欠取境，竟不易学到耶。孙劲之强去家，送去喜，伊为谈，除夕赴也。

初八　阴。早检手细而案头乐府为手帖，识帖，又检出以侯点壁上去作考镜，题名三百八字。桃烟余写字，为昨日课。五更午前来，谈诗法，程一庭并为午饭。茹宝生送来烟，至公往焉。陈以枝公来，静兴去，又送去，午饭。

初九　阴。以昨夜不寐，未明起，以砚岛于树程鸣考穴、二百岁上三世悟、银四两，余上课于周耿堂一儿

子兴又至刻店已布。蔡子云偕悦来至印书社同茶话，伊已印诗抄三洲陈老广来西
日子樑子云来，请谈长久回店已饭，呼子云过谈龚吸烟，伊说悦斋物与余说花糖来至西店
余过访稚书市芗蒲照一张入和济给款供其膳用，余乞其早也。又市印画一叶，市和仙歌三叶，向店涂
之诗于湘北昂亦上有也，不至。悦斋来赏物，余不速，物之赏揽旧称莫穗收仙呼回，又浚顺楼大有磨印画已夜，沪饮两
再陈大厨云宝生欲买舟事，拟中保真琐内子为余揽序。施栗珠挑来至
初十 夜雨。早读中日地理图。已刻丈来与谈，至午始去。饭后至院，稚谈悦失便饭，午后剃头毕。
作致蒋性甫书，附西夜函下款伴山谈，已害于格头痛因去也。又书帖二百字，印镜书之广店刻
竟王宝不见，盖寄悦来至三河局次平，见印琴吟村房馆，辞之一观，作函寄吉赏已雨，偕其归
道佛睡矣。夜陈二林来过，会二方生以其家悴残，以卯日之其父家俟之不能去，客文过夜，借余扇画
二更来陆与同子谈我
十一日 雨阴。写伊五百余字，特平。陈寿卿来谈，盾及子寿烟至余议局，以乐聘者以少金完姻，已门时不谐，与刚汁取子寿师，雅不乐，亦执物张昊西渭书痴之见，难挽救也。久之去。又胎驭数十字，夜酒解去
西文八字及书报。宝生去
十二 晴。读佛五百字，夜书帖作肆书，又检蕃花画图

十三日晴。作書，係六言字。達卿偕孟謨訪，詢之只書楊扇一面百許字，留飯。禱植卿來，因談書事。余上樓畫
董神遠一面字。檢畫看，挑帽，付條扇帽張老情，又積祿殘黃庭經趙古稀時以衛子美果送濤仪
董生出夕陽歸。夜甚不適，痰嗽又重二兩，徹夜不寐。
十四日晴。補抹坦圖，照用抄寫之。令王七之坤來。晚到店，說年內西楊將藥照生扇面，忘記失落，恨晚甚。
不得心閑不著急，此實之大病也。近來坤山等店只信說，新歲月初起，日不量粗云云，與子雲北山君，火燒燃不得離待。
中根不至卿店中，而笑嘆趙筆歸。夜為腥覺，請書米食。作畫仍歸。
十五日晴。已刻綠成美倩以尚扇楷書開之，由圓聯表開，四元不易得也。臨帖，看壽揩依篤，舍故紉頭頭，市年
閱芬竹附卷。余性靜之館，剝落有怯座，所粗此戶封刀鏃，不剔至清出為。
十六日陰。黎明起，在書店逸到店，食羊腰趙北子和信所十元，清懷性，移以堂，至桐兒，偕丈至坊，應便書已畫
來，話及蔡靜言昊寓鄉伊今十七歿，去年亦後也。身後衣重返家，秋莫二樣，夜寫生花，[illegible]千已聚二瓶為
六歲兒，將真小乃甘四歲老境區。子阿木印圖來云，沈惠生往諧芸將相地，拓看，附余以能加和，則一瓶備送。
見公羅論云云，將夜將小盆卷市售物，因陳肆珠開挺与施二元七七，城中審畫者年雜鴨湖居。
十七日晴。早餐剝葉，說帖以緞竟，使之石皆寫一摩，費而盛景之午身倦，當病手汗，從起中刺收菜
出，十地遣沈惠生來訪，合之北寺芝茶，仍以借伴為說，而桌則難以先付，告來告之，少問去
浩又臨長談，遣孩甫遣丈翻畫，半二兩二錢。隨葉又石陽日坊，一[illegible]遣桐兒寄大[illegible]

识。栅中寄字，语多多，出到店，知闻贾倭锹迭寄，内已拟使倭，饷与日本论和，了无行。乘夜回
夜皆幂周身围屉殊苦。三更后风狂撼窗，宕忽吹开，转惊觉。
六 阴。作书昭贻言日本议事。默默楷字。吉所住宋者通即复之。又策璋挑烟。又致玉季信（未寄）。晚风狂
大作，霰雪，夜寒甚。
九 阴。早临帖未半，丈来下棋，谈苦境，屋修状作条，信致杭府将军署印务家沈耕伊表
兄托其荐。郭兄有函。凡三局。午后大不适，偃床呻吟，不知病由，而腹胀少食。出到店，见沈杭生子
家玉季条与四侄。闲两日中拓碑有三。适闲小捷，而金懈风竟岁岖，赠绿鹅帐请家假出为人质
频无不竞，此一节乃之惨已。丈与和云议，换店居，余言太执且直，而恼数以作切，留戒之，吾闻了仍决
理争，强为悔悔，夜归不饭，而精神大愈，即书健上棋，夜夜已黑色急，今日午食作书写
静之谈，拙印条馆加冠论
二十 早微雪，风通白，印诗写草语，改楷书，本家棋白以中刷，申分寿，未阁，荒达，接兄马，午后又雨雪
积乃寺，桓寒，摧炉。闻东楼小窗看雪，近树远村，雅淡极远，在烟中柏大东门树，高大如擘，攒状
廿 晴。早阳曦，积雪澄清。作书，看帖，下午理旧藏帖下，书仰父子洛四帐山水款，书踏蹊长
佳画，惜未临，既胀，暗，未画荒，而云墨，张店且远，常前谈，破易今玉门

廿二晴　黎明起　步健出看草鞋到店　匯閱洋一過　某所留信与鄭木匠議留縫俟信市書桃

等於水仙方　今將全付伊出城開船　以解水序兩君累也　不以唯書原易達我家一函訊回店

飯　入法製妙爛　過談人談帖新色菖蒲　招留見回談記與屠丹　年老才詢陳周書件出城

理店務　續申刻之桐宅長談　見沈欣夫幕僚　兩家為子婚事　繼可張夏生陽中歸

謙若相弟去自金陵歸　仔情况未濟之間　向不請弟府只札屬為办理襄助伊師汪萬南昇閣

乃溢　劉坤一方之北京　均失所依　旅如喪神　此次似為遠之為　現在戰可方殷　專心為洋兵事　繼十大

如海將虞失臣　而前瞻新將何鹽洋招募各處　殷實之一家　孫行理為一歐　而以地大物博　南洋

數州書有要區沿海要處　不能切要　放一垂漏　勢成瓦解　有餘智力之人　無未免執拗一些　精力幾何　豈能一一

見一手足為書千萬人生　吁　潰壞無形　不可立而見矣

廿三晴　早為四大字　店　海寧文人厲分開去成信記布店　請也　乍坐玩怡讀畫　姜綠户先繡川過　帶共和　共安燕州之

燈後　夜三更睡不寐　看清畔閣足臘手繃紀略　以遲懷肥中一宿為殿年應花朋

廿四晴　早甚閑　看黄葉自妝之而已　作書致王麟伯　詢其門住收租之否己　且与朱向其省行未刻　文詩桂軒

去先至李宅云齋　路信与陳仲甫談　少時北门手小園地　拾得一梅錢　到店見茂又文至

往詢芝軒扇舫備述墨寶見長素林之垂具欣有石匣很福然均查告知其家夏姓藏
近坐了畫三九年已行道宮莊升翁毛政等少樓廉因出見述十年前手之懷初其其宮作
之鶴筆未甚熟任置亦不見搽少向有一杭人來訪詢者來求人物扇此直宮年伴弱冠
匡大恂以左腕筆法氣魄雄健惜少未能求好學加以年歲此子可畏也精數乞予扇冊
并出自一種山水冊以玩之甚好惘亦推為予山水書法余亦快也去匡恂評一過四店抄快去中振
初洋汪口有失南上之整之而了徽杭信尤滿之寸中無機之不服人心之惶甚大臣之寡識時局日長歎去
也德信寸了下國等俊飯和安精娛歸　請論詩書信吳僅餘　三更念李桃泥太多行為手中與
芸晴剛好　挑烟程飾大字致希渡漢　贈作五華時到店至夜始中拍了盡書其家你閑係
復夫一語市歸歸　往問信不至
廿六日晴大霧早食餅腹脹出到廣腹痛而訪步叶　恰新與祖嘗語詢舟程步宜宗椅寫
調梅至發大云發之佳侵儒居須以路崎嶇且遠不往而華之一舟回見李源寫壽蘭與居義生
用仁太等為路巧大事執居去余雖不同見發之已益印告男而無開祖宗之一舟詣而之入席飯畢
入座焚吸烟午見孟三多等語太之祥雨麟居見之已精鈑適出至一枚乞得之約借之此適宮去庭

袁海安作画幅不佳，因出所藏玩，坚傲斋谈，因之入墨室，夏子麟、洪钧书、吴梅隐、杨小楼及伊侨、小岑山水花卉皆妙，又连（太）斋则看倦矣。冬之令次其入松风茶话，论画指实失。伊墨卿斋款送余一二件，余谢之。周佰浩来，不与细谈。四店一刻至德下，入快雪，获果山舟联不真，陈氏残帖西昇经（禊）东方湖画赞、王楷帖皆佳，最后原搨则十实实之至。又石室，又见拉葛石经、伊著撰陈余名只壁，正人屏上名手花舟人物绘有佳者，未能记其名。于见异卅，询之乃外洋来者，绿翠为窗幕。雨叶松针，至德行一盆，携归途中，咸不识，诧焉。书僮来，借画二三。

廿七　阴。渐暑，至钱蒲一致恒裕翻解一碑，又石诸许久践璟地，又致二条，又石孔书借，自觉有致。昨帖四月廿半晴，出南街，看骑马，少不驰骤，为武马不制耳浮。申刻来，在与健儿讲论书一时。

廿八　晴阴。未申来，起日出卯出，鱼苍会集北至广市，鳊鱼稀，最知荷叶鱼，颇得以子美行，四野可，又市。黄昏约赴快店，稍安憩，陽写一恒裕一书，以旅馈于叶门六弟，书于子研还，登二知邮片，为赠官册阅视。抵寓，夫在国言种种，留饭去。寿四师来还画，不值，遇诸途。临帖，玩画，晚步城头，眺远竹树蓊翳。斜阳归步出致。　周六杭西

廿九　晴，大雾。周六来，手砚来，瑛大来，颇酣畅，至二鼓。待玉斋，畅玉来，刘来至。

三十　晴，甚湿和。早食，微惫，行李租具毕，待舟子不至，久之去，夫还于地，来同四支，待周六桃

偕寿静儿去，今文之以待之，未知店入广店，挑烟辨米斗五于后君市内菜蔬牲，下舟待久，人玉及寿而舟

小人众不能容，心甚恨。登大之疏，册于各弟和尚也，人之既不能适，懊恨而事既登舟，只于静弟，乃问

於郭居君。王敏伯属其同往伊，因风水查不明，约明日携小舟来，而查之清，其代雇舟已定，舟于快哉二

里桥，辞他，就我之订，期日正，难以速。往日为舟定，玉存此，敏伯玉与借乃饭于弟舟，紫英亲吉同之谈也

亭刻闻东抵金石墩，市肝犹可闻信吴宗与寿生内前呼之，去几识，思虑杂宗。及夜，敏伯来往

谈，宅大及余，静儿同之往，舣二舟于共八人食，同鄂张大。夜北风大吼，雨阵阵，少寒，人人惧雨雪而雨具

不带，为虑。玉眠，雨止，风仍狂。　沈阁曾来，玉谈甚，权陪而后自假便脱，余不便，偕和四时

十一日，阴，阴潦又甚。谈寿生与南之租田之议，中止，而议加利。去租谈后，及宗闻其，去午未定，知王敏伯玉少久

来，舟令上岸议。玉平直三谈，友生亦旁劝余宜议田没绝，去租亩八斗五升，以荒歉减弄，以米十二石还租，而

今年自明议加至六月止。其悦陈吉拖欠，欠元代华竟。夜找父元作中间销，定于亩载米洋送城主租契，其

三十千内许田赎丈租田之后，一千零五，玉束劝田四周，敏伯将舟去，余舟亦同此，玉郭家二楼，已夜，舟待彬

换措棚一瞻，抵郭墅，厨已知，又令静、同之上岸，饭，鱼，君，太宜适迷桂轩，以为奇，逢法之饮，二句谈笑一时

许下舟。　夜以寒寒，静住达微作中

初二，晴，黎明起，市鱼，辰紫，法后，敏伯同之，次与钱入朱樵去家，第宅新整甚坚，傲轩英大有富气

廿二　郵鎮有如是巨賈華屋而達衢𫎇先來叔周六呼起之見張其山苑人來偕小作茶葉行化一片下舟
達衢未舟談久之開至塘橋使靜騎周六至棗上岸呈張林林材租余与丈在舟只閑爭執至午
春光筆米一百未告余擇全不然伊佃作主使我北地先覓便查飯后畢收桐之時午偕之周六后下來
二石余恨恨不應許肩騎伯許代為交收後再告張百不踐力慣鈌之不知其林材縣玩杭州以為其填肩
只与丈上岸田家以不便多人　至郭店茶与王敏伯談之知照一二並娄伊余打談算奶以減佃作工作委把
伊爲解乃權術以快之耳　久之与丈兩人踏川十里許到城一路談撰家務　及自信狀不覺其遠而照路之遠也
福大橋來店一息至魏四店一憇　遇子研公川入和保一同熟山石號則又酌大快　到廣店一面報公人之茂餘
自者餅巧熟友談種種　偕王歙麟花鏡山齋　飯于店四爺兒同　至女在宗逆要同腹飲　夜熱之實難休
甚以被係大棉也　老年以厚綿爲暖　刻之不宜鋪矣　東花鏡至四更
初三催早理爲予煮熟煮之花被以送丈為快　丈在一晌　出煙光肉入煙桐居綿國之在閑暇小書已不入數不能　談久之
甚早到伊店拂今市米市兩五十斤肉余市一到店吃飯對門飲与花店往入情談与吳松等往後大快談出之和保路
樸与熟山石定議款　在二十前一回敲店靜去回知共收七石口一元五款王回家未至一刻王退店同喚大議之
深租以中七又還熟租三石六斗　定初七去取錢　初八与至申　返城也而張林材佃向當者則會對抗玩耍
備少四斗　騎佃許取還之無奇餅　見王敏伯令大松風茶館　果一元之　詢而去与舟于結帳共付一

至宿見袁次安、徐岫雲來　談古音甚健　岫雲明日行，故比余爲玉壺一冰詩扇，均之之詩

而數劉古見留，以硃訂而兩大冊，頗謹嚴　夜復玲與又琴書爲解，又爲之賦之，今上游海上

每上日上樹矣　夜論租稅事　而又仍我我花銳云

初四日　晴。日出起，書三札，一致玉壺，一致伯承徐氏存葬地，今伊來一致岫雲，使老蘇去郭存一致駿伯並以余一本

昨細達，我補畢，否則差饋以菜魚梅等　授老蘇去，去未到，出于第八號，遇沈榮甫，適來訪，因偕

北又過袁次安，乃入北道室，示伊所繪《蓋三琴書圖》，尚佳　因與榮生入松風菜館談，大快　我手將自做炭放

鄉來訪求助借金物與此世面慷慨，蔭爲其裒目，與乃以款難成一再，到白伊意望余，實難于轉圜，乃之次

安又來，余之廣東十七號，詢袁北門陸桂向海于國見松石將李串，約十石口，松泉日五斗，以託余完一家面豆以未

以糖米完存，番米十店者，蹉跎，尚能托多又又矣　又以多住四號，四兄郭瓤內，要見玉壺，未知之在地

自歸，識月，核定陽瑞矣　夜與玉壺書去，存該，陸細駿伯處，四我不及四斗，玉壺地以邗，不能入，坦不諧

初五日　陰晴半早　使玉壺於天竺已刻去，午陛，徐福數與岫雲合一章　袁翁云地不諧，不窮，古澤可瑞

翻印蓋自書，淵目錄　又去廚西，又買費院，翁節絕　岫雲去偏冊，占均以留時仍去，余以晚

未出其地，皆其墓，翁嫩地，薪繞樹，欲而而歸　夜妙花觚

初六日　陰　晨書　理葉　廣灌寫擷萬宜本石閣　以節去痕未開蓋　胜臨二百字　閱舊抄　檢廣衣以後

日記款子研未看見閑少示董玖桐鹿香僧瓶朱浮屠也甚亦顧嘉祥物同說一面北走店見千千等
真亦三年所可悟言庵記並蘇秋棠銀四件秋棠持遂時已上燈矣 蘇宅生未工作
初七晴臨帖鈔花鏡玉年 與未刻出到店訪又石父子不遇入倉關將到店知玉章已到 之閑倦知四方進邀
法可照收發租為我但清余法未半日見主杏知四府寄天已青夜即歸途中檢閱六八回余
夜校時玉書來時君閑得詩明收租了
初八陰早臨帖三百字鈔花鏡隆緒申出遞米千路去玉書已同丹 晨料理雜務 至玉店出見北玉以賦
同玉廣生飯書頭租了得我米蘇縣伯代交在付陳丹之半書取收在神主 印遠家付墨寶[illegible]見年
兼見笑 長安方宗瀚 亦書山水[illegible]伯偷弟子國[illegible]諸曲書於亂石堆宅先生又石松筠又
又見四出觀海上名人畫冊二三十幀內僅墨册田指少人畫厓擘山水人物內者墨丹佛子陵帰隱
精逸古厚情之氣生真不凡 吳清卿 所貴又鄰 猶及鄰平格 茅鄭鐵仙皆佳情兩
又走收一條其名也又出大笑墨佛交古秀蒼諸一幅去付店 又買未回汪一隨步滿雪歸
初九晴早出到廣見留叢居留之居所其內了實端來進程瑞林知來帶到樣新租錢出法[illegible]年[illegible]閑松
帰去車牌十日收單兩未送至蓋到來代完以羅度店未償[illegible]許文為為今[illegible]廣店錢[illegible]
過烟見去盾之 許叔卿等共之更之姪不願川往入大笑上向堪諸[illegible]與桐兄謹伊清范宗

夜雨

初六宮仰在佛宅靜坐 彼夜膝居話

廿日晴 晨守可凍果 訪宮卿 談少頃 伊聽車回 予步往花蕃靜候之也 北市觀魚 到店 北出城外 閱價即攤

有一陳姓翻畢甚談快歡 因以四百收回之 惜乎里曲雲桐先見之以為殊絕 四年 夜未刻 刻計 傷風昏悶

晚主臥 衙與 府未作 設作 局校

廿一日晴早 赤秋作字 捺以兩扇下 又寄信錫山 讀午 後以洞帖書之 店入城赴店又食麪 城外花陸向舟卿

約明日同入園 詢請入市 鶏子店 齊分兌陸山陸 以銅盤八一千田價錢計算大錢帰

廿二日晴早 寄信錫又讀 晨出到店 轉出城 訪梓卿遇 談逢入松風飲 雜說 知四洋已到 付店五十五元即別之相

偕又至口橋與四珠洵法來候 攸相圓同宮 雖孫林派與柯之宮 桂拜作日有占米利市之 此每爲絕也見年

老又和園詢杭家出到四店飯 市書畫件五元購 卑文法卷與子生長幅論畫性格及又復小飲市樂

歸店知梓款已到 付店梓兩款洋五十元 撥四五元算六十洋 同店中和入陳氏坐平些 庶見廣云敷而

孫夏孝子梅安見說沈建見地了伊抵已百元得歸 伊以伊推余以兩相設伊之年四十特來必請

又見錢復來募捐 斷之言 四上稽宮生法此種之日已嶙峋矣 三更問陳鄰大感開然知其平生

邀世繼而哀言注聲而已 又問廣見大物間未捨其無賤 伊家悄然一偏宮微愛且有

新婦稚物安 迷述此家定矣 一家不保生也 何以家運也寒乃爾

十三陰多晴少。早，愫約祥卿照崖，到店，後訪艾家十門，偕島同入法利茶館，余帳碟因立周府

大生號閒談，被談推人，桂假余送酒與錢成也。回店，唯市菜，買雞一，三角八分，又糕開席并送去。魚價倡日旧

途遇笈號軒，說劝廣來，以辦借雜云。一王楊大兄又琴，小葉亦同往，歷余櫃窗涉少閒，入談，寅明溜去

皆帽息余去請兄，壁今居旅，以裸為修啟，飛湖一家，為團結合群，從也。況老母存而年初四，即刻

前子生卯，慶說平易，策士無業，呼酒共飲一甌，即辭。午後已敲，伯先已謝，云出鑑令書，此至坤

三人，劉來無陰，請劉家，六石存廒，六石米無廒，少四升，且說其種，不恨，即云今日尚立契，又無櫃，書些

稱四宮就，于廿二日偕往中來成一無正。知大人來蘇，知店，與談明年領息云云，甚欠敬，坤先去，舞

中漁根條去，四物不來，雨條。丈來，去辭去。 三慶請了二人來闌來

十四陰風雨大溫，花同雲家畢，有雪意，終日不出。料理賬，修桑書，作字。三慶等來，申午來，已在一刻後

五鼓平登大飲，送孔心，僕靜去，早以蘇將來，余作字三四小時，移在殺兩頁。 傷風不已

十五雨雪，氣作，少坐，幸廣來，已去。寶慶打牌，寶生亦來，亦未出，午送紫去，余說與家人料理

諸事，手抖，腳亂。 傷風甚劇 陰慶先生來，僅宿焉。 桂笙亦來，談片刻

十六雨雪間作，靜，大開方飲，傷風劇已甚。桂軒二鼓，陰雨，川飯，席間陳亦作許，杏林封二元

語渭溪，詩人難出，間語渭[illegible]，上片，無了，甚少，無事來，無種，廿餘[illegible]

七 陰。早晴，有雨。具書三三語中外大事一一。初琴來留住談，歉利遇，舍于底，當豐利，若不拜，和語然于之園，陳蔚岩知林林初已到，而談未集。余急極，呼林林率于園，叙久之，回店飯，于往香烟兄一大瑞，并及至家，所借其之手書。園閱之。秋甫兩生一談，事談後回，便以雅不成，崖而風雨息。中表陸之園，林林仍不出，三三輔清家亦不見人，至園待久，因接竟蔚岩來，而遂本鄉，夫衛待至寓。

利

八 陰。大寒，硯池皆冰，竟日凍雲四合。上午周芍卿、蔣驂伯來，陳詒侯不至，相與余深談以積以雜，閒一頓之，遂留之飯。去午後王四借來，中方特庭知昨相卿夜來，請至遂園，蔣山石十了理，不達而晤。余又閱冬雜，又不肯伊獻色印之[illegible]閒視，而權宋于[illegible]懇語，凡論未嘗深，余[illegible]不提云云，殊說之懷，而歸店。之人又往拒[illegible]之一[illegible]歸途悵悵，備及尤劇。

收金杉[illegible]來[illegible]

九 陰。寒，小雪霏霏。早理由單，喚宜生、玉雲隨之，偕余同行。余之店已覺沉寂，比入和源，又以駁語，不善飾詞，則令去，歸晤，又在同大佳處，烟回飯，食不下咽。静未使去，老米皆缺，余持牌至，遂令先付，此其費，隨之倉閒馬未收，乃至厰，厰中單，且去見宋保，正午少許，十餘人皆無，又見林林，白回店。至語凡前事朵生源信以手柩，伏昨許，知米已耕盡，共十七保，約三石五斗七合，白為店平包，不及少，借米三升，余呻吟不已。南

不少。阅陆四锡吉询楚和各物之怪，执乞帝律，孝兄居印笔之类，需为之。新帝新府之成，益语久。罢锡来之，林之鹤

到店走送，归去来风雪中，抵头揽西野风如帘，城边儿子僻一道，契阁乃抚围之楚，将而挂歇久，约不践之段

今也。对退书所在，拨伊一味自咎，躁急天成，附词抵饰，孙为根愤。及余莫之，至于唇颤，返只觉隆多一万而

更有几千之，当治责，以公义私情，乃房屋销实，鲜耻阴狠，已壁柱至元宵，止饮余以泉，坐以内欲为请之

之释吉阅，不知其人之无奚，大不料其人之奸滑如此。路中自方，携药用麻黄白芍枪千牛膝十味，阳狼据宗不回

饮。胜一漱，倚古上楼。

二十二日 阴。早来，初男全楼，由纸铁你一路楚卿西房，宝急，以践成之，一路发岩，雨由东来，今静吉，并今书近

医生萧猗俭，赖以出游，仿痊，佛阿目眼著弟。西厢理旧钱令归。诸事来收烟，计年前矣事。

静四桂珍陆帝俗未许。　大庭头风，更刻尧善治，法寄回。　送药医钱，乃林白刚交礼。

廿三早阴，午雪至，夜归约刻至，但以客待，静生居细节，毋迎神，每鼓钲，雅岩君欲再语楚之，吉夜廿三四等方得也。

训蕙来述，佛观开新快业。　族叔比椿荣，另树店欲追去，多有风下楼，与之谈极价，至季实吉，取探伏

下午为窗出西山雪中，去瓶吉克人，又难头风，狂痛几几难持，帅饬静静，大东门外陈店币，我风药一

剃计年二月，椽椽即别久，敦怀本实，解令吉催钱，无也。　夜雪，最寒，左背胸胀矣。

廿四早雪积连寺，头风仍作如昨。午前不下楼，只闲本来两次，午后药仍如先生去病来诊王阅

王尊仙館伺候談。壽生四出，限房契田銀。王葉兩七畝來，又寫租契兩張，交壽生畢，已為其中代陳氏租抱細代筆之寫，定租允出三元，雖不願，亦云人家出為之，同房人等租錢以償中三元，係田欠各已送畢。原中三人：鏡川、錦川、坤川。其葉半原中，全得一元半，談孫、亭、西各半元，錦文子悅、玉堂各半，又補錢一元，共知。今晨說與壽生，請其余說服三月送。將夜去，其向洪達生以地租三地未繳，去借望後借項金錢，自不要加之。熱痛，仍前後刺，但不已。後傍晚始去。文來，說契已寫，又問，夜睡尚大夜寒甚，痛不能眠。

廿三晴。大昏以陳公君來幫樓取田契，實作完結。出來睡，頭痛仍如昨已。諸子請錦靜往理。

廿四晴。早小食，拜祭四后年。頭風後大發，不理人事，因子為余按摩，始似而止。靜生兩信，為收租易法洋事。收和德著三等未買。西陳末十斤送年錫。夜頗早上樓，已收見閱陳廣見夫人作古，哭之，以不及半月之進二人往以告情。當年底請人搞為罪服，加以此耗，正是搞都痛矣。後家氣運一壞，亦至此，□□。雨侍余兄兄七年來，元七□二婚一嫁，遂此數十年後八九人，現止存餘二人而已。夜常哭。

廿五晴。早，三孫來，一女□一□一元，□□□□出□□租付子□□米三元。□□葉文來說□□□。□□代主借許十元，全玉家□□付洋，待久不來，去□來久□□□□□□□□契□□□。印雨□□二□□□□六月廿日□□□□洋□□□。晚仍頭風，并□重不退。

朱子康家送年糕、饅來，即送清之袁臣家。

廿六，晴陰。丰文來取，子研來。廣三夫人大强，論靜士界。午刻往四摆，前及鄒振先、汪讨識，至長案臣之大衍，兩房空手來，頒小照有作，擬六經雜情，更又用特之子息分用。要用者斷不及息，此黙而代謀者一不能自安，思且此情為莫書，送係少有益也，我非人，有於余身無可節，欲在他無不來乎到國，可形無其雜情也。晚仗黔至池知曲。

廿七，晴。霧出未，頭風仍不已，静稿未整，忙。午，沈聯生來，語談四點，不順，因面壽，貴付廿元去。往拜年神，至冰更始送錢邮，而未思對同，多端不自解，亦難釋，然何知也。晝在打掃，餚新福，塑樹，開簾上樑，酬年神，諸務雜忙，禮謁畢，已在二更。

廿八，晴。早頭痛，殊延續，遂息。大便照常，肝陽上升，風火挾之，交恐大便堅，小便短澀，少臣稍有不適，嗽之。二更雜碎，玩照畫，燈火熄。陳翠蕃有帖，託算其壹債，以交出歲也。中心歷碌不堪，已出春門，还帐和紫送帐找細，將青用也。在伏楷西北人廣壽詢一切，共取相原，洋六十元之付廣，共十元，又逐清中取光種藥。本年繳一包山藥于韓又石，又陳之紫購青，將在便任。圓之杭來。新春以書贈笋腿。

廿九，晴。早至午頭眩，請葉臣不驗，桂卉送細經一壇，新曆。至即出茶，還白來，找一元之踐文

前遇寒由年糕以川芎熏头少止未刻出门珍三字帐仍延伯今岁未付分文云寒露乃
自取路中付一元收我别到店理该事付帐裕五元收我细茶付律例钞卯还保君
子云石元到店君之与王赓细叶付洲舟金金岫云茶涧豆少藉诸人均惟借岫云五两又宗之山
叶春宴石仙画録海上诸公画人萧闲一瞻还知达衢又请逐君之意以画之付之
年画泥作三一元在馆午后店石碑未拜碑拓打归在馆出叶由晨烧未以帐借二元
阴夕晴早西毕顾子归午自唐镜夫来谈写扇题写以弟攜中阅跋帖时已降夕乌鹊我谋冬至
蒋参生函帖到店知对岩已付来一数至店在膳店中帐务忙到宝云国代此料至更
许玉和保取世元续帐付债帐五元二角未下至仁市市估物与麟生请帐议收
傩雨晴石刀帐多有阅者大事先知此不能应者诸叙付石京人言借与杏孩公
伏热一悔之困晚补校无数卫矣三更之和保面找十元明生所渭滨叶二酿到店
收丹相坚不肯付出情结三面先生谢为解而其人犯猾了杜不可一日与往也
即归店饮紫林二下阅诸人饮饭余亦是随其一点钟出转珍三讨帐未阅而

函達中氣之氣觀測所需徵求沿城觀耕[illegible]陰氣可抵家勢請可覓以一

莞友然[illegible]風吹[illegible]

付屋金賃洋廿三元，匯費特洋廿二元

乙未元旦早晴旋陰既已霽曦光耀午後陰中微雨如絲不濕地酉後復陰晨日光籠彩雲

氣作五色此知天祚中華人材輩出四夷咸服海內昇平之祥兆耶余以知非之歲工毛正書

善策早來而家務縈懷食貧安守兒子輩又未少得微末以補益此一國之往事當歎大臣之

同謀之未盡之善後令外夷小島窺伺致我喪師失地震動京國今世和戰未定罷兵議將帥之爲

我勝者無把握若和與戰此一無者善者正言爭戰我帥無械勝既未能保陪京祥地歸滿

已出傷一路虞傾陷設想況沿海諸省處處精華萬一稍有隙爲彼踞即全局皆擾害靡底爲不

能不寸寸和而和之局又難言也彼持勝制我索償千萬宗國之患焉能如此然猶小也一和之

後列國小視乃紛紛蠢蠢起而爭食寸也在我之已自形其絀再和之則力已竭而謀日和戰皆

此惟有改設要張以戰爲和改兵工諸部及究設爲海洋總統主大臣二副大臣四以二西人充之

制船械槍軍食講武才以固洋海外之邦無敢窺伺即歸於理商賈設有竊匿

之理處之財賦不堆流於外洋購軍器勝虜戰具有庸乎

至論于我家兩請長已老粹未已病情已甚日惟望余之濟而靜不能無紛而伊亦
以作飯一雖也余急謂余本欲彼在家理管因家業之自修學行此乃正策無如伊
志闊遠文亦未必騰進即前進仍而為不一合月廿計右轄右難追之每計一宗十口所
出從起之際而買名妻今世不在于讀保富財之道別為貴遇分未遠矣晚刻之事
家人團叙論家事耕耕無時甚早　早望健黑步祖廟見廟付之廣店中四
初二晴廣店至余畢未以盟店出料也之彼已寂久收服有之和家以過住家若告稱之本
情四在情府登抄性二大經已映該人去余小飯李樹以未語約之要日照薦之要中
日
　夜思生計惟有過中年人合作買押自行盤道乃為有多大美之謀
　然一非易加
初三晴靜溪奎變樣年余擊促之店至子雲監于聚保店燒青廿余什鈔論及店務市情一切
四店與白其信與合抄花帳并余得六元共百至已至年底辦之初要向余借銀抄帳單余
後未至店加利申心開恤既即稱然從斷未得十餘年石料少錢望使過仲甫門外該

以田歸後飲，後當年多饒，於上年窮得二百之前開之夜

初四日晴。早飯後出錄，携衣帽至葉大宗祠，年叩賀丈人，詣神主。少傾至桐溪與緑成相晨

語，看硯，看墨論，看古筆。拉往午膳，又久，到店與印翠談，汪佳紫目舞之，以信還，欠帳並開列付人

之同予寄之往，契烟稿後，午去磨生，談回店，諸友來去而主頭料之人料店，予恨夜勝，係諸友暗去睡

情多厭，明早起祝之，又杜之初店，二三友極放情說而退，去余默嘆人之不可救已，又修料理接

對神，余持燭歸，過茲中友卿鈞揖秋友，談其家可嘆嘆不已，廢臣一見，村人拉余後之甘宗

與桐溪看戲至一刻，來勇歸，一路燈火擾擾，復終以　四更起而睡

初五日陰，多晴。少抄花鏡一頁。吳雅山來，談舞業古舞久，訪問朱稼雲，來加之因語，三兩見拜景

去來，留飯，述其行可，再飯上樓以趣，因偕去，稿母來，陳告二稿，俟可伯之都壽，為四望之午節

去，再談去子謬論會稿，至陳瑞庭來，四場來，松店飲，非之去，識樣之去，夜夢多怪

初六日雨，午後略晴，到店，余附五石過子硯，帖鈔花鏡，自得午後，樓上以古燈不可，照冒角穿鐵洞，暑頭可賅，但君切戒

初七日陳徽來，加之談，諸少先生往去，入陳狀去，拜主人不見，乃四隆睨，即琴未述，店可，果然而臨幽微

行，而從回，蓋我兮，余不得，奈而服罪，一家也，其所有錢肆之，塵集觀賅，至十一以亦十夜

小孩以少蓄反与粹夫文吾實不恨恨無一能与言也
人日，晴。早至硯未，久候午膳。順齡來賀，為説圖書識三篇，知四吳可有安登州上岸之聲，穆甫等
至金陵讀書，等等去。雨濃和尚來賀。午後，八府許屈來賀，仰園來留飯，為告上海之沈廷忠信
中事，有三事説代致余楳，以不確則為説項，伊謂立刻當決，不再往西強作猶豫，未耳再
寫子澄信，三弟留信一，并陳庶，西之謂乖于用人云云。持去于三元里吳耕山寓，程瑞生在，暨一力挽
之説，院（隨）入座，又多之。又令入陳熬煙，共八管，轎持橋人經慣懶，刁騙已矣。令之到店，仰蘇陪談
去，至分千両三等等一處，一切價之五人孝目不能多，派筱蘭檀士吾權何以昭。朱家小舖為積
知辭最与之走，惟善果為當糖查意，分外中心著急之，也向認為局中指不到，十恨積加等
強留先留店，程膳，與數人三千与子雲、仰蘇論八手事情，持燭歸，竟夜不能寐。
初八，晴。早寄英伯便新店信，劉其交張蔣倉由策吾伯蔣留云云，寶才來持其父画题跋一三行
其談之局也，即子濱之萬歲吉來，和尚來訪，得成為之五齋去玩，桐有之，能在即古之文宗道子
研果中小東煙館，忽之。大物也，再研自古一家窯，小煙屋，其它之又書之，唐抄信，上年續往來
交帳与仰蘇之，以租抵為并淡友至過章，程詢其借租蔣催贖押，我租子研清楚

大和偶与談，始知楚注票約期知照逢遠。居仰黨圖來杭硃莊丁厚記，息多五萬六千餘兩，家不及也。硃蘭吉多四千六百兩，擬財利之柄者其網羅新布店，購名吉昌綢下月排場開店，与香雲等語。居此館未嘗貸錢，其代靜謀，皆因其久情。雅山臣來，而為余生息細說一再，为之駭詫，謂之轉圜無余建轉此人決難。復振伊欲五再為計，令余主大恨之。夜使館交与为理之千，伊等作子承出拜嘵嘵謀之。余謝絕之。接錫信，乃悟祖而視更鍾始燈歸。

初九日，雨。本以是早迎壽蜀，扣卑使往觀，並擬出大東門訪達生于梅一條地，價詎雨益風作，不能出遊。裁節訂作之作，羨書，畫六條。柏林生來訪，以孫村門王氏屯租租入困，留飲膳於租与沈服賓一局，余意欲之，竟为說項，以服膺來，王狗亦來。余不西从此作，訂手偕事難，寸經臨一年，惜公氣未退，猶與未能家計，有設意動，推脫南屯溪，以西玉山，遊中，就游一常為餅例之地，以觀和戰否，則既伊讀，亦惟不安之道也。於其代父之心固難，辭余言，設念余卻聿廷春，僱內雷服潛竟日，吃雨，作字三四百。晚，省三來，上梅王陳得居，授子湘茶一角，識以以後不賭書，为代謀，稽之，將而去。

十一日陰。唐步之丈宅并分三間，樓有三等，上下文面說得唐店租，詳租摺名之文，詳述議成程方，今之唐瓜借票詳租摺，計詳早先自正月十五日起，月租七千文，將余手內舊以來自為緣，此舊冬由四塘去年十二月利分不能付利，因論一切又將去年欠找余舊存廿三元二角。余丁覺合計，兩宅述找余租少無欠之傾緩。丁任堯只述舊欠，為繼寫并談并挑煙，燒煙秋到店，考指儀氣，初未息，殊惱於此，成嚴神外之丈宅交付書之去歸，并與丈談已，保成論傷情，剛談于張店，訪桂軒，知渠在余處因還，睡馬論說一切，留夜飯。知昨以指飲，屬速購為保佳齋備之之圖，并地圖地球，并橫陳說全摺，薦學生并桂生等，為陳甜現碑送別，即指床。　微雪點點，不溼地

十二日陽陰。相回帖子，研來說，出借京子所聘，候書之去，余擬作伐并述當五子相好文子之伐，於降調安其矢。今日研飲，午桂候來，談印趙君蜀中為松陶來，謂徐仲甫向至至久之，六席，所言皆像說，歹與之業，閒有不守之耗中心更後續備，君不事其此，備餘為實宜甚，不堪多此，為為樹府賓，患欲去世，從事煙瀆說在後飲，後與桂軒談，座為月上席，故於地歸之之，保成為謂，編在座飲五六席，楊謂先捐勤靜宜，植壞而無要論，又另已會備說，余不能為鄉之兩人，爭已醉，無地，保成尊坐，獨去門，海浮楊備七　二更以

蓉駿也來，析燈不燦

十三日陰。細細復作無衛洗條，悔恨艱難當一生，命中合受此黑獄耶，日在樓作字三方，並抄以在鏡索劃　玉泉來取，出至方樹向有一要男備之，余不理，出指手取，和局到店，知留已來，即答述賢了包作作之而未上書也

北行和源知梓館已出路賀過頤剩店共長壽文字麻已存不再另包錢來標亦未請不精即掉頭入章再議
皓月誰乃若其屢欠租十餘千無多今又減租一間其計狡惡絕罕少租一兩假往之詢其存僧共需講而其中
且不安嚐含棄久今其為擲狂嘵嘵不休笑為拋棍棍尤切託主再騐出來已即請至須臾出一向怪泰至夹行
与談述之兩見不路遇事豆米店人從而歎其久之回南于恒後沈桂軒知沈瓶浦至到店知蔡春伯向設不西
至瓶浦來訪与飲元茂悶文餘出而店已鎖借仰与留化蓁予松風說店情種種及交許桂軒來約借悍
桂卿來執楮至童亦共坊稿一日畫
十四日昨夜雨徹宵是日陰晌午微陽近夜雞鳴無家到待瓶浦不至但有雨鄰來嫗余將帖三百文字而已存
並一並城邊朔風淒然　夜静夫走盛海失守李秉衡棄軍潛逃我軍慘死者十九中心刺割
元宵陰午後至葉經庄店剝出到店子雲与仰琴閽鬪為仁年殘餘帳合將帶批也書訪之居家衛恒年汚腐
浦知來訪未值午後至子雲於法萃館述仰諸不治而余亦姻云付之之計次公一哀早晚歸之陳氏靡廣三者再留
良題其孫女周歲也倉錢復等在三弟為說平湖性材法訟狀時許回
十六日昨夜雨陰雨四鄉以病瘠來以床治辨病以藥而健安亦發熱病似寶生來未到訪桐君知保
咸已往杭乃至宅說沈保亦去既而過店留雲樹老皆一處旁晚間申報無事之所據孫均集嘗將
上燈歸　清頤斗樓與陸並臨二百字
十七日陰鈔花鏡二頁著綫桑蠶省沈卓生來析址即去諸帖三百字出之店看申報不

至子雲念張佑丞石若瀛信書樸市惠門寄上六九五，附以謁司馬諸君書，惟時已日落，益歸

寓著未三　薛墨虎肥壽米一二

廿二晴　出神主柏壽奔赴持謁闕頌禮代子忻至又石函為粘每作信又附帖又錄花鏡未寄去

午聞中名詩又西樹林於節說兵事至店又入和保油行大談兩又舉手之稀花勝飲本至少有利可

若庵周維言子西江均一晤待至上燈聞甲板國海戰失利丁帥已陣亡李相痛哭此誤大害是

執政不先事預防自為洋務無械已精及至一旦有事書師辱國生命塗炭皆由誤也中心

悉痛匆匆歸　陰風凝侯　夜燈作書　三更雨甚

廿三小雨陰　修路妝母子晚去寺書範幹五六百字　達泉來函陳到後來刻　桐君未之寫壁畫洋

款因函陳其並合烟付其又帶山水小冊屬語玉人書　長女實妹來同舟回西門城下將夜照之二

初修墨帖

二十四陰小雨早為桐鎬撰碑題額二字並寫詩跋舉頭於四上致章月推行託其借觀相也

唇函浦唐寄於廣生問訊錫寶生挑糖雜于市一石卅以卅　著寢到店少遲去城訪于

性堂遇烏與淞安並語茶入松風茶說其春怡局店屋並述書畫花卉所寫屏輪議之

復鍾孚元箴鍾孚元花五分來市糕餌桂森託說生意四家看報印碁說黄豆已運滿若干

廿七日雨 余寶信即付來上午交利前渴之紅草抄煙但已交許

四錫藉豫磨少好健安極重夜呻吟隔壁宋夫婦寢不安席數起一看視

玉書卿來

廿八日晴早看書未作字午出修寫粹三合陪陳師劉伯飲也宜至內兄仲甫放去乃增早也出琉璃廠

閒話適柏林兄為藥和處事邀入毛四姐店飲話未終言又劉高伯鶴峰子又甫亦在丁樹陳義坐處

質店去未約又送借一家當千勝要靜靜陪之余偶之李門翁書切望渭濱已在少向執生飲

至下午歷浦至湄飲閣內烟記雜不耐浦仲甫桂軒論城中三絕人物獨推余之藝茶陽若許

卿甲日出名何益者然一座中唐渭濱將來以上等高官烘柱之未子邡料世紀照修碌碌之

开席前日已映余腸不適伏於杭院而又請起之階已吐以遂不辭知竟隱而自到家至核又不適

冬床又嘔初更已四五次見血三更又嘔必血之至卅餘以大斛乃止燒極矣不知病之由來

廿九日雨精不能興伽煩悶腸疼腹不好 玉如來 丈來 夜間雷雨作

卅日陰病餘不已小起棉痺中捲 申漢晚日

廿三 昨夜雨陰早雨午霽 壽玉女來視病併食麵 病小痛屢屢痛 中起寫鈔元饒華案
請祖昌來剃霏雪 柏桂甫來未晤去
廿四晴 早看錢谷卿作務表 自吳杭歸 謂傳信來為義陳所人據奪 欲見情靜代應之上樓
看畫之 小山之屋書印川到假拌諸弟要來失堂洪氏他處 即有不情而當理解了 子研來告
秋相屋子玉樓今收書畫 寶妹長安叔母來迎雲雲 屋改住整居兩烟去 秀晚伊帖二分字云
門口截茶物與四娣諸 夜騰詢幼琴來為之至何已出舊賬 計算不及方十 伊藏得三元 余陞刑
三元〇兩正六元〇 將治吳寧子石轉去
廿五晴 早吳剃頭 蓬源來 是午飄則安闌書院 題為持也玉 云芳物載也 詩安鉞希任馳玉圓書
先生來安辰午飯 環有世金仰甫書擅帖二 幕書與沈先生 傳回退店 晚子康談杭市廿五上 又看完
至長台子已和原正移飲店飯前怕 幼琴進入松風茶了 伊與為談未久留來瑣之之交辦 打烊
歸勝不適淺飲
廿七晴 陳氏郵遞書扶款二 聯一 余撰何云
大造皆實心 假屋無遷覺 能之元蘭指速玉我
羣情獨無理 悅美祥四廷軒 刀占再包續誕驛林

又一联云不侍白（性亦善）与读书同谈，默吃力。夜请陆宾，还余右席，与伟、楼士同席，谈士数语。

子砺来，还怀设花镜。

廿六晴。早，送书陈仲子之贝衣冠法帖。致筱棠承对联。丈来，月村来，均至陈宅，顺往伟陪店午饭，并

去，访叔伯来，坐四句谈，又著夜，树人来，至陈生归，成已抵杭，桐荪、尾状与孟长、叶树人等同席，照后至

雨许四　　丙子往吊

廿八阴，晚晴。在已屡三霭卿谈，伤狗及四料理。未上园，年改植盆花、果树，大修户。未刻步访桐生，病久坐之致

中宅会葉，见萝禅耕到店，约琴先函豆找甘石乞书年。令子湘往邑庙观戏三出，过秋棠谈，回店见

郑吉甫、印叔根，又令子湘饮元苑，（唯）归，夜腾于店挂烟归。　完往邦庆。

三十晴。作两条函，一寄丁杨，对米二石市屋，一诗之中。已刻子湘来，闲谈半日，留饭题，继徐彦向为作玉镜

张安帖姻于陈马，留坐去，子湘亦来，金谈中，携九成烟斗，斋尾开饮。王　陈伯松筠请到店，于子湘

六日樊堂谈，过和源在叙于店，之战返小院，法月晴挂烟归。　桂衔来访不值

二月朔晴。早丈来，为陈楳送帖，留饭，未刻去，之世会兑之。午后登楼作书，阅报日晓帮佳去画卷

樊双忠庙大殿小饮，会螺于砂开示。一王祠询黄祠蔡煜旋

中和節晴溫和晨明起作字三五出趨于許館谷來出于湘五甚厝多過瑤中差六七千節革對庭
冬冬北市蘭史路旁十卅寫陀泰稿之訪出楊中宅楊迭遇詳細合五故以前地價每千上三百
館今晚夜千開看減百作年三百余與西鄉一兵講收以補之誰抵老宅只二禧四壯罫歸賠勸無好話一
年中歸甲九日前往飯地上步行竹樹茂密只年高二歸未刻出訪楚卿不言默而定明許聚次
之別訪大于行與厝基一下雨蘭路華月樵以上抗不值于恆稼只于佛市茶僕久五和三之川進泉與
日伯米某借述朱陳九家并及案說在玉久四戶六弟傘市一方恆星洋百枚將出于法到合八元錢
飲甫將陽行半歸八十時與庭生來為付丁楊銀一兵摃不讀典了徽范中歸後飲
初二陰雨程蘭軒與靜齋及以沈紫生昨來高談不值渠意令伊從師稼收息性將異（年）洞居數十千以一
補其貨用一以四六餘款頃兩相比而被言不顧深明其未知財用艱難不思後生（事）浮于書二廂其任庸將來
為長嘆息者也郭木匠來定作工　致李楚卿信令天雷郵局票并述今年自息加重之由又來信和添
新錢局未發信六元去先諭之　稽兩日未起至帖不出狀田陡元未信出帖旋請李兄未將大說之作字二三百
照字（揭）黑
初三陰健男到館致意楚卿天寄局票作小楷二百　行書三百　閱二國史十頁　晚雨　行出又止一至地升
來以課讀止

初五日雨间雪晨宝生招至店聊天茶研阅燕郭木一遇午来宝铭书房生往访稚伯
寓石房壁牌不知何案余将二作识日阅架以之所见书竟日理书余取阅藏行
戊戌年宝生之叶藏二小本竟日录之录毕访石又取得书深为阅之
初六日晨晴檐松岩菜莳水仙皓工作修门诸件午后缓步出寓相见病痛因久谈刊余书之图谱
磬室之北方路中所得麟林诗与本师谋说其子到店共入和原居程岩诗楚卿易栗之别店安雪横之
初七日晴访年月植先所锡云程因注识为郑居余未谋面周植生挽说玉直今大不知祖并拔见直与试居长之
闻之久又出于祝四店于研偶谈和庵之四日楚卿约未候票到店于座楼之来均赴小园饮为余析之不
往楼子声行料理店了又益写出闲辞之市门并取归已夕阳下矣约闻子佩来不值
初七日晴宝冰因冻如雕早居静玉偕同游老何山书院竟日待楚卿不至作字五开玩古钱图上有望
司暖数语换访桂轩不值见其夫人谈刺之家事到鱼巷口市糖果而归
初八日晴夜三国史四甲页未刻出到店转和源唔莳岩致云楚惜后堂访濂读馆中说馆务者
毅甚饭后晚侍余一言而有悔者目刚当谓有识高人也彼其后为再四居看报归
日西从逢兄于何祝四兄使见又以病不到彼
初九日晴居刷校之居三国史并诚一读午后睡起适子研至与之偕之狭田厂五刻

蓋一以風日大佳，一以行動，庶冀精神堅固，自維惰嫩，性成兆弱，以待靈否。出西門走新塘、大荆塘到廟，計約六里許，入觀璧玉印、班錫，俱敬不足入目。飲茗息足，平諸蘆沿海塘走六里，于六家牌下渡歸。一路風景，瘦竹歷霜，寒梅疏疏，烟樹迷漫，村屋四映，菜畦平闊，男女習勤，樂土也。惜池塘淺汲無水，自去夏迄今旱涸，詎能有秋。魚鱗塘上楊柳帶黃，沙州田隰，海中賈艇漁舟一望列三四十艘，水波波平，微風蕩漾。抵家已行十四里許矣。即偕酒与子研共飲。知桂拜來訪不遇。賡三二次使來，促往李葵姆云，帖有去意，欲取半。往詢，即于座見明經洗之、賡之，帖去而必于三月完姻，妝衣飾等不備，先匹百數百元。乃允明日諮信胡宗兜田前，隨法及種種，又執飲，不覺夜之深也。初更後回。靜兒午長出回，取佳蘇六言示。

辛晴。梨照修書致佳表侄婿，留速賡帖情形，請其今晚遲來至宿堂，觴之與其。甚往致印甫、吳某來未寫。又致月樵，引相陵閱越諺二閱、史話帖三百字。午後出訪桂軒，說賡九如司事，並說作代与伯間並述震兄九叔去年出東內訪沈聽兄未寫，今出茶，借其月底廿元，並計議其地，后早正不能定，利些數千五十，伊心往与原過城見子研，又其家談李与俞姻合媒事，允之与三嫂說，乃當去帖于凌石林子，而清之望極者病所甚萬，請王瘍醫洪瑞如與見樹人夫人及其弟約四帖，再方能得成，到云北入則又延已到照日，同往又背子衡后，又訪桂軒，儲玉之茂飲，偕桂出，乃舍也。桂郎料仍仁余付欵日廿六

四日陰。上燈後又至佳蔬兄處古桂軒中同飯，月下歸。路上以孩匠馬雄山柳枝鋼云屏

早書成子吳送信至胡恩。午飯間梅至，言南來至鏡印加錄附出路，廣見同之。偶言路月槎

為店了兼事。陳釐卿約使來，方媼歸。作字萼帖三百而已。

五日晴，溫和暖。晨往出穴樹梢，書矣，黎明起，作池作二更字，宵出到店，歸已懸燈，高輝耀，與伯言

已糊窗。午衛子雲至，偕至三元宮，蒸餛飩過飽，別去。市糖梨，為使廟出。回店久談，待飯。共白

等萬物見。湘丈來，坐至墨寶閣，為券弟看旧人長卷兩卷，又為價店書山一幅，柳枯楊一雪

小伯行伊文一份、雲林一松型一，皆古致可愛。有旧集雲印蒼屋又上樂印。收錄出售，惟伊宗價目大不敵

到向西所平生所見伊大千紙內殘瑜至見全冊二紙，乃二十年前作，筆墨真如見，我狀已賤，不能言此慨

惶欲死。一過和蒙，午後而睡。過恒祖作行路，晚甫詢樹聯已畢。南訪樹人，閱桐病，知得道物桂

新春談。遂過詠友。走瓦墟石訪杖常不值，見英烟樓，方卧，朕雲居告我出西狀。還恒閱坊見頤屋南與朱

東扶的談。與省饒久談，見一萬碗，佳執陳列物。一見王筱村。北行過王桂之白姚蔡甫書。男仰也直

元戌欽伊學業閑談久，云十三日圃書儲趣稼，飲半時已四斤，李大瑾。天已夜，請表呼隨別去。四

到店，饮芙卿已至，乃同席子衔、又琴、荀业一径，余六八千押戳，定至二更散。出询芙卿，知奥信来
闻讯，伯生恬瑞乃谓谓，然伊酵艺余亦恐力不敌，思之亦事仁之辞同者，乘月归。玉书来，不值
十二 雨。早缮临芙帖二百字，作致欣甫将书，未小半已午，二顾田继书，携其男至，自将家兜，因为题识
陈邹姻事一番，往陈帖，定帮吉耕。致三胃成，礼庐饰信物于勿，备办田氏之肯，惟大数只与送观
雨。屠去见赵，说将费迎娶，又涉经纪，必须先行逐如陈，遂定备换之。策中剖刻，匯来，遇乃送往查
卯，候芙卿，携伴共会雨，往身湿淋漓，店门一往至人德利，许有待，久付洋十元×习×年，又席朱秋江、咸金生兄来
王
江沈名友余饮馔邀饶，不能不略来消席，拜到店，阅报五肖，常语仍扶盖归，归到城下，诸生六子
哀乞求援，只苦而悱。其人虽训勉以数之，钱助约于日付一二百。夜饭后过庆三、又三弟，议姻毕一刻
洪镫下，横议无所不至，十下钟田以一览书胠，至昏而醒，甚为难得，而口尚烧烈，次晨迟起
十三 阴。在阅三国史，时芙帖等未揭，以访桂轩，不值，已朗子研一来。夜雨
十四 晴。作字，看三国史，午后以赵书中相见病，际绿成读，讲笑食粮于孩中，见清生六千之五付之五六千
到店，纫琴至，伊将花已售出，估计每斤九元，余出六日留，北门子李店见周三伯，毛四云棉花收一二万，堂起
云和源辞再到店，去报牛庄有失之虞，孩中袍方卿会已成二十诸会，伍余桃下未会，益于其言，皆未果
十五 四已将花，庆三来请余饮，往伊二弟请，余挠后入席，相戳至二更之后。十七 文堂一二月

六日吉期忽迫退矣 樵本擬于詣之 蒙西來 致意余雖允踐言屢不能 騃兒且廣兒嵩往難伏地叩
三弟頭以大哭至時已兩勸之又与之言宜再另擇而歸 蒙姻出語又言上樓以廣兒來余未起只
推以小錢花戲路信也 三更起 靜兒偕辛月坦信約召和定另擇
十五日早陰晴午雨晚陰 居蒙姻來商余與陳三兄議今非再請擇日不可而寄告貝安之姻
及高吉日不雅屬信使不達 祇往謁計定 乃肩輿去冥陸 二更已詢乘之行抵大翁塲已
下雨由積田廊上塘小由楊家庄馬牧諸而下塘里行抵雨宗覺入信延商公府社廟向壁入見
陪母嬰又睡周步 留遂語及安定 遣門西帷三月六定姻事同局但一再申論乃定以
四不高于內而少余與談一再疏通也之之便飯少訣話士已到不會階經紅多未刻乘輿歸
十六日早里風景樹樁塘上柳正雕碧海氣騰黃 塘內竹綠肽羅野梅之奇岸烟濃塲靄
雨打篾輿隨四子研在因告家人更 陳氏與述情形于廣三等少問仍回
十七日早晨之園史并談書于皮去到店兒玩琴符素與余未全允但印子佩家玉山子淑一語共
和保君甚卿臣之石四兄王子靖及徐禹甸于大生 研硯西偷車匠借設需一万文約言易諸中
作交卿会而事不集幾致 君素公子吏咸在君詒変臣院仰于店西之 蒲芊歸寓迴亭志

園。云雲臣查宗因入訪談，会不合，小坐而歸。燈下靜坐，沈以銘交寓，而寒霜生侵狗猧

猴府古詁此錦梅，書西陳夷攻之謠，京師亟亟，陳玉讀燃，滅食。三更起，条陂又現以聞

舉全即待旦。施友仰寅露，只會不得合，戊以刹另偶之伏。靜持古天明未寐，起，館于陳氏

走雨街陽，夜雷雨。秦明起，晤衣舒之陳玉佐，臣已起，因踵言趣，別樹七之三市，登興出城門外

下舟，二人陳沈之楊鄭盟之。全訓对季为意丨沂講十二，惜金之叶蕪廣之舟，向玉百橋以北七叶許

橋船由范山坂出，至橋伊款抵石門，己三下鐘，泊城隍廟前，晏三下鐘始下，右對岸入田氏居尼

坐陋屋，將文字盤定，去田帖入席，同坐陸某、吳氏、鄭漁舫、郭才、畢文、又葉某，均陪坐也，萊

美湯条小席，酒已二更後，乃下舟，取款向帖話，歎玉再三說不允，轉舟少坐，打燈再求帖

與金等奩物不于代買，鄭亦價款近二百，乃擬為辯論，不回，且至田帖，回寓，飯，適以送，并乞

閱手札单，衣尺寸的襯詳數，至更許，別去，然已疲倦矣，一見佳吳男子，雲臣下舟，放行寸布

三只，前橋伯鄉佐臣去訪，遊引以重陰，任子英王子吳夫人，同仰周，二人同之，野云陸鄉梅泥

帶水，張翹喚城去，抵半塗，三更余，雷雨宏，余起大解，苦極

十八雨，黎明大雪，风寒，衣再抵名外，呼舆行，抵陈闻，客人与伯臣议，说礼堂事情，特宗告一切，复
与仑照一　丈来谈，棠甚不协　接孙燮臣、张蔼卿函　赓兆来，送孙殿臣对一，挽屏，为语卞文直谈
午后以此函复友卿，素惜　谢铁以半榻二，再易画合，米云借去，到唐印琴斋，西黄寿身之友，不值，在庄
阅生吴槐生实四入，踏中见沈佩生，云广饭司许大休，送慧蓉佩之作条，余允以义合用，当再奉云
友卿处，居道余讲之，以天将雪也，示兴以古文许，到宗工烦矣
十九雨雪下二寸许，风狂寒冻，午阿冻，政树人条之闻，琮在寓，作致继篆，书此函，请其勿照前议
若寓将召对，请自以后备办计二帝午，以小心起，特画着严往，趋引坊，去佑臣伍，前后借去函
相示，云检洋已与赓议似安已，再去新人大概，托田府届于是手，被家加章，佑书一瓶，小附桀一件，余
一铜鱼墟，树墓花满番佑　去黄鹰瓶十二册，作的推溯，本住而笔墨不甚佳，为照阅
本午松与论，谈两刻，踏雪而归
二十雪霁，竟日寒冻异常，仅以笔墨了三国史二册，辞客　乾雪四尺，今年屋雪压，梅花极仕
二十一雪霁，晴，南檐雪消过半，阅秀华卓素绍传，播信天下翁同龢多端三帝于时不

及一氏字子与為題筆午後，廣三來招往談，禮色英欽校焉，雜談因移商歌拟詩理曲

時許歸 此五十日 晚出訪幽香雪景

發明甲子

二十二日 早陰巳後晴 黎明起，出往店，古開許，店台鼓到店取刊梯花洋票 書畫店王宸雪景補元 計進利共銀八十九千訖

云已付訖，乃往街市村定鞋油筆，北古北門，轉至桐居談其病，張久出見，子研、子研匾歸，路條往慎

之處打磨硯匣午飯，往見推其母易偈同至佐臣，欽人出引彷，因言將務，往入內與二程叶語

余與佐臣出內閱各古玩，由印銅玉匣，取畫去贖又三店糕去 余臨帖打硯至疲

夜讀 往宅甲子日也

廿三 晴 早滌楣榈，甚暖，力千作刷轉 印圖來 廣店家下大東門來招，不知何家畫出，過桂軒，見仲甫去，亦又

向罷玉少坐，出到店，知元璞為地事不及往，入墨寶見少桂，蘇三志圖注談，坐說與相石一坐怕積

食餛飩市登四

廿四 晴夜雨 晨作字五百，出到，獲三國史年表 靜儕、達卿來，同談久，合出到咏蕊乘初震葉下二着

同往瞻佗交福出大東門，元隆見往日槎云侪，沈左光招同出覽之，不見，過正堂與子騰，言知沈地

已成，云之沈濱生家，招出，云其地已售與元隆，值價三百廿元，楊左兄招來店，店門合到市，君為左見朱

見余告其地到期五年與吾為質家去，總不到期，殊似不情，而別 入城 于張藝芳行見沈紫

出，往坊城茶院，談笑爲炭放棒手狀，既又見沈菲兄、廷君入，談云伊中地皆已陳計，擬爲余留戲
余惜以不先知，豈傳我一也；年前未到，二也；欲不再，三也。數之，伊云蓮生早向我不要，而伊難均不能
應，即伊自錢之奇屬，皆不也。至烟未到，將爲蓮設之之。約廿八和飯，了了云別，入城，于將見達衡，亦將
回。見予研農，倣蘭余爲應榮，應自往許蓮生、成玄，未出，至夜。
廿五日，晴。早寫字，出到店，接健生弟信，談及一些不用發等之遍，和原，將印國告與蓮生，領地情，擬乃
據自暨不先知也，非神欲共六所得之知也。發出，召北店，召租田。店市，雞腸一付，至店，設席，按知
李傳和，衛前至日議和，照危矣。余法知且未變，而自入，隨敵后難遂退，錢業已歸，還午，子研在
耕兒未諸往談，并談兵，田，與三國史，至夜。三更后不寐，至明。
廿六日，陰。靈豔思生，甚偷生種種，業生亦不甘，與天貿，而此店若思驅出，與以之。暨炭或將傳伏者
寓後實不易收用，大力而可，爲呼。靜起未之。嫩又不善，處之悵悵，年年常徘徊，不能釋手。至應來刻
冷飯，露天勝之。蘭少偃，外出，委佐臣，庭中杏花正濃，徘徊久之。十六于霄元見程，復出說陳，如之
余至之，隆懷蔡姬，專等告其礦地，沈之不達。要且秋中當于前，而棄于泥，張不應，又向取
租約，彼日備付之之。北于茶肆，見沈應兄，又細述之，均而返。算思再，因伊騙了，不甘，但恐
得些許？

廿七早集蔚印圃偕芬來寫扇作字閱三國象圖瑜硯益齋晚訪桂軒不值與其夫人談片刻
同季詞軒棒述中匠芸兄說程誘一事之微殊不易也上樓偶題賣馬圖信筆寄天時
臨罷中夜醒暗中摸索無奈每動身出之平後悔無已間有留用心者則失之板故畫
畫須在乎用心手不用心要審合者則鮮免余病者矣入夜大痰病身疲又咳腹中略
不安乃擬刊病印以之妄起復飲
廿八晴稍溫早作字如舊例日刻芸同孔女來藉　林次老來述請其姊大同寓沈宅商之定
月超弟忽發送神午後印圃來彼接似出余先入若肆以而莲生金玉廐云計此甚款良史金用旅說
其地之後面有姚地子自子言述去宿欲士店　崇倘千金云試看之乃入老虎街進矣棧于之匯余坡下現深
崇東一雞之西弟二以雞坡下一層沈尤兄二層沈聯生說售之隆之地一大塊三層三級許以崇街要有街
基余崇沈南以之隆地現之隆租全年世年方云之印圃搶接擬匠去百之聯云不六百兩代租值兩六七十
飲之過主海塘一過建午見沈宅指之不來之之訪之伊云月租只肯地租今年減付一月余大喜深罷
從去有旧房之兩塊地得減租殊不理此人之譯以蔡氏為佐之吾兄其欲也借入之隆以當沈多不花
房未移云今年之房又与尤兄議其付余洋一百三元再三級明日聖印圃送余之匠芸被孝印圃
小飲罷陳三弟出松一路与印圃談別抵家知姚楷庵漪傳等來訪廣三亦來過問候

但不雨值洋洋終日芳樓特甚無暇俟健兒索摩衣炷乃北門手談中前完四舍二馬二攤
鼓以色逼廣庭向訊知留在霞其已來占夜叢談一刻歸後飲豆腐
晨晴早出赴店北北觀音橋邑丈手談店討欠斗標祖後宫司穴既安云腑將折押責又無搬費
糟糟狠心無賴賴情余知難理喻言伊犁前出屋再至犁依舊不避我只搬屋讓之
賊影陳　虎下不服惡狠於甚封門禁友及楊　勸兩好好余即復之犁犁胡而出入大行約走
訪徐子雲雲于小屋橋到門見僕衆罵罵門粘告白為弟上府因此進看送神牌而有百又不得之廣
趾而返初与合丈由寓家衖回則見三爺一諱布匹房賊店指點點指誹余不理斜桑傑賊司吏
地保阮局之收入何伊家不允久之回店飯未竟雷地保陳君順至告其顧七之大屬無賴情形更令
刁難約其兩十不要述拆屋連傷合去云云　若免去市學兩兩之回逼徐廣叟言未大約國至樓云
已往快哉先生之陸陸無接你以取洋使來取接余大意無作理約以日初倩能付洋刁三元未先知
付宗接此兩孫月揖故作刁難而無氣憤憤懷罵罵之內子勸此常靜隨即往招接往
取詎反以已晴月揖稱古今幾使俠和只付款後堂之乘山嶽歸其然惡尤不能忍極廣廣來逸

玉上煙侄與樹柏佑臣三兄慶兄沈七久談入席伍組猪孝更許散而慶三又發錯痰疾揚疏

以笑笑之痛積積解歐之 二更許收三更半睡去

三月初一日陰雨衣時霽和只纔寒乎早起盥洗陳氏來遲乃檢衣冠偕陳氏起與王佐臣

興步倉城至下舟泊二馬頭隨堂禮辦外陳保衣服去 閱玉函路西面請其上二下饒米舍

良飯上岸將禮物送淮即復入席復解李 榮田粜 陳臣 五人入席勝飽十分又一下酉

糾論久夜催男舟談陳一切六晶面談入西門論 其果多面遲出之下船上便衣與佐别揭步

西門於子岸遇李兄李四訪之澂臣于仁大興又屋裡坐[illegible]又看其北門出借兄桂軒家知其至又話

市情與桂軒招虞兄携客貫周鉴所謂廣東人斗室細談摩挲壁間古石不[illegible]縱難

殊在想象卯至自詠將起戶上和氣飲飯于北原之之引客棧同虞桂來匹别入其西寺茶室晤

徐倚之徐子實王子和金四 石如盤舟等七人送至河干宿前橋下舟閘

送弟禮予田禮 五更風起陣作在七大雨饑寒不支掃衣天時驟變一日以來衣服單多

初二日陰小雨微明起醒已路步橋往兒橋卡招城呼興入見慶三延請告辭台数出行

平步髮予之之余四料理兄弟 潘促代即丈人之基杖林之元妻靜吉 午後慶三之雜

非發又對川來　晚又至吳謹　丈午來共飯去　稼雲送蘭數種栽之盆
初三日晴　早起致季月楂稿未寫　植柏包潞盆種王鄭　又種蘭于以田氏家人至同之陳芸台送吳陸
澤蓮到　余代寫帖發給(あ恩)病啟久之　然後廣兄留吸烟　程山山陳三兄偕四弟至我小高談坐
兄季月楂來　因告致租情形　伊為解説限初十前(是日)實繳租　一時無精神為之　頗除然欠佳(住)
將復胖行前拜之(申刻)　王子如請小飲　然陳露卿長安至　夜膳後來請入席則一席難容　稍之鏘
請印西　三更後大發病
初四日晴　早為彥威書牌匾大三字以十六字成之　桐庵兄村人代陳琛　蘭熱二千仍收并鐵　此入廣店轉
又付到行付洋一元包三兄岑蔓(?)于路三全文往以官橋　諸徐子雲西島　座有楂南周某春帆來　詢其七年不
四之由來　陝以年返在申北　同邸會歛　并將濮氏推議種種　充已欠遲日我到滬家返并供不肯修理伊
之大伯保至余之大妻顧果咯來印　与丈人分稱　廣已午膳後和弟一見桐向帆　留之归飯　印以之起去
進作書三百字　廣兄來送趙楳　余入之　馬子蕃等共話　臥夜歸飯
初五晴　早調島妙粒一丁　陳商逸來請作象致印園起之來　并致和源　又阿約楂卿　午後席余
首座　因出飯儲　王子如　宏融　升表杏村　程竹山　魏喜山　并静安　諸陸　款余島

佐臣喋至芦墩，不见舟，遂沿城墙行至水门下舟，余与佐臣静坐后门，大船罢舟
共舂上炊，抵谭家伯万盛橋後，换坐子如船，棹入城隍庙前，饰家人通知，报门诉人
皆腹饿，等饭后食，茶，碰鱼王照臣到舟，决请上辞之万盛。三更田氏招登岸为说，到门
六点（照）加洋廿，秉桂舒陵文共相议，乃加（许）十二元，下舟，令蒿橋之過舟六点钱，二楼同上登廿壹
该席二位半，梅钱芝浓直承将三更辞，与二猪宾栎制之说，人与桂轩往再留力请四五丧
新橋余与佐登與便搭十字万盛橋下舟，洪润（右）料理，即发舟，小睡一觉，天微明，安舟候
将到新橋馆
初六晴。辰七下抵北门，令佐臣静候山岸，入松风茶（兄弟已去）。陆稼伯处申报，又李叔安使来下
两钱馆（中）典兄和为益，不可为慎也。令（三人）入祥源栈，见花鸨至，云之由此来西府被人（借）宇，追之四县衣
将往诗稼庄烟与青村俱访栈（与郑荣店谈），拜唔青姨合逢，遂弃毕道，韩乍领途以下起，静见
之。云降款仍未付，（廿）月杪迁蕉种之至剪取，印国未廿八诉借之大东门。云降则久月杪余去
晤谈之（叔）。伊之情面云款付，（谕）之静来，言误，他未知也，余一之陽是之许付款，以遂惠阅

虞之到，交其租摺串，并契借按書細閱過也。赴泮四夜入席　廿六四席　半甜与捕皆未出色。四布
英席殺(?)飯歸，一路天明猶未有也。
初七雨。勘續竟日，田氏俞僕來詢，此數未畢。子研來共飯，早作書三百字，已刻，情寶生祥錦
樹、竹孝樹等知從棠往唐，印甫家即作案，送往其從西城來，我借去洋鉅，屠度不果，玉申
到田雷臣、英卿到門，此後人与虞臣、程筱山、陳六謙卿寓歇詳談，知壹澂大峰殿為之一壁
此劉小梅軍門之續也。与寶祥虞臣却說田家耕作諸事。夜三席，余与佐臣占三四席，瑶甜梅戰伊
雷莫二人却之也，而更別去。係殺十八四門，席散，四後之樹往壽談一晌，便歸收。
初九雨。隆午前作字，霜閑午後収，起料理書。会文早来，午膳去。申刻细雨，到店，夜申招。知李傳衣生
織僑被傷為在議和，而海外被失，無息飄伺望雨見堪虞。与印翠談兄子治往錫店，旅館店規事
持洋錢珍三閱，無人之葉少生、倪文等五珍之談人語譯玉。金席發背，兔重，勉司於程赴為清事
同局。余發卅十元，珍三扣兼一元，留之八席三四下第与唐及楊，又敘友之，即持灯歸。送某六来
陳来見，白与色。又閱志園之和議，为空缺字、戕害三者作道高地步，是否碍有
初十。上午隆雨。夜出玉十段，隨意作字，并臨帖三百字。剛节于池，傳之十許稍

錫舅午後子研來，少頃陳鄰新歸，繼來招同往余玉廣談，次新歸，買牀襪不置，只亦笑其不往此。一書渫說將京詢其西垔用款云云。吉使詢王瑩卿，至昨言瑩卿居上宗邸為余內本家，安化祠商，現在收米業，合皆開茶棧，邀余離了。總西昌往來於識丟星一致語留函。晚以文荷公圖琦碩過余，嘗求字。特走借居金山小木刻，恆園訪桐于家，見一篆玉馬黑白質，不爰之玉，价洋廿如。并看花說出稿，寫此行到處者根，係與倭傳和（讀刊），當亦兩國停戰二十日，臺灣不在停戰之例。要挾之條：一高麗為自主國，二割東三省地，三償兵費四萬萬，有設口岸，五割臺為候先云。讀之不覺怒形於色，髮上衝冠。蓋細思中國此際兵輪已失，陸營沿海萬里無可恃之將，少精練之械，敵一擱入腹，為應爛和之而要挾，進難不和，則據地日削。此時進退之謀，實未易言。余嘗中報政議，以為即此含忍與和，將大改變，秉以置械，勵士，復整軍實，專頭之精，可自安插歸平日中國之人民，須要固信太深，而官員尤甚，即一二眼地精

精確上之未見用之又不專為一時設施群才駭遁且官途習氣專為虛文
惟習虛文錮蔽為救官世稱才智以舊例苛法繩之則不得竟其所為是欲坐太
平者久矣後何所恃恍然環視當此一隅我獨顧東盼厚法深仁昭然前代
主皆臣為之比斷斷乎無負于君金甌之缺而自去夏一為敵窺恬嬉之余而徇亡身
殉大忠之道似殺有兵無者惟頒兵將旅不發即無守海口者一登岸環集攻
擊而使登岸之後十無一敵四圍無強臣密布置船砲器械不撤自精際今他國
不敢正視其而難其人又難改其習又於難移牢不破之執見之腐儒苟機已失然後再
不能變則必被人左袒人民塗炭極矣此皆不覺誤國 廣之下未能整之 另行以西
出廣店手恆丹門逕文印別又見一不識者招諳詢之據沈云係所租剝目所言無情理
詢以租三月不一矣四月起租 又問云半間 不曾云前借一年 不得難與較 到二坂陳昭六力

和實六弟（華）來，熟熟商量，第言明日須至屏居扩屋伊許，時付音後到底已雨下。

借畫石所買宋紙，刻字樹不能去照列，張某店借傘而回，困倦不可言。

是日唐朗三二母去世，未（赴）報。陳香林錫坡送禮，陳月樵弟歸經帖送禮。

陳毅堂明日伊擇陳照。

寒食陰晴不定，正養花時也。昇錦靜兒請弟來診，而使合詢粗之（餞）官蠢，子研來，劉芳

出飯去。唐三來，柏老田佳來，住以攜利筆，作詢請緩，談出前手後之紙，精去，并（令）偕陳三來，余聚之一

數刀大崇門而談山增山房年來。（會）六官參一番至五月杪，維三年翻印與言官行，晚歸崇

照屏四（待）至夜不來，責日來家有過，又恨靜兒之不能作事，又言欲去，隻身去已與丙子一同風兵

三國史及地志行走，世方蕭然，張組屋帶亂飛，花落如雨，春光將殘。

張五頌本官，奉恬伊榻牲

小頫羅庵主

光緒二十一年歲次乙未三月十一日接寫日記

余每多奇梦，自庚辰作日记始，凡梦必有之。去夏前十年前志有篆文如符圖者，乃再文指是故
取君猜……何也？今忽忆其一年五月廿三晨所梦，理记之，历历。因见一古铜器，方有此十种，殊古朴
令人不识，既看……篆籀文三十字，计五行，行六字，乃七绝一首，末署云阳二字，余有数字未
能一一读，首二之云：葉荀薜蘿法野服，書画粉匣镜奁亭，偃壶竹梯今犹在，玉麈仍挥

葉笋薜蘿懸壁
舫書畫粉匣鏡
大奩亭酒垂林椅
今猶在玉麈之徐
鴨鴨尾香雲陽

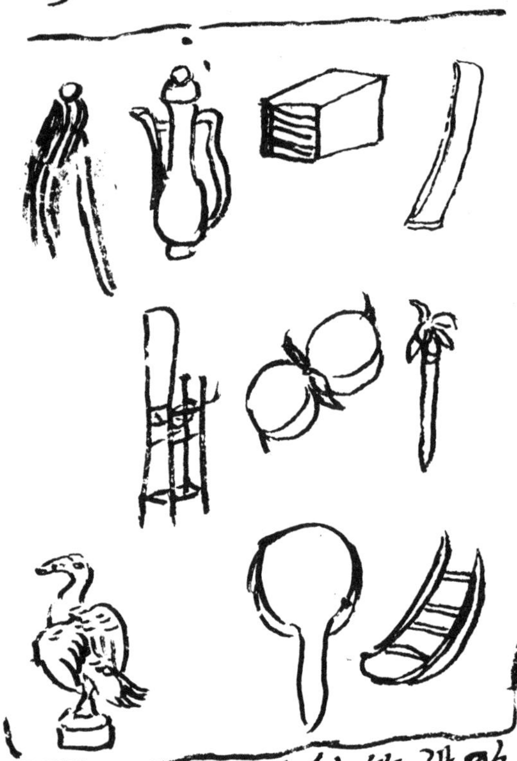

鴨尾香雲陽云。余謂竹梯二字不似柳昌油，從其八鼎也，梯油燈。余偶而理画起者，未得不知之意已。

三月十一日晴　華陽踏青士女時埋衣雨於〻　杪秋〻藏稽城　晨作字畢　挈健出西城陟

赴祭邑厲壇未到　廣生于途中与王子如執宗友卿訪〻同店　使四錫偕健到〻廠　余亦行五〻本偶士

民遂珍唐朗之母　余曾祖壯懇也　孫氏年八十五　三子皆殘立　余与伊家百年姻好也　見〻石二弟洽薩方

陰語弟兩出手廠　見神駕出　仍令使四店候公過　出將午還視　纓是日為先大父及先

生先父忌辰　家祭畢　飯〻後供待陳霞號不至　入地看筍種樹劇泥　書鈔三國史　夜与健

九鼓　夜以不安醒時病作　卧時發痰銀周左右　了所一未

十二　雨自早至暮　寒而加棉　夜大雷雨霹靂風激聲撼窗几　竟日不出　作畫日和墨橫幅雖甚

健亦不至亡習　向一秋卷作字三百　仍前例　廣兄來請即往　陳三弟在焉　為說欵三百元交票字息

一至一貫一百元或匯單取作一張　首三十期送四假偉　又付廣〻作保信也　即与廣兄久談而歸

坐雨無聊　夜看國朝畫識

十三　早陰〻晚以晴　早作字畢即至地畔猫〻亂名奧至四檢房午後以起訪桂軒說話予情

話看海棠碧桃盛〻開濃艷〻簇之庭　偕出余所研盃于夜　升二一百到店桂北去久之通情稱

四店將捐不至　喜聽入元舞陝　還沈船清　鄭附字　桂与飲啼〻說鄭里邵付欠於而打

蔚亭兄留江，初琴諫說此地杜主聚人會匠，逸合五六千，金主栽苗為主，皆不再付，若否照只另
私開支，以年歸一二上繳。
雨，晴，不作字，欲刻研，手不成，反致損了手，便眼花，自不知至于此也。閱之，地中劇場內二斤，丈來，玉書
來共飯。王大姪女來，均留午飯。閱廣之贈。王堅臣來訪，留吃，談書畫種種。蕃吉室生來，宣語放炭
子柏蓮嫂到，要帶弟子三官代余在石市李校升班。子丙語吉過廣兄，知桂欽邇吉二言，伊要作孫田
民書，辭作餅。唐僕歸，二子田即來書付之，又之將詢諸去。朱子君玉又偕說三人同來。廣與余訪佑臣
共談，翁談治吸烟。陸以夫創心至。三人均來，語云傳為嘗有邀稽者。廣兄邀北照于李館，俶高
世珠等共四人一屋，飽飽以飲。余偕開卯翔雲兄待湯惟琨，八分對杉，住平湖人。又知曉庭處
影四案小幅，一扇面，蔬菜草一，面瓜石榴一，梅子，葡萄，均仿白陽字，亦與平常迥別，然老姿神
趣，詢佳否，西為廣求也。因與廣行訪王照臣兄，弟于宗，二哭臣一見。冬之廣兄又狂叔獨歸。余知
爭行于漿，一逢桂軒青士陸昂生，後識茂老孝一幅，夜未實美學，授律文

廿四晴早漆研匣看三國史隨意作字午去　晉卿派周無聊挾印圓來洵上坟姍中間古
姜蓮溪來與論文字並代謀縱子書北到仁之夜棒竹來同看宴夜之使康謂四與留仁語涯上
十九移張玉峽乘月歸夜與大嫂女兒書等說備子　寶生同鄉來住三原大炭十担小炭廿五云
廿五晴早作字看書午後王石樵女兒上西刻桐兄來訪之余書隸篆匣字因長語酬照爛史說古
玩伏虎兄來八年不見殊而不熟識伊在湖北開局在利川洋行保險公司訪保川河船貨者佈其息
尚佳已要佛名書三百安助目即至里云許久去桐兄余亦書兄秋葉文玉學衡約氏以内召值出妻堅門
子山樓後在候理聊屋陳三弟借之肆飲與之定大小炭四五十担陶其市情生意夕陽中市餅歸
廿六晴君山雨早作書二百雜閱三國史等午後展紙作書綠山水太冊華意尚長而語色
步伍填陳文簡公研在綠燭膏刷擦筆費功用子研來萬偕去到廣生伊鋪呢布
三元口金垂十西中报斷湖聞伐以電中劉寅澂未失而患湍湍手垂玉澂也並幾係
全力往一路殺著久善戰之將唯張之常勤敬萬百窮而一蹶之不堪孫趙說
步察摟唐金堂退保無去偵荷天佑將致舟一木不返到天別頒革固金陽書中
不鉄堂又一家之閒蛩祀者無哉　子雲子研同八兄蔭飲雲松仁四知

廿八日陰晴　大沙包[illegible]色佳　回店飯　取另綢二疋　撒作褲套也　天氣東風吹嚴星沉
月望撰里回復札　與七兄[illegible]關與學　四更起不寐　閱兩[illegible]絶
廿九日雨　見早[illegible]信[illegible]　板書畫花王字計文廿千色　又為書小保大唐之研　研乃昔[illegible]葉去
致另是芳收白[illegible]把持要之　余力勸手段[illegible]而少　古致于　玉[illegible]在家　李工去留
邊稿[illegible]　燭砲全收　昨並張雲卿[illegible]札　附[illegible]林書札　細看[illegible]六錢力[illegible]柱[illegible]之不來　留致進
申刻話帖　子研韋園[illegible]倫　趙青藤[illegible]
卅日陰晴　數[illegible]大風　天明起　仍[illegible]玉堂出市　東門[illegible]果菜等為過清明節也　用[illegible]　到店倩
市零[illegible]　[illegible]半生[illegible]子昭書[illegible]　宏達[illegible]地[illegible]成　[illegible]將[illegible]成之乞　余丈[illegible]定契[illegible]
滿[illegible]向着便伊查家一房均到　[illegible]契稿云云　只到店字[illegible]　[illegible]訪李[illegible]不值　詩[illegible]
到麓家橋　與孫參大[illegible]上坟　[illegible]回　料理[illegible]神視[illegible]家[illegible]人少手[illegible]脚亂　平飲乃巳
一千陰晴　[illegible]時作色　[illegible]雨[illegible]一日　即起[illegible]地[illegible]到店[illegible]綢料[illegible]城[illegible]
玉堂程某與谷[illegible]傳昌與李吉[illegible]　[illegible]中[illegible]未久之　市[illegible]静兒來
而見玉家橋舟中[illegible]余[illegible]至上　一[illegible]為[illegible]閱不[illegible]入[illegible]下[illegible]

陪王宮保、何思孝、陸濟石飯于張林廟　平(?)由即閣行一路，新綠大佳，于福寺
東麓高高張望，女子丈葉以下之墓碣無其(?)累于此。故今取閱粮書，静佳之。寺定院
排不東即郭舟川于磚橋北樹小六次宗橋，有亞年上橋，有道東地中，故均地王廟子宮
地，官不能損燬即此。　完神二檀樹，故在此石橋北岸，路過西坡有(?)樹上者。　又之此石
作西論各繁盛。　與王佃韓召康佃二住南橋，嵩印刻細丹閣，西偏橋住陰椅(?)磡(?)川
抵周王廟上峯，市鋪羅小照作黄，飯到青橋上。　曾祖墓碣畢。　隨至前福閣內
于郭店，陌訪蔣青二森，吳伯梅寺島。叔與訪舊人之陽子大素，并食粽，拜書者叔(?)
娛健粽一包，何多情也。道源寺。　陳伯招語小坐，別四城。持灯，到廣小飯畢之，佳士養(?)
吸烟今洗，大飯共餚，又返店，說了述明朗，不覺而觥(?)。□既不准，而又代訪家周僕此答(?)
今年所傳出名記，惟余大不然，名記之名不雅(說)，將作並藏，此名記其何名，何姓何大頭(?)
大謂之自也，且之食仍了，一名出利，而伊自擔，乃代予說不(?)，又每年一也。伯人前執代，余畏(?)
弟兩借伊之遊年，不過二世日，以遊來日，在店三世，借伊與楊玉基，称利自以胡，大但店，乃返
見此四字，安出人心不可知也。要且如能獲利耶？故雅不願，痛快。眠　是夕南風四起(?)

後飲函以石的成窠，至四更始寢。

昔雨余談。猶付來董誥一集。後子依壹計三紫陳居址為陵，玉堂廣生往子研

桃和坂西華夫切作和木和花佯不理，寶一身分只此一木，集一看用大為作難，不知伊自

宿年衣食至困，默(款)自取，乃伊(自)僅僅留此，不與，不知其居心何等猖悍，究亦是用至於此也。

午飯後烟不適，過訪廣兄談，及至石四稱子，黃金伯常隨兄一見，至後烟歸。

寶生玉堂去。富字三首。

廿晴。早作字四幅，撫蘇華硯銘，國華帶往，為青山一華軒書楹，雖其花卉得天趣，文作

題俳仙佯球佯性兩題句云：清風伊人海外來，關東公子馬上貴，山園蛺蝶春氣類，商賢得

他人若聞，中俗者寶之也。午後勸儂去廣處，看三家之看，錢集，同子雲譚稍已，淡友兒

陳碧生招與同楊吸，說久之回店，從四門北返，步行回，走及陽春，累春而內狀，行往此石橋，來會佃

倍語龔來會，早如來清明前十日也。路猶遂抵寺，以生玉橋去供于兼弟子蘭千人

甘又餅碗飯于店，回來等坐于書齋，晚出十點，燈下二楊遂一塊三十餘起久回

生山新作羅磐石社為人佛已者人樣　子書　吽過居知有　石齋青石居八字極古可
王以善硯贈之陳古卿持翰墨來指語云何佳琴曰　研蕉余一語印退語先借四十金
黄色中十作文付之　寄使甫赵文之矣
廿三晴　作硯銘　糅蕉之安卷　顾为之一書　行書片葉文　乎雨後　为桐儿作荘蓉研銘又作書
致并附正匯銀八十兩去　復庸卿函　春帥弟又藏詩送來　为岫雲作俗陋洋中仙洋偏球
洋羊羊独佛年佳爱而其性尚佳也　市紫卿来成稗記之　吳僧狎札白訪　其洋陋。文付
子研校作印　王世英傍夜同孫軍來　同子研去知有兵到乃之廣　安居已獲軍　親兵中情共為
许加招之　微浦論防軍兵有為陸善友也　陈于俞之宴　以甜余何年力已錄子研之回　陈石飲膳
主　寿使書矣　寶華來訪
廿四晴　大温　夜雨　需早至列居市館　魚笋羅宦祥并形泥金另闲照计陈午　子雲言陷年以有地之遂過
桐君談之　西南子雲入来未能以吸四居領大後即之陈君今肅　招風茶揚去　林誅阁林　陈泽已见
陈榮十年日記　打铁堤决　共役子雲雨絶五人　使至窯陈地府州用偏大災　之由欲去近日乎反　皆
陈进买主持也　各之去之　寿耐之以令　四居作信　孫子湘　述地情形　慶之百之　与仍本詢乃借頭

与志喬記至不是大半支頁□□欲出市西保陸　説硃租户更譯情形晚回順訪桂軒一山翁

坐少坐良談而歸而腰痛殊甚

十五日晴早起整楷□□□交□風屋地為陳亮家宿絶漂致留江書并起稿高冬生館前爲其完稿并

爲向玉豪條晚四點來楷書雜寫洋信并果紙總墨滞心爲之塞　豈自取否　大小匠

十六日陰細雨　陳事謀傳不一　人云殊有云和已成有云索改某口　是早兵去援　寧紹以中丞早廣見来通

陪新美人口　郭木匠来工舗西廂地板四料　已刻往又倩樓新款陸丙示帽　既而相永玉乃帶請其

樓也余陰坐久之　入古相宜讀店地了子久言湯餞照西下韓入席　相余及王佑庭屬見四人　使余母嬰

首席也席散遂別余歸　晚子雲来弟到子怡宜并大量地基条代陳冩芸甫借洋付

十七日兄始月杪西楷書　昔保存大令舟户王長生来帰長生取一年欽玉貴与彼計洋卅元送中代陳付　柳相二人共之兆乞付三元并僅留書□　成契

十八日陰木工作屋照存樓　留江信附來翁函　書　晚向子晉来談留家不做主將余稿

寺溪茶根晚相及其子義王户高一　伊只茶談云得人金函　余加租料　並説如嫁余欲之

新傳十元去　王地賣第

十九日常茂之老　孫盛和歸　一心完了　□□　仍己高月管夫　早餐後王子清

雜木四枝交森盛來木作四座，仍議價竹蓋細條[illegible]斤收據　交書齋交徐來錢山炭
送館鼓山煤陳二兄來，計付大洋洋視十指為岸柏　計洋洋十元〇　此批雲來面囑去接
于謝枕房話地基成事宜哉　家人病甚厲畏　交房產撥歸　而傳說俞殷與予之
說地可核同飲十元既又付四房如之，交說陳地多寡色作壽金，概謝保領使閱黃指知識和大
實臻堪憤懣，忠賢衡甚矣。一台灣讓與，二鴨綠江以南地歸倭，三償兵費二百兆，四萬
者二條通商。苟是舊體，其害而他國欲照日本成案而有議許江山遂人對岸中
於二段未為輕，奈未能精核各實，三撤通商二者，請求不貴而執之于和約至于此言之滴
國勢之亟，尤不忍見亂世之痛痛之陸地也，興華為之三歎。廣府以是爲健笑之讀子之
四更後二夜返不合眼，精神年怪日疲。十前劑於加醫達一絡
廿九日晴　欣然稍可，回得木形付稿，余旋謝匠來萬毛氏家傳本來拿付收陳神道華
書去巳初，為繩全同命之佳和為華來拍出炭，此有半現有十日匠有五月底遷在共
情不一價，與雖料送至清才大生白山墳山行，陳三兄到後將其情說告計付大

晚挽小島卅槿又宗曰光容作信至波又不見後來客指字以燈芯作何等物寬土
達蔚堂廿四，刀後桂邨之詩，返馬晚飯至伊家，與仲甫語，我輩間談筆洗清上炕入房

仲甫翁，聖余與桂邨父子共六人，語甜耳趣，語之教後以談借勢歸，已更鼓。

談清且趣，一覽乃眠。

三十，晴。黎明起，改子谷國僅地契稿，後到吉科起，加絕契，并代思索，久之，又自起船契稿。飯出到店，市內歸，市業至四錫蕭飲，去細思其礦，出至吉甫談，稱遂到居士敘之，談別于若歸，兒子研和洋到若詞胡付洋，遂往好大說王長生。余識以那未理周華，伊主保的而去，者素俗一來，沒飯小飲以之，起以失眼鏡，急往詢于恒祥兒翔林，于涯內得覓焉，于雲喜之其閑談，出門全到廣，余返去相居，與樹人談，晉理田于後之伊家，兒桐兒談去，多種匣保好惜難成難以田，掬情于動其勤，不及六天性也。兒信成書寄往，種花雜草已補矣。

四月廿四日　晴。早寫書二百字，下接族盡濃賓全稾。湘地契稿并自起界冊稿已訖，到店于怡稼兄新龍井茶，色香俱佳，予為譽其設謨董。稼亦索乞畫扇，余笑而謝之，回寓飯。偕小甜睡，睡起，子雲來說湘地，乃偕往子章族宗台處，後以十七八兩而上，烟癮發，下流不能起校，謝絕之。並與子雲偕由偕寓同出，到安康，請呂林宅契，東至三弟楊舅，西至鄰地，至林西老止，乃商酌立契。呂林主筆，居三雲壺步湖諸譯至諸印山，晚到契成，以東鄰地至乙未之年以廉壺撫以尊代筆，不甚快快。請其到不來，議說榷以西房救木自宅去者，印山往說後眾允作去材費記。又偕還樸至七兄處，同入其家，書者契，複東地劃界後四時押，為其二子攔去，咸怪其無用界內好作雜至者也。遂成之押，付洋百元，四房分收中代收之數，往安已上付去十之隨筆同乙乙未宅押，余回店飯而往若大舅至謂薛米日后因其長生責至乙未，伊同三四人代筆等乙未起全字者，余復排說舟亮務為伊力保吾廣，定明早下契書之。往相兄子雲去甫詢其押狀，當明日以居之門之源昌取還洋四元入城。又兄張大廿夜的中，又見居印舞倩包書社開。往呂羅押等一人據一面桂件，精燈四宵，知桐兄鑄蠟乞四日燭作竹杖。查夜在香廣應復子張信，述今定契附州。

望三晴，早作書寄下梓孫蔭大（即炳生）、松洪（永祥，即小毛），賣人王長生（王莊廣安王宗興人）又脚子主面々
金叩門。去梓，又筆據與孫蔭甫，歷大縣写契之國，又立租契，租与洪永祥（小毛），每月
租金千八百文，按月付清，付契價卅六元，中代二元，番于收二元（柳秘），此係隨時修理及上崖
錦油漆油等々概賣与租者，事省事而轉益，嘗樓去自不遠，才理一也。時值去作
寫居切老莊（去留）三事，附奉致，又作桐兄黃楊即西，蓋竹頭改而墨入木，且又去打磨，再
盡之年，併以起閑葺形具等楊序，看三國史子研來，余去到店，寿辛申振語以來
伊蔣（將）銈中設和云々，（回）去此門，未去府許与伊屋，寄付中代代理諸事一々，手之和保向友
岩雨芃客談至弟往吠至三鼓，供口茫，談以畢去，父子回望，進入杉風茶話，告楊々，廣及
買林老合狀乃證（真），告去到杉州，凡諸人告予事，盡遍洋々，不之來許久人集，康去陳說，稱々
擊樹星牧為作雅談，及勝誹笑々，大蕉作芋姓人，席之，余應之，今日係賣之地已成矣，族陸
族長之親槐不買，因該地與梁林々，只有陸姓從中漁人不之何日即請地讓移為挽阻

校本朱氏何者誤中矣今再定一百餘條讀之得一蓋亦校過大內并柳陰路鐘敬正二
更向晨生拈燭歸 並六修作芸窗百之雜出 出由改正
十三晴早至午寫山谷三百字 後作二眠午後以起出遊申刻出于街見林雲亭談中不真快
便來看紙我亦於甚而返未來伴貨物如瓶鏡畫漆器燈皂油并新様綠陽日原出不已以免
我中刻已不意處而至店閑 未設相以陰軍費三萬並作十五年付前後銀中捉之潤耗
至二不待日自行待他旗觀調令我 為伴執政大臣以勸富強為天下先可知新作為那
黃帝納出市肅店與子受官付中錢余力辯益于此情實在一道之一元已哉且也日為吏呈
者圍至矣而此時道之絕是貨利也我三利一下所與子受入成橋大源設計子付鈔說院實
十二到店飯 下歸街中燃火与夕陽上下 到家晚飲
十四晴雨 朝陛早高廣成書作二稱左二精理之業致廣取另後條言向者截取草書中覺頗寫
蘭亭序 又書三百字後至未後動筆午後子研一未申後出買燒墨紙鈔行店去百一道憶林我說目
送返者于此 出之雖印歸 書法 防門向野曉風涼胸次暢適雲家嶺諸作山水文綠柳梳風殊既
適地 程作是書不然責之 書不受子不想
十五大陰意日未出寫篆三十字作楼林岸寫直幅山水至夜未完筆有將隋物見……

晋成衣完，查禪二長衣，掛二件，又費一日完了，手書夜內，垂二眠後，午方出晴。
玉堂、卿撰來合看
夜晴，呼石三兩，夜不寐，收多叠多，攪擾不已，未明即起，一夜展之，玉以地防宵小竊案
也。周身直睡，更成詩，寫篆字二行。搖子依住，因憶墓地，至即手收二紙，兩將知予雲上有因
云，而來實也。又刻老健人，然惕玉貽，鹿桓糧，留飯，且談書，余午以起，接序看三叔，洪寫收
來。晚書後，知仰峯來，一匹，恒秋借家庭謫話，俚種也。一匹，樹人詩說一一，回已上燈
夜。七晴，早看扁畫一幅，書是而布置難，究書字久嬾，所謂看須極中，極合亦有也，區仍食於已
刻。到店，搖子依住，詢屈其，乃使飯去，恒秋入邑之淅，劇以來開元，出局唯之，追清何若會來
請問，直上老桂，高大不聞大，索何茶呼，道士器不已。又久之，開演，胡貴買畫山火，焰圓，刻製代
首行，頭不佳，腳色平平而已，半台出，飲于元茂，家到，帽歸回
夜，雨衛雷，竟日不出，早與子依復住，又恒秋新書作，王子壇烟之，山水扇，送晚照畢，仿
北苑，用畫筆，極似古用之。手石子出，出所引境，不必出，名人所得，圖取而為另篇
予做筆，沾濡，雖泛側作篆言。家人到三姊處，僅下七八個，送可已
晨晴，經日發病，搔癢不已，以痴痰[illegible]過，八分自书于近古年，大日六韓[illegible]

病而間戒烟食丸藥[illegible]三月又廿八日[illegible] [illegible]以閑身養作此以不[illegible]進退多計窘
雜支[illegible]二枚去[illegible]伴 [illegible]朱同飯 [illegible] [illegible]言論[illegible]以憂[illegible]心中[illegible]
廿四日晴 早以[illegible]由中[illegible]叔人[illegible]趙 [illegible]祥[illegible]飯[illegible] [illegible]鉄[illegible]知[illegible]佳[illegible]
廿五日[illegible]同[illegible]見華[illegible]思[illegible]書[illegible]佳者之[illegible]書[illegible]仲甫[illegible]
廿六日[illegible]識[illegible] [illegible]以便[illegible]别[illegible]以[illegible]
冬葉下鍾見錢卿湖[illegible]觀劇 余玉琴[illegible]見朱[illegible]兒[illegible]而衣[illegible]脱
三過十齣 盤[illegible]獨飲于元[illegible]見楊月樓[illegible]核[illegible]代秘[illegible]問[illegible]
勇[illegible]又入觀劇 演[illegible]問[illegible]人[illegible]飲而歸 [illegible]苦[illegible]
見湖[illegible]月[illegible]來 [illegible]健[illegible]書又不[illegible]
廿七日晴 辰[illegible]未[illegible] [illegible]地[illegible]不[illegible]午為[illegible]用青[illegible]
未[illegible]措[illegible]觀[illegible]于[illegible]也 十[illegible]健[illegible]之[illegible]劇三四[illegible]立以
見[illegible]不[illegible]之[illegible] [illegible]見[illegible]一[illegible]以上[illegible]
而[illegible]一[illegible]日 以[illegible]不用[illegible]而入[illegible]烟[illegible]自三日來[illegible]
不[illegible] [illegible]陳[illegible]為之[illegible]不[illegible]此

心胸不可問。江西萄事表示商未，催付鈔來，以天雨由去，仍擊健歸。
十四 晴，甚熱。留廟額眼當此，不佳，為校妹作橫幅，布景未半，倦甚，中止。申刻出，始暑。
夜劇。齣兆，已可小歇。金卿頗諉，乃有吳本之云對此以其力念過，歸一陣視來店一生
稍劇，傷矣。夜談間，轉失回之，樹人珍衷，主盡八行，致又屬錄諸，此其人無恥太甚。
地痞宦習穢之，不為辱；鄉里此之，不為恥。唯有出遠，聞之能以其善舉，使其終身乃至計
于。夜起閱書。
十五 晴，熱，汗出暑汗流，竟日不出。幫芬葉出店，藉以勞力。又下箱子，培扇即印兩扇，致之。晚復
將校妹橫幅繪畢，設色未半而止。店過大眠，藥葉望罷。現一下一粒，傍夜四錫來
歸，其兄理屋。夜雷雨，出住。棄伍有口八九百一担，以價五元，由高海南來，亦好也。
十六 早陣雨，陰晴未明。起，坐談久，上樓掃地，檢得數奏稿，披讀之，深知廿年前
之現偉至計。此外分之四，當慈，及口生者皆作，殊子雲之外。又刻子雲來，言二契云無
未歸，吳蒼文來，柳莊付洋元，稅以價，復往，故取回。又言託柳莊其管，并言分開稅
談了，並說，飯去。四錫去付鉑。半……。隆說契管一帶出而矣。

邱宇知閩粗手進至十月指西事 已二元已發又二元 一葉 一付周六及廣生橋月李供奉
廿日吳蓉蒲生日也晚幫分賬會
廿五日早陰雨如霧然葉溼重至五〔六〕六筲二十餘斤 且蘇 溼 得午埠二元 至林西書 定花
中賢又入阡前筆寫難證移易甚無謂 蓼張梅垂傳借至此歸飯後一揉葉劳 兼晴
晴夜又雨 葉一千斤一未 至書房有表突心情殊乖 三更起錄度橋耕考已識中讀
廿六日早雨葉溼不能出劳 然摘如麻 晚仍閬寒 是日不出完 陳枝林攢幅布 至周葉却能入古
惟說色不佮 蓋男紀亦不精佳耳 晚出行葉四錢斤 余錢仍留 留夏布衣四捌 罹素 晚至玉堂
四鄉至書房看病然後 余芝數花芙不充 大房我錢由予主之 華九不飯 麦素久之 三更不寐矣
國殺無識至此卯起
廿七晴早余玫相先印匯至 并前傳錢二次以不適陪上學寫葉單而已 樓子俶行說地茬疏
契了附入 中日和議既成之 讀之令人髮指 皆割哀而又以十四年通商訂連俄之 不服中國
利益為日本 俄已無極拒 似有兵 恐臺灣為保護要埠 一正人君子而為羣盜所
奪其累積財物焉能得 不可言 不忍言 惟有為之生 痛哭流涕 且太息者也

極其經目而怡，必曰安業之方，仿宗之策，長夜計之，應求立策（處今之世），安得有千萬財爲我通商于

西洋列國，以械練兵，舊國保鄰，果爲不須科目大官，而自可傳世，救民水火，以威四夷，以佈

萬氣，誠有萬乎，此志而中國之大（豈）絕少此種大賢，豈無上求之術，未之重耳。市鬮惡快舍之佳

夜仍三更不寐，參多改換

廿六晴。早作臨華帖，接方午仿吳萬言，接子衡信，寄稅契五達縣趙静之，午後以趙子研來接

果，訪書子來，晚摹朱契至幽庠，望道承文，請人庠，君朱柳泉值，出之北遇桐漁達孫儀賓

之之北至店，又叩謁陽大中子恆泰用伴許，店內余第一月兒姑，一過怡福，叮之方，稿約兄素次男孫

瑚臣曾歸，葉稀香老科家採葉歷札至燈黑不辨，夜仍七爲健壽，兄夫三更起，天將明起

詞原，北門兒申报，會榜會科會元陳四梅直，又宋偕恩瑞岳上別，幫寫書，言頒改之，旅而報中

大晴，咸織和伊，以藤臣由烟台到團

廿七晴。剪採葉語人怡輝，特甚，午後以趙爲桐之作，西益行石横直小紙八，晚出到店之仁

五千元付陌泰，陽年業中一月烟家息一之元五角，日之，是詳之，七元，余市，道渡家門，張賡兄原工

談見佳臣一吸烟大々此去　派召向吉用兩八兌為　付行　小西業候謝田邱　八文縣之仁又與廣
程田店看根和議已成有志所向憤恨于中　坐不能[錢了]樣　條例合署恩尋將來以制　若恥[或狂]
十九廣之佳又有要挾樣甚之　甲乙一波未平一波　起生變仍從來函行是晚梦有也
廿迷[謝和]華祖市行奉筆以歸　是日自標桑課市業月所　夜起與兩營鋼奉
廿一晴劇談竟日工廣登山　廣店閲夜至逛恬奉外云以林店不用課日勞攷
二十二起晨山史大情所給全稠召　山華帖二方字
廿三晴温和可爭衣至事先點登山　午刑未回飯晚有之未　夏郎來風高中穩西鄉大佳
詩人若彼均捨隱力無一立地苦暴　余皆荊榛　畫寫二頁
二十四陰起晨山無詩人年看無家勢　雨手幽寂易若火　訓之留心者有共身叫有兩門
留談描業雜十詩字以此付之一炬　傷之痛心
廿五晴[晚雨]早以去以見鳥桂之多　未市躑春花五聲　蘇果黃魚一等市畢暖延田店市塔窯根多未
佳雨價談　或潘仰薪過不似風苦談致在閒錦景妝　昇往感以業不難免領之既而隱居
乙吉進行菊生仰甫逍遙居之所主張生之葛　上其表生　祥鋼劇不為松靜話登之送歸

午谒财神庙，花数福钱来复，入琉璃厂，静静斋勿身玉杭，许同桃小李，附去和合花五角，附来古斋乞
书便面。王雪庐后余书三国史书小楷三百字，写茶于砚。夜三更起看纺台5
考字以写大字指。附印照象，付子刷条，文静去，付静老贺三元出车。
廿三 阴晴，竟日未出，仅一至城边燕雏查悦，鐸老树高缝车，考帮钓叟，领闲。早寝，半夜十二
临川笔帖二百字。已刻于砚未留任。晚先株兰廿片，并剥兰五片。附桐条付印匣盖。
廿四 晴 株兰迷经，终日历疼。四男来帮，五研六来共理，计我造上的兰五千片，玉度廿六片帮
二条，另加小山石又十许片。早作字数百，应依睡，兴向炊，带而至，益之。已宗八生广年寺
费为理板子。薪将来。
廿五 晴 夜雨，早临帖二百字，自作小行楷二百字。书市海馆一匠店，修又琴拭，四兄伤痕使5
谓琼琼随翁入桐庐写证。夫戏行，通都梦花。一沈少琳玉，余书傍归。文人来石写述
与说家常，留饭。四男来模乘，一午后以之赵来。余携契之，得五元，由雨内去扉
金速读剑先招入警语，又论去陆旦归来。钱瑞卿和议未，山中约且似归找

折。陳合肥寄上論總署也，專言新疆未必謀計，森張園外並將萬
萬第二十艘五千萬英人，五千萬將兵之精，可決之局也。余直細論之，今我不足恃
船炮之全，則事之可操縱。彼人民土地物產豐大，余論已兵，可練之隆而千百萬
主戰，沿海口雖多，然有守兵數千，不使闖入，即第一着失，取攻其所兵，以駐在內，其可辦。誰
手所領京師，言內外厚集強兵，不精練者有能陳士氣計，運以廉恥矣，未見能合肥人為
可意至待也云云。未之深詳允。米榆莊乃說，擬與日本寬其之計作，計以美為少度
作九年卅十萬加英尾說，繼派五田去告知荷蘭，行長安許行。接來合肥日信，以下札之精大
帖，劉付吏未雖可開收呼去，不反應，弗遵矣乎。又說蘇少錯，國家無故託，命致諸隨下
周氏之倍，威事譯去後同余，秋來思得此余，中外可協原之，戒手術話在此也，還所至千元
云云。余作毛之，章山移去，此見別去，和併四，後然萬漢車，使燈路走車
又以所付桃力米以，但，唐在手
廿六晴，陰日，四鼓來，換車入，到自早至暮，順帖二百，自寫小引，楷二百，篆一百，午後又致可

内述家寄了并陳君由滬帶周君拓宣之之候震隨附付靜見函內開買物單
墨海墨二二筆脚蘭亭面片肉等并論傳去印書名戳云是日以廿斤蘭下花身一單
點朱標在条附匣送之已　云自周氏於海棠植之周六根來並菊六栽之並
廿七雨陰竟日未出早寫小楷三百字信帖二百字篆作一百餘字又二元之又傳付朱柳花四幅楷
去歲貝柔稼之錄字任誤莫在內都也市茶葉于德主人一元計葉一斤尚又市筍干扁夫白寬生
廿八行又付二元去子研市蘭根明日加入送中子研留夜後因四錫去　近日收卷作摸且多花莖
雖雨庭房盤中石子為亂偏衛之數十立一字也　三更夜查雨停門至內有封
勝息氣因仿為之可見于此既用力謝不至神仙其于長壽不老可接人壽也
廿九雨竟日不出早臨華帖三百字自寫二百字午後寫篆一百字錄三國史傳一百字子研市蘭至精泛諸
庚三來請余去年以之趣佳朱陽湖去年夏說正中欲欲以不得修之開說至久而歸　四錫仍來保之報矣
美主　限當世以物云用神肌華十又前黃菊種陽為以二次辭　一月未似有理識之
夜三更小睡作胎息氣法已久精神少好果否日久　小歌以期移病而延生長年不
死年

廿九晴。早起写山子临帖，如上日不换。孙傑来，写保琰小斋，临松桃柴一程。妍子讲书，瑾作篆字。
上日朱刻出之大东门山塘，同陈三兄瓮人之共陵香帐，小饮于阁。又遇潘理甫来，借臣一本，北至戏后。
县高瑞杭孝子到店，购久莲初之扇，松扇各一，乞书。松小叶赠，有三妹郎二男子唱书人倩之。
一聆之。请款。钱梁如上海景象，若地方作歌小华，淫荡猥亵者也，之流石恼于胜寓，小住只一夜，按大
人谈其宅屋，本不无何惜。徐翻臣先生来，而后又云，该之怪奇，云降了亚天晓一庙之及其碑出文附
广兄陈三弟一之，市棕身衣寒出四还，广三借臣于公署访桐先于家，出寿山石瓶玩一瓶，陈七弟士
林子研即归。市小鸭三子门。来书文。　同之早即病，感冒卧床。
五月初一日阴，微雨竟日。作临帖五六百字。不出门。丙埸璟来。
初二早阴晚晴。上午作小楷篆如上日。晚剃头于店，晤本厨封，王家舍少伯，乞史群，海允之界作。　修表朱少云来工作付之扇
条。八女送闺至。莲舫又来，购楷扇，乞书。
初三晴。早山作毕。八月十出去。　见吴蕴山，松之秘，向祥麟云，仍四郎来山纪菜四册内，以充棉壹兹
饮。到店千，买布佳。款于市上，午出。拟保学旧句，去写于殿岩。又见孙大云，访少毛，即未云之豪庆
5 初五作丸。送信胡黄同莲，在王家脚午茶。初四于张店，留见周老村，吴佰兄之。午后以起陈

鑒卿孫甫送瑩之孫來訪，僕之游、熊御、趙甫、李容齋、三片、田丹竹各，餅、銘四鍋去，計酬四元二角。早

四錫來二之一。以書之一笺寄子卿，未久寫作書扇三、二莲舫一笺寄惟善，紙之兩面寫，又作祖望月

季綠竹。略日積，在日掛之，夜來作一生毛四扇，先子研至即極之，遊海塘，雲海手至姓之海陽亭，種竹

之海塘上樓，眺遠水波淼，近山翠映，遲即田植苑，嘗在子研共飲去。

富隆壩來，晚，性好上日至壹，談此畢，午後抽蘭作錦肉子等裹錦，惟其。玉書繞去，仰四錫云

去。玉女送閱玉來利馬。來還炭澤一大錢，王小小帳收二元，付又廿一，仍至書鄭。此前現作吳大多真示

一分家伊猶為吃飯亦甚雜，為傷也。夜來輝樓之談，不實去，總不改為眼

竭午時，早急歸之中，作書加上日百字。將午，程康甚于地，所以燒錦爆之作狀。將以稿回風侶午

觀心覺把文蔣蘇，鈔噴雄黃酒，昼為摘地把廿四只，为食之。蕪泉子研、蓮淺來，知城中新進者

廿許人，使师郊候儀，陸蕉心也。方近翻行到五四之孫，華近夫子粧，偉去之子談，益之沈。葛來

閱之侍以之起，而人已去，乃去之。西門卅遇初尊云，錢至。又為來春記伊挖，後函吳瑕為加 [illegible]

閣讀答做二三，伊作禮去，說之陸同觀，錢之一硯之，再到店，我時，閣中根為陳岸

一省人民不許接識日本，袁[illegible]吾國係以君此識原宥[illegible]。廿七又聞李伯行得旨口使王潛文
地伊勢者擁席[illegible]中國為主，日本為國，而以劉義士名[illegible]信用[illegible]五國主
其此年雖居義正詞嚴，[illegible]餘地以為外援，如此日久，恨生所謂六防右勝防往為
碰上之肉。余近六六十年，其雖守者甚多，不能呆棄者，抑于我接擁人民，違上庶如尚
仕械，少從未馬，亦惜其故而棄之不肯。祖京律遠之親，劉方據不能詳，然八十一，袁世[illegible]訪桐
光說，杭甲保成，歲試以第四上三名皆魯，王頂補名，請梅都見信，注月底與保誠，但近之
時未嘗不暇于此，若仍館飲食，撻通一十七，祀在而歸。子年御居說及為惜冊[illegible]善論
七大人石竹一元，遠後右刻竹大篆字如竿，小楷三十，係四兄所成。陶山庄舟之勝于此，係其鄉之意

道腴記

道腴山口吾子[illegible]所，今之山室小而[illegible]丹[illegible]春，其名曰道腴[illegible]主人[illegible]
硯之于中，以存[illegible]不隕，以道少為君[illegible]祖信以道吾為不忘祖述之意，即主人君抑之人君
力徽物山水常家大家兩二品[illegible]道以居上主人[illegible]也，[illegible]天[illegible]林[illegible]

西窗之明淨，綰攬博望女嫏嬛以遊覽帖林出此，主人所以名也。主人又曰居之[illegible]道派
然北起，小光四射，室中之人不容，而几榻廚几筆墨書畫零衣具，犄仰焉，僅以饒竟
與觀競勝，静雅所在作裁，唯見主人筆端勃發，出言逸之氣，山川磅礴，千里一縣，墨濤所及，發
為烟光，是無邊也。主人倪乎傲笑作而言曰：予昔人也，追者接之，偕游思以遺棄萬類，而不即內
不能不且樓息而至，又負種之置諸屋三楹，前開一扉，後披一屋三楹，居妻子，一扉外舟，即樹也。
披鉛華出廚灶，主人居舍其間，客至呼茶，僮至向主人來坐之，供衣履之具，出為[illegible]之，其子異商
著竇若烟雲，窗間花木交蔭，森植為陽數十本。佃叢蔵藥，濟草眾物，猶住千之之舍舟十
岸但　不當小之舟　主人

思通斋记

思通斋者，王子自题书室也。自附之曰：是取管子语"思之思之，鬼神通之"之意乎？

然（识然），称予之指意焉。今夫天下之艺，各执其一，莫不致力焉，以求其道，而踞其思矣。

第致思之道，要必有未尽善也。列朝之诞，况今之艺，各执其一而分之，有发其思而微之者，致者鲜矣。

唯有思者而言，识之而通之，贯中外古今而上之。不然，困而择焉，虽日有所忘所学，而因循

日有所遇，亦不得谓之思也。至于俗学曲士，限之于帖括，汲汲于名利，思且未足，且成，且有诟病。

指某之文章者，执一端，虽极细微毛发之物之事之艺之，由微而著，由小而大，谓推天下而

为是。质之深人，而为若辈所以思也，远矣。因而作记。

雨晴。日來生燕雛將離巢，蝌蚪紛然，青字畢，為健兒言之。七廉仲宅後大池垂釣，計
久未得魚，怪之。掛利之者不絕，以爲者魚則更加魚食養以待，宜若也。持竿歸，則城腳葦中西
何如何之，鼓兒釣之甚易，屢垂綸焉。久之又不得。天下事之不能如意而老年不及一童子，亦為
比之鳥，其中難喻豈怪。釣之不良，魚之不上，手之不善者哉。歸飯。東利之大東門一筆鋪紙，二店與清
仰翁又筆說新進得手卿來，內太青銅印雖不佳，刻者為佳。一與清藝舫朱秋江談書山樓，問陳之
申去卿一書，又推以以炭價收存，思以多為印，宜作[illegible]也。性之四城中大東門之以東內堆不見以裹秋文
乃言後台西貞之太守友吉譚談，贊秋江與刻印書之店，得印瑟以不得欲回絕，花詢續壯一函
永春會朱少云佳談，偕至一百市台岩，夏桐君顧庵談桂山子將去，約來情不佳
晚明陸溯岩書與王玉山，爰五人菱草玉扇半日。來美度，五人至來也，小島崇陵，院公八
乃代收西年一月陳與唐見之，兄共開晗，洪一言粒，兄陳靄如。偕同有余實夜清本瓜待棒升
張碧預會題　三家不[illegible]與內訌

夙晴。早作静儿信，据称数十百元，为诸家法书，得朱书云拓斗算来为三表
请修又修镜匠，在粘行度，不过五六元，为连其一串钱付，十元。玉书宾庵来。
契君封付静侄。大米，久请其经，与子取桐君携伽楠一串，又白玉扇珠，贝色，连其带，
为真品佳者，当价十许元。又铜镜一面，长寿镜式，汉有环珠绿，案其有篆文八字
照斯镜以照容，保照。照镜以照容八字，人以照两字俱不识者
并有二印，文一花押，日周人寿。李环印反文，又李德大造篆印。金宝斋唐镜，当价五六
元，二三元即得矣。同治书说印，当价不过一二十。余晚出，先由唐绍庐借徐徒刀偶店唐
缴表图见五田到店付价，静侄久之入，惜彼无鹜湖八景诗画石刻册，许云门太守
诗书与为撤。余老诸去付四十二市法，四店付朱少云来十两入元成，饮取山竹而
植焉。阿欣问玉砚，收其仕来，当到十斤，价收五千一三百文。取前饮膳，取千元付与例日再收之。
事齐。
辛卯早晴，午后雨，在午忌恼热，早作子六百，撤来书信小雄烧，饭后晚以柳陈修五再金。晚雨，点不定。
雇漏于楼只雨中，为数无怕蛾千小方布花。傍是白炽，公唐为云，点一盏也。为桐宫印欲宫自仙

明日拜程氏小梁將以新畫去

十一日 晴 掌書 直七日 子研携其仕來 十六斤女中 令飯 吉四錫携表來一交 携扇三染扇一 去為蓋高仙
雲林九 訪瑜交又交仁書 晚出至茂亚紙店鞋 焊 此時友卿于雲作兩四 到店 徐以夫進去
市雲物歸

十二日 晴 早學畫如上例 更檢董書在五自叙帖數十字 筆勢已雄運肆 薛生送標
至留飯 與笑談 共六元 惟有一元三板未至 晚去 雪與健兒垂釣于城隍吊橋下 得小魚四尾 加
三午後睡起 市一只大桂小雞 歸云太重可七斤 去閱三國史 劉頭四無錄 仰堅碑來為言
價已漲二元 月其仕做價 每二元一板平棉 有業已為農 高印染去 法在皖十店 陳英三至 談及送染
須予去 二以趁新資取夏布 諸出史 [illegible]己 賀以實歸

十三日 晴 晨作書 時完 子研來 陳但畢 以去知其仕 價令聯斥 諭不再收 名言 余將以舊事而明
姝不適 僅看花蓑杜而已 午接但信 心到靜 著知歸 [illegible] 日 [illegible] 託建 御 南四未 乘便
候以起三點 往出訪桐兄 安于二人 皆見 保之 靜叙 大意不肯 大時 來出 乾園 甚 雜 談 久 夾
去 時 諸 而去 到店 未 報 知 已 洋 吉 出 民 湖 [illegible] 酒于 [illegible] 園 看 電 表 十 點 時 回

臺灣士民不願臣倭將力拒守之以戴本清 五月初六日士民奉印旂推唐景崧權知中國
為臺灣民主總統之印 又照會各省奉正朔遙作屏藩 自謂為臺民屈留權為總統
倉卒籌備力圖存第恐之 札總用龍虎旗 照鄰封之人 又報前承諾各與其現先撫守一年
遣官交涉不可 緩以兩月 陸續撤兵 冊德兵為侍衛收日本之日 擬照前議 聽兩岸民
需之械 而使又不能責罷於 上國 是為上計 一國設兵乃能通不由下陸 法而得國之也
再論各國 京各帶兵之印 一道如保 三元四旂 各以平 一道恆往 南北民樹人其何不得 子孫宅者值自然
于是長兄 來少專 往與其識 說來筆為其書一道 恆并兄 魏知(?)敢家之達御之 物信筆來 由之之道
歸夕陽樹杪矣
酉晴 早經書自作 同上并鈔部侍郎 常熟 譯務言 譯健(?)使收(將) 擊之未遍 子雲來談 至寅家
匯坤之人行來請挑而集 的地向林 無老借堆伊允 乃來對言 余以林允其人 且書其中之處 并係(將?)
收仍挑一匹 取(同)渠舍地二也 然收被伊挾制 三也 挑後我伊生枝節 所鄰之地 上下依我(指伊)積 并挑不得
為此四也之 其(?)收有不妥 為今計 惟買一圍地 以取土以填積 而合宜 伊為是 然已晚 但(?)恂司佔(?)
陸積失(?)壤之人 陸到店

一面訪陳三弟、吉山堍，去来師来，一小千研墩帰。　蓮舫来，不值，乞畫二扇册。

十七晴。早作字，眼蒙如雾，西欵自傷。阿光之利令之饒。　二更起，夜特至也。印章。平戍張大方、宋萼生杜陵先生秀之开史。有三来，叶之消坳女汪補裁家。回晴不昕。晏楊芳運緒、葛崇云、海藏閣景陽層之城，有真丞鈞，有炸燼，数之詢知乃屡三夫婦否，是四子謂一葉扁舟。

十八晴。未刻似有陣小雨，晨書如例。又錄張穆書楷二百字。未刻、詣頌才祥、徐利店，与印翠紡做網，作訴兄李樹芳、等雨亭到四。未至，爲與說，又攜重陽早飲。碑版之中閑論注，並見乃光道書本。鉛母周年忌田睍、鄧爾奘，余謁挿卜。未食飯。未刻、嚴將送李梅来。余仍作字，香雨走，与范亭，桃珠四子稍談久後七与一山上陸，碣，持十頃門碑，見桂軒，為之挿入。沈伯肆主畫，仲甫三人共談，忽而大亡，忽而伯談，餓申

十九陰。節而鑒之說，中东台局。繹碎雜揉，坐之躬矣，暗里模糊目花膝

廿晴。晚陰。早修，轉如上日。又抄俄世兵議，欲作書又懶。修分方之圖案，午後，修傘之面，走寻區陈廣兄詢之。光之往相談。晚吴伯滔新作圖扇，局景甚平，華亦老到，墨和而蓋也。仍出畫扇傳之庫，于玉后拂，友后見渚佔中，胜之卿分相大法，話有声喬。四點多，柜有一字，如何是一長寸許帐鋪

廿一陰。小雨，小雨之後，細朵于一寸，盈內相傍之蚕額，熟見天下皆危機也。入庫見柳杏，福深陳兄妹之的多

到唐、悦全来，同往一一午饭，偕叔伯一行，午来偕仰贤之东阳，分七宝塘观潮，弟事难复新，手研道号

将健营草，两香墨翁仰之，五侍元祥成衣，普台桅上难不备假，而近且清爽，横东枝莲花河

四方语以江湖两事，达时之面，茂市弟桃一瓯于宫厕，再生于国大之世于楚店，合色子四店已备去

失盘中根入佳胜宗收罢王　丁子悟等将在乃归

绿成来访不值　连渠道第五并赴某米平源远芸怪静之布物大秀频境不很

季符棠行稿　付益斋之前　程筱山来之前来寄画

十日　半雨半晴　叢作至如旧，加修自叙楼二三百字，已午来，三时作致子陈书告只，如其且白

雪清儒侠得一地为至六七百十二，付静说永六百十七，附斗草去拔年六七七枝交之店家

看三国史至二十身不适去，徽尾中至李氏，与仲甫谈，见续古高钟是五本一套，洋报亮

季侍郎七十野园已不能阅之，误论兮归饮　之引　仁

十一日　作字如上课，竟日看三国史一厘口页，不适极疲甘　不来久之，偕北道广在此

报知台湾居仲不知去向，且闻凯已来望赤崁，不胜再叹，战来往谢已有云交郎设计者

子云一画同莲远去一照下，不来写一半，又去东议，奉且事来路有谈学读而沈掖卿

廣足付洋兩券說拜拜。令之出民返。建衡、保成于途，入元昌飲，古鼓。廣付鈔去。樹人來談，拜璧
廣店看頭，先乞囊。此失守云云。樓上承住，云地基係租去，又喚（代）長工一附。蔡海詒和笑不已，至夜
抄信寄與雲。于浴堂同五兄至布肆。政四揚、錦甫（去雨）每每布入桐店。看舊硯、碟、盆，三十六錢得窗也。因
由書伊留閱印歸。

是日，捕廳往敬廷、季東，送一公。治原三。陳有常、雨秋進來，辨夫、偉生。

廿日，乙龍。早陰小雨，即晴。五更起，起老如舊例。已末出西花池，看水龍噴水，共三龍過。郭俊儀、文度
桂到，店已飯。晌後仁市內乃飯，蔡墉臣至，前勸辨，看鄭文之至毅。令又重請整不及，萬萬等純。章開過也。子重來與
談沈帳，屋已起，鳳宇沈司挑草址侶，得廿元。益宇請做（幽地）擇日，用巳三，陳拜拜。陸西岩來，與久談去。此人
忱泰詢吳仕、俗竹。振行與文度三即謹，與朱七龍談。頤生文說外吐四店一還悻話，又看板，有台說說搬話
建常、永清，兩宜赴五福，有失丁人。來，看傷傷，鐵甲，孫田丁也。還桐與保成二人談，看學池內佯於作
楠樛。葉家三年隔錄，又榮三二字，公閱內角佇鼓帖，保成。水仍大，五瀨付多，做看紀
燈雨，佐生手方密密，送拗弄私么。西邨未不值，歸。

廿一，陰晴，午作書，同上剃頭來。午止，謝宗之長。高敖卿來，談工。關六一來，錢日未出讀

得為程穀山畫摺扇，陳枝林畫紈扇，皆亦為書。因　又吳僧畫斯扇之，今日只一二筆不得要

為之作墨大楷，問梁太龢書於鶴廚宗派未及研究，故此等花並及墨玉百種叶說集擬日集

龢一夢古人，唯恐平日自調真，安忌乎？不成可不潛？又以責研究。謝於予市費文矣焉

玉徵師至，進西廬畫以去，以畫為壽，龢去，感慨人世無度。鼎芝應健書生不恨

陳萬生、徐易來，非。市鑄簡

廿二晴。未明起，而輝與貓檢書總之，以又兩予責健兩人，者皆應庸但莫從正行。書事如上，是日宜

扇。未見陸思防壽寨之玉宗，廣未屬雨書，周之晝作鑄簡，蕊漿遇陳宗入與廣請後再

圖扇亦作手之，而共往既用墨及向架勝乎，北書之此見達衛造入恆升請伊史來的又談，可惜到

應岳鑒來，作悟吟松印琴來也，少坐而回

廿三晴。紫明，以寺拂，歸首頁更言來，看一段字碑，于寬懷中。高文公遂積作門口也本冊

福積那宗稍之，麻何新集又記紋圖然而碑並雲紋刻，落是好古而癖然耶？市茲五十七斤付一人　祥雲見袁瑞安，回大協

後覽曲曲韓祁付，找出路跟袁照于家者舵，我多種畫譜求新筆，到店與于雲生，順舍譜伊去世元

不肯余批一也，不肯高成攬之地，欲之業余所未嘗三也。久之，許批購十五元，書約初二來，與予乎

以爲不可買。退至五月中，能得地更好。騰于明日來，定正蘇石地價字事，午飯後出，到十扇齋
陳氏，往衡玉女坊，去見沈椒生，又談六藝，翌閒，徐芳生八冊，均爲佳。又錢祖庚，訪竹翁，以小隸奉匯赤勘木
訪子佩，虔々至子真處，徐功虔，至蒼松道，吳彥匯，許小飯。沈巳老，六石閒談二句。集子佩，又黃，靜文峽諮課訓若
來有草惠敏集、海甯集賢錄。印爲傳揚宗華諸叔，平叔上何，兩利但苦，甚然不之信也。魯中卿
氏鉤印，子卿出子桂、付義、臺座有。徐人祥，印主雲作，四小墨屏，題字。又班中段大人，梁屏跋
也偷佳。又四圖章，子卿之父舊物。又印賓等共候，退步以揚見山收藏者第一，論今人品物
遂別出，于市和祥一團扇，非作花卉云。倪了佛記畫，宋代一名家之遺，蓋前代于中等之收藏，不略抱故，故允在也
隋唐所銅圖並舊，雜以色，到店轉售，銀書之。亭中指說職花提。代稿計傳集，陳處臺樓一八角
硯，盒匣全，研背四邊有唐人銘，外有御銘六七十字，四言句，下是乾隆。御銘之下一統元符
一念似不遠。觀其跋的真，書法亦好，其八墨磨有數，且燒損而之七分，只不合用不搞宗
價三元半，三角六分。觀樣法制不值，見陳成雜之六百。山上口誇讓之，與談一刻，握手還

進有村六舟弟子墨梅一大幅寄付，以余不甚了了，以爲石交，仍却也，四夜甜夢歸。

廿四晚微雨小雷，作醒獅子佛，托南士木竹石，用筆運墨，有大家風度，條段處白亦好，高作。

寄寶鈺送與將來代畫者，一下亦不改，陸梅林南，錢鴻付陳倩，林夫或爲覓作鍾馗。

賀梅侍來，吟作墨竹幽篁及仿吳梅鴻二冊，請之國史玉疏。

子雲來買炭，收七元半，又兒夫二柜，小三柜。兰表錢買送葉竹二元，紫云。

廿五早起，送時英贊如大伏，雨雷雨不甚，切三農。玉書半日爲我家茶二葉，子誤行藏衣。

作夏衣繡金，六弓三元，又祖作畫，早畫少，寫其半。英出之悦，秋田紫葉碑付錢價再。

朝雨雨不假，先往才人莫人，不爲往，已見矣，即歸。夜爲健書生大根表之。

陸毅重沙子，我進及周渠南老劉子，硯翁安望來拜的辞，不晤。

共廿六晴，毒熱，臻送早字如上，繪曰枕老吾心把玩。子研一來，余亦不出。

花時早付四（夜雨頗）烏武元未知實宗，即去市閘，到店取高伐七尺弟文，又搬行一下於禄送成春花粒軒。

送繼扇和沁，遇蘇寫大關押，大市寄撫竹花院李翰臣，遇黃子松風翁柳山大居，談畫甚久。

王平明什源玉兄弟四楊來，子雲來說吉甫家用雜物件月底收不完，什元之去。

廿六陰晴，少寒。感冒，但覺兒舊本加也。早作字如正例，楷書似有得，文氣竟不撥，则此進可加，百華亭
作書。問健兒至東，有仲甫系包書函，恐上稱錢冕先生，諸不相識，詢來使，已去矣。將千刻重錫湧
里者未刻作系，由山塘村書房回，聞往朱家滙，方收時未歸。余詫素悲，强招三山來，命余一正面，刻作收入
睡。子云借大元並飲，為即前從荣語，將無回。知静兒由杭自長安來，我而不李玉付力者，全許司挑回，印回家
應為書冥如舊例，三更后床，五明睛若

廿七日晴，天暑甚，晚作雷，不雨。早作書如上，竟日寫扇枝横幅，筆墨稍有生趣，中午後來孫企
望玉　宝慶初來，五斗送去，計一千，召其夜，慶三來拾二元，存鳥付還山塘，欠双元，移付慶記
以下月底，明旋視稍稍，以前佛，勿令至。此下錘樓，歸上樓眠
辛翔安万宗基　順發入盐庫來謁

廿八陰，蓮寓晨書如例，午後静余失一百，玉慶交付四元，合收……計三元，計二百元付文
恆昌米店李吉甫印述，柯虞余……箱垫收，入其家5……
輻批蘚梅也，像子宝信，又洋印一条，字佳，四慶……一些……湖一尺等，計云付恆升，加柴元兄
云值三元矣

所居而去五女店廿里許久之付詩之前後陳氏收以 以去吉甫店 歇三更 眾因識其米市 過

園今樓油米場 過錢鋪順福道旅二枚 御人之多情也 店飯 桂將至一里 午後店市集閃些一

竟睡 近未後 借多人收持中州之書友 自市店收廿六元 十年六元 以其性 自不肯匆過之不來 此鄉

知其實今果然 此 何樂書為色容 將來如此大壞規矩 大吃其虧也 王仁瑞 未之仕大生 陳 將如道

未善揚詢之 正單送彼貌 問其名 僅自討是何影明錄勝寫 不能頻 而可惡甚極矣 余又

問其性情 討其著力 而其身段好者多 張浩歎息 看報飲照 即憫已夕陽 高齒應過廣

之語我山境之言 宋塗飾而伊用之 方之眾約 俱明日出遊 晨讀至九下鐘 一笑大佳

又臨雲麾碑 少年曾臨之于聯庭

弄筆作書垂三十年 愧藝未進于道也 十年前游嵗 厥玉刊有閣帖 以取草書

厥後以手曲脤 復定一手 今皆居鄉曲 有古書來讀者無由 里烟鄉都墨炊

崔碑 每恨不易 常有應之 然多易視識辨之 雖自古伊然 故有七古錄易寫

一篇一陰康而易之 韓之例 蓋略使得之 錢鏘而視之 略齊崖同法之 千年利者之

兩為式第人，似以錢墨二物，似以雜以而推，不易以易得而擇，應之以定交，惟宗為峩又

閱其例于左：宗則付件，吾宗沒紙。

純揩為錢伍十斤，小冊同，尺幅建方同，二尺以外至丈，每尺伍十斤，紙對開半之，索畫者均減半。

閏月朔日。早作字少減。天暑畏熱，他一雖佯動，身體疲倦。午後剃頭。省三來，予研

來，蓄借錢于沈店。夕，訪祥軒，萬壑印山畫晴鳥，說市情，詢仲甫欽，伯日鉄盖久不肯直

說其奸詐之情。兄一再，復向彼詳細詢，切望說夢，余去廿三之夢，銅像，詢所示之，均不相義

不去來，伯子入夜而歸。飯後課徒。未畢，訪陳賡三，宜兄先夫人一揖，與言小談，種之伊去宗之

付余與彼，夢卓來，吾例喫，第辦唱叔，謂都嶺十下半小時，做多三四掖

是日未到，未將未言，來如七時，夜將勞時，產之，後人催按，詢有產辦，生方亡，防靜

兒俊夜除，靜候，靜聽，時過一男，卜小字剖之

初十日 晚陣雨 以昨夜熱開窗大睡受風遂身熱大作 延彥齋作頭痛身重要寒擬方良

湯解痧丹德以床不暖三四點俱日日汗時時腰足疼痛甚不能行是夜

翁 甚實業未歸余不知也靜心時語 付陳宅扶之歸一元五角五 付感在廿兩理三元訓今日山之二

十一日 陰 腰痛甚絕特扶為難市購牛膝子糕等莫少減也然亦在意不能去生桂仲侯來

請臨樹瑞診 余即命使附從耳枕小牛購未來購於三龍飯未早學書如例 證生來兆力代公代疑

家書即去

十二日 晴陰雨三作而仍小雨早 又來去接次仍工楷作字午出飯去接從起不成寐而腰疼又劇多汗

驅除問六未將步 排悶遊覽作楹至于夜無聊又工楷收之痛反益心恒悵

命王田兩孫就進來拜

十三日 晴 黃楷而不來張為為其痴未已僅早書而不一作他事 嘉興去一小雞一小貓

十四日 晴 早作字如例午後一吸烟工楷作仲甫扇 連續來守山冊 法錄芳作皆未楷名

顧倪入古年何失寸心自知其素閱吳越書畫錄 快思古人書法之妙武忘寢食鎮日

反覆精神究理而何以洗倒舊習在筆底 同窺古臨雜帖于今之世矣 操向已

幽咽之音孔方錢實亦應孫之境 兩目已是瘖啞少已痿亦懶後晚去于楊兒 子研樁之急卷兩鞋
而許洁田歸同飲本邨去 夜四更忽有風似水之有血大體阮兩俱而具 乃起屏去推證接壽眠
兩日夕已三更後不成寐 何至有此 咄異夫
二日晴 早起為吳臣檢之千古悶悶乃釋靜席枕筆一之掄吉而恨之 作字與平日癸筆寫
午前小快 收午後遊戲死 吳趙書畫錄兩已 二鼓晚去信 得威書 書筆迫促匆因催足
為拜兒小學塗鴉之乃梅花譜可笑 此乃居句聚會假二肥從 余仍罷戲 共動手詞序子
何妨 申上校兩鼻布 使兩炎開之 方命 韞父子三來乞錢 可惱恨 尺告付十許女回楊
去年屯坤和兒 額堂云從山人之院紐扇 句之湯
三日晴 醒雷雨 今年近今未報 黃梅何以已周里 栽插貝何以既三農之望 而生夏衰
于良相之民 王家之供 言念及之 夏心如搗 早作山之丈夫 同話酒飯 壁去 長作跋
題有文行詢其法衍 寫夜為 人三之門院作之扇 付之詩一聯在二條幅 極得神境 筆墨間
化也 兵自詢此絕法 某游想之 謝之一畫 以為世四紙 糕料霑 流傳於後

中堂則天下之幸，吾達此矣，脩吉誠也。陳氏送〻〻卿絨衲來，宗泡〻柳前丁〻〻景二郎。

夜三四覺，收多夢。

初九晴。早作字數十日將畢。姚子佛來訪，謝余前外出，賜〻〻詩，子凝留〻，儲玉來和書，伊亦將入京行，見以和轉招者往辭〻〻，與約偕北，虞閣亦將作書，止計也。繁冗城中之言查，虞余經理此成，余方勸成文再識寫。大殘已歸闈，孫林守吳為總主，所論上諭必對，伊竟未能從思上計者。及別，學額以一言謂逸安佛代仰為可堅持，議說義當將仕矣，則當為因執理見為穿第，不當自己生卯。荷生聆其之〻雨，〻雨不雨一年無苞，上雜布帶。

辛晴。早刺疏作書，不及半，將午，子雲來話，有地在案稿直談，所計十二十萬〻，余亦告居將去。成書柳泉稿〻〻說吉甫具〻，初學諸說並了，余來居也。子玉來段去。余作畫完宁山〻冊文為深。岫雲冊未完，暇擬五見，以備雨未深遠。夜少涼而收，嘉為樓，五點起，得狀起來問閏，挨〻毛。

壬晴。黃梅雨不來，甚熱，廿霖傷，十日不雨則年未矣，〻人但憂。晚書畢，完昨日岫雲冊，自調得意久〻。如生第六戴文節可抗行，而不朱達也。所恨不能了，如生不然，名不是亦是也。早得字一張，扇不佳。孫成一來即去。〻雨竟未。修汝之于北寺笆，見王佐臣，又張大光、胡眺，佳照了一切本之竟。

市洋傘收之店，收知子衍之跡，硯夫到帶南翔購，評卅磨乱，硯其來都付素花七朵，和二託張桂林帶

一元五角七分九厘的貨，計約三十餘種。又見潘仁壽彩報，王老坤來之語順至，與王雪谷同芝大兄市

肥皂燭一匣，恒裕子雲之物，張眉卿處訊寄，日夕歸。稼軒來搨扇女扇之畫，姚笋覺彦等

十二日　晴。晨未到店，待子衍兄來不在店，趁詢諸事，到源昌一達問訊，又入和源，今知毆原其四店飯，看簡疊以

與朱秋光談，知近來光墨脈之肆棧地方，地方官不敢問，諸州將未為甚，地方亦寔害，以燒博謀人財

物，妝用砲嚇人，雖惟動以搶劫強劫生也。訪桐君于家，之借其劉子延篆屏四幅，又其鄧氏隨四条

屏篆書亦佳，同往借鍾之，計二元仿購，與樹人偕成談歸店，多師頗與莊五丈大翔來母揚為語余

時相收道其母能用心，鄭里臧自幸阮耤玥均至今三十餘年鄭爆，難甚懿款子為得已達于衍玉與

談至與諸稅附華中資斗率，同代次稅乃升，正靜借之兄收其稅二元，借供樓以矣，與老蔣子雲往過大源

飯後來，伯欽話卡碑到店，收之持底圖看，釋飲一面，余歸已上燈矣。以口面某帖

十三日　晴。早作字收例，終日勤寫篆字五百餘，一部一冊未正別去。書依石齋帖真帖收齋

檢花卉卷之，孫朗方撫其全為朱衡五尺屏四，嘉祥以寫，座譜董詩之將去。四軒來為

談章坤山簿了，余處之不得查出之，何孫麻子門牙劃各戳二分，五我約五日取，入兒錢

君之契一付六元收筆 訪病出三比 雲彥文翁見之 請余撰墓 偕到店子衡兄來與恆全記
定趙造屋字位一兄偕傑生 葛後歸 二大不得玉照 座恭若極亭聊 觀西京雜記等
書二十頁 夜後以 四
西晴陰微雨 早作書以晚起 改少儀 年前寫篆五百字 是日不出 六雲 人玉 秀庭 使來
寅弟餅 夜讀丁蔭反家十床若館之甚 並看西京雜記
晴 陰雨陰晚又晴 作書與工詩 書以 抄雜稿字 又寫張伯 與小單 觀吳 桂神化 神仙傳 午
王重來 收炭二元 三升 偕以皇兵 與領事來 劉丈來送玉女 彥傷久諸書畫 玉 楊市 烟 李 與傳 城上
以寫 戚 寓 以 女二 城上 楷一 繇之後 來 與 韓 輝 印局 粮 食 明 財 利 手 失之 感 懷 嘆 也 又 問 話人
利 地 僧 劉 以 一 聲 內 有 二 大 錢 戚 午 云 一 區 新 倍 備 六 云 夜 赴 仙 氣 以 少 安 生 莫 成 仙 但 以 卻
夜 度 已 年 節 年 後 看 神 仙 傳
初 晴 出 門 作 書 早 飯 去 見 夏 心 雲 歲 早 出 市 肉 到 店 取 到 夏 布 莊 印 汎 一 暢 加 賒 大 布 六 尺 五 八 與 子 湘 說 但
宣 來 作 一 年 年 之 收 拿 造 兩 部 未 匠 不 得 悻 悻 之 子 為 解 之 已 到 一 查 和 保 到 保 司 子 雲 偕 之 新 地 尹 儘 清 查 少
來 看 保 以 地 三 塊 共 合 四 入 城 市 事 領 之 店 少 問 歸 子 研 五 復 飲 少 以 之 起 作 子 雲 來 同 卻 偶 鳥 柳 橋
因 說 以 南 田 前 遊 杭 又 作 陳 廣 三 兄 來 志 卿 扇 作 雜 樹 而 山 無 有 是 交 近 來 用 以 節 運 罷

辭時請也，茲再進而眼常少已，則可成家。他不能跋我此序也。青夜上石杜本作序作扇夾板，送彼老
雜之归。夜不寐，將以胡亂應之。蔡獨來。
初七日。晴。寫書如例，减半加作篆百餘字。孫錫神仙傳陰是生日也。又病，病不適，晚擦之少已，便之下
四扇款，夜出至後街散步而已。夜五更聞吠，甫者起視，不知之不聞，静息而吠不已，方疑在山，寐至明。
初桂森來。陳瑞頫來。
大晴陰半。早書半出，因不得求寫印書。李玉楊問訊，知五弟向大東門外戰務失慎，樓上屋三間，焚等為
之一空。牀以又以致之。此我祖居少之列，屋下趙，店趙市寄物往相，見伊市旧盆什老，放役只5保成雜
謹别去。市內取合單一本，給記取洋二元，細消再往，屋木作催归。飯後起取板于店，以漆匠飯，又市信
之不將矣。飽餓之下，該扇印出，取鞋未成，于天后楊呼盈元江說，于此尚捐每一什討五元之一談，實是
報貧。于允共五元伊張之，予五啓以須早付之矣。後說刊寓伊。待問第再。實恨之至。庫取印書
大東門山堂一生向之見故御。特看火燒地為等大段，又我屋與王生會說，誰造，加租向伊兄代寫
君須修理矣。四人同到畢見，孫震三林其談之，送不度又之矣。以碎印戳同归。又其宅見許人在

應俯秋閒上夜借雨田　夜起閒雨發書
係致桐屋煩其篆楹帖　余璩以畫取來閒存未成　朱岐豐崇付花山扇
十五日早雨至夜識廿霜也雖未深直植此時殊豐堂作書畢剩頭一夜以起為末此姑擬為花卉扇調粉
粉朱及下筆未半已暝矣静持以觀送付君甚不合此之夜三更後不寐看農桑書　十六晨晴雨復不妨
辛欲雨不雨又陰未刻日一出大雨補作畫也為朱完花卉之扇收當事又不見佳即欲付子研一名余將林木
付應松甫新削又作軌木八十替理門云曲門發二寸里積　寺農人日一宰山田午二十餘長六尺杜之西邑
甘十金同店士一文將以載付六山洋云做成付之持四去僅特僕木印由此後之店林均僕以年什話
收住居有土屋之批未修延先生子收存去閒報來閒根帽秋之漆市寄携此存歸
夜看未帖類待去直時脂氣生以待之
廿陰多時少晴日為沈嚴澂之來談並欲篆屏四大幅此甚吃力為仿劉子迎書
篆學之不能速成尤不能少字而寫竟墨昏腕脫矣以有半字訛誤何憾之甚
分帖有三一未修原應同修為之篆本唐蔡之韓宗之晚不出夜仍以一時又寢

廿七日晴。起作補帖目錄。雁秋、賀之、壽之、松之三人請致硯衡陳作審均係作未成，早壽之三元巷館，
晚過錢穎清等談，壽南、戲勝津津。壽書、柳潤亭過談萬之。宜泥相過秦播人，今所見同不
知口碑傳以王生北入店，市內市西作二字文人女女燒屋與召新，將招松風鐵若座諸館友，萬談又
寫詩閒演居錦雲，閒仰蘇細讀久之。去稍店，亭午歸。午後一人陳虞見宣夫二集帖，和臨後書，
宣紙口一張，仰蘇北上仍未招搨之。新聞第店有草大佳，讀之取名即未得。由店有報市甚
云梓腦歸，小小解書課。　二更飯，以廿四時餘二局，作湖困，熱正出十餘日未談已二三境。
夜雷四甚，盛田中似有雷至。
廿八日雨。竟日不出。上書一紙，以午時作帖目錄卷七起二十餘人，抵夜四止。夜三更經之小喝，自解及眠一閉目。
廿九日晴，夜小雨。閱畢招作帖目卷至小館，傳又撥病因頭重，皮中科書還大兒節十二新條告光種種，伊
誰插亮珠，謹談到店，未可閒談，至今午去作工一件，去益以傳二人了，又代寫信[illegible]
讀完箱又寫大書記[illegible]，撫大家庭十二本冊、小四六冊，[illegible]周靜之墨花[illegible]拓西乃

過元昌門寓臣招飲，申少向新初六至益甜飲，至夜將半歸。

廿二陰。自早至暮臨舊冊一千字。細柳枯楊圖一高詠，訪古圖一幅，元宋合璧冊

一紙，雪門送來段，撰出一高詠古樹圖未完，本銅匠來，銅爐去，晚俱過，廣兄付去緘

爾遣兄徒來，精幽篆，自不知至錢寡大兒，均在因留丹砂，清言雜論，雜上下至十二下鐘歸臥。

廿三雨，晚晴。君合洗竹理至為說，洗竹屢5[illegible]，為雜臣託汪子實入都，余計未必然，但尤無情之事，遂許為

大風。峙青作高士古樹冊，叢亭山人冊完，即飯。未刻四鐘，青往蓮舟，待中函卷，思覺衛人，訓之不只一人

此取各得印記，一位十書，六三標記，細告情形，乃去。錢翁花長文稿，又翁茆鹵，書往陳楊傳，問翁懷素去也。

子研等在海才寶俱在，前之至宗村，含十七日十六號，乃收四下鐘，開報已由周玉山和門論，無關之急，迷乃

春之翁根旅不為往宣藏古之印，歸，子研去告往上，遣拜，罕七下鐘來，查詩撰而已。

廿五陰雨，晚陣雨。為吉卿作扇。取馬析象做。仿宋希逸冊，果而二扇，油甚殊不稱之，燕馬冊完。仿

神通而出也。蓋出鍋之北以，欲雨，即入桂。舒山家合，請齊藤因雨即出遊歸，夜膳古早帶過六廣

三鐘陡來，陳青雄信，[illegible]望燒，胖[illegible]為讀至九下鐘回。夜雄同將眠，子研一來。

送錫孫[illegible]

荊計九

廿雨三四点及夜又雨大似黄梅雨无长阵雷是早出到店取二祖（云君）月饼已到取一盒市广四枚归贻

此消息狂而即归大发疹又发痼疾午后疹至晚阿贞身极热头痛烦躁遍夜不已而贞儿以玉儿潘男

孙月玄及午静儿先归亦以病疹筹至即以兔日不作至一条示西桐兄幕府夜尤不适

廿阴雨早丈来交粹夫帖不面即去终日以发癍竟不自持观蒋俪书午刹请早印琴来托问讯弟生之

桂轩已收三日亦以为花间款又至林叶兄宅夜因亦母劳碓和胜有雨席四千鱼壶酒静不值卤儿谈天

节然未往与谈去之后问于一名照道西涌杨澍之廷茶同生店柜兄回说册每页元计余碗岂之久之归桂卿信

但谢乃饮玉庭林字亦知广自未到经过即相宗付只往人处偕同消阑谈一切先中刻问广呼亦弟甚乃

买门君之将房修葺（补）利性松催已付拟之元各之笑谈遂归

静安病不合饮自热胸去与辨方同一方未正

二月朔早阴晴累变晚雨四点猛雨为注辰换百元付广生肥饶帖亦云已发胀之为男有千余钱只够之钱

吴託亦问讯前已遂手入手（计）告寿与湘文下步近四册花卉六四山水共进四二三元余再往说之

初二阴四点半主曾伊后十许之近外去一见桐君市纸件缴之归静儿病渐见重伊反

請人照例發疹且身熱三日不退不納神困反似不安於請田佬甥不來即請張朗山午後二鼓偕閏林玉視脈亦照是症用藥牛蒡蟬蛻二方深遠之謝餘之餘日病加劇請四榻至余渴熱頗甚之辨其症亦似是而非疫似的確云田佬甥之來弄返喚亦不庶已開方服了藥畢前國雖餘与林相同夜隨之中余四更始雨後往

清晨巳寫摺來

初二日晴昨以後宇熱勢鬆接于靜病早晨退乃嘗以請林医往來一印門以徒舟甥問訊往一次請午後朗山至方如前法孫廉之退小半出于地荷兄寅叔招其家啖說至又一吸烟出訪園遂大不值兄鍾坤兄送別初日詢移去銅琢勤叔此至庚付函加之十重公園看中秋閏二指玉硃去閏花果四平之一入徐席店出過永和与袁洪安謂薇史嫂士女与孫桂林班二燭窗入戲找十點廣老元十六康十孫作帐亦法以作付元令訖初夜靜病似大退一還庚与張光九下鐘時

初三日晴早靜裕飲菊花三五備砲即其煩躁甚身又熱不能稍能乃請徐甥來之未來多至東游橋午後到訪視用犀角等少留之多些帖移當笑指語玉夜以靜病有汗而辨識不知究何症徐星夫憩二四去視似壯熱神倦夜閏熱小退少安

陶楠士

初四日　晴。靜覺病仍未斷減，備由總男請用羚羊等。午爲前田子清福今生辰挽聯一道，殊不順意。午後以不寐而呻吟，以夏不止即躁。作信請箋作字百許，時路均滿，驚家伯史超宦摭去，示度生些卸理上板。批已將不淮一先循君過和保布字畫一坐，怕樣入永和賣次女前去，我伴御外家別字二幅不盡，而于笑頓如帶面。德內子亦論發氣，家人之論至此可恨，而靜病漸重，竟無訴法。

早晨未刻有三來。早得成來一望，靜病也。

初五日　晴大熱。早子佩來，方與些伴帝之以批已起去，手惜即去，是日便覺題尺紙四第第作碑碑。默夏而丙子暑極病不延，靜覺身熱不已。早病之夫，就方即擬臉請未井伯，午後未方亦松狀，並身熱延少憩。佳文信食不到很。

初六日　晴大暑。商藥靜方，是日熱少退而頭如故，方仍前。早出到店，合趣又食衛，之伴送葉川去和表禮布內男，怡祿它漆路中，見七氏昆弟卯歸。午合之差，陰圍靜之勸之，叁水墨花果四頁，親於州圍紙，樓圍有跡，擬余親去，亦四元，青方，布紙修存即家之稿，改吳伯滔書非八紙圖，請未成一道，徐與諸同四紙，出白以家人之論可恨，說一道桂軒讀，而其情可決決。早眠起，余故微勤一上仲甫言，其八冗文冗雜爲之也。

和晴。寄家人函。辰早丈來，係昨早静病熱退，以為漸痊，而四體之根熱甚，須往西根下，大腸周之汗氣何以
不能以開，辛以虛極，半不省事，家人驚怪，金寫兒汗淋淋，少間雖知必病，半九日不食，蓋極度之
余閉六五此又至陰家呼請。子周即發柴，合四物之子，何家已來，朱新四物一帖，來回枝，重二上下子
閉而斜而動，虛而失血，今換之，於那不了，而痛失大多，正氣不敵，以防存陰用，棒離寸地而保氣
能止，且壯，媽加入大參，若不太，自後神氣漸復，惟不思飲食，為虛象備也。早以九下鐘以延承
視，三下鐘又起，問安者息。　是日於田中心恐君值
是早本不足二十家快謝一元，蓋付伊奔走，如地撥找密室，代丈孫書花長事榮
初八日晴。大暑節。熾，静兒病少輕減，日夜三次，衛且盡許大歸子研末，有三來相君送湯藥桂附
立小米來，閏六仲雨來，及大二門姜佳兒歸，初又似病，又為酸心，夜至珍之叢，合五元四百七十文，雨係自
半撥半率代静兒。張文冬之撫，足不得為疲憊，省三合得而瘥，而後免戶欲有苗，傳去為
方吾以去說而瘥，借款兒之先付其本洋，早午被去，見金若許付快行，需將以說其入
席金借，飲才醉，快去與僱又爭執不已，不歡而散，余亦撥果撥家，鐘十下矣
夜係大將[illegible]以熱不佛[illegible]，茶內子閒之，蓋氣該說[illegible]不[illegible]

初九晴。六下鐘，桐君來訪，并言郁病，因出，看陶母，診侍之。有西若來說，令予兼延吳又冊，端字。
㳌浦屏者[illegible]梅氏處，因去招延市醫。晃大來，余達卿來，西山予波。
初十晴。大暑。出城不能作一字。子園來診，余劉頭予研一束，節西市床席一床，静光庵少坐。
午后飯畢，研未得，拂下地積涼。雯以子園診。又過太原是夜，罷二合，凑齊到是。
未理，請出為府延醫。乃出至北寺大殿見張人于麟庵地，我陳吸烟，陪伴到店。
予歸看後生乃十之，纔到，以之請轉，乃先之卯回，一夜少寐。
十一晴。日飲六五，五大模，余說先前久不作寫帳，亦不作畫，懶亦已甚，早為佃作稿，繼作畫貼。
戚楼之出，碧鞋至北寺，養珍三奈追議，遲謝梅向静病狀于花品，見漱之到店，予漱查之橋閣。
借夜至未鈔，畫擬久之，潘蔭生長談，十下鐘過恒萃，坐三口，晨塵生取方文，丙夜方來，自市梨瓜。
華稿。十下鐘回，知已說伸入，作小飲，以之來，不食，杏之相宅，與伊兄十下談久，十二下鐘回，家飯，用六方。
樓，信伙來談，借茶青卿，改静書至。啟棟弟將來，予研來同庵飲之，庵先以，揚以上樓，做飯不成。
寐。翻日閱說鈴。

廿一　晴　花农来，示北疏草，谭庆　房师周白山珍谊　余家西来陆稼　太夫人二十八诚为恒梧一律桂辛

来，七过居锦宝，还松风茶社来　雍送同书至，石润梅、奏保读肃、渭源居三续策之集

往拜冬梅、陈三斋，十余人茶话，知府密之强、夏少林段，命阅叙云，知马社一岁以印回，走白以尹云

签二卷及在一乘城门外，周似人挂画　静见谢褒　静夫之说晚归　并壬高梅之

廿三　晴　大风未减　陶都初还仪之嘉之　杨嘉代低病劳疗，上夜瑞之，午十七来时，庄之瑞不得寒必危

日气宽已便，我走寺记西名日记　方庆出游，使先由北寺巷到府，印号弟及阳，因法色打钩使

四分至二更许之振　我刘侗之半临　佳战了记之集，难多佳会而为天南伟人，不如正部县以每

秋梧之嫱，信田记会静病也　静府似是大县日会，比府不得

廿四　晴　热　挥汗如雨　先是出不作，了伴我说作　使先回楼之徐宾府，但不得识也

廿五　晴　姐日如炬，岳之庄知印梧批语，将驿讲人之矣，陆偕也，印之手和市大内　大盖石张与树八骏干杆　之帰云

保书致门，北大伏雨，白至陈鸣，未清一石纸　和保一件回见弟田云，核料以手人西厢，行家偏押，以四尺火之

买色浸府，通贝信不胜，以之而挥我，佳之往将火夹一叩，安硕印闷，以为云已　夭来以宽之家之来凑夫你

中成宋归　有三来　静三谈　久侯此　又加之病　夏如之

十五晴。熱暑更甚。早至薦香，顧銓未代出到店。知即是即日赴蘇，托其市靴，見根并知謄寫匯件否。余思殊不然
茲非少有村夫誰任其咎耶。出至桐店一坐。又丈人寓因病爲神獻，云前市蓮心數歸。
十七晴。晡黑雲四布，天欲〻，大雷，大有陣勢，自申至戌，及聞點雨不見風。三更起視，仍一丸除月清人矣
胱甚真然，飄〻仙意也。終日不出，熱亦無風。子研來。内子發病，多寫六三四次，目軟綿。
十八早晴，夜陣小雨。早出到店。核軸偏，作并封唐老紫劍超鼎，許送先即備之，寸付母安頓，至達人祿卿來
闌。爺叔直密（拓）年老之一月一日，屈一小之翟先生八〻醉還，張棠楚于路中一見，譚、逸桐兄快久歸，痛述序記未詳
貴贖之借王言出來，述左丰丈因文議，思管。又子房晚返，謝一行，姜以濟在知，轉〻，以自勉也，又爲一説一首
十九晴。夜有雷不雨，早梳健，出至檔刹托。果不在，余而待午刹也。陳壽田師來，云静兒病冒熱，而來市
盛因與之梓〻，李梓軒送餅來，病渴，至四錫來診，知不能理，唐出緑豆云〻。晡〻邪仁芑兄四鞋帶回
子，侄兒多不適，周祥訪花，實賓偕出，壯之店取煙筒，珍茶送出子銜，拉之〻行，而吴附之至月〻
論議并貴一人往得廣，歇扇一玉，松風與實質談，伊刹托，余得子蕭二人談，少次飾，刷甫持出并點
不准余計，遂准正湖，不必管，外田之銜走爲宜，因准之同賓上南，至芑處刹，托之上

煩矣。其丙子日趙次亮吉寫趙北庄手卷，健兒來，擇計痛甚，未食也。

二十日　晴。春趣已殺，陰風徐來，無一事。踐更而來，甚苦也。然身擬傳人人如病除之乎保國未出，伯共談去。季金錢、張謇，出隨水、孫作、侍、唐、吳，而穆、兆又岑寅之加夏日，烘朱魚蕃市之，窮之兄春之又市書物歸。痕可惡矣。

廿一日　陰。早雨，頃中霽，午九刻晴。和談朱檢無涂，律之、叔仁、荏余晴本之徐寅寅二玉劉柏佳與諸人往，并告家人病狀，隨點之五十二瓶藥，蘇若謝。陳翁田仰不佳之候，實之朱檢令君到閣到店，印書共一之，知從又說告，而杜以洞以多之，伊自言之也。久之，見盤中物不掃，柏佳又手書掛兒說文義。　林文田樸嚴而胡轉，大板刻印張萸五本，索一元五角，余還四角不售。雖然之不足也。入元義飲食雜欠妙，買根，柑荏兄宅老招不佳，日在山四到楊邊，見桂林仲本依桁，苗良閑說，豈勝了洋之酒之，為之心開，然以去，雖而不能不一買口，以申申麻之之氣耳第皆殺伐，政為無射，檄與同和李鴻藻左前，圃而務，以去錢應溥入大軍機，徐用儀出殊不知雅道者，哀也。孟夫里四家，而靜又蔭寶之趣，而無病，擠其押之唐帥此之春秋和，甚難得也。

廿三晴。黎明起，健兒亦起，攜之出于橋，余入李氏，侄陳仲甫起，遂出北（?）玉門，適見丈来訪，乃請同行之。此寺茗碗三茶麫，炒麫一大盌，每碗十文（?），加細油（?）……款之，茶（?）次話久。過沈村，已過午（?）
培任（?）連之，又見依文（?）、植卿同静庵來，爲稍之。此市遍市，鴨廿只（?）……一尘（?），即四大，已在乃留話，膳焉。午，朱子園來，爲静詩，及閑子詩去。園亦來，差日閑，物物疲，及唐（?）内鬼（?）……

廿四晴。祈雨禁屠宰，半月日未下，早不出，看閑玉圃（?）。午，閑亦爲余檢病（?），身困倦，不已，屬（?）作函（?）以存（?）兼（?）亦見此暮（?）書之雅懷，題見有詩卷（?），共一冊。柴雨八十六庵（?），乃擬仿。值仁，寶樞爲采（?）揀，仲甫一冊印合（?）
庵（?）偶之，獨坐（?）庵，結（?）亦，火神誕也。子重（?）來，索封，特函（?），此本爲主，詳（?）僧派某者一樣，而已既（?）無（?），未有書云（?）
檢中有壽（?）壇，乃爲煨（?）及重祝。請人聚下，而葉（?）茂珍爲檢，及大樁，檢余等（?）……以時（?）……，狂（?）以覺之論題也。冬之歸。　内十（?）似唐。　四條來

廿五晴。大雨，午后（?）每（?）葡敍。午后，薛周二公書報，二百餘（?）。攀健兒于某寺衢，赤（?）乃評（?）趣，遇論（?）
為說落伊狂（?）庵中，子宋，健兒留（?）江（?）……居，食湯糰，到店，居之，四（?）入宿，程（?）……記客（?）

聞靜居又見招邦郵周六二次來，初文民說，半臥歸，以想像訣。

蓋晴，早寒，已見彈稿，托夏宗人多小病，余亦有病，援欲一少汗，印周身，極嘈雜，求醫服了數。

飲佛佛丸（樣樣），丈來，略怡，已中心不合，焦夫，病作，又手識諭情，勿恨意日，天難者一，六六，乃二十一，悄悄要，命已。

痊夢甚傷甚多，極以余意，亡矣，夢犯致猶以夢境，此則甯死矣。

共作大晴，早市蔬肉肚，而林靡空干，能識私情，食何異，先設以遮煩禁，寫民部，食麵十餘。

陪從知，切乃已離，意懷中情，可異，理或宜之，而伊等怡命，任卯一人，相見語一室，烟瓶，漁瓶，佛病。

設烟，慰國危甚，余許食西瓜，而不知也，久之，日午，至申來，留之，備紫而借桶，捷畫無借所。

意日不作，了取來，未以為門嘆，之事，送來，畫甚佳。

某晴，晚微陣，風不雨，上午至申，甚事，藥敷，陀嫩作書，甚為大搖其兩，亂筆之，近作

復齋兩冊，書有冊修書，得文通意，但陪無異，與宗扇一張者，甲劉，算使之此寺衙，求精

擬思王答洋畫等，擬前往先說市小洋水龍，要物治，以東洋人作騙孩的繪為州圖冥也

一路到居見達御殊，静書，文詞未善，見留擾無，致行，語用太雅，有之，干集，伊推說為情，不可知

不肯力言，真疏，是大病也，古人者，五月廿意到任，二月周宗罕，且使四之，峨時借選戰，但古岸

王中坤嬌惑于其家力薦，兹尤自誇，薦而不保，全憑的保，其後言余以其兄之店爲不可收拾，不允。
以情有礙，然此種交道之上書也。即寫與雜物善，即致查，致意託其帶查糕二斤、橘糕呈
交。振卿來作，即回途。
廿八晴。早茶後從肅至其家，來知我出，又事付周五十番。言其目前當事之局，作宗中刻，請其早出于
西北寺前。行者提綠，戲又訪，佳又報宋山甲等過，藉悉知伊妻仲在柳茶室，文詩人替至
菊堂、寅賓與來，熱有一百事，談問四錫來，知其家在店，即行到店，與其兄談，即並其屋
市餅，遂又同至北寺大殿，老姬已以其所有者請上香宿山，燒大熟香，人來拜佛。
茶館一下，即同往戲園，戲至午而歸。來飯之，幾作歸後飲。
其住東，住児處呼起，不起，而樓梯繞起，即挈其同北寺，獨自進去，嫌時尚早，遂拖子佛殿去。
子燕堂女平，又孩為兄二子、又女一，俱歸一路，街中市物大餅三塊，麵二碗三碗。子付錢，又挈之來
戲，我去去手人回。遂市糖食饌以花紙，別去，余一人同，付二角，聊借此往杜寺，同歸。
還熟人十九，則當大在，寶生子均留據，後書作書二百字。寅賓來，為說曲，燒
夫均有意議至夜，因打打盤牌，消遣睡以瞭其烟，又許余歸，已睡，知伊等未

即備扣退也

廿九日 晴，小作衛雨。作笏書，高祝寄小麥二百字。晚詣星垣、鄭挹卿、呂子康、吳錦棣來，為坊局因請客

之尚忠後。余議辭以與沈仲嘗去觀，不獲許，即偕去，乃至后，張玉來，唐茂生、許若卅行人并家侄謝立

知筆陳同門楊用上凡楊指手，而想陳而友上樓力為以退，夜有請及坊人濟柳□□□□□諸公以合十年

步去尚雜而停肥。　念國而好之將去戴之，說自覺乃應錢學倚來翻群，久之而和見玉翔論約期請向

檢前理論，情由屢候致意，唯之去而書去此居，知仰可喜，已來請茶，附去玉而沈之和以負，雖之不免，玉

弟批閱該帳之船後家。　勸之茶，見擬去至一下候，仰來飲食，茶藝又向茶店一帖，玉之我將候仰

再許人有設旋，時欠陵許。　至高欠茗參慎，因茶。　金作　達見濟陽覺請至楊又與旋請論

初一日 晴。作茶字二百。行去之後，茶將送書來云，根去請令中刻去之桂軒久談別，此行留完少年千公奇

云茶有茶務經茶，又謂諸余有一茶舍尚根到居知茶桌之，仰可嘉，費不檢閱，循居余手付之，之務

拓子雲與談，告玉可出，欠元莊雞市餅，借子生玉北寺花，送根之入茶肆言，實在暗者可，伊再三懇付

事元余以抑求允，著之功，并力加成全，約明日會云，又說仰擬可代出理，我支拜之，余候其歸別去後

之弟公茗開密差之班，云係伊與朱木林大之火為功，可皆實，去及大體余說來，不許子陳湯，茶見不仰

手明日書館一付了伊，國將去一暖張弟而歸。　是日倦覺身熱不適，瘧疾請掉夫

初二晴。久旱得雨。至郭店，夫（少）來人，札台之患，大倚了，作小聯字二首。午（初）桂森來，送蘇雲病，因接語至久矣

雨。洪、葉來為匯會許，以壹二會成捐，頭會亦在應，因說伊業久，因亦為靜揚，頭以髮多不亂

日子通，申和陳相如來訪，道之福，吸吃移淵所說，實實多，粹如（昆玉）蒼字七千，僅二得半，再減不能

又久（？）。俟出市，物價利，到店，邑（？）獻華來，請（令）取布，楊玉文保說，加姜子，余須加四兩，費洋四十兩，余擔任

則不當，不須理，為也。至和裕棠、吳店（？）不在店，說而未說，原難為用，兩人共堪，夏其程根梅（？）

依信，承贈生火爐一隻，恩之之難，四（？）到診治，依先身熱不甚，退歸。錢夏文處

雨晴（？）。王子培家送蘇堡小菜來。柬華甚作書，寫（？）謝子，依信屬數十百元，余出店了也。陳

根泉、清來說，邵任范屆（？）中十粹源六十七千，錢有因（？）之大，伊古有三桌，因說為命了，數千多，執去

到店，又之姚原因子雲，胜馬同入城，飲之際，伊付錢到店，為代去了，俶屆（？）可住，以（？）舊市，當物歸

健思病，請經身熱

初五晴。聯戶，誤（？）以毛來，而未得佳。至郭店，付錢萬千（？），付信未見來，未至。黃心甫百錢（？）字，申刻至粹夫談，一少

至桐宅，拜桐嫂病，保（？）成之。病十分險（？），雨至，僅能握（？）手，桐弟至桐府，與桐說之。同午挑（？），（加倍信？）

付印，戒（？）廿北至店，詢一切，再（？）托裕棠至，其（？）至店亦說（？）事，至至，（？）之布物，（？）

周六爲靜芳發　徽叔中書　初九日晴晚陰
起，懷衛隨早去，飯罷飯于李館，到府，持之印川、筱棠語扇情，渭六詢船，由漢八李蔗卿樣，臥書
蘇卿府持錢陸先楊循雅修船，看周六修漢去，作篆字百許，精出，推之大觀門，指點回寓
北來完資十五，花用至余家兩至千，佗餅充此四無雙仁甚底無，已議成一處，贖原價，若去相
備八元，另八元手備銀之票，又合票據一張，合入議定，付洋不少十三元七角，計五千，乃成議
拾來契之常，共先約十五之積，別有實批，明日送取成，四出同之，杉風館見該玉器盤同
上帝分別一至府，與植卿同歸。周六日卯府，但至小毛集謙益，取又不交，屬六之至二致
去晚去，又不和，仍修仍可。看手集，不值，手稱有約之，硯之纂鐵，奩送計
元瑤日，天陰，散點雨，邑堂家二方，又作對聯劍趙楊、鼎手談承祥，小毛付租四元，收中卅，開靖油錢洋
銖少了祥元波我，另陸押租帥，送退租，收上岸，又要費一番心也，午後之，新約三宅，答謝，其未收
談香漢之鄭植卿宅，并晤擬作談及積之一百，另補青佛手形之，張明又，訪旛新旅館中，并論其
步回，之昨在吳堂帥，雨用弟歸信，余送物，甚列去甚稀，回寓，周六明日打點至陝料理
日物，子研寄范金，程為子病不得已之情，喜晚，都李信一至，買靜物之，復與子研共飲之。

静儿又以信召少仙加焉。

初八　阴。凉。下午稍晴，欲雨不雨。黎明起，程来，午后到店，饭于新开馆，细酒楚同舆。吸烟回，入栅见与常大谈

店事。周六臣北行，不稍停，见一纸与焦山姜大兄重，訾诟拮据，如新鸭相斗，使农民苦其河

水。午后往南店，于西圣庙烟茶，淞伯一谈于当庭。△见姜森子梅。等书来借之，其像小屏风。

姜伯、小毛来询，即开小毛去。又看鲍舟，顺金小男帮同择件之陆帘，梅树画屏，仿石骏伯画兄舟

上舟状，侍夫归他去，后时母头，河干送别，择针稿上画屏匹缎。小屏上以杏花林，西船周六去饭毕。

般般同上钟一下，新矣，快急添小，已磨宝稿，付舟大使。路上株屋，右自窗步，到咸已日暮。兄要船闲，为岸人［illegible］千石。

泊小缓档，旬即大岸之嘉晨，卸小学与七段草，［illegible］谈。兄孙以百子，已谨者与卸鸿奎志庵翰卿

晨学等话。声伯为之予仰存，次挪被剖所令提云云，二心事也。四嘉晨饭已，人和茹伯江四去。

不住市要之购，回嘉店校以。在大便文阿云，其以由中诸若等第。

初九　晨由沙画太尉云雾儿之童，谱时盘已深，聚以植粗不合，因与二人谈移之。士毅閒回，报太安。

回饮食毯，［illegible］之读嘉晚金于斯辨，［illegible］计觉［illegible］。由于金耳［illegible］非彩色，［illegible］土元。

襲宦說及其情人物之美店市之變日異月新強有舉金陵勝之概真不虛廿年一日識矣
直隸莊洪賓知少年已遊歷去住事事詳悉山陵秀麗楊俊卿一見極入菜館談及
雲錦伊亦眛悽辭甚慌至于再三戴敬孫者雅集下月和上付不二元五角余遂與之別談
五元為清狂勉允予未實行也前一樹記近日訪伺圖知已歸入廣州擬業黨者土开
余作書寄致白岩合之大祿宅內訪留仁他出四兒凌壽松內弟勾頁在附怙玉酒店
之又訪留之訪留余均不值市肆翠市泉錦升雨甚衣雖勿動衣須洗以衣及田店其果而
市甚雜留不勝雨留仁來去人大觀樓飲餅粥糕粉仁游往回請其丸夫人及兩公子司
弟何翠豈女果司合甲在矣歸嘉晟夜三起月值
車雨止後作對四河水漲及二尺再擇跡西抵富田未上極漲既書勒合邑公文宋牙皆以
以糧粗去而不成市糧餅焙市糧三斤由頭後其兩回留仁留家陳其春霞蔣悅六只家宋伴
四店業務始紅茶一斤一包祖書拜別市李嘉晟午飯即行下舟道有劉郭木匠于印農
甚舟幫理擇而收拾店事移舟後至陸店有任家橋東豐垃舟上鎮橋撐乃三人合
駛水急而風極斜轉已暮余上小坊食餛飩復等吃飯至郭店已暝矣到城將卡泊

芦蒲潭上岸，已交餘仰，廣生門云烟籤，出子沨復信，暑氣于魚苍口山飲，到家，周六已到，合家今

稗硾子二犢，已至晚，到門回。以路遠集，季病，久未出行，三日往來人疲，好登仙，匹外力竭神衰

糕神之疲，如己在西院之之

十一，雨晴間作。早寐不成起。下晡未館，光孝付洋去。桐君夫人是早逝世。四嫂來，身病强起。文來

午后至周六，又發舟從趣杭。晚去信桐宅，同代理料，宿屏處。光弟、成光字、米徵伯、律香子等

一道廣生區，子湘奉饋，杭收云鈔，計三元七角。仰子桐宅夜膳。又為照料。与桐揚以燭，誰持灯与讀

甫詣歸，身之陣陣，殊不自支，上床擾灼

十二，細雨間晴。周六為榜新，歷集至杭劇，李歸茶房，舍市火歸一付，已断蒲，青芝龍師等君信

吉孫子湘房首物件。整天甚不言，晚去子桐宅，為此料。諸子更去北，及廣店封詠于錢店，日

未曾起，接視光陸詠依書，加以事驚悸，天雨如注。上海匡匯

十三，午前大雨，舉往，沿清。後止，出市葉氏，待久至八下，得冒雨去，擊健安示，須廣店易，新詢茶點

沿道雨迷，路從水窮，枇杷饒，借為鐘帶，為為蹈數十次，料理穩之，午与寅賓等十六

刻戕之廣府去，原罗名路去之，笑乃利保選，芳行入粗凡茶，語為之，月抄付，舍二題，收

四句粟之〻冬〻為梅館小宅又入桐叢極飲与湘文仲衡同席相与言論神仙事

晚時梅人畢人西屋全仲衡出归未夜得飲瞕大使館士往帳前去

十四日陰午吉卿來函飯之見梅書肩一角读諸生流任鹤葛蕭廣〻夫人至語余出至之桐窗看

書得帖稿相看梓竹林時召之悲居知甾滙〻之十元任收利乃封致梓飲之于桂林六十書又至店

義陸茂生魏宗玉和陳兄楚卿因同至梓園茶〻陳君玉子相新山也者一點钟生主一所往于

雲同入城赴會吉甫進入楊天保飲說山之月庚〻三万建用再加伏楚未三万一也又梓〻以千元加入丈公〻

十元請其撥得月作之因飲〻于廣十時散公贊楊際大柱元茂飲余以日電作收得

〻危莲不能行辭归病大不安書桂冬未不換訪書所浦書創趙箋對

十五早陰晚雨午後訪圃來遍候未但久談書模道葉相内棲談歌福備全暢快出到店

仰夢實此之到作賀承姻賀況月餅糕因雅說私手梓〻遊夜雨至冒雨出城詢士蕭懋蕃

于城邊見朱拜歲合之松窗茶為告提高森歡允月内至廣〻時將上燈細雨又微予且冷去

泠塞如冰照致痛到店請合之飯仰〻後留飲仰陳二葉方欠自羅電麗病患阻留宿于店

久〻秀丈性居歡殊甚軒但件樁其年術以情理〻也久〻子雲順全未拉飲里拜

之意甫交刊訂。年底明年夕開印刻續屆期。丈公存款加九下鐘印尋取用棉被褥，爲過三

更起自稱全無，大爲忸怩。

十七 陰晴陰雨。補理棉花，家人也。天不假好，上墟已無稻，收棉花無一無，鋪若樂之態也。與下晚

書印與魏，伊付鈔道，投中間則夫告知事開銷，伊等本不滿欲，真大谷難爲耳。遇同來吸

回憶粹去不擇，知今年節回店，請友爲余鐘刊頭字，知仰刻甫之，并示揚保，寄月趙夫人

報送來元已到，歸午酌神祖，畢午膳。上陳氏，視環5廣世，祥廣往移居，歸又雨不得

自往尤比福靈圃，六桃主姚祀而已。

十八 大風細雨竟日。余身體不適，半生什齕知痛之往來，日晨忽然頭暈如雷震，覺頸頭俯桌

兩醒，售字二元，作羅浦信未成，予餅未。晨畫來，留宿，閱道舟至陳宗楷虛齋，客庶未理何理

收十二元不寧，兩船中物不一概起，楞不動，余悻悻。伊自比況之，陳金往理，隔大齋恬恭來，借一元，謀弄

夜起大便，柳多少適，從街洋皮錢

十九 大風晴。晨少料理，備玉季同出之六塘，到廣生，特由店宗徽扇航至宜橋上上趁

舟。船中鮮識者之詩說，而風狂舟搖，楷印將午，于仙步橋見

王雪岑、左笙宣、洪鷺汀、鄧小山、存中、周六不如外同食、又飯來、陸宗楷蒲、庶子
晚出，歸，論版上半，法抄識語十二頁，又識語十九頁一頁，又行讀，讀託實卷二，跋經話
付四元。王茶于新店，蔣氏門于妻慶祈請及種，端林伯萬，大益來見，久談，王書以御令
行入城，步行半路，郭痛足，雨，抵寓，揚述于恒春，付價洋二元，烟筒于恒昌，周子錫、周六，而
內題如庚申，指知陸妻江元舟，茶招，過院，此三大字為上海，狀告送從此，一叠陳兄為發後
一帖，步等為訪丙，邀到公館子夏久談，即邀告辭，路兩去于然見，別甫一兩，時意歸，未力
偽飛塵，飲白館飢，
三更起，作聯，未成，頗多不能不寢，
宗人下壬儀之久，以送晚詩聯，至不值，
夜快，並來共飯，令書字，梅同宴，付四十文，早飯，加搜來，玄，來子以作，早點回湖上，半夜而來
未刻書，相為高茶帖稿，又改書屏，陳來寫久之，去，子大之燈籠，廣訪陳壽卿，傳神
到店印書，包誤子收書，又久之，一兄對夫說，歸由河圖，旁磨矣，三更後不寢，至明
一十日，未收起，大雨，始復作，代相挽聯，又代作陳步街寄石，又代作二聯一額，寄俾書寄
錢袋鎮務紀，市畫大祥源題，到店，久之，沈数慶來市云，張建妻印書，兩人筆直思舉

溯來歸荏苒卅年，佑我韶年，想我兼旬半月間，況病雖四投，憐勞疏其嘉
惜我羽翼忠有哉
悵往歲乘遠百事，累卿終須仰苦心，數日前出快龍切善見孫留含笑
知郎大去樂歸多　　相君自擬內朱宜人

丹桂已含芳，看蘭枝秀出，黌宮共茁，此待爭題雁塔，報慈暉先急泉
長齋勤禮佛，誦三世修來福，果此生蓮臺列座，惟吾蹤宜悼
代為完了兩字聯，多端議久未決，言知今為孫迎羊祝詩友，嘗道眾笑慨，勿事勿不為了也。因屬
知一其印出之，桐付聯向高指，丁亥了除我來，余要印歸，今書為聯字有小進，然無其筆
竟似夢，樓可異也。竟日聽困異常，以臥不寐，苦境堪憐
廿日晴。半蔣騰之至，說船說借款久之，留飯去。四鍋印與來，為言擬至云今在粮府笑談，後乃
得等算計良久，議款，前昨去。子祈來，得余書對聯，候其三日，附剁招對，據考于好去
見則大入衙，知伊之為清樓不見，以其未識名也。乃又回往庫，為取去，作稅契之事未

俞茂兄送出，坐店取續款。四晨會於桂軒，未一諾，又至茂兄飲。下過桐宅，告款為樸陸深
四點四刻，輝侍之，急急歸，上燈矣。
廿一日晴。三次作字三百餘。吟裝潢款。寫春作工楷柿葉。桂翰來。壽晚出，到店，看振出門手帖
春拣以歸。十二月二日到竹行，與鹿门弟、蘋兄、蓋史回店，模綿四。二廝换掛幅，樓閣。
廿三日雨。成衣工來作。又早出市，蔡尚二盆，廣生假布收。又從大形布歸。繰印四百，將平對帳，靜以利
宜生工作。午雨。桂軒書庭作付，周六持去，又樓閣無善書。訪桂軒，仰書與仲甫談，出之，入桐，大一生已時
閱市。各帶樣。又到店。命四
廿四日早作書，辦至北門得水半缸。城之桐書，縣張世夫來不雨，淵也。早周六郭四平後達渠來話
書，由子至葉弟處，余早作帖，石谷字畫作稿三百字，得一白玉小粒作表，壓為勝，白手爱及使
成衣針事之，又使成衣修理，自理完綴。寶生接佻十疋，四下，鑲橫使出，寫十二十大之葉，兄丈及諸人
相緣去，至指物一大物，診家去，與嚴總事，共甫、仲夫、新孫讀，夜六席，之矣，酣，共談，太老書
與仲甫一路，持姬歸于楞兄楞，乃論之，方承大雇印表印，燈之說，桂至，又枕家之睡
廿五早雨，晚晴。整伊起，即郎伯桐去，全壽押樣衣箱至桐宅。尚衣弟寓，後諸畢，靜中諸話
約數十人，午飯後换衣，衣出之店，知上代物贈二匹。遇陳若取息十元，與十畫言不與，陳邠閱讀

廿五友節謹四人相金，以腹痛不赴，久之信我，訪椒桐，而欲莫江，防行，莫係入席，飲未申刻辭，即撥往歸。

如挾来同飯，客坐未去，兩成夜又值，稚旭不来，人日頓添六七。

霽，下雪，未云，仍慰，傍徽，性此時去，歸或有霞，坡兩人言設即作手書，撥以許，不盡情也，即別。

三更起，致建徵条，並借百三家集十本，并姻。十日一樸，兩日分畢，姻句撥失。

廿六晴，早小雨，已刻周公来云際春内猶昨夜拈桐，定中飯，歸後三更發病，去時已殁，再語奇事，請人悴怪異哉，可懼。午後切隄来，商抄件，久之去。文来，說可研又来，皆云際春死速之由，以表絵又長，内子瞰擔衣物付之。申刻去到店，路市一寸，雞哥收一到邑，緣摇店，見洋，西隔本身仰洋，取祥微等，看旅与来。

午前，初更後歸。夜看日本新聞隄洋務論書。

廿七晴，又小雨，陰日在出，寫成衣取出，隔未閲之，雜稿備隄。

来看静兒，余午前作字，午後作小模山。

山尺作未完，筆芸生六札来，扇朝未完，而月筆少勝，本是則被隄之謹，蓋之初。

廿八晴，陰，半早，姻大不適，桂花盛開，完作一畫，跋子徽舊，為荐子研小宿了，并托事，在此其編之等。

去到店，知梓欽昨又到，三百元付廣生，未至見柱子，云入恒萃升，說李古翁，遇名石欽，四庄悟十元。

黃訪桐光，晤子研，借至寓共飯，去。夜趁去畫。

芃生昇嵩徙夜按兩浙作并澤山之時節對河道以劍挺年已九十六歲諸世兄之祖稱呼大爹
元另書紙兩束書又未切笑下何人說張兄恬進寄來平理政稿序合照閱書并收拾
祥鈐作又陳讚店屋去及上梅檢摺作察未畢李楚卿來即理去與語詞府有三幾家下
閒談借去之擬凡秋暎寄來去含業為冊十六張袁八嫂又付戎樣一紙又李學泉八大山人傳狀矣
三紙帳又二付一張〻屬朱立閣一張樣也帳秋棠交語運去與楚卿別與荷棠語空擔錢
兩友寄信摺在門再已閣初印瑤文四幀去一張為其幣表數遲慎校一稿兩殘條上燈矣
二等日晴陰小雨作畢後黑即覺來談並已去改留行稼下一點出城夜閉之午後理各稿去到店記杜亡
卿拈作之租泰因交來元票摺換廿二年二月底洋二百元烟票一紙付洋三百元息續收世兄作修以來事
記摺到店先之印該子寫令李去甫來催伊成百元又換票一百元欽分息失該息收八扇現因哭
將付厲生對聯共十對寄來即與玩印意花用作抗息去午後去文涵作客拈陳伴卿閒談往西一片
拉話別後二年十兩發搐小戒到者也送元宵飲兄疏淡遊歸用已悅矣付戎衣上二元半廿古工夫
夜起不寐與丙子五日閒事并從假筆來物

八月初一日 濃雲夜雨早至午肝陽操拂係少已申刻為福雪黄扇用筆時何謝之自書樟
相条示延飲豪義出一至店上燈入相宅陪令許宴至同席為緒雨吕杭州人至洋貨公所買
倪玉甫待行孙陈安伯杨炜陪余及柏孫甜諧作至二更後归 夜係小使宿於店
下研一耒 一匡廣兄談
初二日 雨正在閱畫作湖目錄作偶見拈桂軒余来話至宜發商諸樁继法云云 午後至桂家既而沈益
山至勸其至再為戒煙但以後不得擅行而仗師教育之若子不佳之畏學而長游入嫖賭烟
互要樂照係所生若不破食趣即惟苟書至又話与仲甫言及益三至梅含其去卯前行於世人
不出房夜歸
初三日 早出農半閱顛市洪某閣轉店匆匆歸而痞發已盛矣嗜好之累人可惡 文來午刻往午
後作畫子福册大不愜所業者筆墨不及前 廣兄來邀請為乞書隸額因其字田擬為
往書昂此筆閑但所見考書來四完册已筆矣又以不適即乞浴不足睡 夜甚倦由市來謝
初四日 晴上午畫二扇一 子雲來為筆者說項謝王禮出到沈收金未作閱書到在家閱店四書鬼已不堪
又同至游了茶館小說日畢待所字點至堪下了棋与吳大令閣談至店代印書作

答蔣談梅花去報錢柳店樹榮人談遂又與董幽民談而歸欲書憶 三更後不寐
坐以待旦
寄晴午後作扇寫楊柳細腰竹條山水一箇單見之工拔過午午後內攘晚去找諸桂
軒談並同書門口鐵與仲甫呂人一桌謂讀至夜始歸 早因以未付訟摃圖油帖
熏晴竟日作一扇淺絳有景為松安又讀經營至暮為得見生而賀森本實一派復游
行自娛遠絅詩如何神也 十月十六庄地保書收去鄉晚去付烟所月衣府 房客生借其子之銀而號子雲
布經諺之士肯回本報中歸路遠雪夏臣
望晴作畫扇一晚步魚村與小飲即歸 歸時修其緒以付閑盡便游 是年所收暮之氣仍是戲
初八陰夜小雨作雙條畫一葉竟日肝陽上升 老病復發張若士安送肝至廣生八來乞寫佳談兒母
存生述衡來往并送書十冊復借十冊還之其言多後之 索河出市物到店嗚呼先又不流矣
初九細雨作詩 遠衡作論書論辯并夾以骨鈦志十本 見右寫 以恨其送新進記四八年後陳黃卿來寫
桐書約言談
初十答邪云調宿但去云 感司空工一竟日以肝陽不安 收拾之王家店為存陸佚文晚四周六

来送桂軒母荊誅。夜小遂理各事，至西向竟之，因話積。
十一陰小雨。竟日作畫扇石稻三。大撫邨來送擬為玉書寫像，晚來鶴柳，因留飯宿焉。傷寒生積地。
中挑四株于路，因一送桂軒。知為其伯母所白分壽，即去，余去而歸。
十二雨。病不作畫，隨筆作小類羅庵記，路割丹仍不愜意。竟日忽忽無病狀。伝生來至寫像，係之均。
来集柳家中食宿。
十三晴。終日病，似不適之至。偶改作小幅羅庵記。午玉書令月仙來云，只游世倫去。余送神位竹寫生。
宏階均去。已到陳三弟來云，陳霽卿去安人，聯姻其女，因措饌。十二竹帖来為補撰，因呈其人久去，関之。
來柳館日去，即舟下水。校墨拓無辞，將芳文信依二十六，已設筆硯絕。
日間病倚仰生感，踽踽不安，氣不舒。又夫他疾，夜不寐。十二下，玉四下，反覆難安。
十四晴。早起和漲，取租五斤條。午前又發廿六封，岫雲當冊款，當有所謀，惟均有係，該作書係下。
荊記本荊已出之桐宅來，係戶租府稽點，俾理于潤子盦及桐又然。岫雲桐孫有畫來遲之，於昨吳完。
兄君之卅三幅，伊市之二方二開，乃係作也。而且次桐之千去年久，善識者尚難指，此久之到府。
去報去還，陽仲甫同之，元戚甜正。夜飯後，二人壽鈔畢，秉月合歸。余怕即睡。

惠崇寫王右丞作淺絳設色，數有大家風格，手筆精妙，眼光不能見，筆筆是以成家數

又妙之題跋也。午後蒲蘅園來，詢説鑑文字，雅不足，近得倪題典之々，其精匠則不難為上乘之也

仲甫來久談。王秀霞與孫日緑等大々周書之，桐居有名心四之對佛，宮猶未而十餘中

又在得吴伏農王緑扇，刻有西湖風景、楊柳小舫、橋岫雲山大家，又右在馬上筆筆崇閑

花卉十二册，又畫心五開伏册佳，頗存被二册平平，美人一圖，若册若的伯滔一册，更佳，尚多佳，更不

能憶過也。去取對于快意之處，見煤掛帮燈，去城君日來，而周六不在，蹔而過一王滔

四居印西

夜大不涼，不寐，因此即起服藥，諸恙神減，氣粗直六分藥過

嘉靖子朱寫畫未乞，第條下款題久書，以不能收，嫩於動筆之下，錢去五錢物，却進入祥霞者也

從宋寫 芥舟先生小幅，寫心畫款小影，全用倪石樹法，竹徑中一薇笠長竿去，唐題許之。又一幅陸子祥

菊諸來茫過，一筒小海墨本，下程酒業都梨一兔上石邊一去少年，陳紫薇闲過，古漢清絕珍佳

又吴伯信新墨小集，華康兩取法布，未甚固，說尤久々，到居就去坪，看閏六舟已放大深白而四居進

王粹卿去，乃蒹葭，説英宅了，并及英以居佛戲，續去之々，大雇詞席二，將小舟册六下，沈日等同看

偕甜村戕讀書桂芳到佳衡中迎燈金一亦亭二更歸家踏月清皓團團一路燒香不絶
正光華如晝不覺深夜始衣解衣即睡
十六晴早樹人來謝孝因留烟些去作松壽潤四尺長仿伯儒大似毗陵之不逮將風格品正如
梅溪所謂學下人書一等伏公是也又作懷素林小冊帖紙很思漶則不足觀矣一切陋習不免
晚桂軒字未搭陪秋芳安師篤兼出一与鄭抄印證玉桂宅大席仲有客小飲而別雅集寒也
飲諸同月後如此擾席說笑諸兄出來對之樂不可支　有二人大揚子說笑也
一士人有田嘗召鷄設每收冬租與僕僕御佃佃知者恒供鷄則來減而喜謝之于是乎不離殺
為素而僕也一日新易一佃不知其應三匪士知無雞也甚然因即書條粘戶云此田不与王三
種僕趙告佃之急喜曲詞僕曰即殺雞供主可免因如供求主人去前紙主人乃加一條云下不
与王三之更更誰乎是甚歡佃詢僕曰前條何謂曰無雞稽因書之謂後佃謂曰只雞機
而作
一等僕王中從師一字主賀棠師父母贊之後六日　善逐人一日師母掐左怯名中有

忠字答以字作狀毋衙之師歸，訴之師，詰王某以實告，仍以字作勢若逐者，引初師母二珠焉耳
咒師母又怛曰：師父在作如是，師父不在又如此矣。

七日晴。早起，發同年，又發桂林張五，拾煙戒，又發仲甫，借石山集四讀之，飯不飽，食子[illegible]同在。午後桂仲來，觀書，吃煙，食畢，使出門去，到唐寶齋劉大之入唐合照五四，出回久之去。值廿四日之入館，飲茶，菜粟食饅，慎佳，回家兩足腫如桶，跬步為難。

仲琴來，余往晤照五，已出，往訪諸君，不及矣。五弟寓訪五。

八日晴。黎明出店，知照五已住，僱多伴十四元，自約傍分部過桂灣，煙出城之，溯[illegible]生吉兆吾來一同過仲琴之子，兆以年僅十來，觀渠無此衛，衛為之塞，仍午歸，忽患嘔吐，兩次猶柳帶聊核，不飲不食，書到周小垞，析，謝其贈物，乃行。鮑伯來云船行交價，余患大黃忽誤，甚自悔。周付趙之作詭，筆灰至，詰周小垞來取物，渡浮來久，請周令留油，不及，嘔頭心坎痛甚劇。坐以難寄五弟不已。唐秀宿堂作集。

九日晴。寄石一山府，論曉出到廣肆，和園易衣冠，往弟幸日極去人。袁呈旦飯，帖也，大行二道，辭陸父寓陸入一堂，而出，到店以吳惟仲琴借作書，又入吳氏與丈論文，出之斫寶觀。

到将燭饮于肆，沈阆如为之写吴峪之扇，扇面皆以石也。夜留饮之而返。

廿日 晴。不出。上午至百一山房访，不午归。萧阆公、静涵、吴大佩来，惜其中尚有勘人数之文字至程培长兄识换，元季同二吴兄近来甚国收拾，张横五有所更张者矣。李云卿琴为古画卷归，余到余写扇印作画幅，余前签于张二家，陈小兰借得砚大五云，说二楹材集一元。寄付密取来函，乃付书伊钞出去。至滕庵访契庐，在其又扇共扇画书。

廿一日 晴。至百一山房，请併发兰国公报，以肥皂在时常之，其出所于研不值，又相店在羊子江浑。至三日行闲谈，到店看报，后芋访，又石泉同古玩林之，有二三百件之多，难收测不去取收。之不曷真，以洋之平大观，以为见得之，以调诊，未得不着，记山雪书兄别去之，映雪与朗之谈之之例。余店，其谷之来，取之归。兄揚宗议询其山董文敏真幅山水之而云，约明取去贵玩。

廿二日 晴。钞萧阆公报二份，诗中注，哪得秋注之难改，余又作论为重在，皇上中兴，皇上方拓，缺何。归手新注之成外，又疑公私论中论至上流大仍发于研来，首二来，照郑来，义出路至稼雪，至北入店饮，印写得杂，石在，既而去报而归。夜中眠。

廿三日 晴。早印春未之书，不游往书斋读，午后抄百一山集读之一首，未到出，至桐请饮，周话之至文林。

筆店楊寶係出觀其鐵生直幅仿筆未真且破缺又一幅更次又一幅筆尤敗 字出住
一品丹翁一瓣嘆爲竹枕逸品予買因書嘆贊問所有予君未信見之其云周介生有其此鏡之市
水果行店有金子店所剝跡之石值書城之般在大和祥梓店前肉旌口夜范予所及丈
周子梧四合常談說異其人未至集處歸年
廿四晴 夜雨和暖多數年不適作短（宗人）料理各佛事應備伍各事予所未部助來刻出刊
收拾諸擬赤訪宗邵四飲以病痢辭不來 乃請七郎到店照顧伍客呼子歸至 予早往
同到店又至余作夏子稱業語物衔印回 未在同予研夜胲丈（治）山西見丈未至佛
廿五雨晴九半 晨四起 西見未出佛院瘦雨雅六至防賀食鼓其宗人及至鼓可硯之店傑技
諸賓昌羅榮荷榮至府來穀頻鴨去買桃炭赤女至未午後過廣三諒諸客訪辭
六利村杼宗諸桂老四轉過玉賓使与仲甫長談回待王夜宵燈去過及雇桐
君矣昌陳 李和七平子壺答簽印琴丈子所以夜歸鳴欲客四方送余女子三人（及靜夫）出工人
伍甜抽戰鼓濃伍丰相過請友約日登席為壽於美加謝之卒乞王女去夜作大

若係大路商也　兩日用洋伍角麵　共用洋四元　另雜鴨火腿
芝階抄點畫詩數十首　四點移程來　蘇閣未來　未刻出訪蘇不值　小坐途桐巴臣超晤　到店言歸
晏事畢之北齋錢兩箋，今日始出遊四，通候偉士及書賬出售，約入夜風，聽之，皆當佳也　無歸
芝階病未大痛　若不可解　抄畫詩三十首　身寒出訪偉士不值　于大東門陸藝訪炭店
沈榮生入談　出城之山塘　不值　市頭廟言戒煙丸　訪沈蓮生只家　約出茶　詢其會館
文喜蓋日不如日耳　王生榮乞指補府路十千錢　急紅板石票以一月　租余不應　屏之莲
生為命五元　余以力勸其補歷大街口店　有海也　入城到店　知寶作為首匠係張席宜
蘇于傳利刻印桃去　金偉悦拜之不遇　子云候葉桂之小市坊利家　伊等桂之首席
其詩均為為桐君宴李和齋阮子云　印年後者某招　四八小六大二荷一只用麵　帽帽
余病未身寒力謁以不解之　心殊焦　乃吸煙前後四十程　逸談以梅戒　嗜盡十之
對文精之後及夜深談病齋近較往更佳　此又可見烟之為害一至深矣
偉士自來　又柔來　伺均未略佳

廿七日晴，下午雨。靜儕來。薛福辰信來，共讀此與外國史記，閱之，覺有時務可採識，今附之，要書也。

閱十號，法子晰來同飯。之搭木至十一點，桐一、子研一、桂軒一、傳甫一、稼軒一、梅甫一、陳翁一、自留四分，未到佗

子晰書院爰居秀翁不佐，適見此際之說，以金石書收藏，然出席之半，伊欲與桐之，乃已桐諸，又子研

客到后，將此入法利，昨往一席，計得五元，入法隨于方的諸回店，仍屬侍從之，適雨久一[illegible]，云伊父達傳士打

更至家，乃過傳士宅，弄談舊貨，但不佳。卯過雨，儕[illegible]而返。夜在日記

達儕來，長談之，雖守不合，借書十本，接手跡之

廿八晴，早去交匯附之，元以姑往席。閱時務書。徐岫雲來，又與儕來，看證周易共二小冊本

去先生往二后皆返，談性理，語不洽者。晚，王順齡又來，[illegible]乃手致示之，使爲過藏，談性之維也

金返在秀可惡去下山，檢六陸某，弄性談友，老人與談，言止之，莫能一見山鋒，而見詞而爲未

晚歸，尚以懷上燈和歸，同飲，化不四後飲醉

九月初一日晴，秀去，往義比的國日記之，言之，恆之言，多不甚勝，看劉仲書也。七夜來，訪以簡去一宿

來店候待去，余以黑肆，又將書來，葉院爲許同來。又中來之，到店不在，又之，往又不，家訪之，乙去乃

又之觀書院，返，內有之攜，託之，亦得一冊。夜又寫家

初二晴，似弄書傳日記，約題，詩致[illegible]仲衛集並附本[illegible]一冊之，午研墨，寄書，約題封成，印之寫張

湖往吉之寓，硃恢壯麗，盛與交所未同出，乃清〔欲赵〕賓臣見過王興臣同大貝，履出冒煙雷三廿許

件計，寓作其之跋，而坐獨之，唐寅代子畏作行，移子術又為根便，旋返，別謝，由西門未薪，存人之揭木又六十文

里，拔嫌(?)停係飲。　夜起，寫書，依日記十餘頁。　是日早頭痛，合應九六之

初二晴，應雨作一團扇，中之而思孩(?)漫甚。大懷來，晚出于祥霞，見美扇，不甚佳，酒達至堰，見

隱裏(?)入請去在珠環，三千五，計寓十五元，入蘇雪琅，與岫雲來，同至墨寶，七弟主帽(?)，賊(?)核安山寺六元

仙子桂為枚，來入店，傳(?)頃刻，归已時燈矣。

初三雨，終日不出，作畫冊，指扇一，團扇一，未完，均有佳處，亦有未足處，一筆[?]長叫往(?)六處思

破筆，幣(?)故寫字久未耳。　夜剃頭。

初五陰，上午書紈扇二把，又畫(?)摹山水，午後清(?)鹿未久坐，告借，余出于祥霞，論綠扇，俗(?)六不，蒼伯任候，乞然

閱玩扇，樣(?)仰(?)雅(?)，陸未未(?)扇，作屏，見頗出(?)，到店，為印翠談話，代寫[?]作書，取澤(?)堰十之六說(?)，并見少溪

道，孔書後出，出城，訪子重于鄭宅，見吉木之工，作僚四壁，偶出(?)，到店，飲酒，歸仍寫

大據(?)早去。　夜以三日畫麈(?)，不甚之思。　不卻又來。

初六晴，作一屏，用墨甚筆，是出，至晚完，筆出，訪桂拜不值，至王宮(?)仲謝談，乃至暨南扇，並市紙一[?]

一兩(?)店，夜歸，剃髮，及入市會一碗盤為黑(?)嚴而論(?)，未盡，此盤已明，和寓，最難得而

怨禍碎，恨恨不已。陳兄夫婦分送物件，收花頭轎之雅。

早送李夢白讀要禮，四陽一來。

初七日 晴。作小扇，方有是處。午後徐文石偕同俞澗來，未幾，因尤碩觀古玩，閱説及書畫金石蒲一枝而別。又時許，出訪桐君，談閱圖書，映書觀岫雲書冊，一見秋丈詩書倪墨冊之作，又來之居寫挂拜居住，為向桐迪又同桐君北道宝名子雲，至于江道士葉談，又之西翠房，夕陽映入之。兄楊隆甫來，有談，白玉二牌一方，鹿十許，閱圖均佳。李談之，吾斗瑶發古玩，而去一陣。後因我至即與桐君別歸。

是日理舊扇面，得五十餘頁，俟以付裱。

初八日 晴。早出到居，取帽，吃羊。趙文之入，星房並石，鏡田之，出方蘭閣紙筆，皆不真，興安思周的帽正帆名住，而款不對，留店偽作。唯戴用伯柳渭之羊洞雨崇樓扇，均真，價之一元。又有一縮曲圖八之聯，價十元，寫余西之元，由同蘭主至宅，題呂仙松桂山館題之，即慶之湖，又福林一見，舟至西之，箋僮作扇，將歸館至晚，以詩復張光發而出，步至海街一周，見雜木石樹，石而參架，守舊帖書簽，歸，為詩吟于從踪與沈桐元、楊渭編居，而謝均一經。夜往抄石十頁之。

重九 晴。試畫一扇至聊解。錢住文來同飲，至午後，携孫子觀兵壽城余，請余陪在鄂視聖余。請都司

午後，以精神不及辭許印遺，方同訪楊渭編于宗，靜之室，學賢路沈子吳書畫，暫歸林粟

湯西園之姜深六四年寫為氏撰打陣跋既最大雲雨嘆似不能止余此無辦比易霧加情不能讀多
以去錫年增十九源稿而未暇不今猶去相宜不知陽先之他日跨箸去之保真觀堅屬人吉徒都肓
乃付余形元刻到具後都月請之以扇拜見見四兄語人程繹見岫雲不然至乃送之之南
門長生壇一望又北兄陪張大池等十至沈楚高門見豐居發臣王綬名等送之至此見余與
岫雲拜彼之余留久茶談雲菊逸入王家桐君至又桐貴再生之合岫桐楚之四人由午家巷
書未來橋入西寺未審所一路路景莫蒼花山烟雖生但見枯樹如大蒼見語熱友趙名之西路
醉全卻慶以後夜談少待令桐去北余則居修留之知林來陳貴三又來乃共飯之談五日卯起宜買相
岫以日佳伊四余六共燈之西寺醉循園告狀訓子諸程閱卦舟人推擬如蟻跳為體見至家順之以
再因之猴嚴捺圖神疲左而返午不鐘許小次外
見牙高之雕荷存西木屏雕鑄五種佛像人馬樹石樓閣重重至十數層極其精細並雕鏤見之不知內
數層細穿刀何由入洞亭觀尤物為希世寶云
見沈楚高店中董文敏二卷皆長二尺許闊八寸一寫南宫樓李昇雪寫圖江上及山頂積着
數作彌雪佳一隴繞寫梅一藍田米大幅一觀曉大幅仿北苑子久極佳

一王樵畦仿吴仲圭　雜樹五松一尾並遂一書錢生佳　一條係高一尺已去看大入亂墨皆陷了

錢文篆楊祖吴探桂拿十余付封定又一宣高阜風楊兩图作楼圖　牡丹梅　小墨小幀付今本选

又一本因下萬中目李鈔已上　山景佳　錢佩亦十八不能花笑談了

初十日小雨　饭后石查作仿樵畦小幅中段似六九下另山公大误矣　又小册亦不甚佳　拟意下下以許伯古伊三琳手同

持僕恨惠書　錢至底食一飯　庚三命錢饭左語未久而四　夜起稍晏

十一日小雨　午雨至夜　晨出到店　知印孚並不到　斜道往柳油笛仍一见　市魚菜以雨留店午饭　田花遂下元

春沙安乞談入室觀其畫帖沿鐘馗說有一銅瓶伊每晚為又石摩去可惜矣並前看倪一方　冒雨借篆

四家而雜湿夫士楼錄題畫詩　詩作不知寒之愁人少同不應之至　夜看續經世文　内有馮桂芬論

吏治真曲中逗时契病

十二日雨　竟日午前天源成誠二族兄来　史東云明日祭祠　請到　許之　因作語久去　劉題畫詩至夜　夜三一未

十三日陰　先修君钞題畫诗已到　茹健至　出前至祠　入焉又之　蓮坡叔方伯　慶成　张店　林白　順齡　多約

蘭伯仿律至　到者仅六十四人　可謂之鬼祖　祭后過午　飯后談復　而后各来往　甚贊少君即廢传万金

至不肯来　况路多卯至於承久不接臨手即而先有此田五十畝　本不可築室宜隊每年元成熟

久之　借步宗之祖仁慈往宅以堂　北门之墙瓦損宝祿物入　又石室观玩古器等　又

自述四年自蘇蘭香溧伊都允蕎蒲（戗收）本錫孫生作價均半云云，玉峯家居，紀灶新莊參
區年開了實命各笑，慕慕々々，合石臣書畫，應來見耕江，松印訪之未用，囑菊益上山標中
暗又閑雲峰，蓄簡竹字涵歟，李介昂冒冒，又與右侯陳氏屠，到玉房，鍾姑居山宇衙，洞第江
蔣興父重來，留言宅詳歟說，多不清了，葬即四封居，飲膳已入，法顏陵出，李氏兄弟不贖諸祭
子雲來，乃歸，于二更矣

十五晴。作畫屏未竟，本買有書大變，乃去訪桐僧之，沈楚高家見晃大同、秀菊，看把玩久久
往耕石農濡葉一見，即去，又之極凡，乃映雪、又乃得氏蓋桐兄索觀古銅器新得者也，不覺久久，株之後
四附熱都送神燃物，奔走無暇，余不聞問，買買去居，冊之函，殊熟悶，實日無不知何似，其剩跌

十六雨不止。撫仿董文敏書，并雷案小幅未半，又仿王耕煙卷幅，亦未完，與前幅至有要入證
日坐雨日默，如陳莊，觀清經世文編一書。亦錢生來，以雨不能將葉

十七雨雪。畫作寶谷畏帝戲，如臘入夜雪積尤嚴，一白皚皚，未寒而道絕，平生所僅有，完昨二幅□拼
魚琴又不送，查玄圃的果，又錄詩題畫 袁宅生生

十八晴。早去居云，浴紅生三元石族比到，囑之不明一日三往還，乃有日過于難，店入源飯茶，待之未

覆夫詳王秉兼叔人均一見與深之　去要去余付伊紗，訪桐先不值，久之入多福巷訪顧鶴逸，林白

君來，談良久，看石谷二幀，不真；藏物無不佳，惟水人不存。四庶軒有惠段因倫文之出刻

店已，飯於和源。知李氏兄弟不甚狀。歸二點鐘，書聯二擬，作閑者善事而已。夜作續隱世文稿

出去買冊頁，過兩時許醉，過石將，名作大傳。抑安濤此帥不甚卯。　高百梓來，談十点鐘去

初七晴。早作字書二字一齊，臨一本瘦骨，為卯川書屏二紙。大學年傳，墨濃，帕作畫，未暮，第二未為說完

先為店夥，增自號，恒泰為之。之未諸事會，健兒去，比與鄭直卿一路，訪小入同豐烟，付一元，收照。又市尚有兒銅印銅錢

閒立合付未取，租二元。　寶生來，擇藥

二十晴。蘆生來為商作發字，晡去，邀桐與說至伊廟，可之云之，卯比入店，詢一切未之了。湘社定為賓說權

入殿，奏抵可與卯川話別。晡生一時，似十店在報，目藥歸。晚夜雨稍若范寶言傳人，寶生處收

今年冬雪之早，我同塞外。閒多福，難有異矣。　送精呂蕭一

廿一晴，少溫。臨一作書，看續隱世文稿書之桐店，話之伊事，訪乙青，喜玩有未，于喜之人同至永和安

方從淞安來，閒遊各之，與桐別，去，余到店，完覓走大東門一坐，正過尚於那東

盛橋，印壁磚甬，乃候之，為栖曲，以孔以九元印，翁三千塊于。歸，已黑矣。一至以節孝祠與閒排于

廿二晴，和暖。日涼，同來作工二人，取毛竹料，購合滿，與說，莫，惜母地拥厭，小擺一桌，價在内，洋十元

與分縣塔沒乃先付二元，今年風水發地擇日也。此亦生平一大了件也。吾稍卿而早晚烟癖二證
日常依違忠心不歷，而精神與明色相默自憐之感慨，莫能追蹤，至以前為清仰蘇盦之江兆
說古桂之。予所有三禾。　每夜看讀經世文，至十一點鐘之久，眼不能看，因戴鏡雜翻七紙，不能記
而後雜癢，以例瞳，至九點後竟不能早起矣。

廿二　晴。督司工作，爲書語當碑字。午後少向出桂軒宅，與仲甫談久之，出示桐屋，知桐屋與樵人談到屋，至
事一告以門戶，與丹圃不見，有負趨高，畏汗流，飽腹，遂挨鈔，說桂泉回屋，發報使夜，勝少頃，詢琴秋回，
知其病狀。　笑行贈梅油三十斤，□辯，已付廿元，約其付清，挨家找他，不能成。至委陳勢，迫回告伊，許至，
而余思欲之在門，乎是遂回，誰知去仰來書致靜，帝得以筆八行書與詩，許同送回，乃遂制包三只，少飲踏
不成寐。　夜起三更，與林多感，奏禁鴉片，踈嵩時，當局風行，冤苦辯之，而使以奉詳不力，後其今日勇
近來此去物法嚴，　然金以此藩無窮，實礙不能，使以之不能少數。　弟同遊睹，其不用兵，銀子倘如燕騎耳。
暑是日有韓聖之戒，至五以三更，始不寐，痛悔筆似。

廿四　晴。居在理懶，怠青錢，九似識者笑予，稱為余大內兄之會之圖之，實聽途至，浮無自起之，
此借擇完，乃群之，為曲除，說古嗜之，奇矣。　乃成，乃著作三，近日懶慵之甚，僅僅艱苦。

午飯後出到店，伊琴高訪之。陳三弟來，述有粘姆余館處缺，可移之處三，順至瓦
石一入，映雪兄所刻本託其前藏緞一兄桐兄北之撤圍，以房不少留之寄歸。

初四　晴。赤續經世文，晚出到店，為代書玉山本行之園，慎步岩向其款，約廿八楚卿到驗，因房存之
得久無利，近此行之，說去四元，如行兄夫恨泰等一坐而回，王生在店飯畢歸。

初五　晴。看經世文編，早丈來，共早飯，并剃頭。午後若扇出樓，隨馬同入議，息眠，飽對到店，晤鑄翀
老城探出，取得寸見，與入醻，探人陳子頭閒，伊而又到店，又為游延之，夜有任良方，遣入，屋尚茶飲，極多雲
食又簽票，伊另五人共飲，洒中行鴨一，歸一臘腿，鴨雜加腐，美無添味佳，而某不可，梅戰張佳醉
歸已更深，入門尋取煙袋中，食膳雲，一枕宿。

初六　晴。仍閱經世文編，早陳三弟錫山來，送粘錢，山坛小洪傳二篁，即為之陳之。午後章光請壽田御史值宴，城中滬
肆見錫山所詢主顧生招白粟定，議款仍要五百，用六百畢全，詢此定。且隨與廣轉導，語唔情，無久之。
說陸雲岩及市房情形，余將白鏊墻，此次海塘須堆積，是錢難定，而畫遠山路，無須安鏡以風
大而遂由小東門乎，保安里兄壽卿，論及天下局勢，痛深之，談退，晚雲，殺素，招語，因携回稿，越之
于東生陳翁在入店，與張之衣且，一帳共錢十六元，又息兩之，及指陳飯而歸。

初七　晴。上午玉來，刻何如上，另刊一黃揚印，留為之，三四點成，後擇用小篆，羅合五字，雖

亦亦不佳，說眼花如此，竟至絲成，不自料也。即去店待陳錫[?]不來，見攻安去，何子貞大幅乃
贗者，相不同意。六字高極似未真，一八條幅。又一八星賓石硯，田十二卷，款決一董文敏字，書法亦及
飲中八仙，字佳而不真，計其大約嘉慶以後。又一蕭雲從尺木山水卷，長一丈三四尺，初臨林木
石，遠北如小兒戲，及後合處愈佳，水墨似板而法備，樹隱雲林，橋梁篁篠，山依東陵，行旅
危樓，緣山古寺，偏居人家，畢踏畜畜。蓋共八十以外作，玖王子庭魯者觀，宜疑者真雖
忠悅至此竟不宜，而不能離想也，爲傳之。行將日易有陸楷字及吳仲圭小幅山水，店家根索衣以
夜至晴以歸
又覺黑切身不適，一刻不安，柔雅釋懷，真處苦海矣，夜夜如是
廿一晴。早同上晚去，健隨至桐店，說董沈墓字，同合桐至石兩，要不得，與桐等談和精。又去甫未下去
而又與健和同歸，已將抄才出題往未半，閒鳴鳴。及入佛寺，重至觀音，知北有大雄寶殿，即前靜與
查憚隨從，急迫不及細覽，狂奔至北北寺，方知為太衛由周刻店已搬動，各極静守，快急
此宣統偽人開除，仍奉有年甚派係上四人，羅工人三，鉗木匠二人，同業一。又去舊店，從璐林
一又一樓，九林一毛三一分，雙見第二，對人三十餘，自八十餘，乃行十五轉，園中時時接其對話，紛紛忽至
方橋北下，陸茶店，北城止，其下山岸二十三家，上山岸二十許家，蓋屬千人，挪進之文

敬此細按伯翁懇惠堂二家，特擬一書，令渠乃飲飯面述。另擬懷信

即望飭承陳怡茂、祺棠捐油三千斤，計洋貳百餘元。

蘇州街中府房屋，面飭公棠討墻說

說現為虛，雖曰天災，實由人謀之不臧也。往事已矣，而房主趙嘗創不小，睹之情目，將來起造，不可不先踏

任不得自欲起造，為苟且目前之謀，目前業主既有迴力，復蓋其餅為各建，任其□□□□

美，應對街公之磚墻，以五間為一墻，每墻共只約百千，公各間共廿千文，視主力則照原

租價，租戶月加租一二百文，以挖其利。業主房主出力，則加取租戶押租千十，應試輕而易舉，且

綸家僅議三四年之基，亦不至轉為鉄棠，如此築成，現于此處列入築五墻，上築四墻以此

從業一處，近有對某何堂動輒蔓延數十家，頃刻化為土灰，似與房租兩□

二房主數百千之產，租戶數千百之物，驚恬甚

均沾利益，鄙見以為高祿公之也。

再稟上之屋本係墊說于理，尤有理名應重起，借說重造，須令兩岸築岸，兩築墻，應為之

道

廿日晴。早出至衡丈兄子路約，而詣伊寓候。余先之桐知一切，勉兄言起火之由。楚亭又來說清楚。擔扶楊石北兄談，同興元昌所在康門墻俱化為燼，蓋延旁墻不堅，火通墻壞，致楚人西一層住並土瓦磚已為燼。目至店，已與余衡聽，乃言指一日之即歸去之，欲與陳廣之將未起居樓起，墜海。又撥後店，余為未善，同館後仲之陳與廣之。後廣來詣後宅，大向廣復來指說三弟搞亦欲已。余候二日不復遂，此說及將後宅，乃入伊室，見端甫讀後，即回閱書，為穩静二字所識矣。未付桐梓，姑作罷。二鄉嘉業之不負者。甫晚又出，到店見表弟培等，又入和源店，取老錢而返。

十月初一日晴。過和健靜之、陳氏嘉事一帖，一要本月同來，知姑母葬，姻擇定辰出柩，已就保根借同以喙起宅計，取四元付之。出城買棕，以雨棕未即出，園中過滬僕，令至寓，余北入徐識益詢，往大花大知須北茶室拆之，乃皆到店，功碧知今夜於諸都楸在寓，至松風閣茶，又聽沈某琵琶，於日來乃至過慶匯，又過王子培，訪大蕃、靜錫、沈允之，遂入桐店，功貝清街，作善伊等，尤不知如一見廣。歸已夕陽在山。

是日肩背痛，扶下籬，看某為外科，量方所患皆瘡疾，倩針醫三針，而割目即躭於是。抱此醫于保正，而調停人皆謂前宅乃全去此醫不可不聽，記人勿為此荒術不精，乃戒。

廿二日陰。巳刻出，往廣生平某街收房莊四畝，內祖陳高寶、伯林札至，周廉夫諸頹塌，全拾材夫約
一至恒裕廣店飯，王雲來，未刻過十廟寺陳氏至，對已然，佛入諸人賴文拾伊小齊來畫，鍾伴松葉伯
四平條一，楳竹一，福牡丹一，柏梅一，皆筆精緻佳。又一幅，題清有古氣。又一張，低田仿米，東宮小
菊卷一，邵真八寶空之士色，又瀛洲人物，鍾進士，伏石榴柳，洗似新，羅紋壁，然黃庭經。又稱蓋
不甚古。又歷帝場一，橫幅，似有宋元風，極超異之至，神品也。其他子祥長幅，又張蒼男石題，而不蘭
五兩竹扇又兩。　店均山水可佳，與京府善識，久回，入陳處，兒許心如切，人云已捐資從九，未贈則旨到已
居善何匡明為錢，叡言太高，云呼讀又之之與此取論墻，米漢甫而識其何未然，本挈雜之至，夜入
席。余與朱四伯同席，眷屬同桌十同之付，陳以此以歸
初三日晴。姑母出柩，早三人已抖以付，伯李書蓋本局拾官，衍人一百，余付人。辨雜陵之不已，陽起間寺，仍客
書至，自臨淨花大來收，乃上府拾靜送去，森押合字一。　巳刻出，到店市，鴨一，此日白，砚田一，兄余白照，又往
店飯，東門千方緊重痰，伴學兄生目葛肯后對，將語。　赴朱門，看花氏叢，可可已往，築看七人因
至安撫，送之乃出，過王楊米抹，見漢錫女及願妻菜話，久坐于陳宅，又頭話而惜，娘男女均
見，往其又靜處飯。陳高四重入千府，香陳氏道，贅積久，拘卯追入伊宗，說書，謀之，核此之言
過查霖伯于墟下，今過元茂飲，就茍韶，弟并往，均同席，以久去即，王子壞大言佳笑

西巷沈楚香信已来，实允诺，然再询乃蒋之意，乃归于檀道兄。锡蒋二弟云难，乃许明兄。庚康令
工询杭荣昌桂轩，又云以上境不佳。　是日两兄均归店，砚田去图初调停大帽钱进士小住
初四阴。早十一句未，写信致杖特付四元，又午后以起，访广三，郭铭兄在图，语以许之，乞四家在广，询余
欲余以为广渴，保荐溯乃允，来往行伟，与砚田付祝荣云云，吃烟去印北利店弟因价
荣，他去不能同荣，印约明日送。少留，新进一学生吴官，去城进店，在膳，持灯归。
　　桂轩来访，余往，均不值。
初五阴，大风作，寒。晨以起去，新移祥源合军数百内，一往，并吸烟。俞五弟和雅，令在吾处与郭华宙
话。回店与仰华谈，与兄收洋百廿元，廿元付店，一百携回，而广店上杭厚记，而洋碗将付，山广平也。
还贺，叶围观，携伊归将午，餐，兄使门人往刘庚锡，均在图。询告以宗印，随到伊图山，后付宗彪
约定而早，半月跨料桂轩。庚付乃指厚记票付之。锡先来余饭，出遇午访，许以为于其家，以图之论，向当
告以情状，托其说项，静思久之，因之家又访乃托其至郁书，承对兄为近别，伯明默叙，随访桂轩
长谈不在。
初六晴，早子衔来，已浔船装。子合　税四天野有　南货生　久之议　定以账七之，拟借柜二只

陳吉甫洋七元五角購鴉片煙物六七十兩去劉八全此處湯壽蓀付窯瓷郎神畫 陳桐君說搞
借何事此一店 市鴨肉十二兩送陳君 是日雨未竟 共の樣一半 歸先檢料 實在歸
且陳与初琴清分息山元六角之右
初七晴 早定議各事 過午訪心如于家 不值 六刻之前小乃于銀湖園 遇之 令其女畫玉李昭蕃題
談甚久 許到紹 言如體 玉子心又指說 不久吃燒麥 後餘姚升 其琴家上性也 心芳 沈玉年 為翁 性情幼之
夕陽中仝至衖 伊市物 余至店一談 田七歸 楚台又來為玉賡宅說市屋事 余意去合 仍賡
果然何必至三更人面情 子培後云 沈宅值了已為靜說定 僅壹廿六千四百決
初八晴 亮日未借大來賫鴨共壞 早到湯矣 未令工指兩生附至順詳 不未進之 數之及
夜五研說四樣得玉而伊煙蔬次鎮之說之 帶之夜思甚笑 二種昨晚至撰氏上家牌
計全早至今不回
初九晴 早子研未全飯 全出健觀劉青邑廂未本到店 門口靖乃社酩所制瑞氏三種 其又市相
仙之乃龍又市上炯到家吳仙一律成 在未訪因話 杭歸吉仰杜沪 宋其代贖衣曲園聯不成 不果至
為雪搞酒聽像過畫 索畫未着
初十晴 早過早午嘅去人造你未說二種在借氏去令 且令伊四侯子兩回議付云之 乃侯緒樣全

至伊宗於萬佛樓出畫卷令坐宗然畫作含混也看查烟云未到化之境 手腕師範力償息心捉
未懈于事而楚了觀一未未到古之磨宮奏 菊壽刻以熬印北入桐宅与繹成長談又北之唐
乃向說詞了若何看未高也良超有報畫 一見李樹古蕭畫 余見招有廈門計台游四溪男
二美茲人之說揆之宋理也已淪陷而諸家各傳以為大勝英華彬而至大坂倭人許敗故亦特與蘇
自當挂思星轉機在中國之大事已 夜雨仍笑
十一晴 早往寅賓行將四樓慶生屋抵之衛元賓文啟叙午後往鍾七樓 付仁 印聞來余攜衛元書一事與
守梅慶生取指以美記入床寫梓杜馬 晚歸遇貴三大久戌吹簫摸歸已月上矣
陳董生送刊渤海藏真一部 攜示書佳惜未裝 索價四元余姑還二元但其帖已貴
香京中之獲二三年前尚難覓 然貴值而賣之不釋因托為之
十二雨陰 欲雨不雨閱帖最久午後又未寫一段 慶元榮墻事過談之歸又為代名致楚之高文書
余攜得書來會逗悟升達偬兄來拍入談久之到店計久四樓未的之住相戴澤愷第十集矣
入集飲玉在江盛辰全出眾飲甚上等 數在店款偶九說李氏子而不宜來與印談 但招余
往元寫之後地亦價七千以表還而亡時候來擱舍印之 全于寶至此寺不值又之大東何外

訪之在北上述訪昨日設第一劑，同時忠誠之累甚甚，柳何可笑。　子研在去

上在同影房貼位，戰兢惶懼，我在之序天也，念之心悸。

十二日晴。少雲。早出市大隊出計辭，到店間子電，正來，送而往，余以未有事，暫止車，徑去，諸公入，恒瑞時與伊談

到店議事。士毅之往入松風茶，見數拙友十數，即詞歸草，致王子培信了，後又上頌，書信去，竟午，須子研

未來。見招談，又偕出，乃今日餘錢同入士治館，燒書二十次，閑談至久，又入天成，吸之之，青夜歸。

述日懶而病不書，說文字繳通，念正書由於閒暇，但只如此也。

十三日晴。早無事，懶而病傷風，午後出訪王子培，入談，告附館了去，且往意，伊告大錢母棺未安，日在

陪佛而癡，徒然向王解去，此人頗與保語，說古甚健，不其所震，洋務賢偽碎甚，頗共相慨嘆一時

皆到店。歸，偶寫市各物，約伊早至。豈其慢粘子雲而歸。

十四日晴。早作書，錢伯林陳生都狀，渾然作務天真，等之之生，計三點加三錢，靜坐，多日以前午

子研來，真飯去，未幾，拜孫房，手書刻封函，借出舍之，許以考定，而家因謄出，須株信錢二道，高升

伊即日行也，然入廣，伊請子去，又伊詢伊黃豆，先生在滬，允之，市往照以傳風甚，即四達見漱史

拜兄入門十次見韓則去，說伊子，見訪人，入政中，據言今子研話歸。

十五日陰。晚雨，晨至市，由茶，再之先祀，神祗，竟午，團六來，飯後，即令伊桃去，而雨止

風片殊難移人，待四雨後無擊健靜，行到店，雨轉大，而閑亦又攬陳維崑遂定計，坐船乃

下舟閑船叢葦蒼蒼，樹隔島縮，遠煙沉風，柴擔伴步，橋邊住戶，樵採而上，茔未幾時雨

止。相與將事畢，沈大取土圓屋圍子，今歲僅種松柏，即繞周屋前篆之，獨二家收租

計地二坵一畝，租年四千一百年一收，每畝年但收十畝只十千。出之下舟，開西上山麓，見一大錢十撮下

歸，色陰，僅兩四字不能詳識，以罕文示之，歸，大約係當古錢也。又十二錢的一錢式，鉄上鑄

太平二字，抑係風錢古印。又而寫的十六度上者，眉之來淡合，更均倦。

半日，飯後，攜同出，沿之至宗瀚來，与之對合，作二元七角，當即付洋，一宗又五角去。

十七陰，晚細雨，看隨園詩至卷。沈綗齋以綱玉說及鞋了留飯去，印寫來，撥行楷書字去錄。

日來事為閑，而使不能以寫字為之消遣，林甚可恨。

十八日，小雨，陰。早理行裝等事。

小頻羅盦主

光緒二十一年歲次乙未十月日記隨筆

美語二十六字母

a b c d e f g h i j k l m n o p q r s t u v w x y z 小楷

a b c d e f g h i j k l m n o p q r s t u v w x y z

A 愛 B 皮 C 西 D 替 E 衣 F 愛甫 G 其 H 愛去 I 挨衣 J 及衣 K 開

E 窩 M 愛姆 N 愛痕 O 嘔 P 披 Q 口育 R 挨 S 愛司 T 梯 U 雨符 V 惟

W 特勃而雨予 X 愛格司 Y 槐衣 Z 蔡脱 正書大楷

A B C D E F G H I J K L M N O P Q R S T U V W X Y Z 草書大楷

日記因善忘而作，始於光緒初年，蓋不暇者二十年所矣。惟所記太瑣俗，非是則亦無庶事。姑存之，學爲無甚長進，惟當省身改過。

二十八日陰。昨雨旁夜細雨無點，及三更則狂雨至次朝，又奔騰如瀉矣。晨理行裝，

静涵書屋便道至涵雅，雅之書不能領悟此子大貴，殊勝而野心不能刻實有恒者，心殊憂張可

憐公亭午至書場未得大伯行李留二簏一傘，計所得之丈来，因与至子丈借至共到店内坐伯去

也。和子又偕張二想我輩至至書場，四乃出城，登舟，舟遂得陳寶祥處三中，陳告甫日初到都，飯全

於大佛店，酒二疑匯回，因又迨於三生，買肩炭共財已往伊借所攜，雅情借之，由城出舍

舟不允，雨回店，話良久，復樂談真，照店不做生抵夜，四恒論与菊楳、瀞等說古錢，不至宿貴

之。又之保成

静来云於是之佳相待，詩会人畢集，桂轩亦至，院令說至怪，但出狀，令余与丈合一聯，

新一會共二會未得，乃以令不共說至少。又桂令以四三元以十五日余恨主見下來

乃別去。

媚兹为周六出花生来岁无没进不和，到店已二更，寝，待孝已下，我与即写下再待

兵將去了，話聞二更後，開至寝，寝更二更，不寐，乃以斷句，蘇肥衣巾，遂從曲肩浥来

寄雨從更鼓，骑星渡薮，模得十数联，至轩村设雨並去，猛韵轉夫朗矣。

十夜紧雨，臨畫宿少止，至二於(?)

將已將二，又時，与卯王山拜，未上荷二时稍，极之之未安然。

孚椿三為疑及正懷　乃由寧首花水陸寺至忠僊菴為　內補化閘庵
究周新又晉接書借正朕橋茬揮菁說帝悱余點卄兩六五同至家鳥精喫宿
估別余將之三元坊論知字更向信中仗偭告只王学生揭人　告女耳戒借久之防收來
仍返由原路由長根園至華下舟駛行至十里雙矣查狗狗膳畢
夜三更不寐四更周六忽喊捉賊驚覺一室門板全開手足無措余衣急走上面一摸
即是書在中艙而周六被西衣被之生捉接不得然月暗告又覓鞋上不得執火查視
余之鞋雨傘皮箱已失惟勿得之鞋子周六小襖之內棄鞋又鞋四雙忽追之不
及又跳許余于艙中又見一賊呼捉周六上岸追之里許不得及天明余僅找夜
不成寐極力喊以周六又喊捉賊兄弟精之牽纜板廠主矣勞損即悲懊恨無
極何以無安賊多多接踵要將船家賊知吾又為結納預來自行告賊窩今有
生失誤者成心八下結納預來告之
初十日雨密徵閱作覆撻雖作書是日早間泊魚家橋自記何坂冬山存今周六一路五

兩靴同于合利市靴一計二元二角記賬于怡合萩園一壁伊去余與伯父出市購沙帽一
錢業公所見金阵于墨源付二元作回點過經原花衣揩去于怡太市傘洋與
張李郭三人茶繼又市綢市梅不成余先返序記又待于街道樓長談文舟與之
景源以取銅象說讀之不已之取來少讀之下于路時看綢物又市毛筆条四元華林禄
歸理料石料值甚已損十分里
辛酉又雨然不斷合印學上岸出于蘇格街會余之大英廣濟醫院適日使珍田
氏與兵出觀地址與劉學士旨詢設戒烟局云不能而藥水四自戒但能一包二百印
酉歸且出一二出門定轉而至大街二元坊知宇書儲雲借之叔蔚誦茶付二元以茶
二瓶定茶三許論適付布末餘大炒不成布糕餅又不成轉至同復泰絣付一元歸
丹紋市綢又看假合圍之梅花碑于古玩攤去書坊數十百種有曰寶之貨玉錄于萬署直十
佛作十三八九又看錢花律建元尺寸仍過古玩店古月堂士吳某丁楊人以取知余不聞有胡不
達崖
十事了群分之所余正在記　又出有士寮冊見過又黃居點王夢樓字敘十石名好書

硃揀字每紙余還汉國來　入同來窯閨看去以其并宥死觸場之鄉黄蝦道喀着于
肆又之用之來今去舊貨樵數十餘以得舟甚是偏矣
廿二雨薑風少之微寒下刀上岸思欲不已食意于佳園六從開丹乃敲業舟播下之一行人知此
初學岸生甚日偶人住遠也勤待至晚始登下行李乃獲上船
廿三早雷飄是客寸許而風極如席雞川同至五月了渐至大晴此去城舟為小兵舟于隘
發精無篙打頭穿頭縫珠撲　周六五七了乾燃不能出寄　抵昨平巳時至飛乃上岸
市售鴨火肘諸物係于錦堂同王貫家　見市狀小女付二角見錢市鴨又茶笑舟饋飯
廿四早晴晨開一路風順過許村去天將晚過長安巳響之日出梅海窩觀音乃行李上岸安屋飯
未刻歸家理物煩鴨於丈桐剃頭　遠座食客人
廿五晴良戒業作二頓去安豊縣奉香靠浩中為曾祖妣祝壽千緣出錢店市羊肉三元金子研
每元　可半　過之見朱瑞二至遂過桐君譚緣小毛又說之旁種田于橋見議失余市雨鞋
家云有仁人來訪問你外路口言不知何許人也
廿六晴早去初學處來訪邦居升店為舞其詞稿不甚論而了然讀之以為吾只請名之是為諸大

路〻丁雲來會伊〻丁欲斜屋前冬〻西一十日生活宕居館住居所因安不付石忠丟印圖丟見
御春數方〻常印界玉器丟而北藏宏立在閑難辞〻于書館召假錢歸指掃屋隱野人
氣力衰竭
早沈樹高遇余〻只家古存書圖女史鶴夫美京墨讀來長幅極道文仇十洲山水不真
張子祥長幅不真有羊問梅吳讓者年七十時所作人在微布業生書法甚古逸秩之陳
六笙所遺厚實令時〻勢何者名誌之情色之也
廿七晴〻宏生來作五句東莊隨園詩子研未多問去到店伊去付洋找七元余理存了十向今〻瓦君
極一述岫雲又睦書〻來請三對一橫小水店宅〻也摸回合來八幅與子研欲十之戊巳在與子研
詩歸
子壽以前字雖中以錢不虧那所畫七〻聯乃余十二年前以此屋記此對仿子盟雅今忽于周
雅扶屋豐〻國獨輝又為吏何異矣惜無工緻先人稿七〻因填余祖母墓誌印時先大實
前者此居聯也不虞乃湖山春曆久也
廿八晴早〻事理舊挂〻又令靜書簽又在橫理畫文未接八莫會煞不符乃付完 雲樵 不信晶頂君石仁
太素去歸口光來為伊店 壽田潘為經甚及留汪領發來〻沈樹〻高來說九〻文芝人命

至芸生家访之不值，又入伊家。而霞楼先生在，又会之。谈中令精达密友卿，又承攻子家，房屋之契据。余
恫其禁附建数十家，拟议劝令及[illegible]秘，非办成事。议为之以竭力，忘者有以成也。到店，晤孟子，云周梢
仲之账十元，四月已闲，铺结以来，乃用油当两盆了，了已满成，旧存古钱，玩之又之。归店。四
若时甚隆，锡宝生所树五植之，数有强，令其担任得工作，并平地全为松柏[illegible]，略尽力，随意读书
访书到去，到店知子渐已利去城，于深晚归，知宝付来，了[illegible]秋屋与子寸谈之，墙即已有成，归至
已和康付油四元收之，折油五十斤于店。接石门田信，知德大累及点，[illegible]存乃随加送礼四
继而归

十月初一日，阴。以去理各账，计算年底间结。多欠者，看来诸果出之。两寺宝庆与陆姓书厨
至周四开门，因谒诸陆子西房内，多系书，不能不理之。出与又陈款荐，饬一不能留至房内物
又往之广荣协，至重阳长谈之。房东前来寄去，负而未入，甚之。伊推辞之不已，甚非也。
夜看读《经世文》
初二日，晴。早出至一市，鱼大约斤两种，手写文。担店，知各信未之，即免寄之，与仰君谈及伊小楠油饼，于我手去
定文亦盖昌开之。去之和保，知有鸭寿班到。乃治饭去，我回返芸森，为之求大邑厨，小米拣，待至
二时间，演至钟三下四点。于店玉一元，与王作卿一元。下作，接连新屋。寒风入，移之到之，写之。

了炒語錢公笄及墻了衙墻已成敷堞余謂之覺尤有力能光之接遂了四署春霖又之薛丸
見江瑞兄侍之店換晴而歸三四 夜為健謀論語伊能還讀孝不間斷公此手不朽也
初三晴 誦孝經周易撿畫理書業之去過脫胡光一之過瑞中署之到店取錢三百即歸撲達渠
初四晴陰早印琴來談抽油與之謂佳並留茶點 蕙生來今會芋齊初席在叢之千芝峰作
晚去過蘇岩去大東門訪沈眹生宗誼在坐老烟不住指陳錫和三事於山極亦以本長不值以適
四更雨過客飲食春餅此見葦龍樵之仲麟清到店代寫申元昌函贄書團官又布作
余謂吳其大小毛穢二亂以不適意之歸於家聽不發深春藥不已夜又二並藏你苦郡出
初六日晴 看詩 夜看經世文續編時人在以沈文甫張之洞薛福成郭嵩燾諸公
說圖經野聞何為遠大倡能汲寺只一二人必能杜蔣賢之一二洞風氣之先者
茅令張薛為主周末春樵設施如時又不可收拾之勢矣
初五晴早以成坂蹁蹯不安已刻渡去西城會只未 何鑲者訪今大識又見陳三兄遂與談閣底予
過陳仲甫又其館說據之伊本方極之屈去廿一鄉中最許你拔力請壑何從彼著以應世此公之有深
說撲議亦不留棲悅也平之出市若八十又回午後再詩中書過又詩黃楊印坪新小疑作羅庵
之特以塑易之足能見之 晚自取魚鍵乃說售田屋及閨吏為友計又有陳□□二家來

訪蔚隱入伊又桂之入屋佳文蓮　以人來訣二斤許云何前兄携而求謝何其固也（眉注：翰作）見於張丈一之列店

見樹伯　仰崇有之楠浦已集益留　此項項筆煩於我且云合貨予依還屋卯兄而四力懷息息其

不可書

夜思書來狀　爲書之餘思文若殺多　又聞又慈悲不能若筆　樓談二梅一元條

初八晴　上午吳卿來書　極來談談家　沒催以回頭書樹云　君後稿去信來胸遍只

富邨來手相店　看玉舟古錢因訪王君　坡下開肆看放北入一門見遂生窗出去乃以談出古銅鏡

一架　校之夜仿佛而紅綠挺斑翠可觀　又小白玉一件竹式　又行筍端硯一方　有金林銘

極細可驚　余疑而止之　之國語久　利店遍四錫來呼可之追依藥來　敬上有呼四清方出之　余

止之　國用本地小雲子依來　又合玉相看樹一時　又回店歸　而藥而錫甚不能出口

夜之四書　覽勝君成癖之氣　促思快

又石索翁小赤　隨君之

憶金玉滿堂　果寬實而無水盡身病也　僅僅遺一編籌物懷而精神　以識收難支　無錢將出

之植道兄有在王氏墻取佛石幸既之　其墻不砌　洋碑磊磊　數十百方有為已剔薜去

取其入乃太平二年八月二日造作十方由底有大泉当千钱形不能乞两二块之方眼先向任用
余曰此浑朴所供玩久之归洗刷之青极思厚有子瑯砚小犀爱看不容置三四值而保成
说玩有同好焉并拓诗中误字 稍々旁晚去余亦去之多茗市粉姜葱蒸饼又见一砖极大
雕以拾归而墙中所有之砖一空也嗟々何乐一顾冀北之群而几焉皆空嗟异矣
三更卧近不能寐看徒世文背尺牍

初八 晴早饮药补粥倒中出到店知公令送子收又为之医某俯々云仰昝利传科官又为定茶提线性 每帅
视子出荣方果然無入写字后在观田况方之事结 诸叶人 谈管翁云来余近饭小睡起客布帘网
南阁入听写文稿上海地图北至过桐作陈先拉入访及云担虚茶另询来遂以讲资故怀乳以
托办遂书写其地契诸贷课毕之商嘱々语不休北回入店取惆悚来四周莫钉饰询々总向
之归八店而不戒于火中以大惊印不择飞跑行于隔园见执南又坎唤卿及初契往又阑
家多乡 起 虽雅弃玉是处救去千万 烟焰横飞风大为怕率居皆已焚料焚小屋乃冲而
于事其富斋实为可怪咸之称仙惟寿斋却之亦别在稍楫之遂其家子卿来三内兄来
均小潮店夜以心惊病 逆事气恐又以戒心于火诸々饬家人防为自悔

夜二更绝不成寐，殊闷。　仍痛，然思万端。　四更雨。

天下事常而于理莫测者有之，闻未之见也，吾于近邻徐氏之怪见也。三年前某徐文学家作揆万端，经数月始解，不甚润。及年余，改而于西徐，所积一日火，其数变，继之即娘多人为惊视，余亦见也。此迹即鸣惊，知有疑露，出视即是徐之仆隶之劳房也。勤接合城者，张四乘晓然据以息人，亦知其异常可怪者也。二年终无也，无闻。此皆出本叶，怪成日此怪来，已亦先自以如前状，是年复被前小盗，一如上二年情形，此理竟有圣贤所不道，即吾人亦宗信鬼怪之说，木魅山精，为笔所恒有，即纪晓岚阅微草堂所载，亦尽是，因但宜修省人事，致戒善业，而事悔弁，而勉已志，积德善降，更有益之者，不可不知也。

初九日　阴，小雨，夜晴，早起头痛如旧。晚出店一转。桐君来，不值。

初十日　阴，天和，始如春。上午剃头于店。下午子俊来，邀盖伊为二侄陈宝森首会，请客，遂六

十一日　大热，作信，复作书，午后叔晓许，于是与徐令静会，出于萍之少间，予出之　一二九

家兄人未癒，廖已飲，孜煮出後　錦人士宦者多不得意，又拜客訪桂軒，之已出，應傳四
一集耳，乃出逛花園，廣東會館市　是日身更倦，往宮食，飯畢連吃丸七，飲藥二次，并加
補劑，然夏未難，飲四不知其中何藥也　譯夫宗患頭，今日付一元，劑四元，及陳二兄宗論平
評
夜極不寐，二更時起服，佐飲少似，面痛大作
十一日　陰　早聖祥居之子來，實之安家往鄰宅　料理發以待診之　一應從仲衰子　鎮廿元
斷續續一段後小飲，上燈寫衣當物歸　借櫃之
偕愚居友出集，嵩燃大言之　下雨走看之，一堆惟單對錢業　福文齋至雲步
得句云　林深風月作擣風起　水成冷
十二日　夜微雨，及晨大風，早旭日照窗，幫陳出靜先暨佳光寸，抵朱氏費春屋也，搬入曲臺奏
樂接唱，平館十許桌，少之座踏理，然至晚不適之至，入座入席，与朱東扶蒼航買林
論序黃夫之寫余詩擬作志，予加粥行信中吹小樓志點園，席間羅青　買林硯
夫朱旗及全佳柳戲，至夕二更踏月鋝居歸
三更後大嘔病而悔　閒居似不可哉，雖持起刷

廿二 晴 續日疲賴 并常消 四 自然敎了四日 將書畫之物之 年後作發 畫徵者 錢 門口見花老陳

三從山莊來 [illegible] 重康 自惜此戒 將絕 不能 [illegible] 今日交界 自討苦吃 且也 那消日流味

目力衰 當何可收于此 四 [illegible] 生 以 [illegible] 成道也 [illegible] 寧風收利

四姪來飯之 借店坑去

廿三 晴 早過大東門 見閩蜀 訪王子培 不值 見其弟一談 出 入店于松風 見子培 說陳地可種之 不諧 又宴翁

律夫已病痢 不覆 自作之孽 四店見 [illegible] 印琴 [illegible] 由 [illegible] 靜 被面 [illegible] 佚飯 本業未到 [illegible]

桐說玩可知讀書 即 [illegible] 和大店役 為一嘆息 [illegible] 宗與係成 桐讀 [illegible] 玩讀陳二本 [illegible]

兩信皆佳 知已 [illegible] 去不成 四 [illegible] 印琴油信 桐君來 [illegible] 銅佛

早一見 [illegible] 三致書達徵 [illegible] 數百言去已

廿四 晴 夜雨初作 達 [illegible] 信子 [illegible] 兩四 [illegible] 到 [illegible] 店 [illegible] 大 [illegible] 地 [illegible] 北門 [illegible] 若干 [illegible]

[illegible] 沈 [illegible] 作 [illegible] 家 [illegible] 作 [illegible] 租米 [illegible] 說 [illegible] 仍

[illegible] 在 [illegible] 四 [illegible] 茶 [illegible] 一 [illegible] 為 [illegible] 油 [illegible] 不值 [illegible] 油 [illegible] 已 [illegible] 角一

[illegible] 以 [illegible] 退 [illegible] 乃 [illegible] 友 [illegible] 物 [illegible]

[illegible]

十六日晴。訪達徵書藏，允二大字，借拓本書帖精拓若干，屬為印譜。晚應吳陸佳梅油史行六稜石燈市
宋拓田字桐廬一刻本，訪程小宗兄，洗梅三兄寓夜歸
十七日晴。午後往風景寄贈書信至北京，趣市肆購印譜、陝西湖東新出土碑，已工識為撥去價金，瑞圃先生
兼為屬大詩真四格文，好為議角半余之精選拓息田印譜與之往復爭執，印隨退不問。厚夫陳
玉平居，反覆辯難，已總之以大錢而先兩信義何在，乃擊信白二樣書，贖而又失單張無殊
不能表列許大來請給書居接印云列王山來說漁洋十二月二十付乃了，而猶豫不能決也。靜隨居
為訪居士鄉豪家，黃性刊為書後並題跋，亦惜無一面，榜也施我能云明日往余去再
庶吉士前輩，極閱其作《[illegible]比四國日記》二卷，與佳論語
道宅議開西門何事，先之呼借捺捺遊
十八日晴。糧匠長借床棚，又占書櫥鋪二張，計一元耳。以志予未請南道宮宅識。定生令弟截紫玉并
買絲帶。年[illegible]先生施新粟特一包送之。發書與犖樓至推居，經內等已往與順德議開西門口起東
至鳥稿橋北至小龍橋，計長三丈四方，計之需費二萬千餘。撥官款許辦，乃另需助
籌千兩要百餘千，某云深恐大差，乃議派議之戶，遂與陸都居錢施及余三人先出

桂轩宅耕山小集 杨琴伯 主观 云六兄首觅诸者当 銳伊等书画若干归
在与广三说 桂桂 妙梅 锻山 镜波文玉 柏英 移神于诗 王梅 杨郁小村 彼兰 三弟 吃饭 音厂状
并请小吕 丁 许时锋 许大庆中来谈 不值 六和往
二九晴 早 访吃张郑 仲辅 倪并附礼二角 赠书知伯 印琴 正在家藏古帐 五一过 悟 後兄 常甫 入和风茶色
菊卿居士 赖星云 观云 镜夫 雕读楼斋 辞辞 如同吴公 昌华至 见说古青花瓷 瓶 为佳 又在
镜上有钟鼎文廿余字 色既不佳 恐系伪托 又至玉田店 正饭 往俱饭 市火腿一条一元二角 计壹元
会同至城隍庙 看衣 取对于快雪 归由桐店桂轩 看挂花 看家 与同桂来看画 大三稿
暴来询何指桂轩印书一元 旁托代桂轩送常大饼于玉田店
三十阴 上午一去城 来数闻河鸦屏水未到 子研未来一次 到十点刻到店 与印琴结柳帅帐 计收四卅
得静元资息经纷利 恰加入洋十二元 共合存广生浮 三百元 又收丝浮帐 子云来盘桓一时归
夜来送子南手小桂共饭
卅一晴 写生来拗地门前场者宝 取河泥垫桑 葡阑弄墨 午后印琴去到民迁往 又石拉玉霞楼下宾
小海邑海 战浦海人皆中不识云 陆雕阳控 饷军事也 图王 又石家去 阅藏其有一陆钧

長方闊二寸長三寸許計此五件鎮晉升平二年二月廿六日造其色似物也又有銅硯狀有雲雷紋有
有數十字陰文諸友似大德　辛丑吉日鑄造紋紫清因攜去惟底雷隆難拓故不甚清又石
許書楣與我因持莘老之元略而不往與子如先在乃遂公座繼覽鏡矣二至陳府飲謝飲仍與斤
加食表絹三方夜以薇全錢唐生再赧與隅大說主即刻歸後飲方使算矣
廿一日晴早為錢莘卿題來自其冊八頁題之玉書來今去約程後四男穆來道宿午後出題桐廬錄
之廣生子雲來今又送龍現劍兒子收瑣瑣說四屆桐來君即往云沈喜盛來乎欲令廣令初討不出寄
仍遊前只屬有詞偶子儲宗照出桐又翻之大書即歸　而子二勝誠得勿不佳之也
新會盛大姑從常熟來
廿二日晴早起書烟雲錄飯罷督理桃秧命工人鋤去花畔草根又土中得粗窯磁杯一二碟作書至北訪桐廬不
值返寓取霜柚種料午後與靜又原鈕君映帆會遇之云此係去往君孫又至朝子仍工去乃與成約毋侵犯
須倒低云云見樹人四周收之　靜兒赴寧月望賀婦壽　送端月掛綵婦女禮以祭禮拜耕子賢禮　欣孝卿子婆
禮　吳業書塗雲禮　神會難歸景況日棘　廬不甯
廿三日早晴桃秧已成亦來工作借君馬樺未來以失怯故我歸為後得成本同飯午後往修花演臥
示劉家園繼計出之廬市細察此入周與衣乃賀以祭禮耕子家熟顆卿秋崇禮耕許

今日寫 在八席朱右民 陳厓　□潤梅於裳蒲清一席同坐同小大啖飲畢出與文伯至圓易衣定生

照相

廿四晴 在大風早晨衣來 百六 綠威來談 揭達衡書 許大老 附伊書二對 貝不憐少陳呈手簿遊之吉利出

游城邊看同何君松風兄 德岫雲乃入飲 又並攸安同坐 由岫雲論盤與使而為有帶八大小帖

伊號美存 談居見為偽東莊 託名硯田借轉之也 余銀樓及為真 知相為說明于啖 以語日再

客亦出日一同 留畢也 綠威之出城訪子微于家 直寸表 錫濤起 談六合為一坐 治然芸園

平時以園內出中人也 因留明品在級弘與子微託其出國稅以某商相伺再伊談之方然玉雲

吉生等共敘悅陳陽一度之而後和要白唐生特而歸

共晴為綠威來說託李宣作福之十二大人輓詩 靜伯作書詞書之 又往訪綠威嗟其

借道花縫地中之貴僻樹而在作工未到也 到店之樓下往民岫雲在閩主峰子來內

兄又看說古玩 岫雲出黃大木長卷手玩 這家以外未然 余案之蓋有真物最貴也

蒙不忍釋 且兄陸定笑丹一重玩細論未之為之同侍松翁出更何儀顧對不弟同名銘

一兄相居申歸

是時天久無雨，一望又晴，然春收種者之盛也。但日可望出綠陂一村二三畝地，看挑泥完畢

去施栗璞細挑米至此一車（五斗），共計錢四擔米許，乃約後日來。申刻于地見熱內兄至，即下途

言欲借其基地，或將佃田來說，伊庸為此，伊遂欲借，就加利許之，而託丈青成之，又由店借洋

可去當一壺搭今，即由林工作挑泥于地，伊甚感于前情也

廿六日 陰 半夜雨 早散餞 飯午後出 到店付英七洋一，北至平安橋一人，怡泰說市情，再訪丈

于行出熟可，乃相可同三兩先南門往所往觀，截信于閑園錢店，取洋于南山橋，見黑璞至我

家談米至中往大于路不識，歸頗向前路久之，始有知之失路，于內兄歸家，捐一米，推量米同

歸此捐客，米至（与）壽生莫快，今年除捐納完后米十元而截米價八元，約計只須五分

待來不至，伊去世等待米至多時不知何以不來

樹中見一麈，係打牲者得之，似鹿而無角 麈或曰應作麂

廿七日（小）陰 竟日異不出 談米四石量見少二斗，不相來 午米至余娘訪尺木未見 二尺許

夜看博物備四點一種假

二十八日 陰雨，去于及小雨四鐘，携來樣石洋，去壽打同來 益三開益順炒洋店來，謂伊要（和三）換印字條

晚去米石次日寄航丈 說談租其餘三百錢去之店，先洋欠，石靜甫說亦欲在此為

癸卯卯時生　在黄泥道口　修舟　出走卯　搬旃下午差归　寄读礼
臘月之朔陰　及夜小雨晨理行装并鋪　静绪至官関上放舟搬担于店　一主卯行路　过陸瑚寿　每之一瓶
借米斗来于觀音橋下舟間　下春留谰　溪圃舟脚　难以過郭店之潮　坭橋屋楼才宗收米二石斗
年歉　时贵店　去而搬者庄　仍至以斋上年代店　三斗五升之米　米之　因排斜之　付二斗五升　饭钱并钱
行至夏宗晚　姚只顺宗　唤伊回至　量一石四斗　而弟顺子六毛　久不来文　乞米借一石　孩诺人皆说一石六斗
百及夜将付洋二元　舟借阿布一匹作之六斤　合得者大斗　以为祇纺　夜仍归上　下舟行　已天晴矣
天色不雜　水道過北樹橋泊岛　夜阅小猶老生房
初二　陰雨小雪出之　差汲至吕老林　宗七毛　和衡共壽　與共壹毋　陈若状　乃早米二石六升少欠五斗
约明夜至归还　一見馬闻　通澈行　泊舟至王閏宗　其真借二斗二元　抵米一石〇　而后相应四石
取著巨錦飯　阅明不至　与说去数　应作给是粮抵　均初十来城　须理枚不移　至二时从之多
石渭至書家雨　村四待之　桂果过舟闻　核城一路雨並風行　借雨具上岸到店　知细节大缺
市阁栖曲二千廿斤为　外借仁在职之　中刻归收米　成石今日完工　定生相来
至書舟　摇火来　夜以意在照镜　然然和旅

初六日 陰。早出，以覓眼鏡未能，以蘭陵留仙送信及至店，留之去，而使四官至，畢，留丹。余不辭，僧來
越四日，僕與丹前兄又入悟，猶與許子山請至西，知鏡在，往飯。後往桂桐店，飛石說拜，之其家歸，識
君說古錢實義館之，至久之去。于鄭直卿家花台上三石大愛摩挲，以為奇賦，似於桐大
勝，不知能以此歸。花匠隨來，說掛價，後用伊來。蠟梅一枝極貴，幼之。紅白梅四枝，大花碧桃二
例映山。行付之說，左伊去意氣不較也。種植十盆，惟兄昨改訪。廣三說許已餘分餅而四
定生春來。 至書昨夜為圍六去鄭處，我信午去巾四鄉。 夜者靜候以莫信去久。
十四日 早微雪，午後陰。晨過桃花雪止，赴館春來，到法藏得帖，後何鏡伯來，收歸之，拉登二洋觀候
之之前去，北之店，看城子洪之柏市，大二斗，數二兩，小斗二兩半，計可四錢，許司伯桃四店，友治來
拉去，去人看理餅，為謝兹思之之日以庭明歸。 夜者二子卅。 弟定生之大本門山摘桃
去炭一簍 雜炭一把
十五日 晴。巳刻出，以署未出，候至久，伊于生先樹樟作飯至久之去。一以以碑拓甚久，去猶實生桃園花。又
訪桂軒不值，知賠錦楊來與仲甫說租房，云錦雜衣伊書始去，洪余書聊，又述種種，歸訪定生桃紅
植花二日夜矣。 去德使業來，覆。 夜十日來閱詩物刻，錦篇數頁，沈善西士閱畢之畢

初六日 陰 冬至節 風利，四日至 懶甚，閉帳而已，午出到店，出城之圍，乃訪杜子卿于直楊，詢鈾詢用
洋均未成，因其久由外頭企責，嫩其野境老樹間一處，竹千竿，近城口廿隊一院，我很目也，回店
惟有叩鄉
初七日 晴 寒，來劉出至鄉所接比 知陳仲瑞殁 到店，市雜二廿四珊 付完竣 韋賓鎬來，說申情雅在新橋
弟順保圍觀摘伊家道，見著名第玄玄，陽大弟一來，試令炳再來據，洪榮生來，今入紅入菜，說梓款
伊在兩未定，只請十單無友回店 美事分歸 夜寫六弁
初八日 晴 薛梅卿之縫日不出待，談舞生玉堂不至
初九 晴 早有研老來吃飯，并使玉工作，玉馬錦芳來，以田一畝向內押去洋十元 順息 得照六月底
接四續 寄契并邀飯，付洋本申刻到店，一見，決定云義塾置成址于北寺宅，行之款到店印契
已到恒穆己棟，而四轉桐店
初十日 陰 晴 早澗州 沈榮生來，辨之，接信及華知仍欠約十五兩，尚未決，茲之兄如此 鄭杜茂未寄 住
榮詢有西街地十許畝，不數十千文以之，間壁大可議擡 擡價 以俟之，成如等事細議 王
不來 未到 廣兄過之，為錫蘇行用款之云 代嘗 擬採 用 來有伊兩且及第來貨
手段過大，余因無可代籌，自之已枝伊再三囑為設法，只擬兩之 茲共一百兩肩出

实难于信，留伊于此日上者。金棣香来，携纂修潢，所费何以离。桂轩米来一谈。
终日笔砚，殊厌烦，而遇风骤雨不能出，意兴阑珊。夜与二儿谈诗论诗。
十一 阴晴。为求眸集单钱二元。午陈伟士来，云其父殁后，家状况以后，求伊又出二扇一裁付，向画一眉，从北山水，屡催，余谈而返之。谈久去。未刻即出访桂轩，已皆出。午后中见又石相居出，王乃文王只宗，晴雪出，帮晓翁山水横幅，西湖秋色，存鸟邀，用墨作苍润之幽态，邀伊以洋五三元半，而未浇，晴未为真，实海得一套，眼力也。又访古玩，书到店，询一印而不能议价。此时年岁尚底，至大抵限此日到之，况非精理，即未应之，伊现不为重精缄。
了而作。彦章云：伍为役之若印，入协和萧土力于风与帅下。又无谈安荣稼，印归。
庭钞。广见报乃摆霞卿在侧。广询所赋，余云伊说为是，盖伯于三儿，甚大难为情。舟画绝宗之一，今夕余顺日知之。谈至二更，风雨回。终日晴。
十二 雨。锦侯叩来，大东门山□访友，指首锡积外入为之歌，不果。及广谈，桂状，伊快然，他亦不得其及□。荃之别，访洪道士，泰与连懷谈久。叩傅吏槐书荣谈，炭市时，亦同人合存状，各之别之。阳湖县宗定，光莲衡询王坪谈未了，而奥子恶其一人含恨甚四。背入相宅，雨，而谈古玩，与僧城长诗相留一胡，乃出，宿店。与印谈炭市，伊颇然欲加价，亦难为照手者，余不甚坚予。夜雨，夜有雷。

夜寓哭矣。至吾寓宇談

十二晴。上午煮烟甚費，作力大，未能暢。烟畢，徐岫雲偕子又然來訪，袖蕭尺牘，雲是乙岳老

因出所藏閱，黃伊嘆賞。命石年所藏程耕霞黃馬質圖，後跋至十餘人，詩字皆佳。

原乃為交物之二人，皆黃子鶴翁先。七成六墨林，惜多四六，細諦眼花，蕭姜真亦不咸

怡然，偶黃翁得其別趣，出其書極偕東菜于新風，不知論畫，對店返。

夜雨寒。後欣補卷。二更睡。圖許無識，夜雨亦停。

張樹家送二羅漢扇一面，題此有邑意未及之字，樹也。

十四晴。早理畫間，知琴來又語，偕出之大東門，伊余訪陳達生，十六前往之奈陳榮生來，乃說此處市

伊三人議抵又尤四年欠隨店見爰盤伊藥，一談，飯後，樹家將來，乃偕出四嬸來閱

記種之對店付伊買伊經論，論多金也，逢子話出市，花樹一二，一見漆種真，子弄市，知達生來

後晚日定，榮生亦來，雨，請桐兄玉卿同去談，動兄子談後回店歸。

陳錫蘇送到果子。尚浩　郭木匠玉均不值，三兩又亦來

十五陰，午雪。何子喬二子研來，柄內北送徐君孫砂玉杖之盒，均謂做因訪當炳樂，年小又又行，均皆

然不能留也大傳臨門見示談以烟灶契抵洋一百元利分四加五月還本應代筆說簽押了並出田圖
之北寺舊存地余入陳氏書牌抄之論往吳林查南田無已他去吳林說其不肯了並開契到各
別北窗上細細抄擦治黃有限狀吉甫來論其一號的花用廿十契丙每畝全票合四錢
甚識肯有沒法　未畫去席　夜雪
十六日雪夜之寺西如銀傳日出西南貌絕雪林不寫書完篇備作帖跋來能心結統
萬分閲帖本日　立慶陳太宰譽
十七日陰出廣於糕請學諸了小刻出手顧先內說歌不諧作羅論此伊還好作矣不可一無也到店仍
十三日咸其訓求內余拔廿一用係瑞元伊笑小刹憑刹了當面經防之須局所息十元四途查押來
亦一來閲田伯在都去再來伊推㧡㧡未開田田抵推推勘再三辯解方約九來依矣
十八日陰晚雪昔茹萬燒開損以矣并作寫信循子為不寄帳天後平平了寄桂軒伕來通陸仰離
館陸印文傳之府在家見家５說得甚事付稿來作三元計收子文陳仲甫亦陪說者又
伏益山來共入席吃飯亦在席陳甜雜論張全所忌而向其收之陳替一二番陳
席散雞鳴談燈玉到太不見雪亦如絮

十九早微雪。早訪杜蘅集，述七日并命燦兒飭靜安付洋七元，又七日之資。完米本洋米六石七斗〇加二斗，耗共二石六斗〇作。若孝路公六節，緑成來，與看伊欲示富山僅物出錢之事，煩濟信出并發貸。　待王閣君不至，竟日以雨不晤。

廿日陰雨，竟日在店。劉寄健來，云對前述事，摸事已去官堂説稿。比抵大東門，已細雨如絲。談其前之余二人山堂不見人，再入正堂，小生三人沈建生家，詢補庵乃建生披衣徐起，因雨而偕盃過小橋入書場，于彭馬廠前見其正來，道丈太歲來夏秋官皆至，言以雨，乘暖轎矣。同其入書場，景象頗有意，後入書返場，其兄門一見，出向子庭，見王岡君，要其共約大表之，約等之不好，寡歡可恨，又入山堂，為之休日返家，前二兵至，如前，寺夫店之，又其兄三次所述真堪異世。市弟物，歸。終日寫箑，跋西研一頁。

廿一日晴。往清華經，晚出，諸彝生到店，欠米二石四斗，價付二元。出，遇鉤堂，繩肩由，文元來日倒去，再與諸熟友印譜，說性情。夜市燒煙等四。　玉書有二來，夜寄吳青子，煩伊

瀟泉來評梅二絶。

廿二晴。早起胸痛作苦，晚出至相一堂，至店，市橘糖，照料市藥，歸。夜以茜一小罐

熱甚，黑肚大吼，終夜不適。

廿二 陰，子研來，牙痛，飯不能進，自支身骨，頹然臥熱，只覺身搖搖如雲霧，亦足以居
宗子亦不能談，下午去。夜間送婦蕭飛器數本。

又接濂信一紙，惟問今秋事。夜牙痛少止。沈梅元來，請信一紙。

廿四 晴，竟日不出。徐仁生、梅翁於庭。和濂信，訖三首，亦不甚深意。跋南樓老人花卉
卷未完。接符送陶函。

廿五 雨，晨雨竟日。徐炯南樓到，談將金陵行。據府託靜存院中三卷造局，僕留之。兩有陳師
曾先生舊藏西畫，甚愛玩，甚感院長蕭然處部居巢，跌中現已滿，雪不足，賊閒出，且向歲一段
又一幅，靜之去秋，兄去御有數，靜借并畫，跋南樓老人花卉長卷，半刻剩頃，午後去。
到店接信，知子不能施用，借二千元云云，來城後見楚白，知能借乃其要西交，其息之一面陳紹
待去，南王所欠二十元入秋，償壽帳，釘店不見，叔行道云自塊不時，雪付四元一角，有於杖丈語一刻。
路中遇三元一角，閒憂且不得以為懷，家人十許了，去一秋，往以蹀口煩，書集性

昔陰雨晴不定。周長壽昔江來，與地不得整，借六元，乃允借四角，用主樓七弟輕一味嬉而入墨
胡宮平家叔勸之，力不理也。舞錫寶生以半文于城外市竹二竿，以還園柱之，三角地將以結
年盛園以接早園，家常有竹節則。茉莉石有惟嶺茂林早萬鳳尾採風頂棠
下午應鄒年神與小兒說話事，殺謹鄒視所與年画宗安廣村日臻早藏一過。其人
兄伊以孫孫即歸，應陶宝飲，稱惜余月寒口中吟玉二更，後上床極困而安安睡
僕輕卯
早晴。右頭腫痛，目不適。（周六來公館）未刻出，于路遇周長，又攔攔。經說此兄秋崇萬卿路經到店，萬卿招
祥家寿閑，欲為山水中中。又將江來老盤卿還錦店，云源源之方早，又會與許立卿請入
北還，到店，又四店見伴未取，店路兆有桐店，又玉陳秋泉店一叙，韓則商說切了，科之談
伊付鈔四店吃午飯，于電箕同伴店了，怕但甚。坐燈歸。
晨已刻著靜佳山徑取抖十五元至，官佃不勿冒，王老卯亦不應，可恨。
大陰早桂杏已刻支一朱，午後出到店，未成。麦佳之，帖其夫人，送還二元，其不情之

甚賤斷斷性情十元連供伊使又欲照料大來未善業已打發來金另借土于林源玉鏡等事辞四十之人不如意我相我只十不過凡諸人之賤之良思而若靜觀余之待人親之而不落此境以相等事押大等但有良心而用果亦何堪夜归夜三更醒然起振想竟有不寐時之夙夜作嗜慣嗜唱余善了遣難言平生何此結卻

廿九 晴

陳又早理料年事遇展之出到店兄還賬及去還者相告聞另未還四元朱大雲宅賬我已另硯田之余往欲將其交一節賬據筆乃付四元標之歸已對過源另催向還和源憐還並另四十元錢帳之料理各事至晚帳情不甚頭躍夏又將然為構大半均尚匯送郎說楼拜至一說依託伊說楚卿 齊 旋去甫另二票送到七十元付之生記又至四元之歸飯長同大元我飲三更佳桐兄一談先早付樽夫二元如周六未達今匯冊接兄之不付及三更人佳而乾性不至于實與年來打罵各事楚兄之談即將之大錢已定想靜院同笑平紙漢并平餅粘 汪祥翁 於之二更訂性一同而归 定亂 楚和到寓淺飲而臥